Minerva
BE

Minervaベイシック・エコノミクス

国際経済学 国際貿易編

International Trade

Noritsugu Nakanishi
中西訓嗣 著

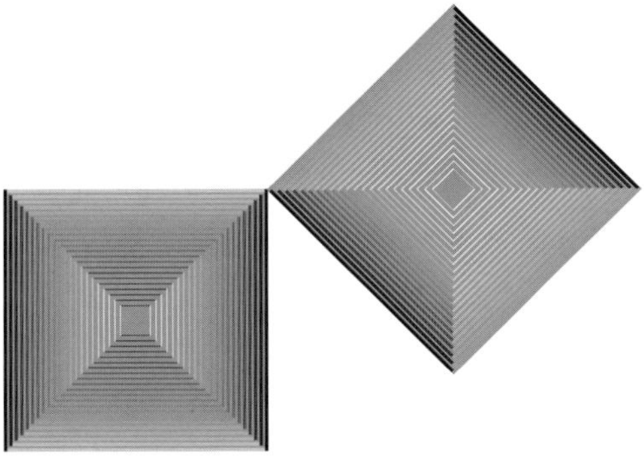

ミネルヴァ書房

はしがき

最近では「グローバリゼーション」という言葉を見たり聞いたりしない日はない。それが何ものであるにせよ，政治，経済，文化，娯楽，教育，学術，宗教など，あらゆる人間活動がグローバリゼーションの只中にある。グローバリゼーションに弱肉強食の殺伐さを感じて不安をいだく人もあれば，実力発揮の好機と捉えて声高に推し進めようとする人もいる。グローバリゼーションの中で人々の利害対立が鮮明なものとなる。

たとえば，環太平洋パートナーシップ協定（TPP：Trans-Pacific Partnership）への日本の参加問題を見るとよい。賛成派・反対派それぞれが，「製造業空洞化の阻止」「食糧自給率の確保」「国益増進」「格差拡大」「成長促進」「弱者切り捨て」など様々な論拠を示して TPP への参加・不参加を争っている。しかし，意見の対立とはまったく別次元で，両者の議論にはどこか噛み合っていないものが感じられる。それぞれの側が，互いに異なるグローバリゼーションを勝手に思い描いて，的外れな論戦を展開している。グローバリゼーションが何であるのかについての共通理解が欠けているのである。共通理解がなければ，賛成・反対どちらの主張も空回りして，議論自体が成り立たない。

グローバリゼーションは，人々に繁栄をもたらすのか，格差と対立を生じさせるだけなのか。こうした問に答えるためには，まず，「グローバリゼーションとは何か」が正しく把握されていなければならない。国際経済学は，グローバリゼーションのすべてとは言わないまでも，その経済的側面，すなわち「経済のグローバル化」と呼ばれる現象を分析・理解するための首尾一貫した方法となる学問分野である。国際経済学は，グローバリゼーションを肯定的に捉える人にとっても，否定的に捉える人にとっても，有意味な議論を展開するための適切な「方法」と「共通言語」を提供してくれるはずである。

本書のねらいと特色

国際経済学は，国や地域を基本単位として，それらの間で行われる様々な国際経済取引を体系的に把握し，それらの原因や効果を明らかにすることを目的としている。国際経済学の分析枠組は，「国際金融論」と「国際貿易論」の2つに大別される。国際金融論では，国民所得水準，経常収支，物価水準，為替レート，金利などのマクロ経済学的・貨幣的変数が主に取り扱われるのに対して，国際貿易論では，生産・消費・貿易パターン，相対価格，経済厚生などのミクロ経済学的・実物的変数が主に取り扱われる。本書は，国際経済学の2大分野のうち「国際貿易論」に関する標準的理論と基礎的事項について解説することを目的としている。

狭い意味での「貿易」とは財・サービスの国際取引のことであるが，国際貿易論の名称にある「貿易」には，より広い意味で，資本・労働の国際移動や企業の国際展開なども含まれている。「貿易」という言葉を広義に理解しておけば，国際貿易論の主題を「貿易パターンの解明」と「貿易利益の論証」の2つにまとめることができる。「貿易パターンの解明」とは，いかなる要因によって，どのような財・サービス等が，どちらの方向で取引されるのかを明らかにするものであり，他方「貿易利益の論証」とは，財・サービス等の国際取引によって人々の暮らし向きがどのような影響を受けるのかを明らかにするものである。本書全13章を通じて，これら2つの主題が繰り返し取り上げられる。

本書は，今日の国際貿易論に関する標準的な教科書をめざしたものであるから，個別テーマの理論的内容について筆者自身のオリジナリティを主張するものではない。しかし，テーマの取捨選択や提示の仕方には独自の工夫を凝らしている。

まず，本書では，類書によくある「貿易モデルを紹介する」というスタイルは採用しなかった。目次からも明らかなように，本書には「××モデル」といった章や節は一切含まれていない。特に，代表的な貿易モデルである「ヘクシャー＝オリーン＝サミュエルソンモデル」や「特殊要素モデル」は，所得分配や経済成長などの課題やテーマごとに，必要とされる部分に解体して利用した。1つ1つの「モデル」について微に入り細をうがって理解することは，経済学の専門家をめざす人には大切な作業だが，これから新たに経済学を学ぶ人にとっては迂遠で無用なことと考えたからに他ならない。むしろ，どのような課題やテーマに，国際貿易論という方法が，いかに適用可能であるのかを学びとってほしいと思う。

また，本書では，類書に見られるものより数多くの図解が示され，それらは，かなり詳細・精密に描かれている。国際貿易論をある程度知っている人には，クドイと思われるほどかもしれない。「百聞は一見にしかず」と言われるように，適切な視覚的イメージやグラフは，言語や文章による表現よりも豊かな情報を生き生きと伝えてくれる。本書における図解は，単なる例示やイラストレーションではなく，ある意味で理論の本質に触れるものである。ある曲線や図形が何を表しているのか，ある曲線が右上がりのグラフで描かれる理由は何か，ある条件が変化したときに曲線が移動するのはなぜか，などなどを考えながら，理論の解説に利用される図解の１つ１つを読者自身の手で再現してみることで，内容に対する理解を深めることができるはずである。

本書が対象読者として主に想定しているのは，経済学を習い始めた大学１〜２年生である。基礎的な経済学を知っているに越したことはないが，それがなくとも本書を読み進められるよう，必要な基礎知識については，本文中あるいはコラム等を利用して解説を加えてある。したがって，意欲さえあれば，一般の社会人あるいは高校生の読者にも本書を読み通してもらえると思う。

本書では，「貿易と環境」および「貿易と天然資源」という２つの重要問題についてはまったく触れていない。これらの問題を取り上げなかったのは，恥ずかしながら，筆者の能力が及ばないというのが第一の理由である。加えて，「貿易と環境」や「貿易と天然資源」の問題を正面から取り上げるためには，国際貿易論に関する知識の他に，環境経済学や資源利用と再生産の動学に関する十分な理解も必要であって，基礎的事項として紹介するには難度が高くなり過ぎると判断したのが第二の理由である。

教科書であるということを意識して，本書では，筆者自身の思想や意見を記述することは避けている。とはいえ，まったく無味無臭・無色透明というわけでもない。筆者自身は，これまでに学界で積み重ねられてきた知見に基づいて

「貿易自由化は，いくらかの問題を孕んではいるものの，基本的に実行したほうがよいものだ」と考えている。したがって，本書を通じて，このような見解に則した記述が見え隠れしていることは否めない。そして，このような見解は，ほとんどの国際貿易論研究者の共通認識でもあろう。この点に関して，恩師の１人でもあり友人でもあった下村耕嗣教授（故人，神戸大学）が好んで引用されていたアマルティア・セン教授の発言をここでも掲げておきたい。

『グローバル化をやめるかではなく，グローバル化に加えて何をするかだ。しっかりとした公共政策を併せ持つことが大切なのだ。先端技術や国際貿易の恩恵を否定することでアジアやアフリカの貧しい人々が豊かになるわけではない。』（朝日新聞，2000年８月28日）

上記のセン教授の発言ほど，本書の基本的なスタンスを的確に言い表したものはないと思う。

謝　辞

筆者が初めて国際貿易論に触れたのは，広島大学経済学部在学中に三辺誠夫先生（故人，広島大学）のゼミナールにおいて，サミュエルソンの貿易利益に関する論文を輪読したときであった。経済学の数ある命題・定理の中でも「貿易利益命題」には珍しく前向きのニュアンスがあって，筆者が国際貿易論に関心を抱く大きなきっかけとなった。神戸大学大学院経済学研究科に進学後は，国際経済学の泰斗，池本清先生（故人，神戸大学名誉教授）のご指導を受けた。池本先生の研究室に所属できたのは，まったく偶然の巡り合わせであったが，池本先生からは，単に国際経済学のみならず，研究者・教育者としての心構えや姿勢について多くのことを学ばせていただいた。両先生ともすでに鬼籍に入られて久しいが，改めて感謝の言葉を記しておきたい。

筆者が，曲がりなりにも本書のような教科書をまとめられるまで国際貿易論に対する理解を深められたのは，学会・研究会・セミナー等を通じた多くの優れた方々との交流のおかげである。特に，青木浩治（甲南大学），阿部顕三

（大阪大学），井川一宏（京都産業大学），石川城太（一橋大学），石黒馨（神戸大学），石黒靖子（兵庫県立大学），市野泰和（甲南大学），岩佐和道（京都大学），岩本武和（京都大学），大川隆夫（立命館大学），大川昌幸（立命館大学），大川良文（滋賀大学），太田博史（神戸大学），大山道廣（東洋大学），岡村誠（広島大学），小田正雄（立命館大学），岡本久之（兵庫県立大学），菊地徹（故人，神戸大学），清野一治（故人，早稲田大学），近藤健児（中京大学），趙来勲（神戸大学），佐竹正夫（東北大学），佐野進策（福山大学），柴田孝（大阪商業大学），下村耕嗣（故人，神戸大学），神事直人（京都大学），鈴木克彦（関西学院大学名誉教授），寶多康弘（南山大学），多和田眞（名古屋大学），出井文男（神戸大学），寺町信雄（京都産業大学），内藤巧（早稲田大学），西島章次（故人，神戸大学），橋本賢一（神戸大学），林原正之（追手門学院大学），原正行（桃山学院大学），広瀬憲三（関西学院大学），福井太郎（近畿大学），古沢泰治（一橋大学），松林洋一（神戸大学），丸山佐和子（神戸大学），椋寛（学習院大学），安武公一（広島大学），吉田千里（立命館大学），米山昌幸（獨協大学），若杉隆平（横浜国立大学）の諸先生に対する筆者の学問的負債の大きさは計り知れない。記して御礼申し上げる次第である。

本書の執筆に本格的に取りかかった頃，同じ池本清先生の薫陶を受け，同じ研究科に勤務し，そして，よき友人であった菊地徹氏（神戸大学）が若くして世を去った。菊地氏の精力的な研究活動は筆者の大きな刺激となっていたし，研究・教育をめぐる彼との議論はいつも楽しく生産的であった。菊地氏には，原稿の一部に目を通していただいたが，残念ながら，本書全体を通したコメントをいただきたいとの望みはかなわなかった。菊地氏の冥福をお祈りしたい。

神戸大学大学院博士課程後期課程の松岡佑治君，稲葉千尋さん，後藤啓君からは，本書の初期原稿に対して詳細なコメントをいただいた。本書がいくらかでも読みやすいものになっているとすれば，彼らのおかげである。また，特に松岡君には，本書作成にあたっての資料収集・整理・グラフ作成などの労もとってもらった。貴重な時間を割いて作業をしてくれた彼ら３名に感謝したい。もちろん，本書に残る不備や誤りは，すべて筆者のみの責任である。

本書は，岩本武和著『国際経済学　国際金融編』のいわば姉妹編である。岩本武和氏（京都大学）からのご紹介を受けて，ミネルヴァ書房の堀川健太郎氏と初めてお目にかかり，本書の執筆依頼をいただいたのは，かれこれ５年ほども前であったかと思う。堀川氏には，怠惰な筆者による数々の引き延ばし戦略にもあきらめることなく，執筆を継続するよう熱心に促していただいた。堀川氏に，心よりのお詫びと感謝を申し上げたい。

家族からの日常的な支援なくしては，本書の完成はありえなかった。原稿執筆に取りかかると不機嫌な顔をしていることの多い筆者を，いつも変わらぬ笑顔で励まし，暖かい家庭を支えてくれている妻かおりに感謝の言葉を伝えたい。また，ひかると俊輔，２人の子どもたちにも感謝したい。彼らの健やかな成長が何より未来への希望を与えてくれる。来るべき彼らの時代がよりよいものであることを願ってやまない。

2012年11月

神戸大学六甲台キャンパスにて　中西訓嗣

国際経済学 国際貿易編

目　　次

はしがき

第1章　比較優位の基礎

どのような特色をもった国がどのような性質の財を輸出・輸入することになるのであろうか。ある財やサービスの価格が自国よりも外国のほうで安ければ，そのような財やサービスを外国から輸入すると考えるのは，まったく素朴だが自然な発想であろう。多くの経済取引がそうであるように「安いところで買って高いところで売る」という価格の違いを利用した取引――これを**裁定取引**という――の可能性が国際貿易を推進する1つの大きな力となっているのである。

ある国において，ある財を他国よりも相対的に安く生産できるとき，当初の国はその財の生産に**比較優位**をもつという。国際貿易においても裁定取引の力が働くならば，各国がそれぞれ比較優位をもつ財を輸出するような貿易パターンが成立するであろう。様々に異なる要因が国際貿易の構造あるいは貿易パターンに影響を及ぼしているが，中でも比較優位の概念は重要である。本章では，比較優位がどのように生み出されるのか，そして何をもたらすのかなどの基礎的事項について学習する。

1.1　分業の利益

世界の各国は，ある財やサービスを他の国に輸出し，引き替えに他の財・サービスを輸入して利用している。いわば世界の国々は，それぞれが異なる財・サービスを生産して互いに融通し合うという形で必要な仕事を分担しているのである。このような有様を指して**国際分業**（international division of labor）が成立しているという。適切な形で国際分業が行われれば，各国はその分業からある種の利益が得られることを簡単な数値例を用いて示しておこう。

表1-1　労働投入係数と労働賦存量

	A国	B国
自動車の労働投入係数（人時／万台）	2	15
小麦の労働投入係数（人時／万トン）	8	10
労働賦存量（人時）	400	1500

労働投入係数と絶対優位

A国とB国という2つの国からなる世界経済を考える。両国ともに自動車と小麦を生産できる技術と利用可能な資源をもっている。たとえば，A国では自動車を1万台生産するために2単位の労働力が必要であり，小麦1万トンを生産するためには8単位の労働力が必要であるとしよう（労働力は「人時」，すなわち「何人の労働者が延べ何時間働くのか」を単位として測定されるものとする)。このように，ある財を1単位生産するために必要とされる最小の労働力をその財の生産のための**労働投入係数**（input coefficient of labor）という。たとえば，自動車の1単位を「1万台」とし，労働力を「人時」で測っているので，A国の自動車生産の場合「2人時／万台」が自動車生産の労働投入係数となる。労働投入係数は技術力を表す指標であって，その値が小さければ小さいほど優れた技術であることを表している。

各国で利用可能な労働力の総量を**労働賦存量**（labor endowment）という。A国の労働賦存量を400単位とする。B国についても同様に，各財の労働投入係数と労働賦存量を表1-1のように定めておく。

表1-1において，A国とB国の自動車生産の労働投入係数を比較するとA国のほうが小さい。すなわち，A国の自動車産業はB国の自動車産業よりも優れた技術をもっている。このとき，A国はB国と比べて自動車の生産について**絶対優位**（absolute advantage）にあるという。小麦についても同様に，B国よりA国の労働投入係数のほうが小さいのでA国の技術のほうが優れている。表1-1の数値例では，どの財の生産についてもA国が絶対優位をもっているのである（2国のみを想定しているので，A国の技術はどの産業においても世界一である)。

自給自足経済

まず各国が，国際分業なしの自給自足でできることを考えてみよう。Ａ国において自動車がまったく生産されないとすれば，すべての労働力を小麦の生産に振り向けることができる。このとき，Ａ国において生産可能な小麦の数量は最大で50万トンとなる。

50万トン＝労働賦存量400÷小麦の労働投入係数８

自動車を20万台生産すると，

40単位＝自動車の労働投入係数２×自動車の生産量20

の労働力が利用され，小麦生産に利用できる労働力は360単位となる。

360単位＝労働賦存量400－自動車生産に利用されている労働量40

このとき，Ａ国における小麦の最大生産量は45万トンである。

45万トン＝小麦生産に利用可能な労働量360÷小麦の労働投入係数８

このように自動車の生産量を増加させると小麦の最大可能な生産量は減少していき，自動車の生産量が200万台に達すると，もはや小麦は生産できなくなってしまう。Ｂ国においても同様の関係が成立している。表１‐２は，以上の関係をＡ国，Ｂ国それぞれについてまとめたものである。

分業の利益

Ａ・Ｂ両国がそれぞれ80万台の自動車と30万トンの小麦を自給自足で生産し消費しているものとしよう（表１‐２の♡を付した箇所を参照のこと）。世界全体では合計160万台の自動車と60万トンの小麦が利用できる状態である。この状態から，各国が単独で自動車と小麦の生産量の両方を増加させることはできない。しかし次に示すように，適切な国際分業と貿易を通じた交換が行われれば，世界全体として自動車と小麦の生産量を増加させ，ひいては各国の消費量を増加させることが可能である。

表 1 - 2　各国の生産可能性

A国					♡						♣
自動車（万台）	0	20	40	60	80	100	120	140	160	180	200
小麦（万トン）	50	45	40	35	30	25	20	15	10	5	0
B国	♣								♡		
自動車（万台）	0	10	20	30	40	50	60	70	80	90	100
小麦（万トン）	150	135	120	105	90	75	60	45	30	15	0

今，A国が自動車に，B国が小麦に生産を集中する形で国際分業が行われたとしよう。A国は自動車のみを200万台生産し，B国は小麦のみを150万トン生産する（表1 - 2の♣を付した箇所を参照のこと）。したがって，A国から100万台の自動車をB国に輸出し，B国から75万トンの小麦をA国に輸出すれば，両国は自動車の消費量を80万台から100万台に，小麦の消費量を30万トンから75万トンに増加させることができる。国際分業と貿易取引によって世界全体の財の利用可能性が拡大するのである――これを**分業の利益**という。

ただ単に分業が行われれば，分業の利益が実現するというわけではない。先の例とは逆に，A国が小麦の生産に，B国が自動車の生産にそれぞれ集中する形で分業が行われると，自動車の総生産量は100万台となり，小麦の総生産量は50万トンになってしまう。これでは，いくら貿易取引を通じた交換が行われても，両国における各財の消費量を同時に増加させることはできない。不適切な方向での分業はかえって事態を悪化させてしまう。分業の利益を実現するためには，適切な方向で分業が行われなければならないのである。

機会費用と比較優位

各国がどの財の生産に集中すべきかを決定する鍵は**機会費用**（opportunity cost）である。再び表1 - 2を見てみよう。A国では自動車の生産量を20万台増加させるごとに小麦の生産量を5万トン減少させなければならない。自動車1台あたり小麦1/4トンである。言い換えれば，A国において自動車1台を増産するには，1/4トン分の小麦を生産する機会が失われるという意味で費用がかかっているのである。このように，**「ある事柄Xを実行することによって，**

もはや実行が不可能となってしまった別の事柄Ｙ」のことを**Ｙで測ったＸの機会費用**という。同様の計算から，Ｂ国では自動車１台の増産に対して 3/2 トン分の小麦の生産機会が失われることが分かる。

自動車１台を増産するための機会費用はＢ国よりもＡ国のほうが低い。このときＡ国はＢ国と比べて自動車生産に**比較優位**（comparative advantage）をもつという。同じことだが，Ｂ国の自動車１台を増産するための機会費用がＡ国と比べて高いことをＢ国はＡ国と比べて自動車生産の**比較劣位**（comparative disadvantage）にあるという。注目する財を入れ替えると，小麦を１トン増産するための機会費用はＡ国よりもＢ国のほうが低いので，「Ｂ国はＡ国と比べて小麦生産に比較優位をもつ」あるいは国を入れ替えて「Ａ国はＢ国と比べて小麦生産の比較劣位にある」などとも表現する。これらは皆，同じ内容を伝える別表現である。

さて，たとえばＡ国で自動車を４台増産すると小麦を１トン減産しなければならないが，同時にＢ国で自動車を２台減産すれば小麦を３トン増産できる。このとき世界全体では，自動車２台と小麦２トンの増産が可能となる。Ａ国で自動車を，Ｂ国で小麦を同時に増産できるかぎり，同様の生産調整を行うことで世界全体における両財の総生産量を増加させることができる。このように，分業の利益を実現するためには，各国は他国と比べて比較優位をもつ財の生産に集中すべきなのである。

適切な国際分業の方向の決定に対して絶対優位の概念が無関係であることにも注意しよう。本節の数値例では，Ａ国がすべての財の生産について絶対優位をもっている（Ａ国の技術はどの産業でも世界一）が，だからといってすべての財の生産をＡ国に任せてしまうことは得策ではない。なぜなら，Ｂ国で何の生産も行われなければ，Ｂ国に存在する労働力がまったく利用されず無駄になってしまうからである。

1.2　生産構造

比較優位の概念を用いれば，分業の利益を実現するために各国が“どの財の生産に集中すべきなのか”という方向性は分かる。しかし，生産活動を担っているのは利潤を求めて行動する個々の企業であって，市場における企業行動を通じて適切な方向での生産調整と国際分業が“実際に行われるかどうか”は別の問題である。以下では，数値例に代わってフォーマルな経済モデル――リカードモデル――を用いてこの問題について検討する[1]。

生産技術

A国・B国の2国からなる世界経済を考える。両国はともに2種類の財を生産できる技術と資源をもっている。ここでは各財を自動車や小麦といった固有の名前で表す代わりに第1財，第2財と呼ぶことにする。各財は**規模に関する収穫一定**（constant returns to scale）の技術を用いて労働力の投入のみによって生産される。「規模に関する収穫一定」と「単一の生産要素の投入」で特徴づけられる生産技術を**リカード的技術**（Ricardian technology）という。リカード的技術を前提とすれば，労働投入係数は労働投入量とは無関係に一定値をとる。第 i 財（$i=1,2$）を生産するための労働投入係数を次のように表す。

$$a_{Li},\quad i=1,2 \tag{1.1}$$

国の違いを区別する必要がある場合には，上付添字A，Bを付して表す。たとえば，A国における第2財生産に関する労働投入係数は a_{L2}^{A} と表される。労働投入係数の値が小さければ小さいほど優れた技術であることを表している。たとえば，$a_{Li}^{A}<a_{Li}^{B}$ が成立しているとき，「A国はB国と比べて第 i 財の生産に関して絶対優位にある」という。

生産可能集合

第 i 財の生産量を y_i と表す。各財の生産量の組み合わせ（y_1,y_2）を**生産ベクトル**という。ある国において第 i 財を y_i だけ生産するときに必要とされる

(1) リカード（David Ricardo, 1772-1823）はイギリスの経済学者。主著『経済学および課税の原理』（*On the Principles of Political Economy, and Taxation*）において比較生産費説を提唱し，比較優位に基づく貿易が各国の利益となることを示した。

労働投入量は労働投入係数と生産量との積 $a_{Li}y_i$ に等しい。しかし各財の生産に対して無制限に労働力を投入できるわけではなく，両財の生産に利用される労働力の合計がその国で利用可能な労働賦存量 L を越えることはできない。一般に，その経済において利用可能な技術と資源とを用いて実現できる生産ベクトルの全体を，その国の**生産可能集合**（production possibility set）という。リカードモデルの場合には，次のように表される。

$$\{(y_1, y_2) \mid a_{L1}y_1 + a_{L2}y_2 \leqq L,\ y_1 \geqq 0,\ y_2 \geqq 0\} \tag{1.2}$$

図1-1は横軸に第1財の数量，縦軸に第2財の数量を測った平面上に生産可能集合を描いたものである。影をつけた縁を含む三角形領域 $fg0$ が生産可能集合を表している。

効率的な生産構造

ある実現可能な生産ベクトル（y_1, y_2）をとる。この生産ベクトルから一方の財の生産量を増加させるためには他方の財の生産量を減少させなければならない状態となっているとき，当初の生産ベクトルは効率的であるという。

まず，図1-1・図1-2の生産可能集合（三角形領域 $fg0$）の厳密に内部にある生産ベクトルは効率的ではないことを確認しよう。図1-2のように生産可能集合の厳密に内部に含まれる実行可能な生産ベクトル $y^\circ=(y_1^\circ,\ y_2^\circ)$ を任意に1つ選ぶ。すると，図1-2から明らかなように y° の右上に $y_1'>y_1^\circ,\ y_2'>y_2^\circ$ となる別の生産ベクトル $y'=(y_1',\ y_2')$ を生産可能集合の中にとることができる。すなわち，y° から始めて一方の財の生産量を減少させることなく，しかも他方の財の生産量を増加させることが可能である（一方を増やしても他方を減らす必要はない）。したがって，当初の生産ベクトル y° は効率的ではない。

これに対して，三角形領域の斜辺 fg 上にある生産ベクトルは効率的である。斜辺上にある生産ベクトル $y^*=(y_1^*,\ y_2^*)$ を任意に1つ選ぶ。この y^* に対して「$y_1 \geqq y_1^*,\ y_2 \geqq y_2^*$，かつ $y^* \neq y$」となる生産ベクトル $y=(y_1,\ y_2)$ の全体は y^* の右上の領域で表される。たとえば図1-2の y'' のように，この右上の領域に含まれる生産ベクトルをどのように選んでも生産可能集合には決して含ま

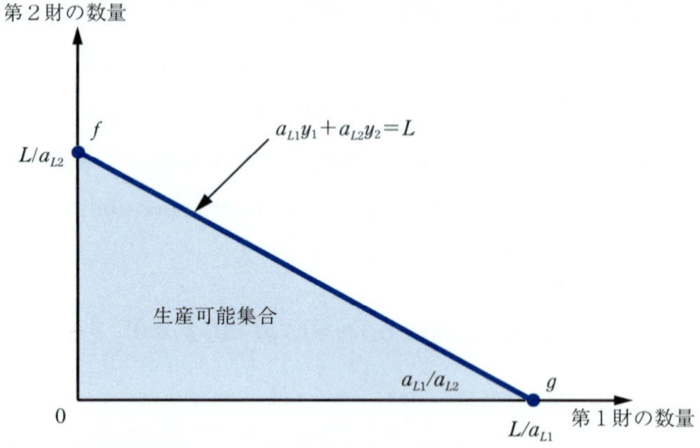

図 **1 - 1**　リカードモデルの生産可能集合

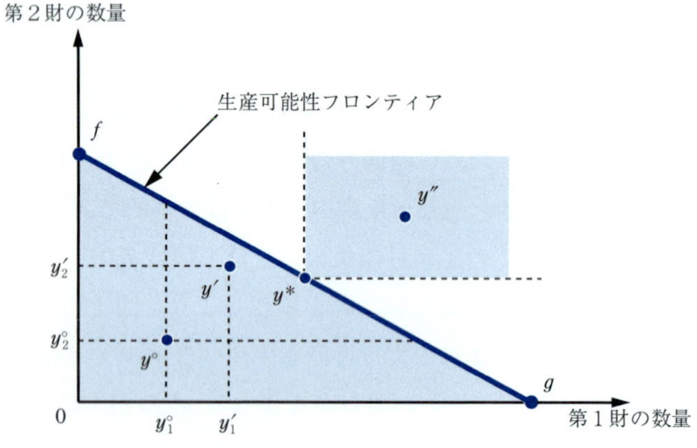

図 **1 - 2**　効率的な生産ベクトルと生産可能性フロンティア

れない。すなわち，y^* から一方の財の生産量を増加させようとすると他方を減少させなければならないのである。したがって，当初の y^* は効率的である。

効率的な生産ベクトルの図解を**生産可能性フロンティア**（production possibility frontier）あるいは**変形曲線**（transformation curve）という。生産可能集合の定義から明らかなように，リカードモデルにおける生産可能性フロンティアは縦軸切片が L/a_{L2}，傾きが $-a_{L1}/a_{L2}$ の直線で表される（図の斜辺 fg）。

効率的な生産ベクトルから第１財の生産量を１単位増加させるとき，効率的な生産構造を維持するために減少させなければならない第２財の数量を表した指標を**限界変形率**（marginal rate of transformation）という。図解では，限界変形率は生産可能性フロンティアの傾きの大きさで表される。リカードモデルの場合，限界変形率は投入係数比率 a_{L1}/a_{L2} に等しくなっている。

1.3　企業行動と長期均衡

市場では**完全競争**（perfect competition）が成立し，企業を設立して市場に参入することも操業を停止して退出することにも費用のかからない**自由参入・退出**（free entry-exit）が認められているものとする。

利潤最大化

企業は，利潤最大化を目的として参入・退出および生産に関する決定を行う。第 i 財の市場価格を p_i，生産量を y_i，第 i 財生産のための労働投入量を L_i，労働賃金率を w とする。価格 p_i で第 i 財を y_i だけ販売すれば収入は p_iy_i となる。労働力を L_i だけ雇用するときの賃金費用は wL_i である。また，労働投入係数の定義より $L_i=a_{Li}y_i$ が成立している。したがって，第 i 財を生産する企業の利潤（＝収入－費用）は次のように表される。

$$\text{利潤} = p_iy_i - wL_i = p_iy_i - wa_{Li}y_i = (p_i - wa_{Li})y_i \tag{1.3}$$

完全競争環境を前提としているので，市場で与えられる価格 p_i や賃金率 w を個々の企業は操作できない。したがって(1.3)式の p_i-wa_{Li} の部分は個々の企業にとって外生的なパラメータとなり，企業はこの部分の値に応じて行動を決定しなければならない。

もし $p_i-wa_{Li}>0$ ならば，市場に参入して生産量を無制限に大きくすることで利潤はいくらでも大きくできる。しかし，そのためには労働投入を無制限に大きくしなければならないが，利用可能な労働賦存量にはかぎりがあるので，長期的には不可能である。また，$p_i-wa_{Li}<0$ のときに財を供給すると利潤はマイナスとなってしまう。この場合，市場から退出するか生産量をゼロにすれ

ば，利潤をゼロにとどめることができる。最後に，

$$p_i = wa_{Li} \tag{1.4}$$

であれば，どのような生産量を選択しても利潤はゼロである。

以上の議論から，ある財が正の数量生産されるのは(1.4)式が成立する場合のみであることが分かる。(1.4)式の右辺は賃金率と労働投入係数の積であり，第 i 財を 1 単位生産するための費用，すなわち**平均費用**（average cost）を表している。ある財が生産されているならば，価格と平均費用とが一致していなければならないのである。

労働市場均衡

企業の生産量の決定に応じて労働投入量も決まる。価格 p_i と平均費用 wa_{Li} との乖離は，賃金率 w と労働 1 単位あたりの収入 p_i/a_{Li} との乖離に置き換えることができる。さて，$p_i/a_{Li}>w$ のとき企業は生産量を無制限に大きくしようとするので，労働投入量も無制限に大きくなる。$p_i/a_{Li}<w$ ならば，生産量はゼロなので労働投入量もゼロとなる。最後に，$p_i/a_{Li}=w$ ならば，どのような生産量もとりうるので，労働投入量も任意の値をとりうる。

図 1 - 3 は，縦軸に賃金率を測り，横軸については左下の原点 0_1 から右に向かって第 1 財部門の労働投入量 L_1 を，右下の原点 0_2 から左に向かって第 2 財部門の労働投入量 L_2 を測った図解である。2 つの原点 0_1 と 0_2 の距離が労働賦存量 L に等しくなるよう作図してある。p_1/a_{L1} の高さで折れ曲がっている青い L 字型の曲線が第 1 財部門の労働需要曲線を，p_2/a_{L2} の高さで折れ曲がっている黒い逆 L 字型の太線の曲線が第 2 財部門の労働需要曲線をそれぞれ表している。各労働需要曲線の屈折点の高さが，各財の価格に依存していることに注意しよう。図 1 - 3 では，$p_1/a_{L1}>p_2/a_{L2}$ の状況が描かれている。

労働市場均衡条件は次のように表される。

$$L_1 + L_2 = L \tag{1.5}$$

両部門の労働需要曲線の交点 e が労働市場均衡点を表している。図の場合，

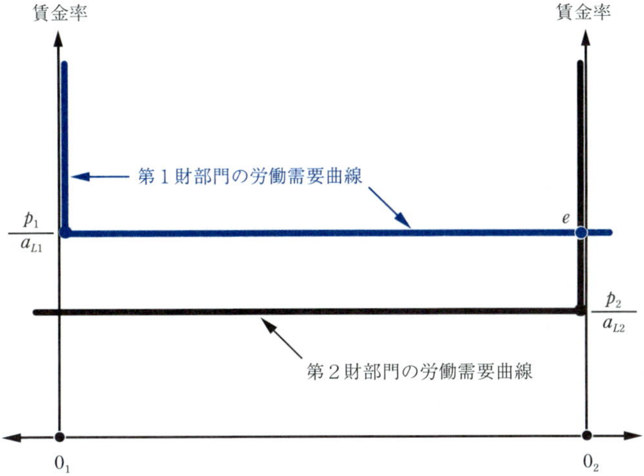

図１-３　労働需要曲線と労働市場均衡

均衡賃金率は p_1/a_{L1} に等しく，すべての労働力が第１財部門に配分されていることが分かる。第２財部門には労働力が配分されないので生産量もゼロである。このとき，$p_1=wa_{L1}$ および $p_2<wa_{L2}$ が成立していることを確認しておこう。

閉鎖経済均衡価格

自給自足を行っている１国の閉鎖経済について考えよう。「第２財で測った第１財の相対価格」を $p\equiv p_1/p_2$ と表す。上の議論から，$p_1/a_{L1}>p_2/a_{L2}$ すなわち $p>a_{L1}/a_{L2}$ ならば，第１財のみが生産され，第２財はまったく生産されないことが分かっている。同様に，$p<a_{L1}/a_{L2}$ ならば，第２財のみが生産され，第１財はまったく生産されない。自給自足状態において，この国の消費者がすべての財を必要としているならば，これらは国内で生産されていなければならない。両財が同時に生産されうるのは $p=a_{L1}/a_{L2}$ の場合のみである（図１-３において両部門の労働需要曲線の水平部分がぴったり重なっている場合である）。したがって，閉鎖経済均衡における相対価格 $\bar{p}$ は投入係数比率に等しくなる。

$$\bar{p} = \frac{a_{L1}}{a_{L2}} \tag{1.6}$$

右辺の投入係数比率の意味について調べるために $a_{L1} \times 1/a_{L2}$ のように分解してみよう。前半の a_{L1} は1単位の第1財を生産するために必要とされる最小の労働量であり，後半の $1/a_{L2}$ は1単位の労働力を投入したときに獲得できる第2財の数量，すなわち第2財に関する**労働生産性**（labor productivity）である。したがって，投入係数比率は1単位の第1財を生産するために投入される労働力を使って生産できる第2財の数量を表している。第1財を1単位増産すると，投入係数比率に相当する分だけ第2財を減少させなければならないのである。その意味で，投入係数比率は，第1財を1単位生産することの機会費用を第2財の数量で測ったものになっている。

均衡生産構造の効率性

長期均衡における生産構造が効率的であることを確かめておこう。財価格 p_1，p_2 と賃金率 w が正の値をもつような均衡が成立しているとしよう。もし生産構造が効率的でなければ，利用されずに余っている労働力（失業）が存在する。このような失業が存在するかぎり賃金率を引き下げることが可能だから，当初の賃金率は均衡とはならない。これは矛盾である。したがって，長期均衡における生産構造は効率的でなければならない。この事実から，均衡における生産ベクトルを考察する場合には生産可能性フロンティア上の点のみに注意を向ければよいことが分かる。

1.4　貿易自由化と生産の変化

ある国の事情の変化が世界市場に影響を及ぼさないとする分析上の仮定を**小国の仮定**という。ある小国経済が財に関する貿易自由化を行った場合の生産構造の変化について検討しよう（ここでは，労働力の国際移動については考えない）。

特　化

ある国が自給自足の閉鎖経済均衡にあって，両財ともに生産されているものとする。前節で示したように，閉鎖経済均衡における相対価格 $\bar{p}$ は投入係数比率 a_{L1}/a_{L2} に等しい。貿易自由化を行って世界市場に参加すれば閉鎖経済均衡価格とは異なる価格の下で財の取引が可能となる。世界市場における相対価格を p と表し，これを世界価格あるいは国際価格と呼ぶ。議論を明確にするために，以下では $p>\bar{p}$ を仮定しておく（逆向きの不等号の場合にも同様の議論が可能である）。この仮定の下で次の条件が導かれる。

$$\frac{p_1}{p_2} > \frac{a_{L1}}{a_{L2}} \Leftrightarrow \frac{p_1 y_1 - w a_{L1} y_1}{w a_{L1} y_1} > \frac{p_2 y_2 - w a_{L2} y_2}{w a_{L2} y_2} \tag{1.7}$$

各辺の分子は各財の利潤であり，分母は費用である。すなわち，上式の各辺は財を世界市場に供給した場合の**利潤率**を表しており，上の不等式は第２財よりも第１財を生産するほうが高い利潤を確保できることを意味している。したがって貿易自由化が実施されると，利潤最大化をめざす企業家は，第１財の生産を拡大させ，第２財の生産を縮小させる。

閉鎖経済均衡における生産ベクトルが図１-４の e 点で表されているとしよう。e 点における国内均衡相対価格 $\bar{p}$ は生産可能性フロンティアの傾きに等しい。この状態から，$p>\bar{p}$ の条件の下で貿易自由化が行われると第１財の生産が拡大し第２財の生産が縮小して，生産点は e から g へと変化する。

貿易自由化が行われて企業の直面する価格が変化することによって，より販売面で有利となった第１財へと生産が集中していく。このように，生産構造が特定の財に集中していくことを**特化**（specialization）という。特に，生産集中が極端に進んで特定の財のみが生産されるようになった状況を**完全特化**（complete specialization）といい，生産集中は進んでいるものの複数の財が生産されている状況を**不完全特化**（incomplete specialization）あるいは**部分特化**（diversification）という。リカードモデルでは，貿易自由化が実施されると，ほとんどの場合に完全特化が生じることになる。

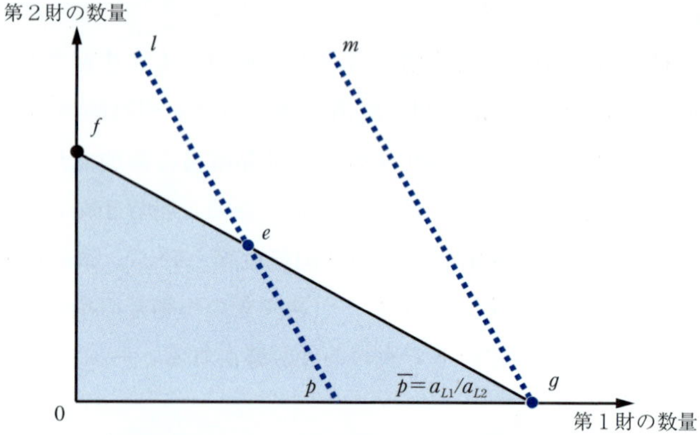

図１-４　小国の貿易自由化と生産構造調整

生産国民所得の最大化

世界市場における各財の名目価格を p_1, p_2 とすれば，生産ベクトル (y_1, y_2) を世界価格で評価した名目生産国民所得は $p_1y_1+p_2y_2$ となる。これを第２財価格で割って第２財で測った実質生産国民所得 Y を求めると次のようになる。

$$Y=py_1+y_2 \tag{1.8}$$

図１-４では横軸に第１財，縦軸に第２財の数量をそれぞれ測った平面上に生産ベクトル (y_1, y_2) に対応する点をとり，この点を通る傾き $-p$ の直線を描けば，その直線の縦軸切片が Y の大きさを表す。

図１-４を用いて貿易自由化と生産国民所得との関係について検討しよう。閉鎖経済均衡点を図の e 点とする。この生産ベクトルを世界価格 p で評価した生産国民所得は e 点を通る破線の直線 l の縦軸切片で表される。これを Y^o とする。さらに，貿易自由化後の生産点（図の g 点）を世界価格 p で評価した生産国民所得は g 点を通る破線の直線 m の縦軸切片で表される。これを Y とすれば，図解から明らかなように $Y^o<Y$ が成立している。また，e 点にかぎらず g 点以外の実現可能な生産ベクトルをどのように選んだとしても，p で評価した生産国民所得が Y を越えることはない。すなわち，貿易自由化が行われると，世界価格で評価した生産国民所得が最大となるように生産構造は変

化するのである。個々の企業の目的は自らの利潤を最大にすることであって生産国民所得を最大にすることではないから，この結果は驚くべきことといってよい。市場における競争の力が生産構造を効率的なものにして，国民所得の増大を可能にしているのである。

1.5　貿易均衡価格の範囲

明示的にＡ国・Ｂ国の２国を導入して，両国間で自由貿易が行われた場合に，どの国がどの財を輸出・輸入するようになるのか，そして世界価格がどのような範囲に定まるのかを明らかにしよう。

比較優位

議論を明確にするために以下では次の関係を仮定する。

$$\frac{a_{L1}^{A}}{a_{L2}^{A}} < \frac{a_{L1}^{B}}{a_{L2}^{B}} \tag{1.9}$$

投入係数比率は，第１財を１単位増産することの第２財で測った機会費用であるから，上の不等式は「Ａ国はＢ国と比べて第１財の生産に比較優位をもつ」ことを意味している。1.1節で利用した自動車と小麦の生産の例からも分かるとおり，この関係は，たとえＡ国が第１財の生産に絶対優位をもっていなくとも成立しうることに注意しておこう。

Ａ国・Ｂ国の閉鎖経済均衡価格をそれぞれ p^{A}，p^{B} とする。(1.6)式から各国の閉鎖経済均衡価格と投入係数比率は等しいことが分かっているので，(1.9)式は次の関係と同値である。

$$p^{A} < p^{B} \tag{1.10}$$

投入係数比率の比較を表す(1.9)式と閉鎖経済均衡価格の比較を表す(1.10)式のどちらを用いても，いずれの国がどの財に比較優位をもつのかを定義できるが，市場における企業等の行動を考察する際には相対価格の違いのほうが本質的に重要である。また，生産技術を一定の労働投入係数のみで表現できない場合には，そもそも(1.9)式のような表現は意味をもたないので，以下では，(1.10)式が成立するときに「A国はB国と比べて第1財に比較優位をもつ」ということにする。比較優位をこのように定義しておけば，リカードモデルとは異なる生産構造を有するモデルにおいても適切に比較優位構造について論じることができるのである。

貿易均衡価格の範囲

世界価格を p とする。世界価格が $p^{A}<p^{B}<p$ のようにA国・B国の閉鎖経済均衡価格を上回っているとしよう。前節で明らかにしたように，各国はそれぞれ第1財に完全特化する。この場合，世界全体として第1財のみが生産されることになって貿易取引は生じない。逆に $p<p^{A}<p^{B}$ の場合には，各国はともに第2財に完全特化する。世界全体として第2財のみが生産されて，この場合にも貿易取引は生じない。

両財が消費において不可欠ならば，$p^{A}<p^{B}<p$ の状態も $p<p^{A}<p^{B}$ の状態も均衡とはなりえない。したがって，貿易均衡においてA国・B国間で実際に貿易取引が行われるのならば，世界価格は両国の閉鎖経済均衡価格の間に位置していなければならない。

$$p^{A} \leqq p \leqq p^{B} \tag{1.11}$$

(1.11)式が成立しているとき，A国は第1財の生産に特化し，B国は第2財の生産に特化する。したがって，貿易均衡においてA国は第1財を，B国は第2財をそれぞれ輸出する形の貿易パターンが成立することになる。

上の結果と(1.10)式の仮定から，自由貿易が行われることによって各国はそれぞれが比較優位をもつ財に特化して生産し交換することが分かる。自由貿易は，各国における生産構造調整を促して生産効率性を改善し，世界全体における財の利用可能性を拡大させるのである。

Column　競争力について

世界一の技術力をもっていても，市場での競争に勝ち残れないかもしれない——比較優位の理論から導かれる１つの重要なメッセージである。

1.1 節の自動車と小麦を生産するＡ国・Ｂ国の数値例を考えてみよう。Ａ国はすべての財について絶対優位にあるが，比較優位の構造から，自由貿易が実施されるとＡ国は自動車，Ｂ国は小麦の生産にそれぞれ特化することが分かっている。Ａ国の小麦生産企業の技術は労働投入係数が小さい（絶対優位）という意味でＢ国の小麦生産企業よりも優れているにもかかわらず，貿易自由化の結果，Ａ国の小麦生産企業は衰退してしまうのである。世界一の技術をもつ企業が“競争力”を発揮できないのはなぜだろうか。

通俗的な議論では，しばしば「外国の安い労働力」が問題とされる。たとえＡ国企業が技術的に優れていても，Ｂ国の賃金率が安ければ，コスト面の競争でＢ国企業に負けてしまうというのである。もっともらしくて分かりやすい話だが，せいぜいが不完全な説明であり，基本的に誤解に基づいたものである。

私たちは“競争”を考えるときに，同じ産業における異なる企業間の競争をイメージしがちである。しかし，これは個々の企業が直面する“競争”の一部であり，単に目立った現象であるというに過ぎない。たしかに，各国企業は財の販売先（需要）をめぐって同業の外国企業と競合している。他方，各企業は生産に利用するための労働力等の生産要素（資源）をめぐって国内の他産業・企業とも競争しているのである——どの産業も優れた人材や有利な資金を必要としているのであり，生産要素に対して他の産業・企業よりも有利な条件を提示できなければ生産は行えない。つまり企業の競争は需要面と資源面をめぐって両手で２つの綱引きを同時に行っているようなもので，それらの両方に勝ち抜いてはじめて“競争力”を発揮できるのである（図 1-5 を参照のこと）。

同一産業内における技術の比較（絶対優位の議論）は需要面をめぐる同業種・他国間の競争のみを見るものであって，資源面をめぐる同国内・異業種間の競争を見落としている。絶対優位をもてば同業種・他国間の競争には有利かも知れないが，それは同国内・異業種の企業を上回る力で自らの生産に資源を引きつけられるときにのみ有効なのである。こうした相互依存関係の全体像に個々の企業の競争力は依存しているのであって，特定産業における技術力の違いのみが競争力を決定するのではない。これは，国際貿易を議論する際に，すべての市場を同時に考察する「一般均衡論的思考」が重要となる理由でもある。

ところで「絶対優位」の概念がまったく無意味なのかというと，そうではない。

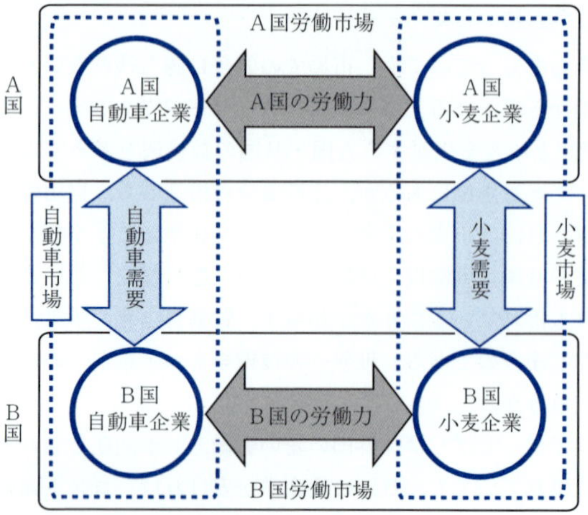

図1-5　需要をめぐる競争・資源をめぐる競争

上の議論において，A国とB国の生産要素（労働）市場が切り離されているという仮定が重要な役割を果たしていることに注意しよう。A国の小麦生産企業がB国の労働力を利用できるのならば，A国企業はB国企業と共通の舞台に立つことができる。B国企業との労働力をめぐる競争は激化するものの，当然，技術力の高い（絶対優位をもつ）A国企業が勝利するであろう。労働力の国際移動が自由化されれば２国の労働市場は統合されるし，海外直接投資が活発化するならば労働市場が統合されなくとも海外の労働力を有利な技術で活用する道が拓かれる。このように様々な経済活動が国境を越えて行われるグローバリゼーションが進展するならば，絶対優位性は各企業の競争力発揮に重要な役割を果たすことになろう。

練習問題

1. 国際貿易にかぎらず人々は知らず知らずのうちに「比較優位の原理」に基づく行動をとっていることが多い。自分の身の回りで「比較優位の原理」に基づく分業が行われている事例を探してみなさい。

2. 各国・各財の労働投入係数および労働賦存量が下表のように与えられている２国・２財のリカードモデルを考える。

	A国	B国
第１財	10	100
第２財	30	50
労働賦存量	500	2000

このとき，以下の各問に答えなさい。

(a)　各国の生産可能性フロンティアを図解しなさい。

(b)　各国の閉鎖経済における第２財で測った第１財の均衡相対価格を求め，どの国がどの財に「比較優位」をもつのかを示しなさい。

(c)　各国の閉鎖経済均衡における第２財で測った実質賃金率をそれぞれ求めなさい。

(d)　世界全体としての生産可能集合を図解しなさい。

3. 各国・各財の労働投入係数および労働賦存量が下表のように与えられている３国・２財のリカードモデルを考える。

	A国	B国	C国
第１財	3	4	1
第２財	3	2	5
労働賦存量	150	160	50

また，各国の各財に関する需要は，価格や所得に関係なく常に第１財と第２財を１対１で消費するようなものであるとする。このとき，以下の各問に答えなさい。

(a)　労働投入係数の値のみから各国の比較優位について何が言えるのか検討してみなさい。

(b)　３国間の自由貿易均衡における第２財で測った第１財の貿易均衡価格を求めなさい。

(c)　３国間の自由貿易均衡において各国はどの財をどれだけ輸出入するか求めなさい。

第2章　比較優位と貿易利益

比較優位の違いは国際貿易取引を突き動かす大きな要因の1つである。また，市場メカニズムの下での自由貿易が行われると，各国はそれぞれが比較優位をもつ財の生産に特化して，世界全体の生産効率性が改善する。生産効率性の改善によってより多くの財が生産されることになるが，その成果は国際貿易を通じた交換が行われて初めて世界の人々が享受できるものになるのである。

本章では，前章の議論を拡張して，より一般的な状況における生産可能集合や生産可能性フロンティアを示し，それらの下での生産構造の決定について考察する。さらに各種の生産要素を保有して消費活動を行う主体である「家計」を明示的に導入する。家計の状態を基礎として，一国の社会状態の善し悪しが判断される。これらを踏まえて，国際貿易と世界の人々の暮らし向き（経済厚生）の改善との関係について学習する。

2.1　生産可能性フロンティア

限界変形率

リカードモデルでは，収穫一定の生産技術と労働力のみによる生産という2つの仮定（＝リカード的技術）から，各財の労働投入係数は生産量にかかわらず一定となる。その結果，リカードモデルの生産可能性フロンティアは“直線”で表されていた。

リカードモデルにおける単一の要素による生産という仮定は現実の活動を極度に単純化したものであって，一般には，複数の生産要素を投入することで生産は実行される。たとえば，穀物の生産を考えてみよう。穀物生産に労働力が必要であることはいうまでもない。また，穀物を育成するためには豊富な栄養と空間的な広がりも必要であるが，これは土地のもたらすサービスによって提

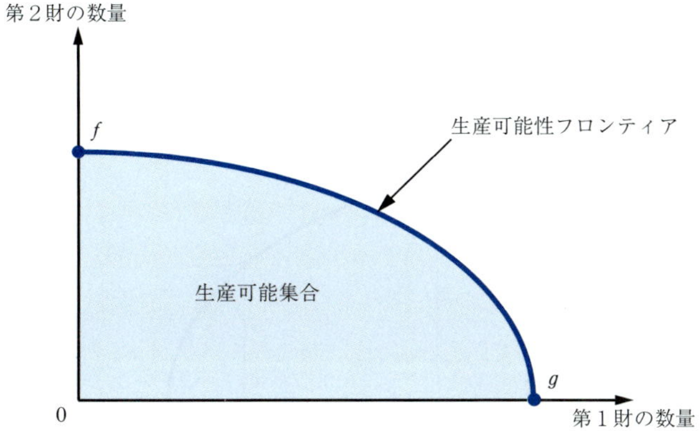

図２－１　一般的な場合の生産可能集合と生産可能性フロンティア

供される。すなわち，穀物生産のためには労働力と土地サービスという（少なくとも）２種類の生産要素の投入が必要なのである。

一般に，代替可能な複数の生産要素を利用する収穫一定の技術によって生産が行われる場合，生産可能性フロンティアは図２－１の fg のように右下がりで外側に凸の曲線となることが知られている。もちろん，生産可能性フロンティアと横軸・縦軸で囲まれる扇形の領域が生産可能集合を表している。

効率的な生産ベクトルから第１財の生産量を１単位増加させるとき，効率的な生産構造を維持するために減少させなければならない第２財の数量を表す指標を**限界変形率**（marginal rate of transformation）という。限界変形率は第１財を１単位増産することの機会費用（社会的な限界費用）を第２財の数量で表したものであり，図解では生産可能性フロンティアの傾きに対応している。リカードモデルの場合には生産ベクトルによらず限界変形率は一定であるが，一般の場合には生産ベクトルのとり方によって限界変形率は異なる値をとる。

図２－２は一般の生産可能性フロンティアを描いたものである。２つの生産ベクトル y' と y'' はいずれも効率的な生産構造に対応しており，第１財の生産量は y' よりも y'' のほうが多い。図に示されているように生産可能性フロンティアが外側に向かって凸の曲線となっているならば，y'' における限界変形率は y' におけるものよりも大きい。すなわち，生産可能性フロンティアが外

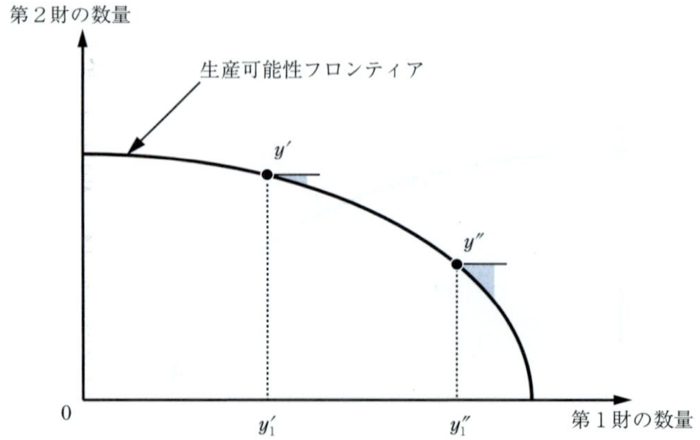

図２－２　一般の生産可能性フロンティアと限界変形率

側に向かって凸であることは，第１財の生産水準が大きくなるほど第１財を増産することの社会的限界費用が大きくなるという意味で「限界費用逓増」が生じていることを表しているのである。

生産点の決定

財価格を一定とするとき，前章で示したようにリカードモデルにおける生産構造は生産可能集合の制約の下で生産国民所得を最大とするように決定される。この事実は，外側に向かって凸の曲線で表される生産可能性フロンティアの場合にも同様に成立する。

第２財で測った第１財の相対価格を p とする。生産ベクトルが (y_1, y_2) のときの p で評価した生産国民所得は $Y=py_1+y_2$ のように表される。図２－３の直線 l，l^0，l^1 は，相対価格 p を一定としたときの異なる生産国民所得水準 Y，Y^0，Y^1 に対応している。Y^1 を表す直線 l^1 は生産可能集合と共通部分をもたないので，生産可能集合に含まれる生産ベクトルをどのように選んでも Y^1 は実現できない。一方，Y^0 を表す直線 l^0 は生産可能集合と共通部分をもっており，たとえば，生産ベクトルを生産可能性フロンティア上の y'' とすれば，Y^0を実現できる。しかし，明らかに Y^0 は相対価格 p の下で最大の生産国民所得ではない。なぜなら，y'' から生産可能性フロンティアに沿って第１財を減

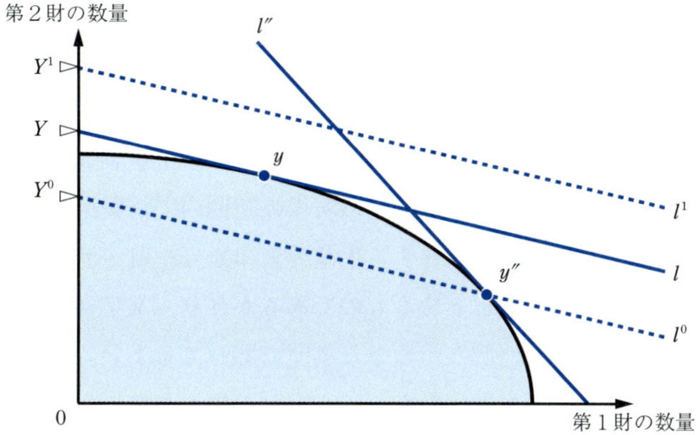

図２－３　生産点の決定と GDP の最大化

少させ，第２財を増加させれば，生産国民所得を大きくできるからである。y'' 点において生産国民所得を表す直線 l^0 と生産可能性フロンティアとが“交わっている”ことに注意しよう。

所与の相対価格に対して生産国民所得が最大となるのは，図２－３の y 点のように生産国民所得を表す直線と生産可能性フロンティアとが互いに“接する”点である。すなわち，生産国民所得を最大にする生産ベクトルは，相対価格 p と限界変形率との一致によって特徴づけられるのである。リカードモデルの場合とは異なり，特定の財のみを生産する完全特化となるわけではないことに注意しておこう。生産国民所得が最大となる点において両方の財が生産される部分特化（不完全特化）が成立しうるのである。

相対価格が変化すれば，当然，生産ベクトルも変化する。今，第１財の相対価格が上昇したとしよう。生産国民所得を表す直線は，たとえば図２－３の直線 l'' のように一層急な傾きをもつものとなる。このとき，生産可能性フロンティア上の y'' において相対価格と限界変形率とが一致する。図解から明らかなように，相対価格の上昇した第１財の生産量は増加し，第２財の生産量は減少する。

2.2　家計部門の導入

労働力や資本など各種の生産要素を保有し，それを生産要素市場に提供することから所得（要素所得）を得て，その所得の範囲内で消費財を購入する主体を「家計」という。家計は，保有する生産要素の処分や財・サービスの消費の仕方について一貫した決定を下せるものであるかぎり，文字通りの個人でもよいし，家族のように複数の個人からなる集団であってもよい。いずれにしても家計が社会を構成する基本単位であって，家計の置かれている状況に基づいてその社会の経済厚生（社会状態の善し悪し）が評価される。

効用関数と無差別曲線

家計は，財やサービスを消費することから満足を得るために財やサービスを購入する。家計の満足の程度を表す指標を**効用**（utility）という。家計は様々に異なる消費の組み合わせから様々に異なる効用を得る。家計の第1財の消費量を x_1，第2財の消費量を x_2 とすれば，消費の組み合わせは $x=(x_1, x_2)$ と表される。これを**消費ベクトル**という。家計が消費の組み合わせから得る効用水準を表す関数 U を**効用関数**（utility function）という。消費ベクトル $x=(x_1, x_2)$ に対応する効用関数の値を $U(x_1, x_2)$，あるいは単に $U(x)$ のように表す。

2つの異なる消費ベクトル x と x' について $U(x)<U(x')$ のとき，この家計は消費ベクトル x よりも x' を**選好する**という。これは，この家計が x よりも x' を高く評価していることを表している。これに対して，$U(x)=U(x')$ のとき，この家計はこれらの消費ベクトルについて**無差別である**という。通常，効用関数は各財の消費量に関して単調増加であると仮定される（＝**選好の単調性**）が，これは消費量が増加するほど，家計はより高い満足を得られることを表している。

一定の効用水準をもたらす消費ベクトルの全体を図解したものを**無差別曲線**（indifference curve）という。図2‑4は横軸に第1財の数量，縦軸に第2財の

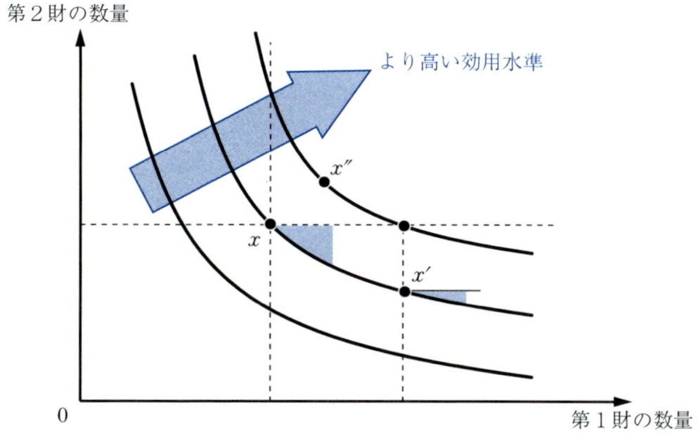

図２－４　無差別曲線

数量を測った平面上にいくつかの無差別曲線を描いたものである。たとえば，図の消費ベクトル x と x'' を考えてみよう。消費ベクトル x'' ではどの財についても x より消費量が大きい（x'' は x の右上に位置している）ので，単調性の仮定から $U(x)<U(x'')$ となる。一般に，右上に位置する無差別曲線ほど高い効用水準に対応している。単調性の仮定が満たされているならば，消費ベクトル x から第１財の消費量だけを増加させると効用水準が高くなる。この状態から元の x と無差別な状態に戻るためには，第２財の消費量を減少させなければならない。したがって，１本の無差別曲線は右下がりの曲線となる。

ある消費ベクトルから第１財の消費量を１単位増加させるときに，無差別な状態に留まるために減少させてもよいと家計が考える第２財の消費量を**限界代替率**（marginal rate of substitution）という。限界代替率は家計が第２財と比べて第１財をどれほど高く評価しているのかを表している。図解では，無差別曲線の傾きの大きさが限界代替率に対応している。図２－４の各無差別曲線は原点に向かって凸となるように描かれている。このように，１つの無差別曲線に沿って動くときに第１財の消費量が多くなるほど限界代替率が小さくなることを**限界代替率逓減の法則**という。これは家計が，一方の財に偏って消費するよりも，両財をバランスよく消費することを選好することを意味している。

予算制約と消費の決定

第2財で測った一定の実質所得 I が利用可能な状況にある家計を考えよう。第1財の相対価格が p のとき，消費ベクトル (x_1, x_2) を購入するための必要支出額は px_1+x_2 である。この必要支出額が利用可能な実質所得を超えることはできない。これを**予算制約**（budget constraint）という。家計は予算制約を満たす消費ベクトルの範囲（＝購入可能領域）で最も効用が高くなるような消費ベクトルを選択する。選好の単調性が満たされていれば予算を余らせてしまうことはないので，家計の選択範囲は次式を満たすものに限定して考えてよい。

$$px_1+x_2=I \quad （予算制約式） \tag{2.1}$$

図2-5には予算制約式といくつかの無差別曲線 u^0，u^1，u^2 が描かれている。青い影をつけた直角三角形の領域が購入可能領域を表し，斜辺の部分が予算制約式を表している。予算制約式の図解を**予算線**という。

図2-5に描かれた無差別曲線 u^2 は購入可能領域と共通部分をもたない。したがって，与えられた相対価格 p と実質所得 I の下で家計がどのように消費ベクトルを選んでも，この無差別曲線 u^2 に対応する効用水準を達成することはできない。これに対して無差別曲線 u^0 は購入可能領域と共通部分をもち，2つの消費ベクトル x'，x'' において予算線と交わっている。家計が x' を購入することは可能であるが，効用は最大となっていない。実際，x' から予算線に沿って第1財の消費量を減少させ，代わりに第2財の消費量を増加させると効用を高めることができる。このように予算線と無差別曲線が“交わっている”かぎり，効用を高めるように各財の消費量を調整することが可能である。したがって，所与の相対価格 p と実質所得 I による予算制約の下で効用が最大となるのは，図2-5の x 点のように予算線と無差別曲線とが互いに“接する”点であることが分かる。すなわち，**予算制約の下で効用を最大とする消費点は，相対価格と限界代替率との一致によって特徴づけられる**のである。

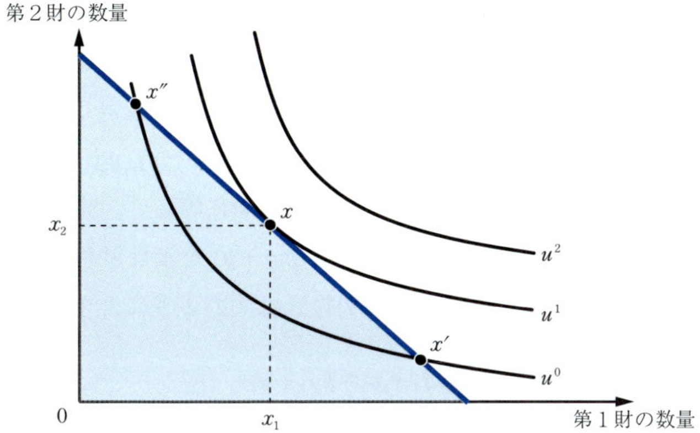

図 **2** - **5**　予算制約と消費の決定

2.3　閉鎖経済均衡

貿易が行われることの意義を鮮明に描き出すためには，逆に，まったく貿易が行われない閉鎖経済状態で何が生じるのかを見ておくことが有益である。

三面等価の原則と予算制約

家計の相違による利害対立の可能性を排除して議論を簡単にするために，一国経済のすべての生産要素が単一の家計によって保有されていると仮定しよう（一国内部における利害対立については次章で取り扱う）。様々な財の生産活動には様々な生産要素が貢献している。どの財を生産することに役立っているにしても，各生産要素はその貢献に応じて相応の報酬を受け取る。たとえば，労働力の提供に対しては賃金が支払われ，資本サービスの提供に対しては資本レンタルが支払われる。生産活動によって生み出された価値は，結局，生産活動に貢献した生産要素になんらかの形で分配されることになる。すなわち，生み出された財・サービスの総価値額（生産国民所得）は，すべての生産要素が獲得している総要素所得額（分配国民所得）に等しい。さらに，生産要素の保有者である家計は総要素所得の範囲で各財の消費量を決定するから，分配国民所得は総消費支出額（支出国民所得）に等しくなる。このように国民所得の生産面，分配面，支出面がすべて同じ値となることを**三面等価の原則**という。

相対価格が与えられると企業活動を通じて生産構造が確定し，生産国民所得も確定する。相対価格 p に対応する生産ベクトルを (y_1, y_2) とすれば，生産国民所得は py_1+y_2 であり，これは総要素所得額に等しい。すべての生産要素は単一の家計が保有しているので，家計は py_1+y_2 を消費財の購入に充てることができる。したがって，家計の予算制約式は次のように書き換えられる。

$$px_1+x_2=py_1+y_2 \tag{2.2}$$

国内需給一致

図 2-6 は，相対価格 p が任意に与えられたときの生産点と消費点の決定を描いたものである。濃い影をつけた扇形の領域が生産可能集合を表している。生産点は，相対価格と限界変形率の一致する y 点となる。生産点を通って傾きが p に等しい右下がりの直線が予算線を表し，薄い影をつけた直角三角形の領域が購入可能領域を表している。この予算制約の下での消費点は，相対価格と限界代替率の一致する x 点となる。図 2-6 に描かれた状況では，生産点と消費点は一致していない。言い換えれば，当初の相対価格 p は閉鎖経済均衡価格とはなっていない。

各財の超過需要に対してその財の価格を引き上げ，超過供給に対して価格を引き下げるような市場の働きを**ワルラス的調整メカニズム**という[(1)]。図 2-6 の状況では第 1 財に対して超過需要，第 2 財に対して超過供給が生じているので，第 1 財の相対価格を引き上げるような調整が行われることになる。相対価格を上昇させていけば，第 1 財の生産は増加し需要は減少して，やがて両者が一致する価格を見出せよう。図 2-7 は閉鎖経済均衡を描いたものである。相対価格が $\bar{p}$ のとき，生産点は図 2-7 の a 点となる。このときの予算線は右下がりの青い直線で表され，消費点もまた a 点となる。相対価格 $\bar{p}$ の下で各

---

(1) ワルラス（Léon Walras, 1834-1910）はスイスのローザンヌ大学で活躍したフランスの経済学者。彼の主著『純粋経済学要論——社会的富の理論』（*Eléments d'économie politique pure ou théorie de la richesse sociale*）は一般均衡理論を創始するものであった。

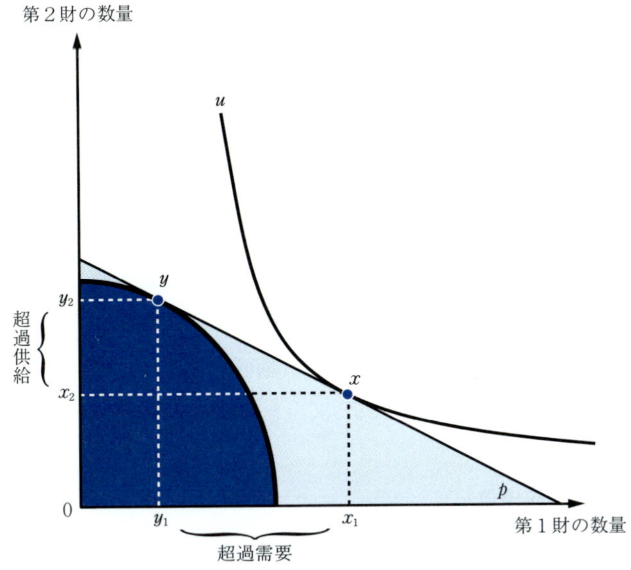

図２－６　閉鎖経済の不均衡状態

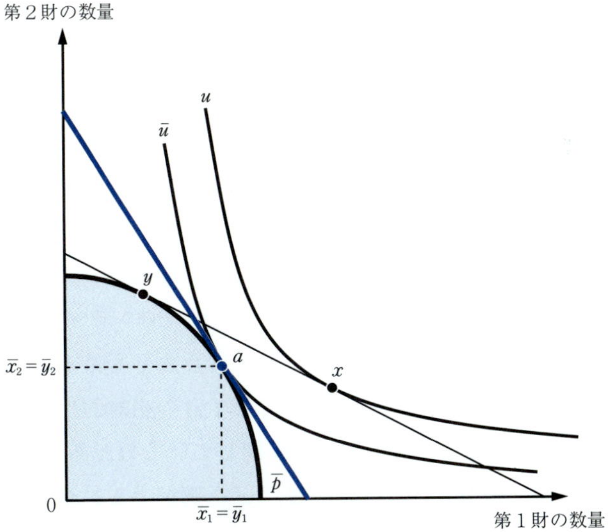

図２－７　閉鎖経済均衡

財の需要と供給が一致して閉鎖経済均衡が達成される。

閉鎖経済均衡点では，生産面の条件から相対価格と限界変形率とが一致し，消費面の条件から相対価格と限界代替率とが一致している。これは，閉鎖経済均衡点 a において予算線を挟んで生産可能性フロンティアと無差別曲線 $\overline{u}$ が互いに“接している”ことを意味している。見方を変えれば，閉鎖経済均衡点は生産可能集合の制約の中で最も効用が高くなる点となっているのである。このことから逆に，生産可能集合の制約の下での効用最大点を見つければ，その点が需給一致をもたらす閉鎖経済均衡点となることが分かる。このときの閉鎖経済均衡価格は，効用最大点における生産可能性フロンティアと無差別曲線との共通接線の傾きによって表される。

生産の偏向と比較優位

生産可能性フロンティアや無差別曲線の形状が違えば，閉鎖経済均衡価格も変わってくる。生産構造の偏向や消費構造の偏向がどのように閉鎖経済均衡価格に影響するのか，すなわち比較優位にいかなる影響を及ぼすのかについて検討しておこう。

図 2 - 8 は生産の偏向と比較優位との関係を描いたものである。曲線 AA と曲線 BB は 2 つの異なる状況に対応する生産可能性フロンティアを表している。ただし，家計の選好（無差別曲線群）は 2 つの状況で違いはないものとする。曲線 AA に比べると，BB の表す生産可能性フロンティアは第 1 財の方向に偏って大きくなっていることに注意しておこう。

さて，曲線 AA に対応する閉鎖経済均衡点は a である。このときの均衡価格を $\overline{p}$ とする。曲線 BB で表される生産可能性フロンティアにおいて $\overline{p}$ と同じ相対価格が与えられるならば，生産点は a 点よりも第 1 財が多く第 2 財の少ない y 点となる（同じ相対価格の下で第 1 財の相対的生産量が多いという意味で，BB の場合は第 1 財の生産に偏向しているのである）。このとき予算線は破線の直線で表され，家計は消費点 x を選択する。曲線 BB の状況において $\overline{p}$ は均衡価格ではなく，第 1 財に対する超過供給を生じさせるものとなっている。ワルラス的調整メカニズムの下では，第 1 財の相対価格が低下し

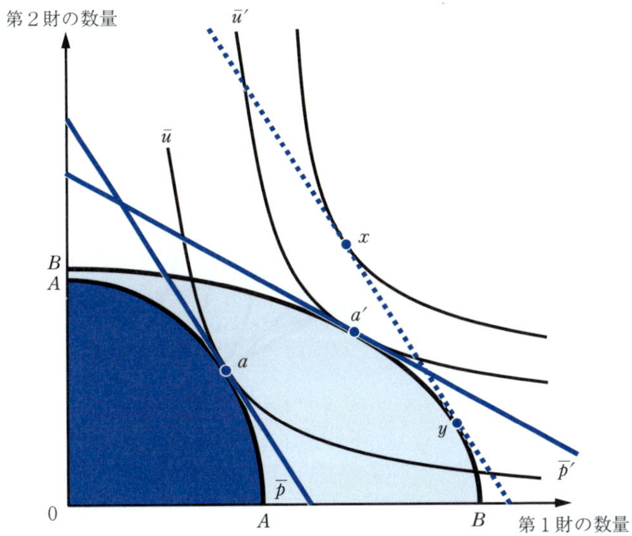

図２－８　生産の偏向と比較優位

て需給の不一致が調整される。したがって，曲線 BB の状況における閉鎖経済均衡価格を $\bar{p}'$ とすれば，$\bar{p} > \bar{p}'$ となる。第１財の生産に偏向した生産可能集合の場合（BB の状況）には，そうでない場合（AA の状況）よりも第１財の閉鎖経済均衡価格は低くなる傾向があり，第１財に比較優位をもつことになるのである。

消費の偏向と比較優位

図２－９は消費の偏向と比較優位との関係を描いたものである。ここでは，家計の選好が実線の曲線で表される場合と破線の曲線で表される場合の２つの異なる状況について考える。実線の無差別曲線はどの点においても破線の無差別曲線より大きな限界代替率をもっている。これは実線の場合における家計の第１財に対する評価が破線の場合よりも高いことを表している。その意味で実線の場合は第１財に偏向した選好を表しているといってよい。実線の場合の閉鎖経済均衡は図の a 点であり，この点における閉鎖経済均衡価格を $\bar{p}$ とする。これに対して破線の場合の閉鎖経済均衡は a' 点となる。この点における閉鎖

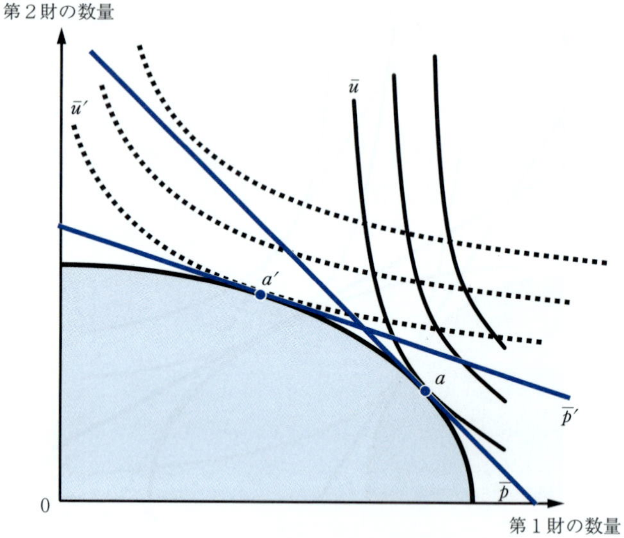

図２-９ 消費の偏向と比較優位

経済均衡価格を $\bar{p}'$ とすれば，図解から明らかなように $\bar{p}>\bar{p}'$ が成立している。すなわち，第１財に偏向した選好の場合，第１財の閉鎖経済均衡価格は高くなり，したがって第１財について比較劣位となるのである。

2.4 貿易からの利益

閉鎖経済均衡では一国の生産可能集合の制約の下で家計の効用が最大となることを見た。では貿易取引が行われることによって人々の暮らし向きはどのように変化するのであろうか。実は，一国が単一の家計から構成されているならば次の顕著な命題を論証できるのである。

貿易利益命題

自由貿易状態における一国の経済厚生は閉鎖経済均衡における経済厚生よりも高い。

これを貿易利益命題という。人々にとって貿易がまったく行われないよりも自由貿易が行われたほうがよいのである。図解を利用して，貿易利益命題が成立することを確かめておこう。

図２-10は，ある一国の生産可能集合・生産可能性フロンティアといくつかの無差別曲線を描いたものである。生産可能性フロンティアと無差別曲線 $\overline{u}$ との接点 a がこの国の閉鎖経済均衡点である。この点における生産可能性フロンティアと無差別曲線の共通接線の傾き $\overline{p}$ が閉鎖経済均衡価格を表している。閉鎖経済均衡点に対応する消費ベクトルを $\overline{x}=(\overline{x}_1, \overline{x}_2)$，生産ベクトルを $\overline{y}=(\overline{y}_1, \overline{y}_2)$ とすれば，国内における需給一致より a 点において $\overline{x}=\overline{y}$ が成立する。

この国が鎖国を解いて貿易自由化を行うことを考える。議論を単純にするために，この国は世界市場に影響力をもたない「小国」を仮定しておく。どちらでも議論は同じなので，世界市場における第１財の相対価格 p が閉鎖経済均衡価格 $\overline{p}$ を上回っているとしよう。貿易自由化によって第１財の相対価格が $\overline{p}$ から p へと上昇するので，第１財の生産が拡大し第２財の生産が縮小して，生産点は a から y へと変化する。販売面でより有利となった財への生産集中（特化）が進行するのである。家計の予算線は $\overline{l}$ から l のように変化し，家計は l 上で相対価格と限界代替率の一致する x 点を消費点として選択する。図解から明らかなように，x 点を通る無差別曲線は a 点を通るものの右上に位置しており，x 点における効用水準 $u=U(x)$ が a 点における $\overline{u}=U(\overline{x})$ よりも高いことを表している。この効用水準の上昇が貿易利益に他ならない。

図２-10の状況では，第１財の生産量は消費量を上回り，第２財の生産量は消費量を下回っている。国内における需給はバランスしていないが，これらの需給ギャップは第１財を輸出して，第２財を輸入することによって埋め合わされる。貿易取引が行えることの１つの重要な特徴は，ある国の消費活動がもはやその国の生産可能集合の範囲に留まらなくてよいという点である。予算制約に縛られてはいるものの，国際貿易が行われることによって家計は生産可能集合を超えた消費が可能となる。この事実が貿易利益をもたらす源泉なのである。

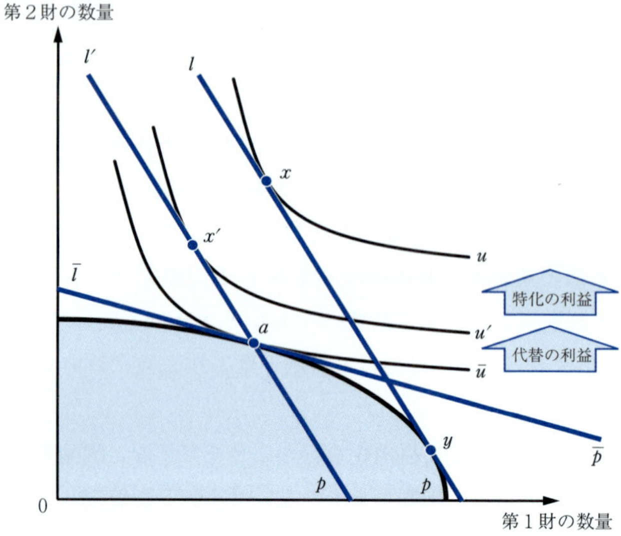

図２-10　貿易利益＝代替の利益＋特化の利益

代替の利益

もう少し詳しく貿易利益の源泉について探ってみよう。ここで１つの思考実験として，貿易自由化によって相対価格が $\bar{p}$ から p へと上昇したにもかかわらず生産構造にまったく変化が生じなかったと考えてみる。すなわち，相対価格 p の下で $\bar{y}$ に対応する生産が行われたとする。生産国民所得は $p\bar{y}_1+\bar{y}_2$ となる。

この所得水準と相対価格の下での予算線は図２-10の直線 l' で表される。閉鎖経済均衡における消費ベクトル $\bar{x}$ が，この予算線 l' の上（a 点）にあって，しかも $\bar{x}$ を通る無差別曲線が l' と交わっていることに注意しよう。家計は予算線 l' の下で $\bar{x}$ を選択することも可能であるが，予算線上に一層好ましい（より高い効用をもたらす）消費ベクトルがあればそちらを選ぶはずである。実際，家計は l' 上で相対価格 p と限界代替率との一致する x' を選択する。明らかに x' における効用水準 $u'=U(x')$ は a における $\bar{u}=U(\bar{x})$ よりも高い。

貿易自由化に伴って生産構造にまったく変化がなくとも，家計は相対的に高価になった第１財の消費を減少させて支出を節約し，代わりに相対的に安価になった第 2 財の消費を増加させることで効用を高められるのである。こうして生じる効用の増加を代替の利益あるいは消費の利益という。

特化の利益

貿易自由化の結果，実際には企業の行動を通じて $\overline{y}$ から y に生産構造は調整される。相対的に高価となった財の生産が拡大し，安価となった財の生産が縮小して，生産構造の効率化が進み，世界価格 p の下で生産国民所得は $p\overline{y}_1+\overline{y}_2$ から py_1+y_2 へと増加する。

所得の増加に伴って予算線は図 2 -10の直線 l' から l へと外側に平行移動する。生産構造調整によって増加した所得をより多くの財の消費に向けることで，家計は効用を高めることができる。こうして生じる効用の増加を特化の利益あるいは生産の利益という。貿易利益は代替の利益と特化の利益という 2 つのプラスの効果の合成によるものである。

貿易収支均等条件

貿易利益と貿易収支の黒字・赤字との関係について検討しておこう。閉鎖経済均衡においては輸出も輸入も行われないから，当然，貿易収支はバランスしている。今，図 2 -10のように，ある国が貿易自由化後に第 1 財を輸出しているものとしよう。自由貿易状態においても予算制約 (2.2) 式は満たされていなければならないが，これを変形すると次のようになる。

$$\underbrace{x_2-y_2}_{\text{輸入額}}=\underbrace{p(y_1-x_1)}_{\text{輸出額}} \tag{2.3}$$

上式の左辺は第 2 財の輸入数量であり，第 2 財で測った実質輸入額でもある。右辺は第 2 財で測った実質輸出額である。したがって，(2.3) 式は輸入額と輸出額とが一致すること，すなわち貿易収支均等条件を表している。

貿易収支がバランスしている状況において貿易利益が存在することは重要である。貿易収支の黒字・赤字と人々の暮らし向きの改善を表す貿易利益とは基本的に無関係であるといってよい。そもそも，ここで考察しているような静学的な理論の枠組では予算制約式から貿易収支均等条件が直ちに導かれるので，貿易収支の不均衡とそれに関わる諸問題を適切な形で論じることはできない。貿易収支あるいは経常収支の均衡・不均衡を適切に取り扱うには貯蓄行動を明示的に考慮した動学的な枠組が必要なのである（第12章を参照のこと）。

交易条件

ある国の輸出財１単位で輸入財をどれだけ入手できるのかを表した指標をその国の**交易条件**（terms of trade）という。輸出財・輸入財がそれぞれただ１種類であるならば，交易条件は輸出財価格を輸入財価格で割った値に等しい。交易条件の値が上昇することを交易条件の「改善」といい，低下することを「悪化」という。このような表現は，交易条件の変化とその国の経済厚生の変化との間の密接な関係を示唆している。

図２-11は，ある国の貿易状況を描いたものである。当初の状態における第１財の世界価格を p^o とする。生産点は y^o となり，消費点は予算線 l^o 上の x^o となる（l^o の傾きが p^o である）。第１財が輸出され，第２財が輸入されている。したがって，この国にとっての交易条件は第２財で測った第１財の相対価格に等しい。交易条件が改善して $p>p^o$ になったとしよう。輸出財（第１財）の生産が増加し，輸入競合財（第２財）の生産が減少して生産点は y となる。予算線は l^o から l へと変化して，家計は l 上の x を消費点として選択する（l の傾きが p である）。図解から明らかなように，当初の効用水準 $u^o=U(x^o)$ よりも交易条件改善後の効用水準 $u=U(x)$ のほうが高い。このように，交易条件の外生的な改善はその国の経済厚生の改善をもたらすのである。

2.5　比較優位と貿易利益の実証

比較優位の理論や貿易利益命題は閉鎖経済と自由貿易という２つの状態の比較を含んでおり，これらを検証するためには（少なくとも）閉鎖経済状態に関する信頼できるデータが必要である。しかし，多くの国は国際貿易の長い歴史をもっており，閉鎖経済状態に関する経済的記録・統計はほとんど利用できな

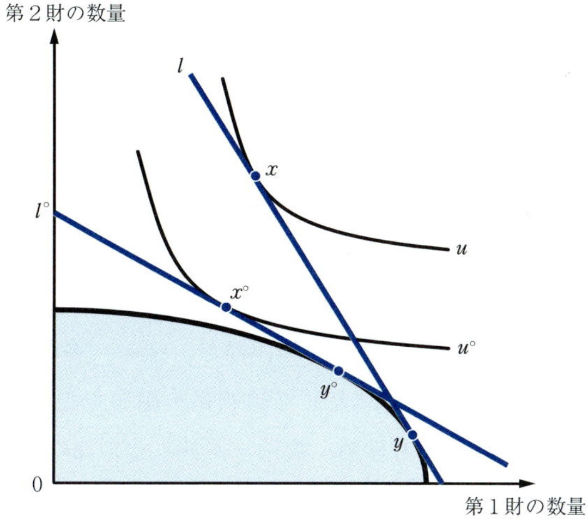

図２-11　交易条件の改善と経済厚生の改善

いというのが実状である。幸いにも，幕末から明治維新にかけての日本の開国は，比較優位の理論や貿易利益命題を検証するための格好の素材を提供してくれている。

周知のように，長崎の出島を通じたオランダ・中国との限定的な貿易やいくつかの例外的事例を除けば，徳川幕府は200年を超える永きにわたって鎖国を維持してきた。しかし，アメリカのペリー来航による1854年の日米和親条約を皮切りに，1858年には日米修好通商条約および諸外国（英・仏・露・蘭）と同様の条約を締結して日本は開国し，日本経済は国際市場に組み込まれることとなった。諸外国との条約において協定関税制（いわゆる，関税自主権が欠如した状態）がとられた結果，関税率は極めて低い水準に抑えられていたので，開国初期における日本の貿易はほぼ自由貿易であったといってよい。開国前から整備・統合された国内市場をもち，貿易自由化が極めて短期間に遂行され，なおかつ開国後に自由貿易が行われていたという意味で，日本の開国というエピソードは理論の状況設定にほぼ完全に適合した自然実験（natural experiment）の場となっているのである。ヒューバーとベルンホーフェン＝ブラウンによる２編の研究は日本の開国期のデータを用いて比較優位の理論や貿易利益命題の検証を試みたものである[2]。

比較優位に基づく貿易

ある国は閉鎖経済状態において他国よりも安価な財を輸出し，そうでない財を輸入するので，貿易自由化後には輸出財の相対価格は上昇し，輸入財の相対価格は低下することになる。これが比較優位の理論から導かれる直接的な帰結の１つであることを確認しておこう。

さて，開国初期における日本の主力輸出品は，生糸，蚕種（カイコの卵），および茶であった。また，輸入品としては綿糸・綿布や毛織物などが大きなシェアを占めていたが，他にも砂糖，機械・器具，その他の鉱工業製品など多様な財が輸入されていた（表２-１参照）。

ヒューバーは1846-55年を閉鎖経済状態に対応する基準期間，1871-79年を貿易自由化後の比較期間として，輸出入価格や交易条件の変化について検討した。基準期間から比較期間にかけて，生糸で＋26％，高級品のお茶で＋64％，低級品のお茶で＋50％と輸出品価格は上昇しており，輸出品全体の平均では＋33％の価格上昇となっている（基準期間を100とする輸出財価格指数は133)。さらに輸入品についても，棒鉄で基準期間の27％水準にまで価格が低下しており，他にも，綿花では40％，綿糸41％，綿布42％，粗糖47％，精糖25％などと大幅に価格が低下していることが確認できる。輸入品全体の平均では閉鎖経済価格の39％水準にまで低下している（基準期間を100とする輸入財価格指数は39)。交易条件指数は341（＝133/39×100)，すなわち交易条件はおよそ3.4倍の改善

(2) Huber, J. Richard (1971), Effect on prices of Japan's entry into world commerce after 1858, *Journal of Political Economy* 79 (3): 614-628. および Bernhofen, Daniel M. and John C. Brown (2004), A direct test of the theory of comparative advantage: The case of Japan, *Journal of Political Economy* 112 (1): 48-67. を参照のこと。また，Kiyota, K. (2011), A test of the law of comparative advantage, revisited, *Review of World Economics* 147 (4): 771-778. は貿易不均衡を考慮した上でベルンホーフェン＝ブラウンの結果が成立するか否かを再検証し，肯定的な結果を示している。Helpman, Elhanan (2011), *Understanding Global Trade*, The Belknap Press of Harvard University Press. では，ヒューバーやベルンホーフェン＝ブラウンによる研究の他，アメリカにおける1807-09年の対英通商停止のエピソードが紹介されている。

表2-1　日本の輸出入構成（1868-75年）

生産物	輸入（%）	輸出（%）
農産物（非食用）		
——生糸	—	35.9
——蚕種（蚕卵紙）	—	15.7
——その他（木ロウ，綿花）	2.2	2.7
農産物（食用）		
——茶	—	28.2
——米	10.8	—
——砂糖	9.9	—
——その他食品	4.2	8.2
その他の原材料		
——燃料（石炭，木炭）	—	1.9
——その他	3.1	2.9
織物		
——綿糸	15.1	—
——綿布	18.4	—
——毛織物	19.2	—
——その他織物	1.8	—
その他の工業製品	—	4.3
——武器・弾薬	2.7	—
——機械・器具	1.4	—
——各種鉱工業製品	11.2	—

出所：Bernhofen, Daniel M. and John C. Brown (2004), A direct test of the theory of comparative advantage: The case of Japan, *Journal of Political Economy* 112 (1): 48-67 (Table 1, p. 57).

を示している。

ベルンホーフェン＝ブラウンも同様の結果を確認している。彼らは1851-53年を閉鎖経済に対応する基準期間，1868-75年を自由貿易に対応する比較期間として比較優位に基づく貿易に関する分析を行った。図2-12に示されているように，純輸出の増加（横軸）と価格の上昇率（縦軸）との間に極めて明確な正の相関関係を見出すことができる。

貿易からの利益

表2-2は1846-55年を基準期間とした1871-79年の色々な財・サービスの価格指数と賃金指数をまとめたものである。輸出品を除く多くの財・サービス価

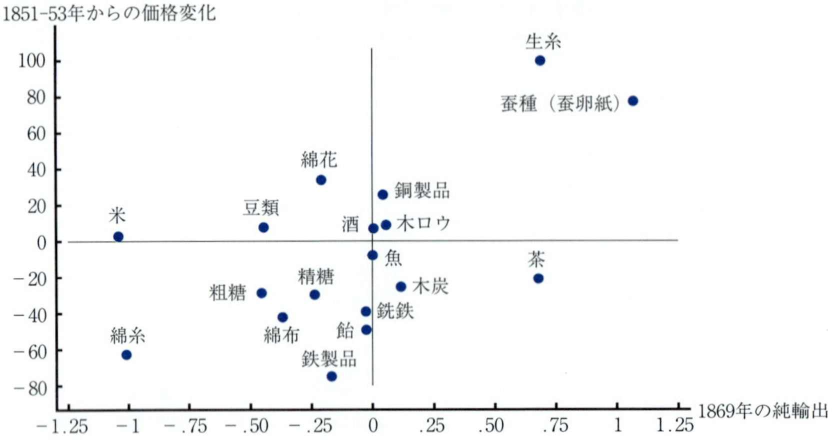

図 2 - 12　純輸出と1869年までの価格変化

出所：Bernhofen, Daniel M. and John C. Brown (2004), A direct test of the theory of comparative advantage: The case of Japan, *Journal of Political Economy* 112 (1): 48-67 (Figure 4, p. 63).

表 2 - 2　大坂（大阪）における卸売物価指数と江戸（東京）における賃金率指数：1871-79年の平均（1846-55年＝100）

商　　品	品目数	価格指数
国内市場（平均）	**30**	**71**
――光熱費	4	72
――建築材料	5	64
――家具・建具	3	61
――肥料	4	78
――魚（食用）	4	72
――食料品・飲料（魚と穀物を除く）	4	73
――その他	4	82
――輸送費（大坂＝江戸間水運）	2	63
穀物：		
――米・小麦・大麦・大豆	4	75
国内輸入代替品	8	50
輸入品（横浜）	7	41
輸出品	6	135
平均	**55**	**71**
賃金指数（江戸）	**6**	**120**

出所：Huber, J. Richard (1971), Effect on prices of Japan's entry into world commerce after 1858, *Journal of Political Economy* 79 (3): 614-628 (Table 6, p. 626).

格は低下しており，平均で見ると29％の下落率となっている。平均の価格指数は71だが，様々な財の価格指数の単純算術平均をとっているので過小評価になっている可能性がある（各財の消費量をウェイトにとれば73程度になるかもしれない）。これに対して賃金率指数は120である。これらの結果からヒューバーは開国によって実質賃金率は65～69％上昇したこと，その意味で貿易からの利益が存在することを示した。

また，ベルンホーフェン＝ブラウンは，価格指数の比較のみに基づくヒューバーの研究を批判的に検討して，代わりに「鎖国状態における価格の下で一体いくらの所得を補えば自由貿易状態における消費を実現できていたはずか」という仮説状況を考察し，そのための必要所得補償額を求めることによって貿易利益の存在を検証した(3)（実際に貿易利益が存在しているならば，閉鎖経済状態において自由貿易状態における消費を実現することはできない。もし閉鎖経済と同じ価格の下で自由貿易状態における消費を実現しようとすれば，追加的に所得を補う必要があり，その大きさが貿易利益を表すことになる）。彼らは開国前の価格と開国後の貿易数量のデータを用いて，必要所得補償額は GDP の８～９％程度であることを示した。ヒューバーによる65～69％もの所得上昇に比べるとずっと小さな値ではあるものの，無視できない大きさの貿易利益の存在を確認できる。

Column　相似拡大的選好

生産の偏向と比較優位についての本文中の説明には不十分なところがあって，論証を完全なものとするには家計の選好に関する追加的な仮定が必要である。国際貿易論ではしばしば「相似拡大的選好」（ホモセティックな選好 homothetic preference）が想定される。相似拡大的選好とは，各消費ベクトルにおける限界代替率が各財の消費比率 x_1/x_2 のみに依存している選好のことをいう。

図２-13は相似拡大的選好の下での２つの無差別曲線 u, u' を描いたものである。２つの消費ベクトル a, b は同一の無差別曲線上にあり，a における限界代替率は b におけるものよりも小さい（これは限界代替率逓減の法則を反映している）。原

(3)　Bernhofen, D. M. and J. C. Brown (2005), An empirical assessment of the comparative advantage gains from trade : Evidence from Japan, *American Economic Review* 95 (1) : 208-255. を参照のこと。

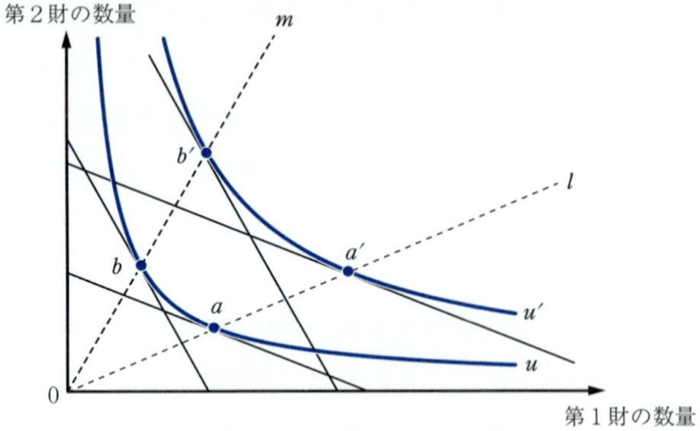

図 2-13　相似拡大的な選好

点0と a 点を通る半直線 l 上の消費ベクトルにおける各財の消費比率 x_1/x_2 は常に一定である。したがって，相似拡大的選好の下では半直線 l 上の消費ベクトルにおける限界代替率はすべて a 点におけるものと同じ値をとる。同様に原点0と b 点を通る半直線 m 上の消費ベクトルにおける限界代替率はすべて b 点におけるものと同じである。

相似拡大的選好を表す効用関数の例としては，コブ＝ダグラス型関数

$$U(x_1, x_2)=(x_1)^{\alpha_1}(x_2)^{\alpha_2}, \quad 0<\alpha_1, \alpha_2<1, \alpha_1+\alpha_2=1$$

がよく知られている。第 i 財の名目価格を p_i，名目所得水準を M とすれば，コブ＝ダグラス型効用関数から導かれる各財の需要関数は次のように表される。

$$x_i=\frac{\alpha_i M}{p_i}, \quad i=1, 2$$

一般に，相似拡大的選好から導かれる各財の需要関数 $D_i(p_1, p_2, M)$ は価格のみに依存する部分 $\Psi_i(p_1, p_2)$ と所得 M に関して積の形で分離される。

$$x_i=D_i(p_1, p_2, M)\equiv\Psi_i(p_1, p_2)M, \quad i=1,2$$

このことから直ちに，すべての財が正常財（上級財）となり，所得の増加に対してすべての財の需要が比例的に増加することが分かる。さらに，各財の消費比率 x_1/x_2 は相対価格には依存するものの所得水準とは無関係であることも示される。すなわち，相対価格を一定とすれば，所得の増加に伴う消費ベクトルの変化を図解した所得消費曲線は原点を通る半直線となるのである。

Column　関数の微分と限界概念

経済学では，生産関数や費用関数など色々な“関数”が利用される。一般に，ある領域 X（定義域）の変数 x に他の領域 Y（値域）の変数 y を対応させる仕組みを「X から Y への関数」といって f のような記号で表す。変数 x が関数 f によって変数 y に結びつけられているとき，$y=f(x)$ のように表す。たとえば，生産関数は生産要素の投入量とそれによって獲得できる生産物の数量とを関係づけるものである。

定義域 X と値域 Y が実数の（部分）集合である場合，関数 f のグラフを利用すると f の性質がよく理解できる。図2-14は，ある関数 f のグラフを描いたものである。グラフ上の点，たとえば a 点は定義域の x° とそれに対応する値域の $f(x^\circ)$ の組 $a=(x^\circ, f(x^\circ))$ を表している。x の増加に対して関数 f が増加的か減少的かは，グラフが右上がりか右下がりかを見れば分かる（図2-14の例では，f には増加的な部分と減少的な部分の両方がある）。

関数 f が増加的か減少的かを調べるには微分係数の概念が有用である。図2-14において，X の値が x° から $x^\circ+\Delta x$ に増加すると，Y の値は $f(x^\circ)$ から $f(x^\circ+\Delta x)$ へと変化する。これはグラフの $b=(x^\circ+\Delta x, f(x^\circ+\Delta x))$ 点に対応している。Y の値の変化分を $\Delta y=f(x^\circ+\Delta x)-f(x^\circ)$ とすると，X の1単位の増加に対する Y の変化の割合は次のようになる。

$$\frac{\Delta y}{\Delta x}=\frac{f(x^\circ+\Delta x)-f(x^\circ)}{\Delta x} \tag{2.4}$$

図解では，これは a 点と b 点とを結ぶ線分 ab と水平線 ac のなす角度 $\angle bac$ で表される。Δx を小さくしていけば Δy も小さくなるが，比率 $\Delta y/\Delta x$ は「f のグラフの a 点における接線 l の傾き」に接近していくことが読みとれよう。Δx を十分小さくしたときの $\Delta y/\Delta x$ の値を「f の x° における微分係数」といい，

$$\left.\frac{\mathrm{d}y}{\mathrm{d}x}\right|_{x=x^\circ}\quad \text{または}\quad \frac{\mathrm{d}f(x^\circ)}{\mathrm{d}x} \tag{2.5}$$

のように表す。微分係数は当初の x° の選び方にも依存しているので，微分係数自体を x の関数と考えることができる。これを「f の導関数」といい，プライム記号「$'$」を用いて「f'」と表す。定義と図解から明らかなように，ある点 x において $f'(x)>0$ ならば f は x において増加的であり，$f'(x)<0$ ならば f は x において減少的である。X の各点における「関数 f の増加・減少」，「f のグラフの接線の傾き」，および「導関数 f' の正・負」の3つが対応しているのである。

関数が $f(x_1, x_2)$ のように2つ（以上の）変数 x_1, x_2 に依存している場合にも，

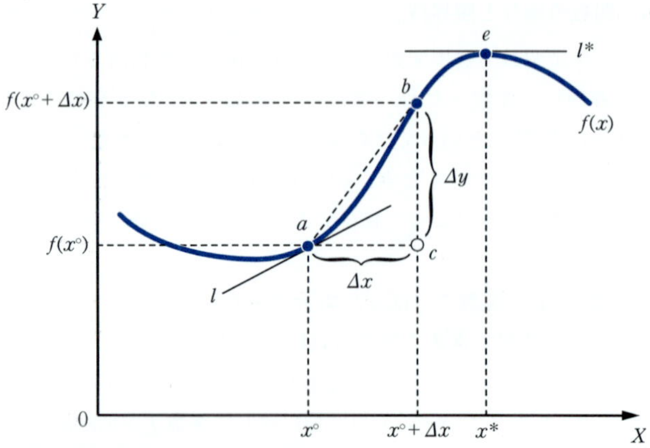

図 2 - 14　関数のグラフと微分

１つ１つの変数を別個に考えれば，微分の概念を適用することができる。たとえば，第２の変数 x_2 の値を一定として，f を第１の変数 x_1 のみの関数と考えた場合の微分係数を

$$\frac{\partial f(x_1, x_2)}{\partial x_1} \tag{2.6}$$

のように表して，$x=(x_1, x_2)$ における f の x_1 に関する「偏微分係数」という（偏微分を表す記号 ∂ は「ラウンド・デルタ」などと読む）。これを $x=(x_1, x_2)$ の関数とみれば「偏導関数」である。

微分係数や導関数（偏微分係数，偏導関数）は，経済学における様々な“限界”概念に関連している。「限界××」という用語は，多くの場合「××関数の微分係数・導関数」に対応し，図解では「××関数のグラフの接線の傾き」で表される。たとえば，労働の限界生産力は生産関数の労働投入に関する微分係数に対応し，生産力曲線の傾きによって表される。「限界概念」「関数の微分」「グラフの接線の傾き」をひとまとめに覚えておくとよい。

導関数 f' は関数 f の値の最大点を探索する際にも有用である。f が x^* で最大となっているならば，f は x^* において増加的でも減少的でもないので，x^* は次の関係を満たしていなければならない。

$$f'(x)=0 \tag{2.7}$$

上式が x に関する方程式となっていることに注意しよう。これを「f の最大化のための１階の必要条件」という。関数 f の最大点を求めるには，まず上の方程式を満

たす x を見つけることが大切なのである。

図2-14における f の最大点が e であることはグラフから一目瞭然である。これに対応する X の点は x^* である。e 点は山なりの曲線の頂上であるからグラフの傾きはゼロである。すなわち $f'(x^*)=0$ が満たされている（ただし，最大点における微分係数はゼロであるが，逆に微分係数がゼロの点でも f の最大点とはかぎらないことには注意が必要である）。

練習問題

1. 経済産業省のホームページから，第2次世界大戦後の日本の貿易構造（輸出入に占める品目別シェア）がどのように変化してきたか調べてみなさい。

2. 家計の効用関数 U が次のように表されているものとする。

$$U(x_1, x_2)=(x_1)^{\alpha}(x_2)^{1-\alpha},\quad 0<\alpha<1$$

このとき，次の各問に答えなさい。

(a) 限界代替率が各財の消費量の比率のみに依存することを確認しなさい。

(b) パラメータ α が上昇すると限界代替率はどのように変化するか示しなさい。

(c) 第2財で測った第1財の相対価格を p，実質所得を I として，各財の需要関数を求めなさい。

(d) 第1財の需要の価格弾力性および所得弾力性を求めなさい。

(e) 上で求めた需要関数から，財の消費比率 x_1/x_2 が所得水準 I に依存しないことを確認しなさい。

3. 生産可能性フロンティアが次の方程式によって表されているものとする。

$$\left(\frac{y_1}{a}\right)^2+\left(\frac{y_2}{b}\right)^2=1,\quad a,b>0$$

このとき，次の各問に答えなさい。

(a) 生産可能性フロンティアのグラフを描きなさい（ヒント：上式は楕円の方程式である）。

(b) パラメータ a や b が変化すると生産可能性フロンティアはどのように変化するか検討してみなさい。

(c) ある生産点 y における限界変形率を求めなさい。

(d) 第 2 財で測った第 1 財の相対価格を p とするとき，各財の均衡生産量を求めなさい。

(e) 生産比率 y_1/y_2 が相対価格 p の 1 次関数になることを確認しなさい。

4. 上の 2. の選好と 3. の生産可能性フロンティアをもつ一国経済を考える。このとき，次の各問に答えなさい。

(a) 第 2 財で測った第 1 財の閉鎖経済均衡価格を求めなさい（ヒント：個々の財の需給均衡条件の代わりに消費比率 x_1/x_2 と生産比率 y_1/y_2 が一致することを利用する）。

(b) 選好のパラメータ α が上昇すると閉鎖経済均衡価格はどのように変化するか答えなさい。

(c) 生産可能性フロンティアのパラメータ a, b が上昇すると閉鎖経済均衡価格はどのように変化するか答えなさい。

第3章　比較優位と自由貿易均衡

貿易自由化を行って閉鎖経済とは異なる世界価格の下で取引が行えるようになると各国の経済厚生は改善する（＝貿易利益命題）。実際に貿易取引が遂行されるときの価格は，世界市場においてすべての財に関する需要と供給が一致するように決定される。世界価格が決定されれば，その下で消費，生産，輸出入の大きさも確定し，人々の暮らし向き（経済厚生）がどのようになるのかも定まるのである。

本章では，基本的な分析ツールであるオファーカーブや輸入需要曲線・輸出供給曲線を導入して，自由貿易均衡における価格決定および自由貿易均衡のもつ経済厚生上の性質について学習する。

3.1　オファーカーブ

貿易三角形

図3‐1は，生産可能性フロンティアと無差別曲線を用いて，ある国が自由貿易を行っている状況を描いたものである。相対価格 p が与えられると，p と限界変形率の一致する生産可能性フロンティア TT 上の $y^\circ=(y_1^\circ, y_2^\circ)$ に生産点が確定する。予算制約は直線 l によって表され，家計は相対価格と限界代替率の一致する $x^\circ=(x_1^\circ, x_2^\circ)$ 点を選択する。この国は第1財を輸入し，第2財を輸出している。家計の効用水準は無差別曲線 u° によって表される。

消費点 x° と生産点 y° を結ぶ線分を斜辺とする直角三角形 $x^\circ y^\circ h$ を図3‐1のように描く。すると，底辺 $x^\circ h$ の長さが第1財の輸入量，垂直辺 $y^\circ h$ の長さが第2財の輸出量，$\angle hx^\circ y^\circ$ の大きさが相対価格 p をそれぞれ表すことになる。この直角三角形を**貿易三角形**という。貿易三角形は，ある国の貿易状態に関する情報を集約的に表現した図解である。

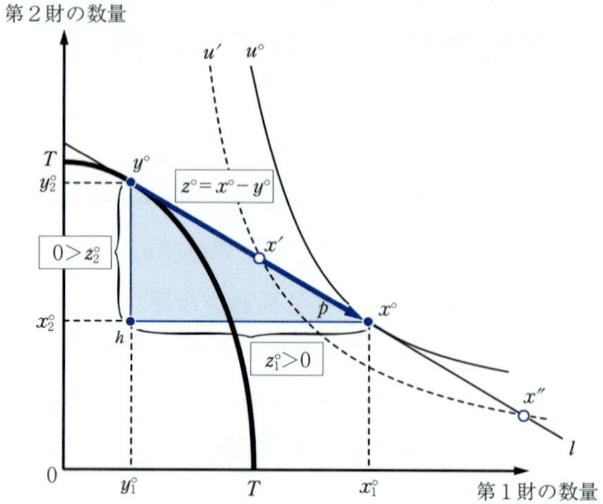

図 3 - 1　貿易三角形

貿易収支均等条件

第 i 財（$i=1, 2$）の純輸入量を $z_i \equiv x_i - y_i$ と表す。純輸入の組 $z=(z_1, z_2)$ を純輸入ベクトルという（$z=x-y$ である）。純輸入量を用いると家計の予算制約式は次のように書き換えられる。

$$px_1 + x_2 = py_1 + y_2 \Leftrightarrow pz_1 + z_2 = 0 \tag{3.1}$$

当該国が第１財を輸入していれば，輸入量は z_1 に等しく，第２財の輸出量は $-z_2$ に等しい（第２財を輸入しているならば輸入量は z_2，輸出量は $-z_1$ である）。したがって，(3.1)式は貿易収支均等条件を表す。図 3 - 2 のように横軸に z_1，縦軸に z_2 を測った平面上において，貿易収支均等条件は原点を通る傾き $-p$ の直線で表される。これを貿易収支均等線という。

貿易点の決定

相対価格 p が与えられているとして，予算制約と生産可能集合の制約の下で消費ベクトル x と生産ベクトル y を調整して家計の効用を最大にすることを考える。家計の効用を最大にするには少なくとも利用可能な所得が最大となっていなければならないので，生産点は図 3 - 1 の y° のように生産国民所得

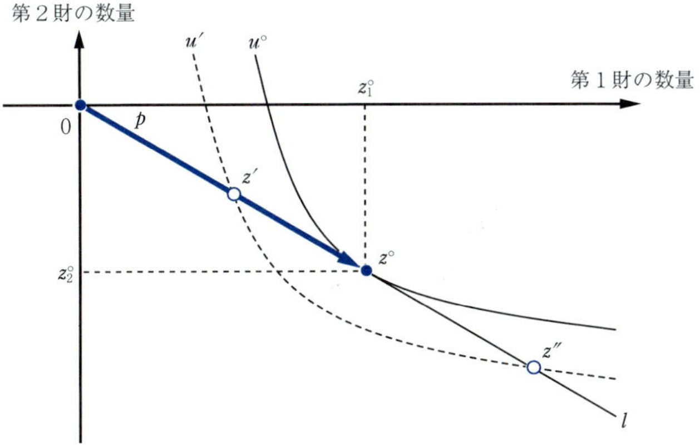

図 3 - 2　貿易収支均等条件と純輸入ベクトル

を最大とする点でなくてはならない。予算線は図 3 - 1 の直線 l となる。

生産点 y° が確定しているので，予算線に沿って消費ベクトル x を動かせば，それに対応して超過需要ベクトル $z=x-y^\circ$ も変化する。消費ベクトルとして図 3 - 1 の x' や x'' を選択すれば，対応する超過需要ベクトルは図 3 - 2 の z'（$=x'-y^\circ$）および z''（$=x''-y^\circ$）となる。予算線上の x° を選択したときに家計の効用は最大となるから，これに対応して貿易収支均等線上で z°（$=x^\circ-y^\circ$）を選択すれば，やはり家計の効用は最大となる。

以上より，次の 2 つのことが分かる。第一に，純輸入ベクトルに効用水準が対応していることである。純輸入ベクトルに効用水準を対応させる関数を**貿易効用関数**（trade utility function）と呼ぶ。第二に，貿易点は貿易収支均等線上で貿易効用関数の値を最大にする点として特徴づけられることである。純輸入ベクトル $z=(z_1, z_2)$ における貿易効用の値を $W(z_1, z_2)$ あるいは単に $W(z)$ のように表す。貿易効用関数は生産可能集合と効用関数 U に関する情報を統合して一国の経済厚生を表すものである。効用関数 U が消費ベクトル x に関して単調ならば，貿易効用関数 W も純輸入ベクトル z に関して単調となる。一定の効用水準をもたらす純輸入ベクトルの全体を図解したものを**貿易無差別曲線**（trade indifference curve）という。図 3 - 1 の無差別曲線 u°，u' は，図 3 - 2 の貿易無差別曲線 u°，u' にそれぞれ対応している。貿易効用関数と貿易収

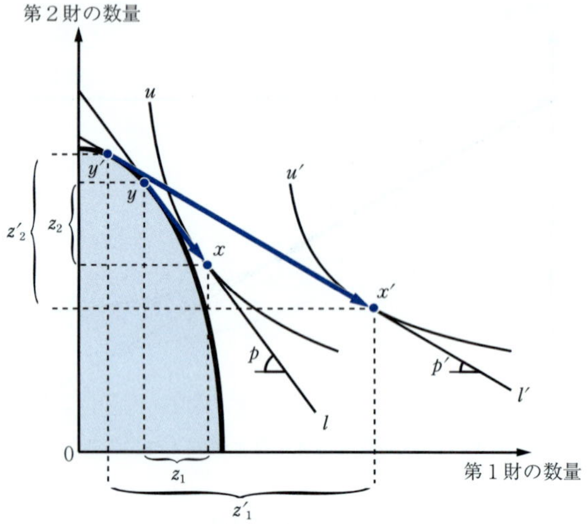

図３-３　相対価格の変化と純輸入の変化

支均等条件を利用すれば，生産可能性フロンティアや無差別曲線群などの込み入った図解を用いずに一国の貿易状況を簡潔に表現することが可能となる。

オファーカーブの導出

図３-３と図３-４は相対価格の変化と生産点，消費点，および貿易点の変化を描いたものである。相対価格が p のときの生産点は図３-３の y であり，予算線は l，消費点は x となる。これに対応する貿易収支均等線は図３-４の直線 $0l$ であり，貿易点は z（$=x-y$）となる。

相対価格が低下して $p'<p$ になったとしよう（この国は p のときに第１財を輸入しているから，この相対価格の変化は交易条件の改善に他ならない)。生産点は図３-３の y' のように第２財の生産に特化が進み，予算線は l'，消費点は x' となる。これに対する貿易収支均等線は図３-４の直線 $0l'$ であり，貿易点は z'（$=x'-y'$）となる。図３-４の青い曲線 O^f のように相対価格の変化に伴って変動する貿易点を連ねた図解をオファーカーブ（offer curve）という。

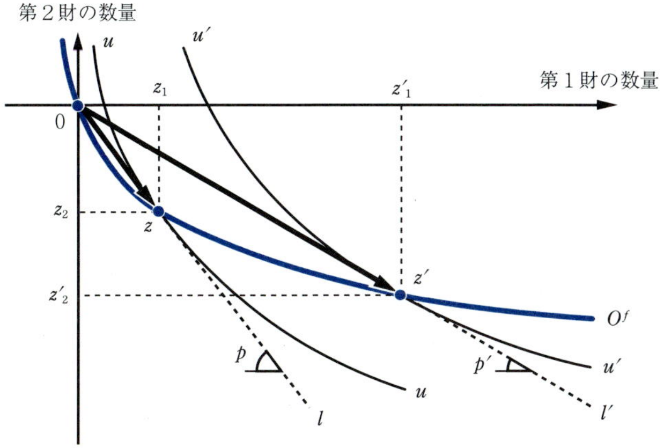

図３-４　オファーカーブの導出と貿易無差別曲線

オファーカーブの性質

当該国の閉鎖経済均衡価格を $\bar{p}$ とすれば，輸出入は行われないから貿易点は原点に等しくなる。したがって，オファーカーブは原点を通る。オファーカーブが原点から右下の領域だけでなく原点から左上の領域にも伸びていることに注意しよう。相対価格が閉鎖経済均衡価格を下回っていれば，この国は第１財を輸入して第２財を輸出する（$z_1>0$, $z_2<0$）から，オファーカーブは右下の領域を通り，逆に，相対価格が閉鎖経済均衡価格 $\bar{p}$ を上回れば，第１財を輸出して第２財を輸入するようになる（$z_1<0$, $z_2>0$）ので，左上の領域を通るのである。また，このことからオファーカーブの原点における傾きが閉鎖経済均衡価格に等しいことも分かる。さらにオファーカーブの導出の仕方から，オファーカーブに沿って原点から離れるほど対応する効用水準が高くなることも分かる（＝交易条件の改善に伴う厚生改善）。

3.2　輸入需要曲線・輸出供給曲線

オファーカーブは，第１財と第２財の輸出入数量（両財の市場）を同時に考察できるという一般性の高さの点では便利であるが，他方，相対価格に関する情報が背後に押しやられてしまうという欠点もある。また，２つの財の市場を同時に考察するよりも，ある１つの財市場における価格と数量に焦点を絞ったほうが論点が明確になることもある。そのような場合には，以下で導入する輸入需要曲線や輸出供給曲線が有用である。

超過需要曲線

ある国の第１財市場に着目しよう。第１財の閉鎖経済均衡価格を $\bar{p}$ とする。$\bar{p}$ よりも低い相対価格のとき，この国は第１財を輸入する（$z_1>0$）。相対価格がさらに低下すれば，輸入量は増加するであろう。逆に，相対価格が上昇して $\bar{p}$ に等しくなれば，輸入は行われない。さらに閉鎖経済均衡価格よりも相対価格が高くなれば，貿易パターンが逆転して，この国は第１財を輸出することになろう（$z_1<0$）。図３-５の青い右下がりの曲線 ff は，縦軸に相対価格，横軸に第１財の純輸入量を測った平面上に相対価格と第１財の純輸入量との関係を描いたものである。この曲線を**超過需要曲線**という。

貿易による余剰

一国の経済厚生（貿易利益）は超過需要曲線を用いた「余剰」概念によって表される。図３-５において，縦軸から右半分の輸入が行われている状況を考えてみよう。図３-６は，この部分を拡大したものである（縦軸のスケールは調整してある）。

相対価格が p のとき，輸入量は全部で z である。この z をいくつかの小単位に分割する（図３-６では７つに分割している）。相対価格が閉鎖経済均衡価格 $\bar{p}$ よりもわずかに低い p^1 であれば，最初の１単位目が輸入される。この国は最初の１単位目を輸入するために最大で $p^1\times1$ まで支払う準備があるということである。すなわち，最初の１単位目に対応する超過需要曲線の高さ p^1 は，最初の１単位の輸入から得られる「限界便益」の大きさを表しているといえる。しかし実際には $p\times1$ だけの支払いですんでいるので，差し引き $(p^1-p)\times1$ だけの利得が生じる。この利得の大きさは，図３-６における高さが p^1 で幅１の棒グラフと最初の１単位目に対応する高さが p で幅１の棒グラフとの差の長方形の面積 s^1 によって表される。

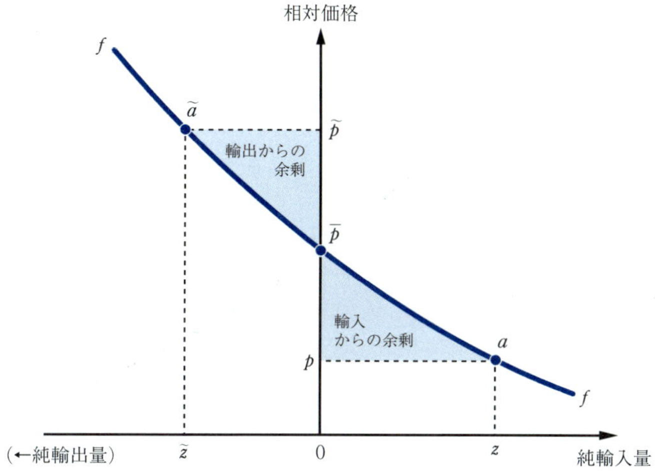

図 3 - 5　超過需要曲線

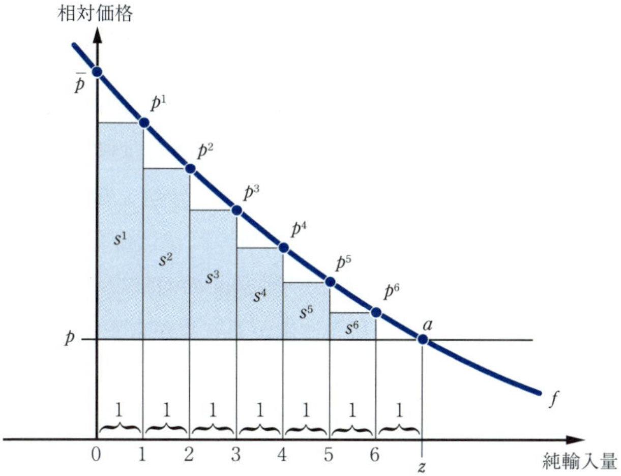

図 3 - 6　輸入による余剰

相対価格が p^2 にまで低下すれば，2 単位目の財が輸入される。すなわち，この国は 2 単位目の輸入に対しては最大で $p^2 \times 1$ まで支払う準備がある。先ほどと同様に，超過需要曲線の高さ p^2 は，2 単位目の輸入から得られる限界便益を表している。実際には 2 単位目の輸入に対しても $p \times 1$ だけの支払いですんでいるので差し引き $(p^2 - p) \times 1$ だけの利得が生じ，この大きさは面積 s^2

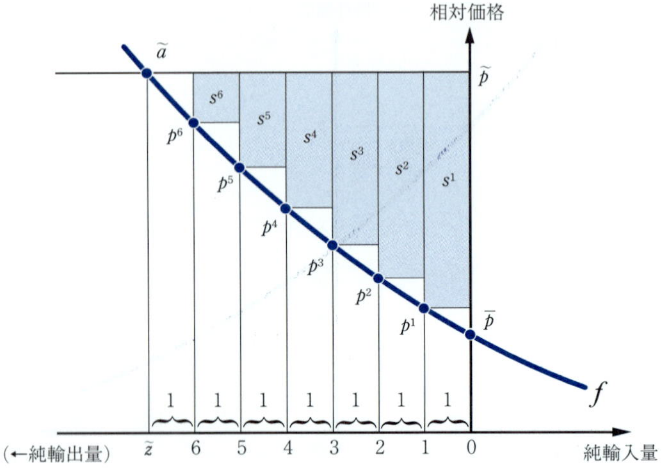

図 **3 - 7**　輸出による余剰

によって表される。

以下同様にして，3単位目から7単位目までの輸入から得られる利益を求めると図3-6の s^3，s^4，s^5，s^6，s^7 のようになる（s^7 はゼロである）。したがって，全部で z 単位の輸入が行われるときの利得の合計は図3-6の青い影を付けた階段状の領域の面積で表される。輸入量 z の分割を細かくすれば，（小さな三角形の隙間は埋められて）階段状の領域の面積は価格 p を表す水平線と超過需要曲線および縦軸で囲まれた三角形 $\bar{p}ap$ の面積に等しくなる。このように，**一定数量の輸入に対して支払う準備がありながら支払わなくてすんだ金額の合計を「輸入による余剰」という。**

輸出についても同様の議論が可能である。相対価格が $\widetilde{p}$ のとき $|\widetilde{z}|$ だけの輸出が行われる。これを図3-7のように，いくつかの小単位に分割する。相対価格が閉鎖経済均衡価格 $\bar{p}$ よりもわずかに高い p^1 であれば，最初の1単位目が輸出される。この国は最低で $p^1\times1$ だけ受け取れば最初の1単位目を輸出できる。輸入の場合とは対照的に，超過需要曲線の高さは輸出を1単位増加させるときの「限界費用」を表している。最初の1単位の輸出に対して，実際には $\widetilde{p}\times1$ を受け取っているので，差し引き $(\widetilde{p}-p^1)\times1$ の利益を得る。この大きさは図3-7の長方形の面積 s^1 によって表される。以下，同様にして，2

単位目から7単位目までの輸出から得られる利益を求めれば，利得の合計は図3-7の反転した階段状領域の面積で表される。輸出量の分割を細かくすれば，この面積は三角形 $\bar{p}\tilde{a}\tilde{p}$ に等しくなる。このように，**一定数量の輸出に対して最低限必要とされる額を上回って得られる金額の合計を「輸出による余剰」という。**

輸入需要曲線・輸出供給曲線

ある特定の財について，どの国が問題となっている財を輸出・輸入しているのかが分かっていれば，輸出国の超過需要曲線の縦軸から左半分について左右を反転させて，輸入国の超過需要曲線の縦軸から右半分と同じ平面上に描いて分析に利用すればよい。前者の図解を**輸出供給曲線**といい，後者の図解を**輸入需要曲線**という（後述の図3-10を参照のこと）。

Column　需要曲線・供給曲線・超過需要曲線と余剰

本文中では，生産可能性曲線と社会的効用関数（無差別曲線群）から一般均衡分析的な形で超過需要曲線を導いたが，需要曲線と供給曲線とから部分均衡分析的に超過需要曲線を導くこともできる。

需要曲線とは，家計の購入（需要）行動を縦軸に財の価格，横軸にその財の需要量を測った平面上に図解したものである。ある財の価格が上昇すると，家計はこの財の消費を減らして他の財の消費を増加（「代替効果」）させ，価格上昇によって購買力も低下（「所得効果」）するので，当該財が正常財ならば家計の需要量は減少する。これを**需要の法則**という。個々の家計の需要曲線を「個別需要曲線」といい，個別需要曲線をすべての家計にわたって集計したものが「市場需要曲線」である。需要の法則を反映して，市場需要曲線は図3-8左の曲線 D のように右下がりとなる。価格が p のときの需要量は x である。需要曲線と価格を表す水平線および縦軸で囲まれた $\triangle pfd$ は**消費者余剰**（consumers' surplus）の大きさを表している。

供給曲線とは，企業の生産（供給）行動を需要曲線と同様の平面上に図解したものである。利潤を求める企業は価格と限界費用が一致するように供給量を選択する。企業の供給曲線が右上がりなのは，生産量の増加に伴う「限界費用逓増」を反映したものである。さらに，個別供給曲線をすべての企業にわたって集計したものが「市場供給曲線」であり，これは社会全体の限界費用に対応している。企業の供給曲線が右上がりであるから，市場供給曲線も図3-8左の S のように右上がりの曲

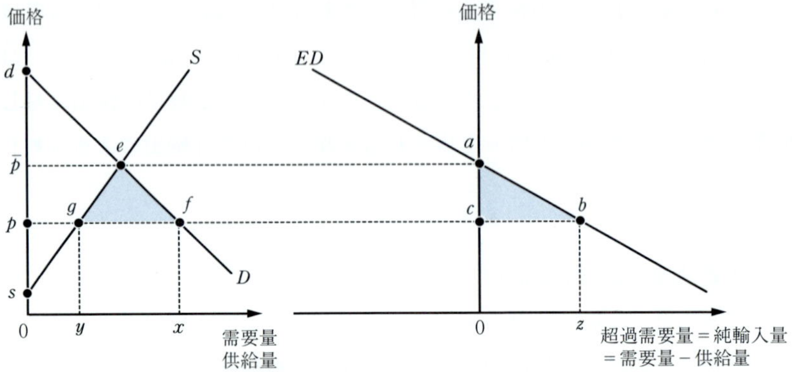

図 3 - 8　需要曲線・供給曲線と超過需要曲線

線となる。価格が p のときの供給量は y である。供給曲線と価格を表す水平線および縦軸で囲まれた $\triangle pgs$ は**生産者余剰**（producers' surplus）の大きさを表している（生産者余剰は，企業全体の利潤と固定費用の合計に等しい）。

価格が上昇すると需要量は減少して供給量が増加するので，超過需要量（＝純輸入量＝需要量－供給量）は減少する。図 3 - 8 右の曲線 ED のように価格と純輸入量との関係を図解したものを「超過需要曲線」という。価格が p のとき，需要量は x，供給量が y であり，超過需要量は $z=x-y$ となる。この国が価格 p の下で貿易を行えるならば，z は輸入量を表す。図 3 - 8 右の超過需要曲線と価格を表す水平線および縦軸で作られる $\triangle abc$ は「輸入からの余剰」の大きさ，すなわち「貿易利益」の大きさを表している。

需要曲線と供給曲線の交点 e はこの国の閉鎖経済均衡を表している。均衡価格は $\bar{p}$，消費者余剰は $\triangle \bar{p}ed$，生産者余剰は $\triangle \bar{p}es$ であり，総余剰は $\triangle des$ となる。価格が p に低下すると需要量が x に増加し，供給量が y まで減少して，$z=x-y$ の輸入が行われる。消費者余剰は $\triangle pfd$ に増加して，生産者余剰は $\triangle pgs$ に減少する。総余剰は四辺形 $dfgs$ の面積で表され，閉鎖経済均衡における総余剰と比べると $\triangle efg$ の分だけ大きくなっている。$\triangle efg$ と $\triangle abc$ は底辺と高さの等しい 2 つの三角形であるから，2 つの面積は等しい。すなわち，超過需要曲線によって表される輸入からの余剰（$\triangle abc$）は，閉鎖経済均衡と比べたときの総余剰の増加分に対応しているのである。

3.3　貿易均衡の存在

オファーカーブや輸入需要曲線・輸出供給曲線は，その背後にある消費や生産のための購入・販売に関する人々の行動計画を反映している。ある価格の下で需要と供給とが一致しているならば，すべての人々はそれぞれの行動計画を滞りなく実施できる。このような状態を**市場均衡**（market equilibrium）といい，市場均衡を成立させるような価格を**均衡価格**（equilibrium price）という。均衡価格の下で人々はそれぞれの計画を実行し，その結果，誰が，何を，どれだけ消費あるいは生産するのか，そして人々の暮らし向きはどうなるのかが確定する。国際貿易論の枠組では，**貿易均衡**（trading equilibrium）における均衡価格の下で，どの国が，何を，どれだけ輸出・輸入するのか，そして各国の経済厚生がどうなるのかが決まると言い換えてもよい。本節では，これまでに導入してきた分析ツールを用いて貿易均衡を描写することを考える。以下では，A国・B国の2国について，各国個別の変数に上付添字A，Bを付して表すことにする。

実現可能な配分

どの国が，何を，どれだけ消費あるいは生産しているのかを適切に表現したものを**配分**（allocation）という。形式的には次のように定義される。まず，各国の消費ベクトルを $x^{\mathrm{A}}=(x_1^{\mathrm{A}}, x_2^{\mathrm{A}})$，$x^{\mathrm{B}}=(x_1^{\mathrm{B}}, x_2^{\mathrm{B}})$ とし，生産ベクトルを $y^{\mathrm{A}}=(y_1^{\mathrm{A}}, y_2^{\mathrm{A}})$，$y^{\mathrm{B}}=(y_1^{\mathrm{B}}, y_2^{\mathrm{B}})$ とする。消費ベクトルの組 $(x^{\mathrm{A}},x^{\mathrm{B}}) \equiv ((x_1^{\mathrm{A}},x_2^{\mathrm{A}}), (x_1^{\mathrm{B}},x_2^{\mathrm{B}}))$ を**消費配分**といい，生産ベクトルの組 $(y^{\mathrm{A}},y^{\mathrm{B}})=((y_1^{\mathrm{A}},y_2^{\mathrm{A}}), (y_1^{\mathrm{B}},y_2^{\mathrm{B}}))$ を**生産配分**という。さらに，消費配分と生産配分の組 $\alpha\equiv((x^{\mathrm{A}},x^{\mathrm{B}}), (y^{\mathrm{A}},y^{\mathrm{B}}))$ を配分と呼ぶのである。

ある生産配分 $(y^{\mathrm{A}},y^{\mathrm{B}})$ について，各国の生産ベクトルが各国の生産可能集合に含まれているとき，この生産配分は実現可能であるという。ある配分 $\alpha\equiv((x^{\mathrm{A}},x^{\mathrm{B}}), (y^{\mathrm{A}},y^{\mathrm{B}}))$ に含まれる生産配分が実現可能であり，すべての財について $x_i^{\mathrm{A}}+x_i^{\mathrm{B}} \leqq y_i^{\mathrm{A}}+y_i^{\mathrm{B}}$ $(i=1,2)$ が満たされているとき，**配分 α は実現可能で**

あるという。

純輸入ベクトルの組（z^A, z^B）も「配分」と呼ぶことにする。ある消費配分（x^A, x^B）と実現可能な生産配分（y^A, y^B）について $z^k = x^k - y^k$（k=A,B）であり，すべての財について $z_i^A + z_i^B \leqq 0$（$i=1,2$）が満たされているとき，配分（z^A, z^B）は実現可能であるという。

均衡条件

次の3つの条件を満たす相対価格と配分の組（p^*, α）を**一般均衡**（general equilibrium）という。すなわち，（i）各国の生産ベクトル y^k は各国の生産可能集合の制約の下で p^* で測った生産国民所得を最大にする，(ii)各国の消費ベクトル x^k は p^* と y^k で規定される予算制約の下で各国の効用 U^k を最大にする，さらに(iii)すべての市場において需要と供給が一致する。

$$x_i^A + x_i^B = y_i^A + y_i^B, \quad i=1,2 \tag{3.2}$$

純輸入ベクトルと貿易効用関数を用いれば，上の3つの条件は次の2つの条件に書き換えられる。すなわち，(i′)各国の純輸入ベクトル z^k は p^* で規定される貿易収支均等条件の下で各国の貿易効用 W^k を最大にしており，(ii′)すべての市場において純輸入の合計がゼロとなる。

$$z_i^A + z_i^B = 0, \quad i=1,2 \tag{3.3}$$

上式は，各財について輸入量と輸出量とが一致することを表している。（i）～(iii)の条件を満たす配分を自由貿易における**一般均衡配分**あるいは単に**自由貿易均衡配分**という。

一般均衡の図解

図3-9は，横軸右方に向かって第1財に関するA国の輸入量・B国の輸出量を，縦軸下方に向かって第2財に関するA国の輸出量とB国の輸入量を測った平面上に，両国のオファーカーブを描いたものである。A国が第1財を輸入し，B国が第2財を輸入している。原点から伸びる曲線 O^A，O^B がA国・B

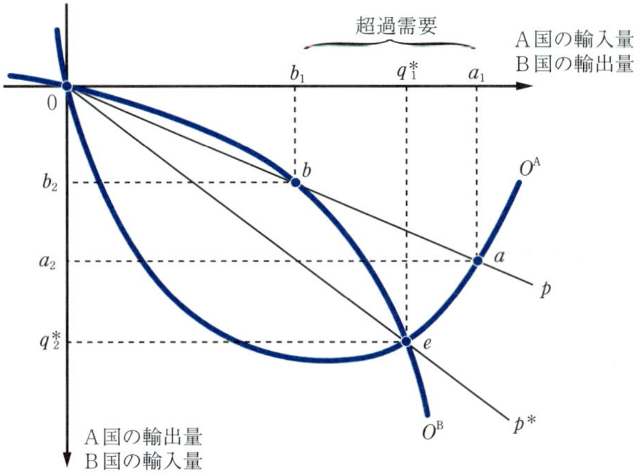

図３－９　ワルラス的調整メカニズムと自由貿易均衡

国それぞれのオファーカーブである。比較優位構造に関する想定を反映して，原点におけるA国のオファーカーブ O^A の傾きはB国のオファーカーブ O^B の傾きよりも大きく描かれている。

相対価格 p の下での両国の貿易収支均等線が図３－９の直線 $0p$ で表されているとしよう。A国の貿易点は貿易収支均等線 $0p$ とオファーカーブ O^A との交点 a となり，B国の貿易点は $0p$ と O^B との交点 b となる。A国の第１財輸入量は a_1，B国の第１財輸出量は b_1 である。したがって，第１財の世界市場では a_1-b_1 だけの超過需要が生じている。また，第２財についてみると，A国の輸出量は a_2，B国の輸入量は b_2 であるから，a_2-b_2 だけの超過供給が生じていることが分かる。いずれにしても，相対価格 p の下で両財の市場は不均衡状態にある。

原点とオファーカーブの交点 e を結ぶ直線の傾きを p^* とすれば，これが自由貿易均衡価格を表す。実際，相対価格が p^* に等しくなると，A国の貿易点もB国の貿易点も e 点となるので，両財ともに輸出量と輸入量が一致している。さらに，各国のオファーカーブの定義より，p^* で規定される貿易収支均等条件の下で各国の貿易効用関数が最大となっていることも分かる。すなわち，自由貿易における一般均衡が成立しているのである。

ワルラス法則

純輸入ベクトルを用いたA，B両国の予算制約式（貿易収支均等条件）$pz_1^A+z_2^A=0$ および $pz_1^B+z_2^B=0$ を合計すると次の等式を得る。

$$p(z_1^A+z_1^B)+(z_2^A+z_2^B)=0 \tag{3.4}$$

この関係を**ワルラス法則**（Walras law）という。ワルラス法則は任意の正の相対価格 p について成立する恒等式である。

ワルラス法則から，もし第1財市場で超過需要が生じている（$z_1^A+z_1^B>0$）ならば第2財市場では超過供給となり（$z_2^A+z_2^B<0$），逆に第1財市場で超過供給ならば第2財市場では超過需要となっていることが分かる。もちろん，第1財市場が均衡している（$z_1^A+z_1^B=0$）ならば第2財市場も同時に均衡し（$z_2^A+z_2^B=0$），第2財市場が均衡しているならば第1財市場も同時に均衡する。したがって，2財モデルにおける一般均衡の存在を分析するという観点からは，どちらか一方の市場に注目するだけでよい。

部分均衡分析

2財モデルでは，1つの市場のみに注目した**部分均衡分析**（partial equilibrium analysis）と同様の図解や手法が利用できる。図3-10は，第1財（A国の輸入財，B国の輸出財）の市場における輸入需要曲線と輸出供給曲線を描いたものである。価格が p で与えられると，A国は輸入需要曲線上の a 点に対応する数量 d だけの輸入を行おうとする。これに対してB国は輸出供給曲線上の b 点に対応する数量 s だけの輸出を行おうとする。世界市場全体としては $s-d$ の大きさの超過供給が生じており，第1財市場の需給はバランスしていない。

価格が輸入需要曲線と輸出供給曲線の交点 e の高さに対応する p^* になると，A国による輸入とB国による輸出がバランスして，自由貿易均衡が成立する。均衡における取引数量は e 点に対応する q^* となる（ワルラス法則によって，第2財市場についての均衡が成立することも保証されている）。

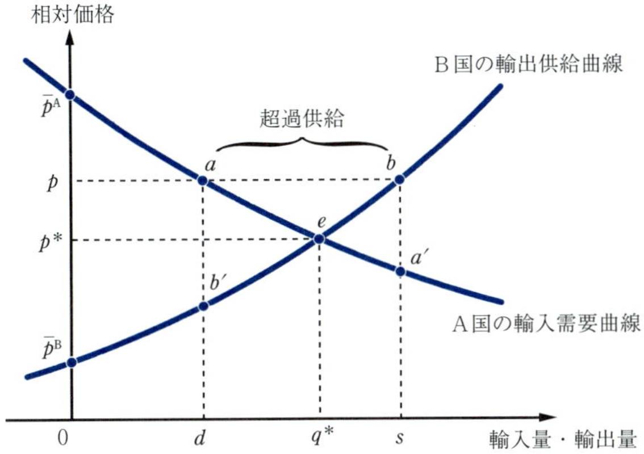

図３-10　輸入需要曲線と輸出供給曲線

3.4　貿易均衡の効率性

一般均衡の成立は，ある価格の下での需要と供給の量的な一致を示しているだけで，それ自体が社会全体として善いこととか悪いこととかを意味しているわけではない。社会状態の善し悪しを評価するためには，一般均衡の概念とは切り離された評価基準が必要である。

社会状態の評価

ある配分 $\alpha=(z^A, z^B)$ と別の配分 $\hat{\alpha}=(\hat{z}^A, \hat{z}^B)$ を考える。すべての国について $W^k(z^k) \leqq W^k(\hat{z}^k)$ かつ少なくとも１つの国について厳密な不等号が成立するとき，配分 $\hat{\alpha}$ は配分 α を**パレート優越する**（Pareto-superior）という。また**パレート改善**（Pareto improvement）とは，配分 α からそれをパレート優越する別の配分 $\hat{\alpha}$ へと社会状態が変化することである。パレート改善をもって社会全体の状態がよくなったとする評価基準を**パレート基準**（Pareto criterion）あるいは**パレート原理**（Pareto principle）という。パレート基準は配分 α と $\hat{\alpha}$ を比べて「$\hat{\alpha}$ に賛成するものはいても反対するものはいない」ことをもって善しとする弱い意味での全員一致での判断のあり方を反映している。パレート基準が価格概念とは無関係に定義されていること注意しておこう[1]。

さて，ある実現可能な配分 α に対して，これをパレート優越する別の実現可能な配分 $\hat{\alpha}$ が存在しない——すなわち，実現可能な配分 α からのパレート改善が不可能である——とき当初の配分 α は**パレート効率的**（Pareto efficient）であるという。パレート効率的な配分ではすべての資源が各国の経済厚生の改善のために無駄なく利用されているので，ここからいずれかの国の経済厚生をより高めようとするならば，他国の厚生を必ず悪化させなければならない。

効率性命題

> 完全競争環境における自由貿易均衡はパレート効率的である。

上の命題は，ミクロ経済学における厚生経済学の第１基本定理と本質的に同等のものである。厳密な論証は省略して，図解を用いて効率性命題が成立することを確認しておこう。図３-11は，Ａ国・Ｂ国のオファーカーブ O^A と O^B を描いたものである。両曲線の交点 e が自由貿易均衡点であり，原点０と e 点とを結ぶ直線の傾きが自由貿易均衡価格を表している。直線 $0p^*$ は均衡における両国の貿易収支均等線である。

オファーカーブ O^A の定義より，e 点においてＡ国の貿易無差別曲線 u^A は貿易収支均等線 $0p^*$ に接している。図の右上方ほどＡ国の効用水準は高い。同様にオファーカーブ O^B の定義より，e 点においてＢ国の貿易無差別曲線 u^B は貿易収支均等線 $0p^*$ に接している。図解の仕方から，図の左下方にいくほどＢ国の効用水準は高くなるので，e 点において両国の貿易無差別曲線は互いに背中合わせに接触していることになる。

貿易無差別曲線 u^A と u^B は e 点を中心とする傾いた X 字型の図形を形成しており，これによって輸出入平面は４つの小領域に分割される。e 点から右上の領域にいくと，Ａ国の経済厚生は改善するもののＢ国の経済厚生は悪化する。

---

(1) パレート（Vilfredo Pareto, 1848-1923）はイタリアの経済学者。ワルラスの後，ローザンヌ大学の教授となり，一般均衡理論や厚生経済学を発展させた。

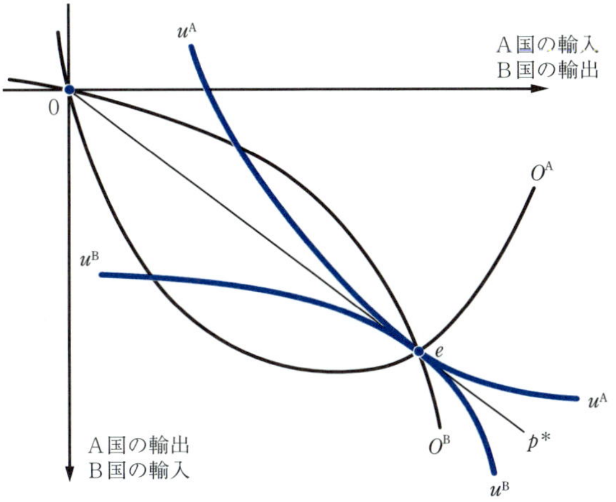

図３－11　自由貿易均衡のパレート効率性

逆に，左下の領域にいくとB国は改善しA国は悪化する。最後に，e 点の右下あるいは左上の領域にいくと両国ともに悪化する。したがって，e 点から他のどのような配分に移っても，けっしてパレート改善は実現できない。すなわち，e 点はパレート効率的なのである。

余剰の最大化

輸入需要曲線と輸出供給曲線を用いて，自由貿易均衡の効率性命題について考えてみよう。再び，図３-10を利用する。輸入需要曲線の高さは輸入を１単位増加させるときの「限界便益」を表し，輸出供給曲線の高さは輸出を１単位増加させるときの「限界費用」を表している。したがって，輸入需要曲線と輸出供給曲線の垂直距離は貿易取引を１単位増加させるときの世界全体としての「限界純便益」を表す。限界純便益が正ならば取引を増加させることで世界全体の余剰は拡大し，逆に限界純便益が負ならば取引を減少させることで世界全体の余剰は拡大する。

図３-10において，自由貿易均衡における取引数量は q^* である。このとき，世界全体としての総余剰は輸入需要曲線と輸出供給曲線および縦軸で囲まれる $\triangle\bar{p}^A e\bar{p}^B$ の面積で表される。これに対して，取引数量が q^* に満たない d で

あったとしよう。このとき，世界全体としての総余剰は台形 $\bar{p}^{A}ab'\bar{p}^{B}$ の面積で表される。自由貿易均衡における総余剰に比べると，明らかに $\triangle eab'$ の面積分だけ小さい。

逆に，取引数量が q^* を超えた s であったとしよう。取引数量が 0 から q^* までは，輸入需要曲線の高さが輸出供給曲線の高さを上回っているので限界純便益は正である。したがって，この範囲であれば取引数量を増加させることで総余剰は拡大して，$\triangle\bar{p}^{A}e\bar{p}^{B}$ の面積となる。しかし，取引数量が q^* を超えると輸入需要曲線の高さは輸出供給曲線の高さを下回るので，限界純便益は負となる。取引数量が q^* を超えると総余剰は減少することになる。取引数量が s にまで達すると $\triangle eba'$ の面積分だけのマイナスが生じ，世界の総余剰は「$\triangle\bar{p}^{A}e\bar{p}^{B}$ の面積 $-\triangle eba'$ の面積」となる。明らかに，自由貿易均衡における総余剰よりも小さい。

余剰概念を用いるならば自由貿易均衡の効率性命題は次のように言い換えることができる。すなわち**自由貿易均衡において世界全体の総余剰は最大となる**というものである。

Column 弾力性について

経済学には需要の価格弾力性や所得弾力性，生産要素間の代替弾力性など様々な“弾力性”概念が登場してくる。いかにも専門用語らしく堅苦しい言葉であるが，内容を正しく理解していれば便利な概念である。一般に，ある変数 x が 1％変化するのに対して別の変数 y が何％変化するのかを表した指標を「y の x 弾力性」という。ここでは y の x 弾力性をギリシア文字を用いて ε_{yx} と表しておこう。

さて，変数 x，y の変化分をそれぞれ Δx，Δy とすれば，各変数の百分比変化（変化率）は $\Delta x/x$，$\Delta y/y$ のように表されるので，$\varepsilon_{yx}\equiv(\Delta y/y)/(\Delta x/x)=(\Delta y/\Delta x)\times(x/y)$ となる。変数 x と y が $y=f(x)$ のように微分可能な関数 f を通じて結びつけられているならば，$\Delta y/\Delta x$ の部分を f の微分係数 $\mathrm{d}y/\mathrm{d}x=f'(x)$ で置き換えることができる。

$$\varepsilon_{yx}=\frac{\mathrm{d}y}{\mathrm{d}x}\times\frac{x}{y}=\frac{f'(x)\cdot x}{f(x)}. \tag{3.5}$$

また，x と y が逆行する場合には，弾力性自体が正の値をとるように上式にマイナス符号を付して弾力性を定義することもある。

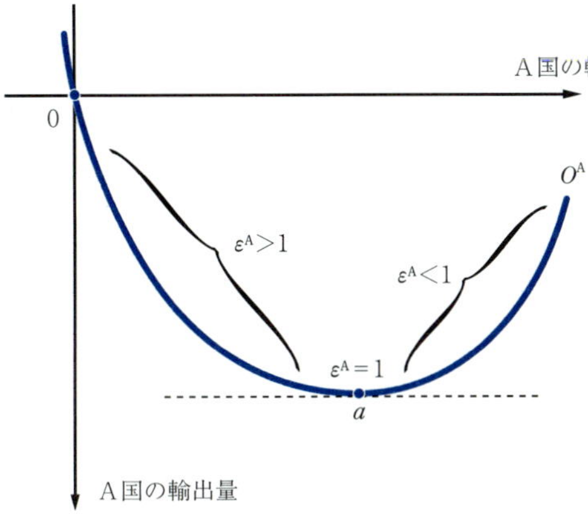

図3-12　オファーカーブと輸入需要の価格弾力性

弾力性は2つの変数の変化率の比率なので，単位をもたない無名数である。$\varepsilon_{yx}=1$ のとき，2つの変数 x，y はまったく同じ割合で変化している。これに対して $\varepsilon_{yx}>1$ ならば，x の1％変化に対して y は1％よりも大きく敏感に反応している。このとき「y は x に対して弾力的である」いう。逆に $\varepsilon_{yx}<1$ ならば，x の1％変化に対する y の変化は1％より小さく鈍い。このとき「y は x に対して非弾力的である」いう。

さて，オファーカーブに関連するものとして，ある一国（A国）の輸入需要の価格弾力性 ε^A と輸出供給の価格弾力性 η^A を取り上げよう。貿易収支均等条件から，ε^A と η^A に次の関係が示される。

$$\varepsilon^A=1+\eta^A \tag{3.6}$$

さらに，輸入需要の価格弾力性とオファーカーブの形状に密接な関係のあることが知られている。図3-12の青い曲線は第1財を輸入するA国のオファーカーブ O^A を描いたものである。オファーカーブの原点から伸びる右下がりの部分では輸入需要は弾力的（$\varepsilon^A>1$）であるが，オファーカーブの反転部分では輸入需要は非弾力的（$\varepsilon^A<1$）となる。したがって，オファーカーブが底を打つ a 点における輸入需要の価格弾力性は1に等しい。

自由貿易均衡は2国のオファーカーブの交点であるから，自由貿易均衡点の性質とオファーカーブの弾力性との間にも密接な関係がある。A，Bの2国を考えよう。A国の輸入財価格（＝B国の輸出財価格）が1％上昇すると，ε^A だけ輸入需要が減少し，η^B だけ輸出供給が増加するので，超過需要の変化は $-\varepsilon^A-\eta^B$ となる。自由貿易均衡点が安定であるためには，価格の上昇によって超過需要は減少しなければならない。すなわち，$-\varepsilon^{A}-\eta^{B}<0$である。先の関係を利用して整理すると次のようになる。

$$\varepsilon^{A}+\varepsilon^{B}>1 \qquad (3.7)$$

すなわち，自由貿易均衡が安定であるためには「両国の輸入需要の価格弾力性の和が1より大きいこと」が必要である。これを**マーシャル＝ラーナーの安定条件**という。

練習問題

1. 各国・各財の労働投入係数および労働賦存量が下表のように与えられている2国・2財のリカードモデルを考える。

	A国	B国
第1財	10	100
第2財	30	50
労働賦存量	500	2000

また，両国の各財に関する需要関数を次のように特定化する。

$$x_i^k=\frac{I^k}{2p_i} \qquad (i=1,2;\quad k=\mathrm{A,B})$$

ただし x_i^k，I^k，p_i はそれぞれ k 国の第 i 財需要量，k 国の所得水準，第 i 財価格を表す。このとき，以下の各問に答えなさい。

(a) 各国の各財に関する超過需要を相対価格 $p=p_1/p_2$ の関数として表しなさい。

(b) 各国のオファーカーブを表す方程式を求めて，図解しなさい。

(c) A国・B国間の自由貿易均衡における均衡相対価格を求めなさい。

(d) 自由貿易均衡における各財の貿易数量を求めなさい。

(e) 自由貿易均衡におけるA国・B国それぞれの第2財で測った実質賃金率を求めなさい。

(f)　A国の労働賦存量が増加すると貿易均衡価格はどのように変化するか検討してみなさい。

2. オファーカーブの図解を利用して，自由貿易均衡が3つある例を示しなさい。また，同じ図解に各国の貿易無差別曲線を書き加えて，各自由貿易均衡がパレート効率的であることを確認しなさい。さらに，各均衡点の安定性を調べなさい。

第4章　貿易自由化と所得分配

ある国に属する個人・家計がただ1つならば，あるいはすべての個人・家計があらゆる面で同質的ならば，貿易自由化のような市場の変化は誰にとってもまったく同じ影響を及ぼす。しかし実際には，人々は量的にも質的にも異なる労働力や資本などの生産要素を保有しているし，好みや選好もまた個人・家計によって異なっているので，同じ市場状況の変化や政策変更から被る影響も人それぞれに異なったものとなる。貿易自由化やその他の政策変更などが人々の間での利害対立を生み出すのである。

本章では，貿易自由化のような状況の変化が人々の受け取る所得や厚生に差別的な影響を及ぼしうること，そしてそうした利害対立を緩和・解消するためのセーフティネットとしての所得再分配政策の可能性について学習する。

4.1　要素間所得分配

賃金を所得の主な源泉にしている人と利潤配当を所得の主な源泉にしている人とでは，利害得失のありようも異なってくる。異なる生産要素が異なる報酬を受け取る可能性を考慮するために，2種類の生産要素がそれぞれ生産活動に従事できるような状況を考えることにしよう。本節で用いるのは，**ヘクシャー＝オリーン＝サミュエルソンモデル**（Heckscher-Ohlin-Samuelson model）として知られる国際貿易モデルの一部である[(1)]。

規模に関する収穫一定の技術の下で，**資本**と**労働**と呼ばれる2種類の生産要

(1)　北欧の経済学者ヘクシャー（E. Heckscher）とその弟子オリーン（B. Ohlin）は各国の資本や労働などの生産要素の存在状況（要素賦存）の違いに注目してヨーロッパにおける地域間・国家間貿易パターンを説明した。彼らの議論はサミュエルソン（P. A. Samuelson）によって数学的に精緻化されたので，このように呼ばれている。

素を投入して，2種類の財（第1財と第2財）が生産されるものとする。ここで資本とは，工場や生産機械など各種の装備・設備がフローとして生み出す便益やサービスを指している。これと，生産設備や装備それ自体を指すストックとしての資本とは区別しておかなければならない。

4.1.1　要素価格の決定

要素集約度

第 i 財（$i=1,2$）の生産に利用される資本量を K_i，労働量を L_i とし，さらに資本投入係数を a_{Ki}，労働投入係数を a_{Li} と表す。議論を単純にするために，各投入係数は賃金率や資本レンタルあるいは各財の生産量とは独立で一定と仮定しておく。第 i 財の生産量を y_i とすれば，$K_i=a_{Ki}y_i$，$L_i=a_{Li}y_i$の関係が成立する。

各財は同じように2種類の要素を用いて生産されるものの，各要素の利用の仕方には違いがある。各財の生産に投入される資本と労働の比率を**要素集約度**（factor intensity）といい，特に，K_i/L_i を**資本集約度**（capital intensity）という。資本集約度は労働1単位あたりの資本サービスの投入量を表しているので，その産業の“機械化の程度”を表す指標とみなすことができる。

議論を明確にするために，以下では次の関係を仮定しておく。

$$\frac{K_1}{L_1}>\frac{K_2}{L_2} \Leftrightarrow \frac{a_{K1}}{a_{L1}}>\frac{a_{K2}}{a_{L2}} \tag{4.1}$$

このとき「第1財は第2財よりも資本集約的である」あるいは「第2財は第1財よりも労働集約的である」といい，第1財と第2財をそれぞれ**資本集約財**，**労働集約財**などと呼ぶ。

企業行動と要素価格の決定

資本レンタル（資本サービスに対する報酬率）を r，賃金率（労働に対する報酬率）を w とすると，第 i 財1単位の生産にかかる平均費用は r と w の関数として表される。

$$c_i(r,w) \equiv ra_{Ki}+wa_{Li}, \quad i=1,2 \tag{4.2}$$

これを第 i 財の**単位費用関数**（unit cost function）という。

企業は利潤が最大となるように行動を決定する。第 i 財の価格と生産量をそれぞれ p_i，y_i とすれば，第 i 財生産企業の利潤 π_i は次式で表される。

$$\pi_i \equiv p_i y_i - c_i(r,w)y_i = \{p_i - c_i(r,w)\}y_i, \quad i=1,2 \tag{4.3}$$

完全競争環境を前提としているので，個々の企業は市場で与えられる各財の価格 p_i，賃金率 w，および資本レンタル r を操作できない。したがって(4.3)式の $p_i-c_i(r,w)$ の部分は個々の企業にとって外生的なパラメータとなり，企業はこの部分の値に応じて行動を決定しなければならない。

第１章で紹介したリカードモデルの場合と同様に，もし生産面の均衡において第 i 財が生産されているならば，$p_i-c_i(r,w)=0$ となっていなければならない。これは**価格と平均費用の一致**を表している。したがって，財価格 p_1，p_2 の下で両財がともに生産されているならば，次の関係が成立する。

$$\begin{cases} c_1(r,w)=p_1 \\ c_2(r,w)=p_2 \end{cases} \tag{4.4}$$

上式は資本レンタル r と賃金率 w に関する連立方程式となっている。これを満たすように資本レンタルと賃金率が決定されるのである。

要素価格フロンティア

各財に関する価格と平均費用との一致条件を，横軸に資本レンタル，縦軸に賃金率を測った平面上に図解したものを**要素価格フロンティア**（factor-price frontier）という。図４-１には両財の要素価格フロンティアが描かれている。たとえば，第１財に関する価格と平均費用の一致条件は $w=p_1/a_{L1}-(a_{K1}/a_{L1})r$ のように変形できるので，第１財の要素価格フロンティアは傾きの大きさが資本集約度 a_{K1}/a_{L1} に等しい右下がりの直線となる。資本集約度に関する仮定(4.1)から第１財の要素価格フロンティアは第２財の要素価格フロンティアよ

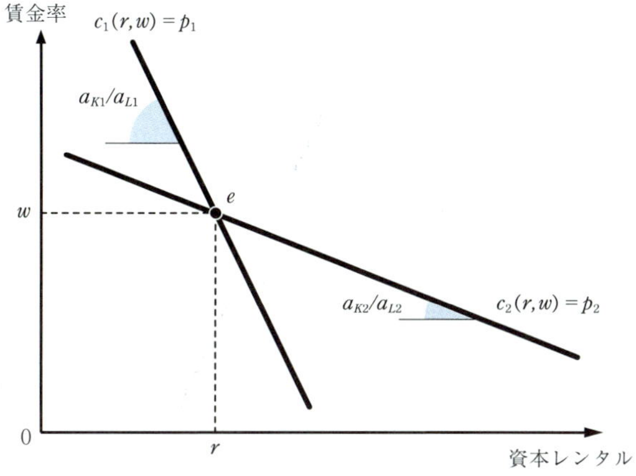

図 4 - 1　要素価格フロンティアと要素価格の決定

りも急な傾きをもち，両曲線は e 点において交わっている。もちろん，交点 e に対応する要素価格が均衡における資本レンタル r と賃金率 w である。

4.1.2　財価格変化と要素価格変化

ストルパー＝サミュエルソン定理

貿易自由化のような政策変更が行われると相対価格が変化する。(4.4)式から明らかなように財価格の変化は資本や労働に対する報酬率にも影響を及ぼす。相対価格の変化と要素価格の変化の間に次の関係が成立する。

> ある財価格の外生的な上昇は，その財の生産に集約的に利用されている生産要素の報酬率を引き上げ，そうでない生産要素の報酬率を引き下げる。また，前者の報酬率の上昇率は当初の価格の上昇率を上回る。

この結果を**ストルパー＝サミュエルソン定理**（Stolper-Samuelson theorem）という。定理の主張の後半部分はジョーンズ（R. W. Jones）の貢献によって広く知られるようになったので，**ジョーンズの拡大効果**（Jones' magnification effect）と呼ばれることがある。

図 4 - 2 の要素価格フロンティアを利用して定理の成立を確認しておこう。

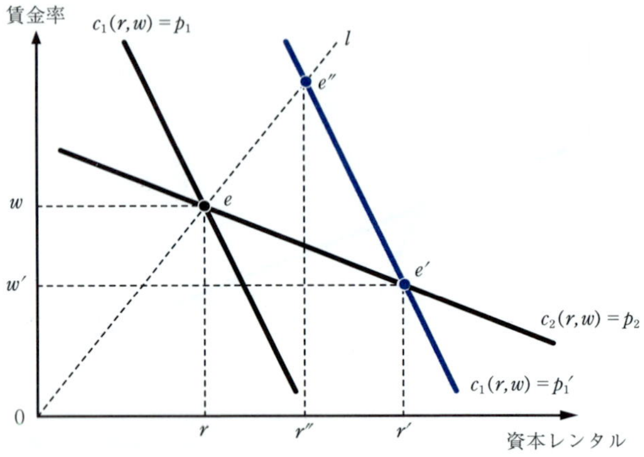

図 4 - 2　ストルパー＝サミュエルソン定理

2つの黒い直線が当初の要素価格フロンティアを表している。均衡点は e である。ここで，資本集約財である第1財の価格が p_1 から p_1' へと上昇したとする。第1財の要素価格フロンティアは価格の上昇率と同じ割合で上方に移動して，青い直線のようになる。均衡点は第2財の要素価格フロンティアに沿って右下に移動して e' 点となる。資本レンタルは r から r' へと上昇し，賃金率は w から w' へと下落している。

さらにジョーンズの拡大効果を示そう。ここで，原点0と当初の均衡点 e を結ぶ半直線を l とし，半直線 l と資本集約財価格が上昇した後の要素価格フロンティアとの交点を e'' とする。また，e'' 点に対応する資本レンタルの値を r'' としておく。

要素価格フロンティアは価格の上昇率と同じ割合で上方に移動するので，価格の上昇率は線分 ee'' と線分 $0e$ の長さの比率 $|ee''|/|0e|$ で表される。直角三角形 $0er$ と $0e''r''$ は相似形なので，$|ee''|/|0e| = |rr''|/|0r|$ である。実際の資本レンタルの上昇率は線分 rr' と線分 $0r$ の長さの比率 $|rr'|/|0r|$ で表される。図解から明らかなように $|rr''|/|0r| < |rr'|/|0r|$ であるから，資本レンタルの上昇率は資本集約財価格の上昇率を上回っていることが分かる。

利害対立

資本集約財価格が上昇するとき，ジョーンズの拡大効果から資本集約財で測った実質資本レンタル r/p_1 も上昇することが分かる。労働集約財価格は変化していないので，労働集約財で測った実質資本レンタル r/p_2 も上昇している。これに対して，賃金率は低下しているので，どの財で測っても実質賃金率は下落する。

資本サービスの提供を主たる所得の源泉としている個人・家計（＝資本家）にとって，資本集約財価格の上昇はどの財で測った実質所得も上昇させるので明らかに有利である。しかし，労働の提供を主たる所得の源泉としている個人・家計（＝労働者）にとっては明らかに不利である。もちろん，労働集約財の価格が上昇する場合には，資本家と労働者の立場は逆転する。このように相対価格に影響を及ぼす市場の変化は生産要素の保有状況が異なる人々の間での際立った利害対立を生じさせるのである。

Column　費用関数

本文中では資本と労働に関する投入係数 a_{Ki}，a_{Li} は一定としたが，実際には，賃金率が高くなれば人件費を節約するために雇用を減らして（＝労働投入係数の低下），機械化を進める（＝資本投入係数の上昇）こともあろう。これを**要素代替**（factor substitution）という。ある財が複数の生産要素を投入することで生産される場合，企業は要素価格の状況に応じて，できるだけ費用がかからないような要素投入の組み合わせ方を選択できるのである。

さて，第 i 財の生産に投入される資本，労働をそれぞれ K_i，L_i，生産関数を $F_i(K_i,L_i)$ としよう。与えられた資本レンタル r と賃金率 w の下で生産量 y_i を実現するための最小費用は次のように表される。

$$C_i(r,w,y_i)\equiv\min_{K_i,L_i}\{rK_i+wL_i \mid F_i(K_i,L_i)\geqq y_i\}$$

これを**最小費用関数**（minimum cost function）あるいは単に**費用関数**という。最小費用関数の各要素価格に関する偏導関数は，対応する生産要素の**条件付き要素需要関数**（conditional factor demand function）を表している。

生産関数 F_i が正の1次同次ならば，最小費用関数は次のように要素価格ベクトル (r,w) に依存する部分と生産量とに分離した形で表される。

$$C_i(r,w,y_i)=c_i(r,w)y_i$$

小文字で表されている $c_i(r,w)$ の部分を**単位費用関数**（unit cost function）という。定義から明らかなように次の関係が成立する。

$$\frac{C_i(r,w,y_i)}{y_i}=\frac{\partial C_i(r,w,y_i)}{\partial y_i}=c_i(r,w)$$

生産関数 F_i が1次同次ならば，平均費用（＝上式の最左辺）と限界費用（＝上式の中辺）は生産量 y_i からは独立で要素価格ベクトル（r,w）のみに依存することになる。与えられた要素価格ベクトル（r,w）に対応する各要素の投入係数は単位費用関数の偏微分係数で与えられる。

$$a_{Ki}\equiv\frac{\partial c_i(r,w)}{\partial r},\quad a_{Li}\equiv\frac{\partial c_i(r,w)}{\partial w}$$

すなわち一般には，各要素の投入係数 a_{Ki} や a_{Li} は要素価格ベクトル（r,w）に依存するのである。

4.2　産業間所得分配

特殊要素

ヘクシャー＝オリーン＝サミュエルソンモデルにおける資本や労働は，どの産業でも等しく利用可能な**一般的要素**（general factor）であった。これに対して，**ある特定の財の生産には必須であるけれども他に代替的用途をもたない生産要素をその産業の特殊要素（specific factor）という。**

たとえば，鉄道輸送事業における敷設された線路や鉄鋼業における溶鉱炉などの巨大設備は短期間では他の産業に転用することはできない。このような資本ストックは（ある時間の幅の中で）各産業に固有の要素であるといえる。しかし，資本ストックばかりが特殊要素となるわけではない。たとえば，古典芸能の伝承者，手工芸品の職人，プロスポーツの選手，技術者や研究者，あるいは医者や法律家などのように，専門的教育や特別の訓練を受けたり，長期間にわたる**実践を通じた訓練**（OJT：On the Job Training）によって高度な技能を身につけた**熟練労働**（skilled labor）も特定産業に対する特殊要素と考えることができる。こうした特殊な技能を体化した熟練労働を**人的資本**（human capital）と呼ぶ。特定の財の生産活動・産業と分かちがたく結びついているという意味で，特殊要素は産業の利害を代表する生産要素であるといってよい。

4.2.1　企業の行動

生産関数

第 i 財は一般的要素と第 i 財の生産に特殊的な要素（**第 i 特殊要素**）の両方を投入することで生産できるものとする。用語を簡単にするために，一般的要素を労働と呼び，第 i 財の生産に投入される労働量を L_i と表す。さらに，第 i 特殊要素の賦存量を K_i と表す。特殊要素は他の産業では役に立たないので，賦存量のすべてが第 i 財の生産活動に投入される。

第 i 財の生産関数 F_i とは，各要素の投入量の組（K_i,L_i）とそのときに獲得できる第 i 財の生産量 y_i との関係を表したものである。

$$y_i=F_i(K_i,L_i),\quad i=1,2 \tag{4.5}$$

通常，各要素の投入量を増加させると生産量も増加すること（＝**単調性**）および両要素の投入量を同時に同率で増加させると生産量も同率で増加すること（＝**規模に関する収穫一定**）が仮定される。

第 i 特殊要素の投入量を一定とすれば，第 i 財の生産量は労働投入量につれて変動することになる。図 4 - 3 の曲線は，労働投入量と生産量との関係を，横軸に労働投入量，縦軸に生産量を測った平面上に描いたものである。これを第 i 財の労働投入に関する**生産力曲線**という。

限界生産力

特殊要素の投入量を一定として，労働投入量を 1 単位増加させるときに生産量がどれだけ増加するのかを表した指標を**労働の物的限界生産力**（PMP : Physical Marginal Product of labor）あるいは単に**労働の限界生産力**という。労働の限界生産力は，ある労働投入量に対応する生産力曲線の傾きで表される。

生産力曲線が右上がりに描かれているのは，労働の投入量を増加させるのに

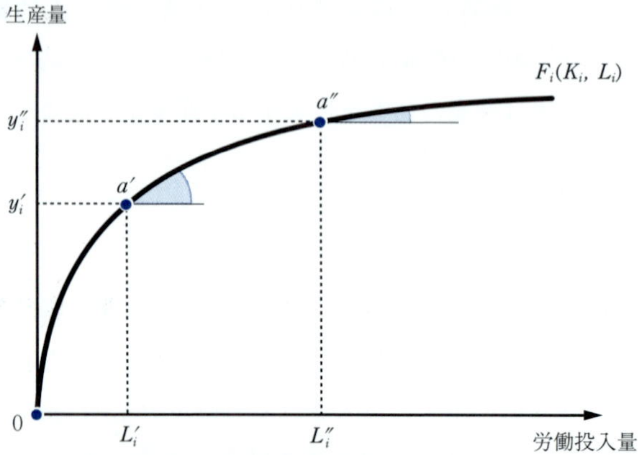

図 4 - 3　一般的要素（労働）の生産力曲線

つれて生産量も増加すること，すなわち労働の限界生産力が常に正であることを表している。さらに，図 4 - 3 において，労働投入量 L_i' に対応する生産力曲線上の a' 点と L_i' よりも大きい L_i'' に対応する a'' 点を比べると，a'' 点における傾きのほうが小さい。これは（特殊要素の投入量を一定として）労働投入量の増加につれて労働の限界生産力が小さくなっていくことを表している。これを**労働の限界生産力逓減**という。生産力曲線が上に向かって凸の曲線で描かれているのは，限界生産力逓減を反映したものである。

図 4 - 4 は第 i 財の生産に関する労働の物的限界生産力を図解したものである。図の青い右下がりの曲線が限界生産力曲線である。労働投入量が L_i のとき，限界生産力曲線の下側の面積は L_i に対応する第 i 財の生産量 $F_i(K_i,L_i)$ を表している。この点を確認するために，以下のように考えてみよう。労働投入量 L_i をいくつかの小単位に分割する（図 4 - 4 では 7 つに分割されている）。投入量をゼロから 1 単位目まで増加させるときの限界生産力は v_1 で表される。労働投入 1 単位あたり v_1 だけ生産量が増加するので，追加された生産量は $s^1=v_1\times 1$ となる。これは図 4 - 4 の左端の高さ v_1 の棒グラフの面積に等しい。さらに投入量を 1 単位目から 2 単位目まで増加させるときの限界生産力は v_2 であり，追加された生産量は $s^2=v_2\times 1$ となる。これは左から 2 番目の棒グラフの面積に等しい。したがって，労働投入量を 2 単位としたときの生産量は

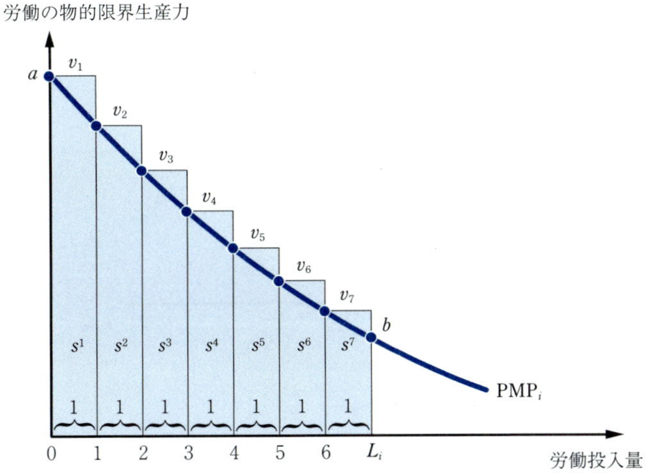

図 4 - 4　労働の物的限界生産力曲線

s^1+s^2 となる。以下同様にして，労働投入量を 1 単位ずつ L_i まで増加していくと，追加される生産量の合計は $s^1+s^2+\cdots+s^7$ となる。これは図 4 - 4 の棒グラフで構成される青い階段状の領域の面積に等しい。総労働投入量 L_i の分割を細かくしていけば，限界生産力曲線の上側にはみ出した小さな三角領域はゼロとなるので，結局，階段状領域の面積は限界生産力曲線の下側の台形 abL_i0 の面積に等しくなるのである。

利潤最大化

第 i 財を生産している企業の利潤 π_i は次のように表される。

$$\pi_i \equiv p_i y_i - wL_i = p_i F_i(K_i, L_i) - wL_i \tag{4.6}$$

完全競争環境では，市場で与えられる財価格 p_i や賃金率 w を個々の企業が操作することはできない。また，第 i 特殊要素はすべてがこの財の生産に投入されているので一定である。したがって，企業は自らの利潤を最大とするように労働投入量を決定すればよい。収入から労働費用を差し引いた後の利潤は特殊要素への報酬となる。

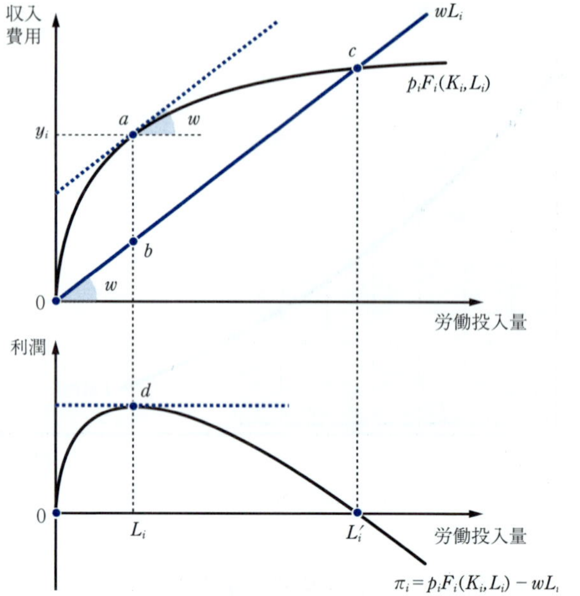

図 4 - 5　利潤最大化

図 4 - 5 上には横軸に労働投入量を，縦軸に収入と費用を測った平面上に収入を表す $p_iF_i(K_i,L_i)$ と費用を表す wL_i のグラフが描かれている。収入は生産量と市場で与えられる価格 p_i の積であるから，$p_iF_i(K_i,L_i)$ のグラフは生産力曲線を価格と同じ割合で上下に伸縮した形，すなわち，原点を通って右上がりで上に凸の曲線となる。これに対して，労働費用は労働投入量に賃金率の割合で比例するので，費用を表す曲線は原点を通って傾きが w に等しい直線となる。これらの曲線・直線の垂直距離が各労働投入量に対応する利潤の大きさを表している。

図 4 - 5 下は，図 4 - 5 上に対応させて労働投入量と利潤の関係を図解したものである。労働投入量がゼロならば，収入もなければ費用もかからないので利潤はゼロである。労働投入量を増加させて生産を拡大すれば，いくらか正の利潤を獲得できる。しかし，労働投入量を（L_i' を超えて）極端に大きくすれば，収入よりも費用がかさんで利潤はマイナスとなってしまう。したがって，利潤 $\pi_i=p_iF_i(K_i,L_i)-wL_i$ を表すグラフは原点を通る山なりの曲線となる。利潤が

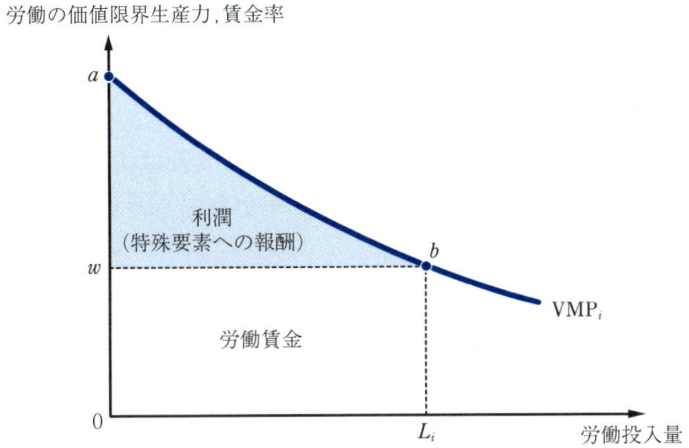

図4－6　労働需要曲線と賃金・利潤

最大となるのは頂点 d であり，この点における利潤曲線の傾きはゼロとなっている。企業は自らの利潤を最大とするために，利潤曲線の傾きがゼロとなるような労働投入量を選択すればよい。

利潤曲線の傾きは，収入曲線の傾きから費用曲線の傾きを差し引いたものに等しい。収入曲線は生産力曲線に価格を乗じたものであるから，その傾きは価格と限界生産力との積である。これを**労働の価値限界生産力**（VMP：Value Marginal Product of labor）という。また，費用曲線の傾きは（名目）賃金率 w に他ならない。すなわち，**企業は所与の財価格と賃金率の下で労働の価値限界生産力と賃金率とが一致するように労働投入量を選択する**のである。

図4－6は価値限界生産力を描いたものである。価値限界生産力は価格と物的限界生産力との積であるから，価値限界生産力曲線は，図4－4の物的限界生産力曲線を価格に等しい倍率で縦方向に伸縮させたグラフとなる（したがって，物的限界生産力曲線と同様に右下がりの曲線である）。物的限界生産力曲線の下側の面積が生産量に相当するものであったから，価値限界生産力曲線の下側の面積は収入額（＝価格×生産量）を表すことになる。

今，名目賃金率が図4－6の w の水準に与えられたとしよう。企業は与えられた賃金率と価値限界生産力が一致するように労働投入量を選択するので，このときの労働需要量は b 点に対応する L_i となる（価値限界生産力曲線上で w

と同じ高さの点に対応する労働量を考えればよい)。賃金率が上昇すれば，価値限界生産力曲線に沿って労働需要は減少する。すなわち，価値限界生産力曲線は**労働需要曲線**に対応している。

図4-6において，賃金率が w のときの労働需要量は L_i であるから，賃金支払額 wL_i は □wbL_i0 の面積で表される。すでに示したように価値限界生産力曲線の下側 abL_i0 の面積は収入額を表しているので，ここから □wbL_i0 を除いた △abw の面積が利潤（＝特殊要素への報酬額）の大きさである。

4.2.2　労働市場均衡

均衡条件

各財の価格が一定の状況における労働（一般的要素）市場均衡と賃金率の決定について検討しよう。労働力は非弾力的に供給されているものとし，この経済の労働賦存量（＝労働供給量）を L とする。第 i 財生産のために投入される労働量は L_i であるから，労働市場均衡条件は次のように表される。

$$L_1+L_2=L \tag{4.7}$$

図4-7は，縦軸に労働の価値限界生産力および賃金率を測り，横軸については左下の原点 0_1 から右に向かって第1財生産に投入される労働量 L_1 を，右下の原点 0_2 から左に向かって第2財生産に投入される労働量 L_2 を測った図解である。2つの原点 0_1 と 0_2 の距離が労働賦存量 L に等しくなるよう作図してある。右下がりの曲線 VMP_1 は第1財部門の労働の価値限界生産力曲線（＝第1財部門の労働需要曲線）を表している。第2財部門については労働投入量の測り方が左右反転しているので，右上がりの曲線 VMP_2 が労働の価値限界生産力曲線（＝第2財部門の労働需要曲線）を表すことになる。

賃金率と利潤の決定

さて，賃金率が図4-7の w' のように与えられると，第1財部門では左縦軸から測って $w'a'$ の労働需要が生じる。これに対して，第2財部門では右縦軸から測って $w'b'$ の労働需要が生じる。これらの合計が総労働需要となるが，

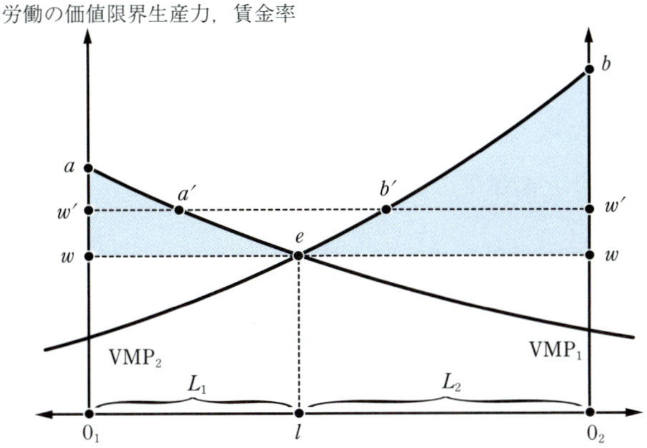

図 4 - 7　労働市場均衡

線分 $a'b'$ の分だけ労働に対する超過供給となっている。

両部門の労働需要曲線の交点 e の高さに相当する賃金率 w が与えられると，第 1 財部門では左縦軸から測って we だけの労働需要が生じ，第 2 財部門では右縦軸から測って we だけの労働需要が生じる。総労働需要は総労働供給に等しくなり，労働市場の均衡が達成される。このときの賃金率を**均衡賃金率**という。

労働市場均衡において，第 1 財部門で働く労働者は左側の $\square 0_1 wel$ の面積に相当する賃金を受け取り，第 2 財部門で働く労働者は右側の $\square 0_2 wel$ に相当する賃金を受け取る（労働者はどちらの部門で働いても同一の賃金率を受け取っている)。総労働所得の大きさは $\square 0_1 ww 0_2$ の面積で表される。これに対して，第 1 財部門の利潤（＝第 1 特殊要素の報酬額）は $\triangle aew$ の面積，第 2 財部門の利潤（＝第 2 特殊要素の報酬額）は $\triangle bew$ の面積でそれぞれ表される。

労働配分と生産構造

労働市場均衡における両部門間での労働配分は交点 e に対応する横軸上の l 点で表される。第 1 財部門では $0_1 l$ の大きさの労働が利用され，第 2 財部門では $0_2 l$ の大きさの労働が利用されることになる。各部門の特殊要素投入量は賦存量 K_i に等しく与えられており，労働市場均衡において各部門の労働投入量が確定するから，生産関数 $F_i(K_i,L_i)$ を通じて各財の生産量 y_i も確定することになる。すなわち，財価格を所与とする労働市場均衡においては，各要素に対する分配のみならず，生産構造 (y_1,y_2) も同時に確定するのである。

4.2.3 価格変化と産業間の利害対立

図4－8を利用しながら，第1財の価格が外生的に上昇するときに，各要素に対する報酬がどのように変化するのかについて検討しよう。曲線 VMP_1 と VMP_2 は価格変化前の第1財部門，第2財部門それぞれの価値限界生産力曲線を表している。当初の均衡は e 点において達成されており，均衡賃金率は w，各部門への労働配分は l 点となる。

さて，第1財価格が上昇すると，第1財部門の労働の価値限界生産力曲線が価格の上昇率と同じ割合で上方に移動する。第1財部門の労働需要が増大するので，当初の賃金率 w の下では労働に対する超過需要が生じてしまう。賃金率が上昇して，新たな均衡点は図4－8の e' 点となり，労働配分点は l' 点へと変化する。すなわち，第1財部門の労働投入量は 0_1l から $0_1l'$ へと増加し，逆に第2財部門の労働投入量は 0_2l から $0_2l'$ へと減少する。言い換えれば，価格が上昇して販売面で有利となった第1財部門に向かって，第2財部門から労働力が移動していくのである。

実質賃金率の変化

第1財価格の上昇に伴って名目賃金率は上昇するのだが，実質賃金率の変化はどの財で実質化するのかによって異なってくる。第2財価格は変化しないので，第2財で測った実質賃金率 w/p_2 は明らかに上昇する。しかし，第1財で測った実質賃金率 w/p_1 は分母も分子も両方とも上昇しているので，もう少し詳細な検討が必要である。

第1財価格が上昇すると，労働の価値限界生産力曲線は価格上昇率と同じ割合で上方に移動することに注意しよう。すなわち，第1財価格の上昇率は労働の価値限界生産力曲線の移動の割合で表されるのである。当初の労働配分点 l を固定して考えると，第1財価格の上昇に伴って第1財部門の労働の価値限界

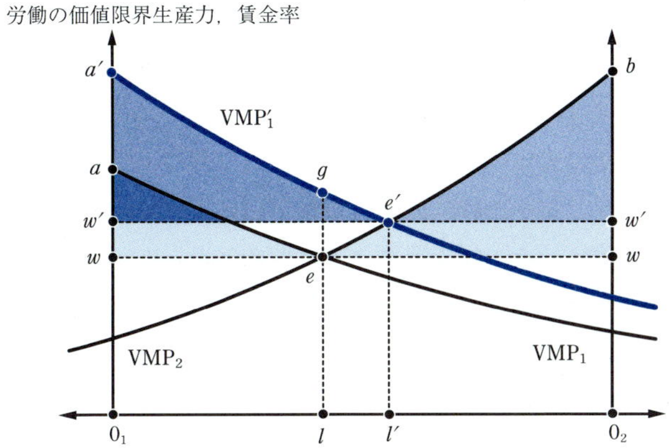

図4-8　第1財価格上昇と所得分配

生産力曲線は e 点から g 点の位置まで移動する。したがって，労働の価値限界生産力曲線の上方への移動割合（＝第1財価格上昇率）は線分 eg と線分 el の長さの比率 $|eg|/|el|$ に等しいことが分かる。これに対して，名目賃金率は w から w' へと変化しており，その上昇率は線分 ww' と線分 0_1w の長さの比率 $|ww'|/|0_1w|$ に等しい。図解から明らかなように，$|0_1w|=|el|$ かつ $|ww'|<|eg|$ であるから，第1財価格の上昇率は名目賃金率の上昇率を上回っていることが分かる。すなわち，第1財で測った実質賃金率 w/p_1 は低下してしまうのである。

産業別利潤の変化

価格の変化していない第2財部門では，名目賃金率の上昇によって費用条件が悪化するので，利潤も圧迫される。図4-8の当初の均衡点 e における第2財部門の利潤（＝第2特殊要素への報酬額）は $\triangle bew$ の面積に相当する大きさであったが，第1財価格上昇後の新たな均衡点 e' における利潤は $\triangle be'w'$ の面積にまで減少している。

前項で示したように名目賃金率の上昇率は当初の第1財価格の上昇率を下回っているので，第1財部門では，価格上昇という収入面での有利さが賃金率の上昇という費用面での不利益を十分に補っている。したがって，第1財部門の利潤（＝第１特殊要素への報酬額）は第１財価格の上昇に伴って増加することになる。第１財部門の当初の利潤額は図４‐８の $\triangle aew$ で表されるが，価格変化後の利潤額は $\triangle a'e'w'$ の面積で表される。明らかに後者のほうが大きい。

このように価格の変化は，有利となった部門における特殊要素の報酬を引き上げる一方，不利となった特殊要素の報酬を引き下げる。相対的に不利となった部門の特殊要素は，その特殊性のゆえに有利となった他産業に移動することができず，その結果，大きな損失を被る。これに対して産業間を移動できる労働は，不利となった部門から有利となった部門へと移動できることを通じて，生じうる損失を不十分ながら緩和できるのである。

4.3　短期的利害と長期的利害の乖離

特殊要素の“特殊性”は物理的属性のみならず，どのような時間間隔を視野に入れて状況が考察されているのかにも依存している。ここで，各産業の特殊要素は物理的には同質的な資本であるものの，労働に比べると産業間を移動するのに著しく時間がかかるものとしよう。すなわち，特殊要素の特殊性が**短期的な産業間移動不可能性**によって生じるとする。言い換えれば，労働が短期的にも長期的にも一般的要素であるのに対して，資本は短期的には各産業に特殊的であるが，十分長い時間をかければ一般的要素となると考えるのである。この想定の下では，特殊要素モデルを短期モデル，ヘクシャー＝オリーン＝サミュエルソンモデルを長期モデルと位置づけて，両モデルを接合することが可能となる。そして，同じ事態の変化に対しても各要素の短期的利害と長期的利害とが乖離しうることが示されるのである。

初期均衡

ある生産要素について産業ごとに報酬率が異なっていれば，その生産要素は報酬率の低い産業から高い産業に向けて移動する誘因をもつ。十分に長い時間をかければ，報酬率格差がなくなるまで各生産要素は産業間を移動できるであろう。すべての生産要素が産業間を移動して同一生産要素に対する報酬率が産業間で均等化するほどの期間を**長期**と呼ぶことにしよう。これに対して，労働のみが産業間を移動でき，資本は移動できないような期間を**短期**と呼ぶ。

議論を明確にするために，長期的には第1財が資本集約財，第2財が労働集約財であるものとしよう。図4-9右は，縦軸に賃金率，横軸に資本レンタルを測った平面上に，両産業の要素価格フロンティアを描いたものである。要素集約性に関する想定を反映して，第1財部門の要素価格フロンティアは第2財部門のものよりも急な傾きをもつように描かれている。黒の曲線 p_1 と p_2 がそれぞれ第1財部門と第2財部門の要素価格フロンティアであり，長期均衡点は a 点で表されている。均衡賃金率は w，均衡資本レンタルは r である（第1財部門と第2財部門の資本レンタルが異なる可能性を考慮して，これらをそれぞれ r_1，r_2 と表すことにすれば，初期の長期均衡においては $r=r_1=r_2$ が成立している)。長期においては，産業の違いによる報酬率の格差は生じていない。

また，図4-9左には特殊要素モデルにおける労働市場均衡が描かれている(縦軸の賃金率は要素価格フロンティアの図解にそろえてある)。黒の曲線 VMP_1 と VMP_2 がそれぞれ第1財部門と第2財部門の労働の価値限界生産力曲線を表している。これらの交点は e であり，対応する賃金率は図4-9右の w と同一水準になっている。

短期の変動

初期均衡の状態から第1財価格が p_1 から p_1' へと上昇したとしよう。第1財部門における労働の価値限界生産力曲線は，図4-9左の VMP_1 から青い破線の曲線 VMP_1' のように価格の上昇率と同じ割合で上方に移動する。新たな均衡点は e' 点となり，名目賃金率は w から w' へと上昇する。第2財部門から第1財部門に労働力は移動して，第1財の生産量は増加し，第2財の生産量は減少する。

第1財価格が上昇すると要素価格フロンティアも図4-9右の曲線 p_1 から青い曲線 p_1' のように上方に移動する。第2財部門において，短期的に上昇した賃金率 w' の下で価格と平均費用とを一致させる資本レンタルの水準 r_2' は

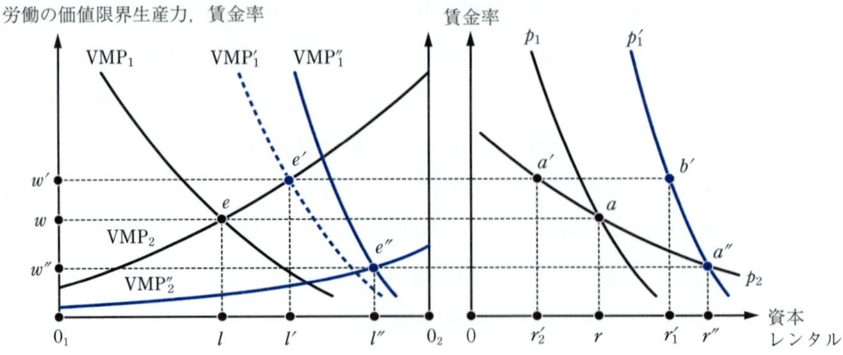

図 **4 - 9**　短期・長期の要素価格変化の相違

第 2 財部門の要素価格フロンティア上で高さが w' に等しい a' 点で与えられる。図解から $r'_2<r$ であり，短期的に第 2 財部門における資本レンタルは低下することが分かる。同様に，第 1 財部門において価格と平均費用とを一致させる資本レンタルの水準 r'_1 は，第 1 財部門の価格上昇後の要素価格フロンティア上の b' 点で与えられる。第 1 財部門における資本レンタルは r'_1 に上昇していなければならない。したがって，$r'_1>r'_2$ となり，資本は短期的には産業ごとに異なる資本レンタルを受け取ることになるのである。

調整過程と長期均衡

短期において第 2 財部門よりも第 1 財部門の資本レンタルが高くなっているので，第 2 財部門で雇用されている資本には第 1 財部門に移動する誘因が生まれる。第 2 財部門から第 1 財部門へと資本が移動すると，労働力と共に生産に従事する資本が減少して労働の物的限界生産力は低下し，一定の財価格の下で価値限界生産力も低下する（図 4 - 9 左の曲線 VMP_2 から VMP''_2）。これとは逆に，第 1 財部門では資本が増加して，労働の物的限界生産力および価値限界生産力は上昇する（図 4 - 9 左の曲線 VMP'_1 から VMP''_1）。

第 1 財部門では労働の価値限界生産力の上昇に伴って労働需要が増加し，第 2 財部門では逆に労働需要が減少する。第 1 財は資本集約財なので元々多くの資本を投入しているから，資本の増加に伴う労働需要増加の追加的効果はあまり大きくない。しかし，第2財部門は労働集約財なので元々乏しい資本の減少に伴う労働需要減少の効果は大きくなる。全体としてみると労働に対する需要は減少するので，賃金率は低下しはじめる。

賃金率が低下すると，各部門の資本レンタルは図4－9右の各部門の要素価格フロンティアに沿って変化する。第1財部門では b' 点から a'' 点に向けて資本レンタルが上昇し，第2財部門では a' 点から同じく a'' 点に向けて資本レンタルが上昇する。結局，両部門において資本レンタルは上昇し，最終的には図4－9右の要素価格フロンティアの新たな交点 a'' に対応する資本レンタル r'' と賃金率 w'' が成立することになる。

要素価格の時間変動

図4-10は，第1財価格の上昇に伴う賃金率と資本レンタルの短期・長期の変動を模式的に表したものである。

まず賃金率の変動について検討しよう。第1財価格が上昇すると，名目賃金率は w から w' に上昇する。しかし，産業間の資本レンタル格差に応じて資本が移動していくのにつれて賃金率は低下し，長期的には元の水準を下回る w'' となってしまう。

資本レンタルについては産業ごとに検討する必要がある。第1財価格が上昇すると，第1財部門で現に雇用されている資本には有利に働き，資本レンタルは r から r'_1 へと上昇する。他方，相対的に不利となった第2財部門で現に雇用されている資本の資本レンタルは r から r'_2 へと低下する。産業間のレンタル格差に応じて資本が第2財部門から第1財部門に移動していくと，両部門の資本レンタルは共に上昇し，長期的には元の水準 $r=r_1=r_2$ を上回る $r''=r''_1=r''_2$ となる。

政策変更への賛否と時間視野

財の相対価格の変動は，生産要素間の利害対立を生み出すとともに，同一の生産要素に対しても短期・長期の利害の乖離を生み出すことが分かる。この事実は重要な政策的インプリケーションをもっている。すなわち，貿易自由化な

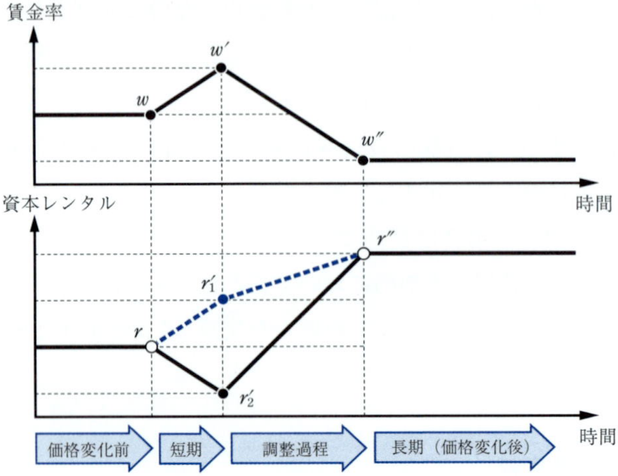

図 4 - 10　要素価格の時間変動

ど，どのような政策変更も相対価格を変動させるので，生産要素間の利害対立は不可避といってよい。しかも，そのような利害対立は各生産要素の保有者がどのような時間視野に基づいて物事をとらえているのかにも依存するのである。

たとえば，ある政策変更が上で見たように資本集約財価格を上昇させるものであったとしよう。労働者が短期的な利益のみを重視するならば，この政策変更に賛意を表明するかもしれない。しかし，労働者が長期的な展望をもって将来の損失の可能性を考慮するならば，短期的な利得にもかかわらずこの政策変更に対して反対の態度をとるであろう。労働集約財部門で現に雇用されている資本についても（賛否の方向は逆であるが）同様のことがあてはまる。すなわち，労働集約財部門の資本の保有者が近視眼的であれば，この政策変更に反対するであろうし，十分に先を見通しているならば賛成するであろう。

実証研究

マギー（S. P. Magee）は，アメリカにおける1973年の修正貿易法案に関する下院公聴会での異なるグループからの意見表明を利用して，ストルパー＝サミュエルソン定理の検証を試みた。表 4 - 1 は，関連する21産業の経営者団体（資本側）と労働組合（労働側）による当該法案に対する意見表明の 4 つの組

表4-1　資本と労働の政策的見解の違い

		労働の立場	
		保護主義	自由貿易
資本の立場	保護主義	14 (66%)	1 (5%)
	自由貿易	1 (5%)	5 (24%)

出所：Magee, S. P. (1978), Three Simple Tests of the Stolper-Samuelson Theorem, in: P. Oppenheimer (ed.), *Issues in International Economics*, Oriel Press.

み合わせに対応する産業数をまとめたものである（括弧内の数値は全21産業に対する割合を表している）。

ストルパー＝サミュエルソン定理が妥当するならば，資本側と労働側の意見は常に対立し，それぞれの意見は各グループの属する産業が輸出産業であるか輸入産業であるかには依存しない。したがって，両者の立場の組み合わせが「保護主義—保護主義」や「自由貿易—自由貿易」になることはなく，「保護主義—自由貿易」と「自由貿易—保護主義」についてもいずれか一方のみが成立するはずである。しかし，表4-1からは，同一産業内の資本と労働の利害はむしろ一致しており，産業間での利害対立のほうが顕著であることを読み取ることができる。

マギーによる研究は，ストルパー＝サミュエルソン定理よりもむしろ特殊要素モデルを支持するもののようである。これに対してロゴフスキーは，いくつかの階級対立や都市部＝農村部の対立などの歴史的エピソードを紹介して，ストルパー＝サミュエルソン定理を支持する解釈が可能であることを示している(2)。

(2)　両者の研究については Magee, S. P. (1978), Three Simple Tests of the Stolper-Samuelson Theorem, in: P. Oppenheimer (ed.), *Issues in International Economics*, Oriel Press. および Rogowski, R. (1987), Political Cleavages and Changing Exposure to Trade, *American Political Science Review* 81 (4), 1121-1136. を参照のこと。これらの他，ストルパー＝サミュエルソン定理や特殊要素モデルに関する実証研究については，Leamer E. E. (1995), International Trade Theory: The Evidence, in: G. Grossman and K. Rogoff, (1995), *Handbook of International Economics*, vol. III, Elsevier Science B. V. が詳しい。

4.4 貿易自由化とセーフティネット

貿易自由化は生産構造を効率化して，一国経済全体の消費の可能性を拡大させる。しかし他方，貿易自由化は相対価格の変化を必然的に伴うので，要素保有状況や選好の異なる個人・家計間での利害対立を生じさせる。全体の「パイ」は大きくなっているのに，パイの切り分け方がうまくないので，大きな利益を得る人と損失を被る人とができてしまうのである。本節では，貿易自由化に付随するセーフティネットとして適切な所得再分配政策を導入すれば，利害対立を緩和させて，全体としての貿易利益をすべての個人・家計に行き渡らせることが可能であることを示す。

4.4.1 純粋交換経済

貿易自由化が個人・家計間の利害対立を生みだすもう１つの例として，純粋交換経済の場合を考えよう。ここではＡとＢの２つの家計からなる１国経済を考える。この経済では生産活動は行われず，各家計は２種類の財（第１財，第２財）を一定数量ずつ保有している。家計 k（k=A,B）が保有する第 i 財の数量を $\omega_i^k>0$ とすれば，初期保有ベクトルは $\omega^k=(\omega_1^k,\omega_2^k)$ のように表される。家計 k の消費ベクトルを $x^k=(x_1^k,x_2^k)$，効用関数を U^k とする。第２財で測った第１財の相対価格を p とすれば，予算制約式は次のようになる（家計は保有している財を市場ですべて売却して得た所得を消費財の購入に充てると考えればよい）。

$$px_1^k+x_2^k=p\omega_1^k+\omega_2^k,\quad k=\mathrm{A,B} \tag{4.8}$$

家計は予算制約の下で効用が最大となるように消費ベクトルを選択する。

閉鎖経済均衡

貿易取引がなければ各財に対する需給は国内のみでバランスしていなければならない。

$$x_i^A+x_i^B=\omega_i^A+\omega_i^B,\quad i=1,2 \tag{4.9}$$

図4-11は，この純粋交換経済を描いたものである。図解を簡単にするために，A，B両家計の初期保有ベクトルは同一としてある（$\omega=\omega^A=\omega^B$ である）。初期保有ベクトル ω の点を通る傾き $\bar{p}$ の直線が閉鎖経済均衡における両家計に共通の予算制約を表している。もちろん，閉鎖経済均衡相対価格は $\bar{p}$ に等しい。家計Aは消費ベクトル $\bar{x}^A$ を，家計Bは $\bar{x}^B$ をそれぞれ選択しており，国内における需給均衡 $\bar{x}^A+\bar{x}^B=\omega^A+\omega^B=2\omega$ が成立している。閉鎖経済均衡において，家計Aの第1財の消費量 $\bar{x}_1^A$ は初期保有量 ω_1 を上回っており，逆に家計Bの第1財消費量 $\bar{x}_1^B$ は初期保有量 ω_1 を下回っている。したがって，差し引きで考えると家計Aは第1財の需要者であり，逆に家計Bは供給者であるといえる（第2財については立場が逆転する）。また，両家計の効用水準は無差別曲線 $\bar{u}^A$，$\bar{u}^B$ でそれぞれ表されている。

貿易自由化と利害対立

この国が貿易自由化を行って，世界価格 $p>\bar{p}$ の下での貿易取引が行えるようになったとしよう。両家計の予算線は初期保有ベクトル ω の点を中心として時計回りに回転して，図4-11の直線 ωp となる。第1財の需要者であった家計Aは，もはや閉鎖経済における $\bar{x}^A$ を消費することはできず，新たな予算線上の x^A を消費せざるをえない。このときの家計Aの効用水準は図4-11の無差別曲線 u^A で表され，閉鎖経済均衡における $\bar{u}^A$ と比べて低下していることが分かる。これに対して，第1財の供給者であった家計Bは x^B を消費できるようになり，効用水準は $\bar{u}^B$ から u^B へと上昇している。

このように貿易自由化は，家計AとBとの間に異なる利害得失を生じさせる。これらの家計の初期保有ベクトルが同一であって，常に同一の予算制約に直面していることに注意しよう。**所得の獲得能力の面でまったく同一の家計であったとしても，選好構造が異なっていれば利害対立が生じうる**のである。

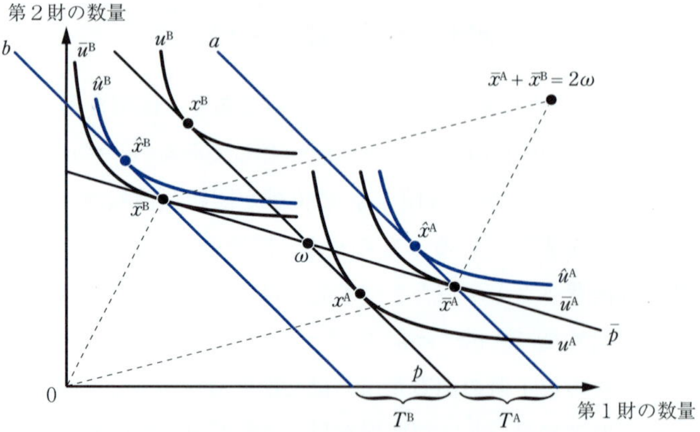

図 4 - 11　純粋交換経済の貿易自由化と所得再分配政策

4.4.2　所得再分配政策

一括移転による所得補償

貿易自由化によって大きな利益を得る家計から損失を被る家計に所得を移転（再分配）することで，後者の損失を補塡することは可能であろうか。もしそのような所得再分配政策を適切に設計・実施できるならば，閉鎖経済状態に留まるよりも所得再分配政策とのパッケージで貿易自由化を実行するほうが，すべての人々にとって好ましいこととなろう。グランモン（J. M. Grandmont）とマクファーデン（D. McFadden）は適切な一括所得再分配政策によって，貿易自由化の利益をすべての人々に行き渡らせることが可能であることを示した[3]。

先の純粋交換経済の例を用いよう。家計 k は閉鎖経済均衡において $\bar{x}^k$ を消費し，$U^k(\bar{x}^k)$の効用水準を実現している。貿易自由化“後”に閉鎖経済均衡と同じ $\bar{x}^k$ を購入できるだけの可処分所得があれば，家計 k は少なくとも $U^k(\bar{x}^k)$ の効用水準を確保できるはずである。貿易自由化後の価格 p の下で $\bar{x}^k$ を購入するのにかかる金額は $p\bar{x}_1^k+\bar{x}_2^k$ であり，所得再分配が行われない場合の所得は $p\omega_1^k+\omega_2^k$ であるから，これらの差額を補塡すれば，家計 k は $\bar{x}^k$

(3)　Grandmont, J. M. and D. McFadden (1972), A technical note on classical gains from trade, *Journal of International Economics*, 2 : 109-125. を参照のこと。

を貿易自由化後でも購入できる。この家計 k にとって必要な差額を T^k とすれば，次のようになる。

$$T^k \equiv (p\bar{x}_1^k + \bar{x}_2^k) - (p\omega_1^k + \omega_2^k), \quad k = \mathrm{A,B} \qquad (4.10)$$

家計 k は T^k が正であれば貿易自由化後に実際に所得の補塡を受けることになるし，負であれば所得の一部を一括税として拠出することになる。

再分配後の厚生

上で示した所得再分配政策を伴う貿易自由化によって，すべての家計の効用水準が閉鎖経済均衡におけるものよりも高くなる（少なくとも低下しない）ことを確認しておこう。

所得再分配政策なしで貿易自由化が行われた場合の各家計の予算線は図４-11の直線 ωp である。これに対して，所得再分配政策が実施された場合の各家計の可処分所得は $p\omega_1^k + \omega_2^k + T^k$ であるから，家計Ａの予算線は閉鎖経済均衡における消費ベクトル $\bar{x}^{\mathrm{A}}$ を通る傾き p の直線 a，同様に家計Ｂの予算線は $\bar{x}^{\mathrm{B}}$ を通る傾き p の直線 b のようになる（$T^{\mathrm{A}}>0$，$T^{\mathrm{B}}<0$ である）。

家計Ａは所得再分配後の予算制約の下で消費ベクトル $\hat{x}^{\mathrm{A}}$ を選択できる。図解から明らかなように $\hat{u}^{\mathrm{A}} = U^{\mathrm{A}}(\hat{x}^{\mathrm{A}}) > U^{\mathrm{A}}(\bar{x}^{\mathrm{A}}) = \bar{u}^{\mathrm{A}}$ であり，家計Ａの効用水準は閉鎖経済状態よりも高い。同様に，家計Ｂも $\hat{x}^{\mathrm{B}}$ を選択でき，効用水準は $\hat{u}^{\mathrm{B}} = U^{\mathrm{B}}(\hat{x}^{\mathrm{B}})$ となって閉鎖経済均衡における $\bar{u}^{\mathrm{B}} = U^{B}(\bar{x}^{\mathrm{B}})$ よりも高い。すなわち，閉鎖経済均衡から「貿易自由化＋所得再分配」という政策パッケージを実施することによって，すべての家計の経済厚生を同時に改善できることが分かる（＝パレート改善）。貿易自由化それのみでは人々の利害対立が避けられないとしても，セーフティネットとしての適切な所得再分配政策を補完的に導入して実施するならば，貿易自由化による効率化の利益をすべての人々で分かち合えるのである。

再分配の実行可能性

グランモンとマクファーデンの方法は必要補償額 T^k が負の家計から正の家

計への所得移転であって，これが実行可能であるためには少なくとも再分配に関する財政収支がバランスしていなければならない。そのためには，すべての家計にわたる必要補填額の合計がゼロであればよい。

$$\sum_{k=\mathrm{A,B}} T^k = \sum_{k=\mathrm{A,B}} \{(p\bar{x}_1^k + \bar{x}_2^k) - (p\omega_1^k + \omega_2^k)\}$$
$$= p\underbrace{\left[\sum_{k=\mathrm{A,B}} \bar{x}_1^k - \sum_{k=\mathrm{A,B}} \omega_1^k\right]}_{=0} + \underbrace{\left[\sum_{k=\mathrm{A,B}} \bar{x}_2^k - \sum_{k=\mathrm{A,B}} \omega_2^k\right]}_{=0} = 0. \quad (4.11)$$

上式の大括弧の各項は閉鎖経済における各財の需給一致条件からゼロとなる。したがって，グランモンとマクファーデンの方法は財政的に実行可能である。

生産経済への一般化

上の議論は家計や財の数に依存していないので，多数の財や多数の家計を含む場合にもそのまま拡張できる。さらに，生産活動を明示的に含む場合にもグランモンとマクファーデンの方法が適用できることを示しておこう。基本的なアイデアは，純粋交換経済の場合と同様に，閉鎖経済均衡における消費ベクトルを貿易自由化後の価格の下で購入できるだけの可処分所得を各家計に保証することにある。

2種類の財と m 個の家計からなる生産経済を考えよう。閉鎖経済均衡における生産ベクトルを $\bar{y}=(\bar{y}_1,\bar{y}_2)$ とし，貿易自由化後の生産ベクトルを $y=(y_1,y_2)$ とする。貿易自由化後の相対価格を p とすれば，貿易自由化後の生産国民所得は $Y(p)=py_1+y_2$ となる。さらに，家計 k が貿易自由化後に生産要素を市場に供給することから獲得する要素所得額を I^k とする（一般に，I^k は価格 p に依存する）。家計 k への再分配額 T^k を次のように定義する。

$$T^k = \underbrace{[p\bar{x}_1^k + \bar{x}_2^k - I^k]}_{\text{(a)}} + \frac{1}{m}\underbrace{[Y(p) - (p\bar{y}_1 + \bar{y}_2)]}_{\text{(b)}}, \ k=1,2,\ldots,m \quad (4.12)$$

上式(a)の部分は(4.10)式と本質的に同じであって，家計が貿易自由化後に閉鎖経済均衡における消費ベクトルを購入するために不足する金額（＝必要補償額）を表している。さらに(b)の部分は貿易自由化に伴う「特化の利益」に対応しており，生産構造に関する議論から $Y(p) \geqq p\overline{y}_1+\overline{y}_2$ であることが分かっている。すなわち，(4.12)式右辺の後半部分は非負の「特化の利益」を m 個の家計で均等分配することを表している。所得再分配後の家計 k の可処分所得は I^k+T^k となって，貿易自由化後に $\overline{x}^k$ を購入するために必要とされる金額を上回る。したがって，各家計は「貿易自由化＋所得再分配」の実施後に閉鎖経済均衡よりも高い効用をもたらす消費ベクトルを購入できるのである(4)。

また，(4.12)式の所得再分配政策の財政的な実行可能性についても，閉鎖経済均衡条件 $\sum_{k=1}^{m}\overline{x}_i^k=\overline{y}_i$ ($i=1,2$) と貿易自由化後の生産国民所得と総分配額との一致条件 $Y(p)=\sum_{k=1}^{m}I^k$ を考慮すれば容易に確認できる。

Column　補償原理

貿易自由化に伴って適切な所得補償政策をパッケージで導入すれば，パレート改善が可能であることを示した。「鎖国」か「貿易自由化＋所得補償」かと問われれば，人々は全員一致で後者に賛成するだろう（少なくとも反対者はいないはず）。しかし，ここで導入される所得補償政策は，大きく利益を得るはずの人々から所得を取り上げて他の人々の損失を埋め合わせることで実現されるものだから，元々貿易自由化からの大きな利益を期待していた人々は「貿易自由化のみ」の実施を支持して，「貿易自由化＋所得補償」というパッケージには反対するかもしれない。実際の政策としては「貿易自由化のみ」が選択されることもあろう。パレート改善は実現できず，利害対立は解消されない。

パレート原理を社会状態の変化についての“善し悪し”を判定するための根拠としているかぎり，利害対立を伴う貿易自由化について（社会的に）推奨すべき政策であるとか，そうでないとかということはできない。パレート原理は「利益を得るものはいるが誰一人として阻害されるものがない」場合に，そのような変化を“社会的にみて望ましい”と判定するものであるから，ほとんどの人にとって受け入れ

(4)　一括所得移転以外の方法によって必要とされる所得補償を行うことも可能である。ディキシットとノーマンは貿易自由化と共に適切な消費課税・補助金政策を導入することによってパレート改善が可能であることを示した。Dixit, A. and V. Norman (1980), *Theory of International Trade: A Dual General Equilibrium Approach*, Cambridge University Press. および Dixit, A. and V. Norman (1986), Gains from trade without lump-sum compensation, *Journal of International Economics*, 21: 111-122. を参照のこと。

やすい基準であろう。しかし，ただ一人でも反対者がいればパレート原理に基づく判定はできなくなってしまうから，パレート原理で善し悪しを判断できる事柄の範囲はかぎられている。パレート原理は，ある特定の政策の社会的望ましさを判断するための根拠としては厳しすぎるのである。

パレート原理を出発点としながらもその条件を緩和して，より広い範囲での政策や社会状態の変化に対して“社会的な望ましさ”を判定できるようにしたいくつかの基準が，カルドア，ヒックス，シトフスキー，サミュエルソンらによって提唱されてきた。これらを総称して**補償原理**（compensation principle[s]）という。補償原理は，パレート改善の“実現”の代わりに“潜在的な実現可能性”を社会的な評価の基礎としている。たとえば，カルドアの補償原理（＝カルドア基準）は「ある政策や社会状態の変化によって利益を得るものから損失を被るものへの所得補償を行うことでパレート改善が可能であるならば，たとえその所得補償が実行されなくとも，当初の政策や社会状態の変化は社会的にみて望ましい」と判定するものである。

カルドア基準に基づくならば，貿易自由化が人々の間での利害対立を生み出し，そしてそれを補正する所得補償が行われなくとも，貿易自由化は社会的にみて望ましい政策であるといえるのである――もっとも「補償原理」のような考え方が社会的な望ましさの根拠として広く容認されるかどうかはまた別の問題である。

練習問題

1. 貿易自由化は様々な人々に異なる利害をもたらしている。国際貿易に関する論点（たとえば，日本の農産品の貿易自由化，環太平洋パートナーシップ協定［TPP］への参加，外国人労働者の受け入れ問題など）を1つ取り上げて，その論点に関して，どのような立場の人がどのような見解を表明しているのかについて，インターネット上の情報などを利用して調べてみなさい。

2. ある国の労働投入係数および資本投入係数が下表のように与えられている。また，第2財を価値尺度財とする。このとき，以下の問に答えなさい。
(a) 第1財価格 $p_1=2$ のとき，両財がともに正の数量生産されているも

	第１財	第２財
資本投入係数	2	2
労働投入係数	4	1

のとする。このとき，均衡における賃金率および資本レンタルを求めなさい。

(b)　すぐ上の問の状況から，第１財価格が１％だけ上昇すると，賃金率は何％上昇あるいは下落するか答えなさい。

3.　ある財の生産関数が $y_i=2K_i^{1/2}L_i^{1/2}$ のように与えられているものとする。ただし，K_i は第 i 財生産の特殊要素の投入量であり，L_i は一般的要素の投入量であるとする。財価格を p_i，一般的要素の報酬率を w とするとき，一般的要素に対する需要関数を求めなさい。また，それが財価格 p_i と特殊要素の投入量に関する増加関数であり，報酬率 w の減少関数であることを確認しなさい。

4.　(4.12)式の所得再分配政策が財政的に実行可能であることを確認しなさい。

第5章　貿易政策分析の基礎

自由貿易は生産構造の改善を通じた貿易利益を人々にもたらし，さらに世界全体の経済厚生の観点から無駄のない状況（＝パレート効率性）を実現する。こうした自由貿易のもつ理論的なメリットが指摘されているにもかかわらず，現実に完全な自由貿易を行っている国は存在しない。たとえば，日本がコメの輸入に高い関税を課していることはよく知られているし，日本にかぎらず農業分野を保護している国は多い。また，先進国・開発途上国を問わず多くの国が，工業分野・サービス分野での国内産業育成等を狙って保護主義的政策を実施している。ほとんどの国際貿易取引はいずれかの国による何らかの貿易政策の下に置かれているといってよい状況である。

関税をはじめとする貿易政策は，それを実施する国，貿易相手国，あるいは世界全体に対していかなる影響を及ぼすのであろうか。本章では，貿易政策を分析するための第一歩として関税政策の実態・目的・効果等について学習する。

5.1　貿易政策とは何か

貿易政策とは，政府が，ある目的を達成するために，様々な手段を用いて，輸出・輸入等の貿易取引を抑制したり促進したりする行為のことである。ここでの「政府」は，中央政府のみならず地方政府や関係諸機関・組織を含む広い意味でとらえておくべきである。また貿易政策の手段には，関税等の課税政策のように法律・規則等に定められたフォーマルなものの他，行動計画や指針の策定・公表，見本市の開催あるいはキャンペーンなどのようにインフォーマルなものも含まれる。貿易政策の代表的手段は**関税**（tariffs）であり，その他の手段を総称して**非関税障壁**（NTBs : Non-Tariff Barriers）という。

5.1.1 関　　税

関税には輸入品に賦課される**輸入関税**（import tariffs）と輸出品に賦課される**輸出税**（export tax）とがある。輸入関税に比べると輸出税が賦課されることはあまりないので，単に関税といった場合，輸入関税を指すことが多い[1]。

課税方式

輸入品の費用・保険・運賃込みの価格，すなわち**CIF価格**（Cost, Insurance, and Freight）の一定割合を税額とする**従価税**（ad valorem tariff）と輸入品の数量1単位を基準に税額を定める**従量税**（specific tariff）が代表的な課税方式である。日本の場合，課税対象品目数のうち93.4%が従価税，2.4%が従量税の対象であり，従価税が最も一般的な課税方式となっている[2]。

他にも，従価税と従量税のうち税額の高い方（品目によっては低い方）を課す**選択税**や両方を課す**複合税**といった**混合税**，国産品の出回り時期の変動に応じて税率の変動する**季節関税**，あるいは政策的に定めた国内価格と輸入価格との差額を税額とする**差額関税**などの方式がある。また，貿易自由化に伴う国内産業への衝撃を緩和するための過渡的措置として，一定の割当数量の輸入までは無税あるいは低い1次税率を適用し，割当量を超える輸入に対しては高い2次税率を適用する**関税割当**（tariff quota）の方式が利用されることもある。

課税の根拠

消費税や所得税など他の租税と同様に，税率等の関税に関する重要事項は法律に基づいて設定される。**関税定率法**と**関税暫定措置法**が基本的な法律である。関税定率法には長期にわたって適用される**基本税率**が定められ，関税暫定措置

---

(1)　日本では輸出税は行われていない。輸出税の顕著な例としては，2007年から2008年にかけて穀物の国際市況が高騰した際，ロシア，中国，ベトナム，アルゼンチン等の穀物輸出国が輸出を抑制して国内消費分を確保するために実施した小麦・大麦・トウモロコシ・大豆等に対する輸出税（増価税，輸出還付取り消し，最低輸出価格の設定等を含む）があげられる。

(2)　WTO (2011), *Trade Policy Review-JAPAN.*

第２部　植物性生産品

第９類　コーヒー，茶，マテ及び香辛料

統計番号 Statistical code		品　名	関税率					
番号 H. S. code			基本	暫定	WTO協定	特恵GSP	特別特恵LDC	シンガポール
09.01		コーヒー（いってあるかないか又はカフェインを除いてあるかないかを問わない），コーヒーの豆の殻及び皮並びにコーヒーを含有するコーヒー代用物（コーヒーの含有量のいかんを問わない）。						
		コーヒー（いったものを除く。）						
0901.11	000	カフェインを除いていないもの	無税		(無税)			無税
0901.12	000	カフェインを除いたもの	無税		(無税)			無税
		コーヒー（いったものに限る。）						
0901.21	000	カフェインを除いていないもの	20%		12%	10%	無税	
0901.22	000	カフェインを除いたもの	20%		12%	10%	無税	
0901.90		その他のもの						無税
	100	1 コーヒー豆の殻及び皮	無税		(無税)			
	200	2 コーヒーを含有するコーヒー代用品	20%		12%	無税		
09.02		茶（香味を付けてあるかないかを問わない。）						
0902.10	000	緑茶（発酵していないもので，正味重量が3キログラム以下の直接包装にしたものに限る。）	20%		17%		無税	11.7%
		その他の緑茶（発酵」していないものに限る。）						
0902.20	100	1 くず（飲用に適するものを除く。）	無税		(無税)			無税
	200	2 その他のもの	20%		17%		無税	11.7%
0902.30		紅茶及び部分的に発酵した茶（正味重要が3キログラム以下の直接包装にしたものに限る。）	20%				無税	
	010	―紅茶			12%			6.5%
	090	―その他のもの			17%			11.7%
0901.40		その他の紅茶及び部分的に発酵した茶						
	100	1 くず（飲用に適するものを除く。）	無税		(無税)			無税
		2 その他のもの						
	210	112紅茶	5％		3％		無税	無税
	220	122その他のもの	20%		17%	2.5%	無税	11.7%

図５-１　実行関

法には一定期間基本税率に代わって適用される**暫定税率**が定められている（暫定税率は基本税率に優先される）。また，関税暫定措置法には，開発途上国（Developing Countries）からの輸入を有利に取り扱う**特恵税率**（一般特恵税率）と，さらに有利な条件で後発開発途上国（LDC：Less Developed Countries）からの輸入に適用される**特別特恵税率**（LDC 特恵税率）も定められて

2012年1月現在

関税率（経済連携協定）											単位	
メキシコ	マレーシア	チリ	タイ	インドネシア	ブルネイ	アセアン	フィリピン	スイス	ベトナム	インド	I	II
無税	無税	無税	無税	無税	無税	無税	無税	無税	無税	無税		KG
無税	無税	無税	無税	無税	無税	無税	無税	無税	無税	無税		KG
無税						12%	5％	3％	8.1%			KG
無税						11.3%	5％	3％	8.1%			KG
無税	無税	無税	無税	無税	無税	無税	無税	無税	無税	無税		
												KG
												KG
	10.6%	9.3%	11.7%	12.8%	12.8%	12.7%	12.8%	13.8%	13.8%	15.9%		KG
無税	無税	無税	無税	無税	無税	無税	無税	無税	無税	無税		KG
	10.6%	9.3%	11.7%	12.8%	12.8%	12.7%	12.8%	13.8%	13.8%	15.9%		KG
	5.5%	6.5%	6.5%	7.6%	7.6%	7.6%	7.6%	8.7%	8.7%	11.3%		KG
	10.6%	9.3%	9.3%	12.8%	12.8%	12.7%	12.8%	13.8%	13.8%	15.9%		KG
無税	無税	無税	無税	無税	無税	無税	無税	無税	無税	無税		KG
	無税	無税	無税	無税	無税	無税	無税	無税	無税	2.3%		KG
	10.6%	9.3%	9.3%	12.8%	12.8%	12.7%	12.8%	13.8%	13.8%			KG

税率表の一部　　　　出所：税関ホームページ http://www.customs.go.jp/tariff/index.htm

いる。

上記の他，国際的な条約に基づいて設定される税率もある。世界貿易機関（WTO：World Trade Organization）の加盟国・地域は，WTO 協定に基づいて，他の加盟国・地域に対して品目ごとに関税率の上限を約束している。この約束を**譲許**（concession）といい，ここで定められた税率を**協定税率**あるいは

譲許税率という。協定税率は上限を定めるものなので，実際に運用されている税率（**実行税率**）が協定税率を下回ることもある。さらに，自由貿易協定（FTA：Free Trade Agreement）や経済連携協定（EPA：Economic Partnership Agreement）などの2国間・複数国間協定では，それらの協定を締結した国からの輸入のみに適用される税率も定められている。

上で示した基本税率，暫定税率，協定税率，一般特恵税率，LDC特恵税率，および様々な自由貿易協定・経済連携協定に関する税率は，**実行関税率表**にまとめられて公表されている。図5-1は実行関税率表の一部である。部・類・項・号の分類は国際統一商品分類（HS分類）に基づいている。HS分類の最小単位は6桁の数値（表の左端列）で表される号であり，日本ではこれがさらに細分されて，細分ごとに関税率が定められている。

課税の目的

関税も租税の一種であるから，第一義的には政府の財源としての機能をもつ。しかし多くの先進国では，消費税・所得税等の国内税制が整備されており，関税収入は政府税収のごくわずかの部分に過ぎないので，財源確保を目的とする関税はほとんど行われてないといってよい（日本の場合，関税収入は政府税収の2％未満である）。これに対して国内税制が整えられていない開発途上国では，関税収入が政府税収の大きな部分を占めていて財源として大きな役割を果たしているところもある。

輸入関税の導入によって当該輸入品は割高となって輸入は減少し，それに伴って輸入品と競合する国産品（輸入競合品）の国内価格も関税率の分だけ世界価格（CIF価格）よりも高くなる。輸入関税は海外からの安価な輸入品の流入を抑制し，国内の輸入競合産業を海外企業との競争から保護する機能をもつ。今日，先進国を中心とする多くの国が導入している関税は**輸入競合産業の保護**を目的とするものである。輸入競合産業の保護を目的とする関税は次の2つの局面で顕著となる。1つはいわゆる「幼稚産業保護」であり，もう1つは「衰退産業に対する産業調整」である。これらについては第10章，第11章で詳細に論じる。

予期せざる輸入の急増あるいは不公正な貿易取引などによって生じた歪みを是正することを目的として導入される関税もある。これを**特殊関税**という。特殊関税には，輸入急増による国内産業への重大な損害を防止するための**緊急関税**（セーフガード safeguard）や，輸出国で補助金を受けている輸入品に対する**相殺関税**（countervailing duty），正常価格を下回る価格で輸入されてくる財貨に対する**不当廉売関税**（ダンピング防止税，アンチダンピング関税 anti-dumping duty），あるいは貿易相手国による差別的・不利益な取り扱いに対して実施する**報復関税**（retaliatory tariff）が含まれる。

5.1.2　非関税障壁

非関税障壁には，貿易の禁止を含む輸入数量制限や輸出数量制限のように直接的に貿易数量を統制する**数量制限**と，通関手続，政府調達，基準認証制度，国内課税・補助金などのように間接的・結果的に貿易取引に影響するものとがある。また，これらは輸出入数量制限と通関手続のような国境措置とその他の国内措置とに分類することもできる。ここではいくつかの非関税障壁の類型について概観しておく。

輸出入の禁止・許可・承認

たとえば，麻薬・覚醒剤，けん銃・爆発物，特定の化学物質，感染症の病原体，児童ポルノ，偽造紙幣，核物質，有害廃棄物などの国民の健全な社会生活や健康・福祉を阻害する物品や，武器・大量破壊兵器や軍事転用可能な高度技術に基づく汎用品のように国全体の安全保障を脅かす貨物や技術，あるいはワシントン条約（絶滅のおそれのある野生動植物の種の国際取引に関する条約）やモントリオール議定書（オゾン層を破壊する物質に関するモントリオール議定書）などの国際的取り決めに抵触する動植物や物質については，関税法や外国為替及び外国貿易法（外為法）をはじめとする関係法令等に基づいて貿易取引そのものが禁じられたり，輸出入にあたって所管大臣（経済産業大臣）の許可・承認が必要とされるなどの制限措置がとられている。さらに，国連安全保障理事会決議に基づく経済制裁措置やその他の外交的な理由から，特定国との貿易取引が禁止されることもある。

輸入数量制限

輸入数量を直接統制する手段としては**国家貿易**と**輸入割当**とがある。国家貿易は，政府が直接に，あるいは政府によって指定を受けた事業者が一元的に輸入を行うものである。これに対して輸入割当（IQ：Import Quota）は，一定数量あるいは一定金額の輸入を輸入事業者に割り当てるものであり，事業者は輸入ライセンス（輸入割当証明書や輸入承認証）の発給を受けて，割り当てられた数量・金額での輸入を行う。

輸入割当が有効であるかぎり，輸入品の国内供給は割当がない場合よりも減少して，輸入品の国内価格は輸入価格（CIF 価格）よりも高くなる。すなわち，輸入割当は関税の場合と同様に内外価格差を生み出すのである。もし輸入割当のライセンスが競争入札のような形で事業者間に配分されるのであれば，輸入1単位あたりのライセンスの取得コストは輸入事業者間の競争を通じて内外価格差に等しくなるまで上昇し，その結果，内外価格差から生じる利益（これを**輸入割当に伴うレント**という）は割当を行う政府の収入となる。しかし，実際のライセンスの割当は，事業者の過去の輸入実績や先着順・抽選といった非競争的方法に基づいて配分されるので，輸入割当に伴うレントはライセンスを獲得した輸入事業者の手に渡ることになる。

輸出数量制限

食料品などの基礎的な物資に関して国内市場が逼迫するような場合に，国内価格の高騰を抑え国内需要をまかなうために輸出を抑制することがある。たとえば，2007年から2008年にかけて穀物を中心とする食料品の国際価格が高騰した際，いくつかの穀物輸出国が輸出規制措置を実施した[3]。

---

(3)『不公正貿易報告書　2011年版』（経済産業省）によれば，このとき輸出規制措置を実施したのは，アルゼンチン，インド，インドネシア，ウクライナ，エジプト，カザフスタン，カンボジア，キルギス，セルビア，タンザニア，中国，ネパール，パキスタン，バングラデシュ，ブラジル，ベトナム，ボリビア，ロシアの各国である。

また，国内で産出される天然資源等の輸出を抑制して，天然資源自体の枯渇を防いだり，天然資源を利用する国内産業を保護する目的で輸出規制がとられることもある。たとえば，ハイテク製品の素材や製造工程で使用される触媒などに不可欠なレアアース（希土類元素）の世界全体の供給の9割以上を占める中国が2010年に輸出枠を大幅に削減した事例は，日本や欧州等のレアアース輸入国に大きな衝撃を与えた。

さらに，貿易摩擦が生じているような場合，これを回避・緩和するために輸入国側からの要求に応えて輸出国が**輸出自主規制**（VER：Voluntary Export Restraint）を実施することもある。日本の鉄鋼（1960年代末～93年末）および自動車（1981年～94年3月末）に関する対米輸出自主規制はよく知られた事例である。なお，WTO の**セーフガードに関する協定**においては，輸出自主規制を実施することも，また他国にこれを要請することも明示的に禁止されている。

通関手続

通関申請の際に手数料がかかったり，異なる様式・内容・言語の書類を数多く作成しなければならなかったり，通関の際の検査・検疫等に長い時間がかかったりすると，輸出入を行う事業者にとっての実質的な取引費用を高めることになる。こうした輸出入の通関時に実施される手続にかかる様々な金銭的・時間的費用あるいは煩雑さも貿易取引を阻害する要因となる。

通関手続が貿易障壁となることを防いで貿易取引を円滑に進めるためには，関連法令を公表・周知したり，関連文書の書式等を電子的に利用可能にしたり，内容・項目等の国際的な共通化を図ったりなど，通関手続の簡素化を進めていく必要がある。このような**貿易円滑化**（trade facilitation）の問題もまた WTO における重要課題の1つである。

政府調達

一般に，中央政府・地方政府・政府関係機関を含む“政府”は極めて規模の大きな支出主体なので，政府による財貨・サービスの購入行動は各国の貿易取引に多大な影響を及ぼす。たとえば，政府が財貨・サービスを調達する際に入札資格を国内企業に限定すれば，外国企業が最も安価な財貨・サービスの供給源であったとしても，それを排除することができる。こうした国産品優遇政策が，結果的に輸入を抑制する貿易障壁として機能することは明らかであろう。

GATT の東京ラウンドにおいて，政府調達に関する内国民待遇・無差別待遇原則を確立し，調達手続や入札資格を明確にすることなどを目指して**政府調達に関する協定**が結ばれた。さらにこれは，対象となる機関や取引を拡大する形で WTO 協定（附属書 4「政府調達に関する協定」）にも引き継がれた。ただし，WTO における「政府調達に関する協定」は一括受諾の対象ではなく，任意加盟であるため，参加国は先進国を中心とする少数に留まっている。

基準・認証制度

各国は，財・サービスの品質等に関する各種の基準や基準に対する適合性を認証するための様々な（強制的あるいは任意の）手続・制度を定めている。たとえば，日本における強制的な規格としては，薬事法に基づく医薬品・医療機器などに対する規制や食品衛生法に基づく食品に対する規制などがある。また任意の規格として，工業標準化法に基づく鉱工業品に対する JIS 規格，農林物資の規格化及び品質表示の適正化に関する法律（JAS 法）に基づく農林産品に対する規格などが設けられている。

各国の基準・認証制度は，財・サービスの品質・成分・性能に関する一定水準の保証，生産の合理化・能率改善の増進，あるいは消費者の健康・安全の確保などの目的を標榜して運用されている。その意味では，何らかの基準・認証制度は健全な国民生活にとって不可欠のものであるといってよい。しかし，自国産品と外国産品とを差別的に取り扱ったり，認証手続等が煩雑であったりする場合には，基準・認証制度それ自体が貿易に対する障壁ともなりうる。また，同種の産品・サービスに対して自国と外国との間で異なった基準が採用されているような場合には，基準の格差によって比較優位に基づく貿易の自然な流れが歪められてしまうこともある。

こうした基準・認証制度の違いによって生じる貿易抑制・歪曲効果を抑える

ためには，各種基準等を国際的に共通化・平準化したり，認証手続等に関して透明性を確保したりなどの措置が必要である。WTO においては**貿易の技術的障害に関する協定**（TBT 協定：Agreement on Technical Barriers to Trade）や**衛生植物検疫措置の適用に関する協定**（SPS 協定：Agreement on the Application of Sanitary and Phytosanitary Measures）が合意され，基準・認証制度と貿易に関する問題への取り組みが進められている。

国内課税・補助金

外国からの輸入品に対して（輸入関税の他に）消費税を課したり，海外産品に特定せずとも実質的に海外からの輸入に頼っている産品に対する消費税を導入したりすれば，当該産品に対する消費を抑制して，結果として輸入も抑制することになる。また，特定産業の育成，研究開発（R&D）投資の促進，あるいは地域振興などの目的で交付されている各種の補助金は，関連する産業の競争力を高めて比較優位に基づく貿易の流れを歪める効果をもつ。

5.2　関税の効果――交易条件が一定の場合

関税は最も基本的な貿易政策である。また，非関税障壁の効果についても関税政策と対比することによって理解を深めることができる。本節と次節では，輸入関税のない自由貿易状態と関税の導入された貿易状態とを比較することによって輸入関税政策の効果を明らかにする。本節では，まず交易条件が一定の「小国」にとっての関税の効果について検討する。

従価税と従量税

輸入財の世界価格を p^*，国内価格を p とする。従価税率を $\tau\times100\%$ とすると，従価輸入税の下での国内価格は $p=(1+\tau)p^*$ となる[4]。一方，従量税率を輸入財 1 単位あたり t 円とすれば，国内価格は $p=p^*+t$ のように表される。適切に従量税率 t と従価税率 τ を選べば，$p=p^*+t=(1+t/p^*)p^*=(1+\tau)p^*$

(4)　たとえば関税率が 5 %の場合，記号 τ の表す実際の値は 5/100 である。

が成立する。したがって，与えられた従量税率 t に対して同等の従価税率 $\tau=t/p^*$ を求めることができ，逆に，与えられた従価税率 τ に対して同等の従量税率 $t=\tau p^*$ を求めることができる。すなわち，世界価格 p^* が一定ならば，国内価格に及ぼす影響が等しいという意味で従量税と従価税は同等なのである。

5.2.1　部分均衡分析

図 5 - 2 は，ある国の輸入財市場における供給曲線 S と需要曲線 D を描いたものである。輸入財の世界価格（CIF 価格）を p^* とする。自由貿易状態では世界価格と国内価格は一致しているので，需要量は D 上の a^* 点に対応する x^*，供給量は S 上の b^* 点に対応する y^* となる。輸入量は $z^*=x^*-y^*$ である。消費者余剰は $\triangle p^*a^*d$，生産者余剰は $\triangle p^*b^*s$ の面積で表され，総余剰は四辺形 a^*b^*sd の面積で表される。

従量関税率を $t>0$ としよう。輸入関税が導入されると国内価格 p は関税率の分だけ世界価格から乖離する。すなわち，$p=p^*+t>p^*$ である。小国の仮定の下では世界価格 p^* は一定なので，関税の導入によって国内価格 p は関税率の分だけ上昇することになる。

国内価格の上昇に伴って，需要量は x^* から x に減少する。関税には輸入財の消費を抑制する効果がある。さらに，供給量は y^* から y に増加する。輸入財との競争にさらされていた国内産業（輸入競合産業）は，輸入関税によって保護されるのである。

国内価格が上昇するので，消費者にとっては不利である。消費者余剰は $\triangle p^*a^*d$ から $\triangle pad$ に減少する。逆に，国内の輸入競合産業にとって関税による保護は有利に働き，生産者余剰は $\triangle p^*b^*s$ から $\triangle pbs$ に増加する。さらに，輸入関税によって政府部門には関税収入が生じる。関税賦課後の輸入量は $z=x-y$ であるから，関税収入額は tz となる。これは図 5 - 2 の濃い青の $\square abgf$ の面積に等しい。

輸入関税によって消費者は台形 paa^*p^* 分の消費者余剰を失っている。このうち小さな台形 pbb^*p^* 分は生産者余剰の増加分として生産者の手に渡り，さらに $\square abgf$ 分は政府部門の関税収入となっている。消費者の失った余剰の一

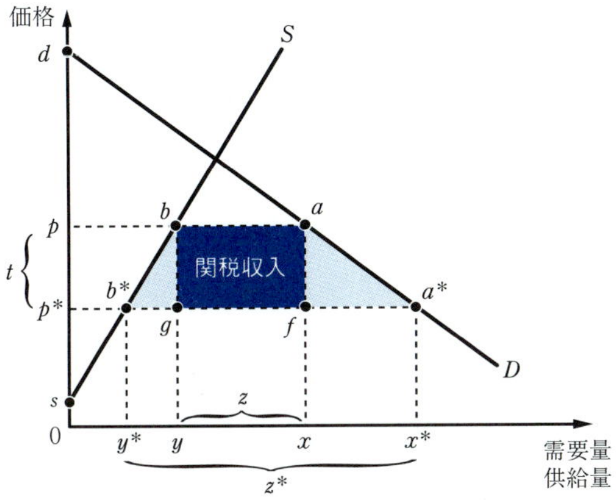

図5-2　関税の効果――小国・部分均衡分析

部（台形 $pbb^{*}p^{*}$＋□$abgf$）はこの国の政府と国民によって回収されているので（所得分配を変化させてはいるが）総余剰の観点から見れば問題ではない。しかし，2つの小さな三角形 △faa^{*} と △gbb^{*} に相当する部分は，消費者が失い，しかも生産者も政府も回収していない。すなわち，この部分の余剰は当該国から全く失われてしまったのである。この失われた余剰を関税政策に伴う**死重の損失**（dead-weight loss）という。**輸入関税によって国内輸入競合産業は確かに保護されるものの，一国全体の総余剰は減少して損失が生じてしまう**のである。

5.2.2　一般均衡分析

1つの市場に注意を集中した部分均衡分析では捉えきれない関税政策の効果がある。小国の仮定を維持しながら，2財を含む一般均衡分析を用いて関税政策の効果について整理し直してみよう。当該国は第1財を輸入し，第2財を輸出すると仮定しておく。

家計と関税収入の処分

問題となっている国は単一の家計から構成されており，すべての生産要素はこの家計が保有して，すべての要素所得をこの家計が受け取るものとする。また，ここでは関税を“徴収する”ことの効果に議論を集中するため，関税収入は家計に一括して還元されると仮定しておく。

予算制約

第 i 財（$i=1,2$）の世界価格と国内価格をそれぞれ p_i^*，p_i とし，さらに輸入財に対する従価関税率を $\tau\times 100\%$ とすれば，世界価格と国内価格の間に $p_1=(1+\tau)p_1^*$ および $p_2=p_2^*$ の関係が成立する。さらに，第 2 財で測った第 1 財の世界相対価格を $p^*\equiv p_1^*/p_2^*$，国内相対価格を $p\equiv p_1/p_2$ とすれば，$p=(1+\tau)p^*$ となる。第 i 財の消費量を x_i，生産量を y_i とすれば，一国全体の予算制約式は次のように表される。

$$px_1+x_2=py_1+y_2+T \tag{5.1}$$

ただし，T は政府から家計への移転額である。三面等価の原則から，家計が（全体として）獲得する総要素所得は総生産額 py_1+y_2 に等しいことが分かっている。家計の可処分所得は総要素所得と政府からの移転の合計であり，上式は家計が可処分所得を消費支出 px_1+x_2 に充当することを表している（実際の生産額や消費額が国内価格 p で評価したものであることに注意しておこう）。

政府は関税収入を家計に一括還元するので，家計への移転額は関税収入額に等しい。すなわち，$T=\tau p^*(x_1-y_1)$ が成立する。これを利用して(5.1)式を変形すると次のようになる。

$$p^*x_1+x_2=p^*y_1+y_2 \tag{5.2}$$

上式は，世界価格で評価した消費支出額が，同じく世界価格で評価した総生産額に等しいことを表している。さらに，上式を変形すれば，次のようになる。

$$p^*(x_1-y_1)=y_2-x_2 \tag{5.3}$$

この国は第 1 財を輸入すると仮定しているので，上式左辺は（第 2 財で測った）実質輸入額であり，右辺は実質輸出額である。すなわち，上式は世界価格で評価した貿易収支均等条件を表している。(5.1)，(5.2)，(5.3)の 3 式は予算制約式を定義に基づいて書き換えただけであるが，関税政策の効果を分析する際にそれぞれ重要な情報を与えるものである。

保護効果と圧迫効果

図5-3の青い扇形の領域は，この国の生産可能集合を表している。世界価格が p^* の下で自由貿易が行われると，生産点は生産可能性フロンティア上で限界変形率と相対価格の一致する y^* となる。このときの予算線は図の(a)で表される。消費点は限界代替率と相対価格の一致する x^* となり，このときの効用水準は無差別曲線 u^* で表される。

輸入関税が導入されると国内価格は p^* から $p=(1+\tau)p^*$ へと上昇する。第1財の相対価格の上昇に伴って，生産点は y^* から y へと変化する。第1財の生産は拡大し，第2財の生産は縮小する。前者を輸入関税の**保護効果**といい，後者を他産業への**圧迫効果**という。輸入関税の導入は，確かにこの国の輸入競合産業を海外からの安価な財の流入から保護する効果をもっているのだが，同時に他の産業の活動を圧迫・阻害するのである。部分均衡分析では他産業への圧迫効果は見落とされてしまうが，関税政策の効果を総合的に評価する上で極めて重要である。

所得減少効果・厚生悪化効果

自由貿易状態における生産国民所得の大きさは直線(a)で表されているが，輸入関税後の生産点 y を世界価格 p^* で評価した金額は直線(c)で表される。明らかに，世界価格で評価した生産国民所得は減少する。これを**所得減少効果**という。

(5.2)式から，世界価格で評価した生産国民所得と消費額は一致していなければならないことが分かっている。すなわち，関税賦課後の消費点は図5-3の直線(c)の上になければならない。直線(c)は一様に自由貿易状態における予算線(a)の下側に位置しているので，実際の消費点がどこに決定されたとしても，そのときの効用水準が自由貿易状態における効用水準 u^* を上回ることはない。すなわち，**輸入関税の導入によって家計の経済厚生は必ず悪化する**のである。

消費抑制効果

実際の消費点は次のようにして求められる。まず，消費点が直線(c)上でなければならないこと，および関税賦課後に家計が直面する国内価格が $p=(1+\tau)p^*$ であることに注意しておく。次に図5-3の x° のように自由貿易状態における無差別曲線 u^* 上で関税賦課後の国内価格 $p=(1+\tau)p^*$ に等しい限界代替率をもつ点を求める。この点を通る**所得消費曲線**と直線(c)との交点が実際の消費点 x である。

輸入関税導入による消費点の変化を x^* から x° への変化と x° から x への変化に分けて考えよう。前者は，効用水準を u^* に保ちながら，相対的に高価になった第1財の消費を減少させて代わりに安価となった第2財の消費を増加させる**代替効果**である。代替効果は必ず輸入財の消費を抑制するように働く。後者は，実質所得の減少に伴う**所得効果**である。輸入財が正常財（上級財）ならば，所得効果も代替効果と同じく輸入財の消費を抑制するように働く。輸入財が下級財であったとしても（代替効果とは逆の）所得効果が十分に大きくないかぎり，輸入財の消費は減少するのである。

貿易抑制効果

輸入関税によって輸入財の消費が増加する場合であっても，消費量の増加が輸入競合産業に対する保護効果による生産量の増加を上回ることはない。したがって，輸入関税の結果，輸入数量は必ず減少する。さらに小国の仮定の下では輸入数量の減少は世界価格で評価した輸入額を減少させるので，貿易収支均等条件から輸出額（＝輸出数量）も減少していなければならないことが分かる。輸入関税は貿易全体の規模を一律に縮小させてしまうのである。これを**貿易抑制効果**という。図5-3には描かれていないが，自由貿易状態における貿易三角形は x^*y^* を斜辺とする直角三角形，関税下の貿易三角形は xy を斜辺とする直角三角形で表される。両者は相似形であるが，明らかに後者の貿易三角形のほうが小さい。関税は輸入を減少させるのみならず，輸出も不活発にさせてしまうのである。

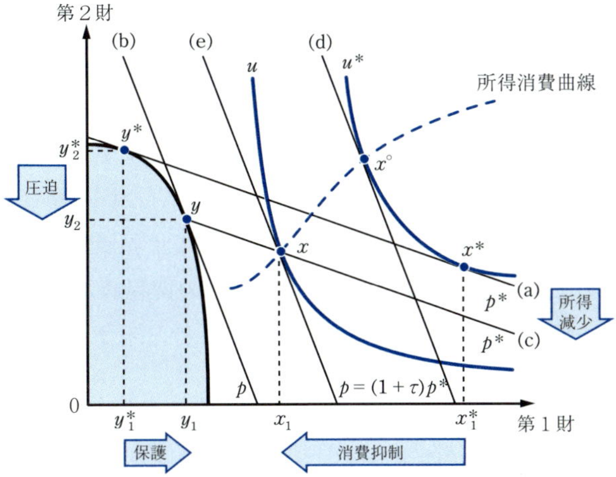

図５－３　関税の効果――小国・一般均衡分析

関税収入

関税賦課後の国内価格 p で実際の生産点 y を評価した生産額 py_1+y_2 は図５－３の直線(b)で表されている。また，実際の消費点が x であるから，国内価格で評価した総支出額 px_1+x_2 は図の直線(e)で表される。予算制約(5.1)式より，直線(b)と(e)のギャップが関税収入に対応していることが分かる。

所得分配効果

輸入関税によって輸入財の国内価格が上昇する。各生産要素に対する所得分配は，生産可能性フロンティアの背後に想定される生産構造に依存している。たとえばストルパー＝サミュエルソン定理によれば，輸入競合財の生産に集約的に用いられている生産要素の報酬率は実質的に上昇し，輸出財の生産に集約的に用いられている生産要素の報酬率は低下することになる。また，たとえば特殊要素モデルを前提とすれば，輸入競合産業の特殊要素は実質的に利益を得て，輸出産業の特殊要素は損失を被ることになる。両産業間を自由に移動できる一般的要素に対する輸出財で測った実質報酬率は上昇するものの，輸入競合財で測った実質報酬率は低下することになる。いずれにせよ輸入関税の導入は，国内経済主体間の所得分配上の利害対立を生じさせる。

5.3　関税の効果——交易条件が可変の場合

輸入関税の賦課によって関税賦課国の輸入需要は縮小する。輸入需要の減少によって交易条件が変化すると，関税政策の効果も「小国の場合」とは異なったものになってくる。本節では，輸入関税によって世界価格がシステマティックな影響を受ける場合（**「大国」の場合**という）の関税政策の効果について，輸入需要曲線・輸出供給曲線を用いた部分均衡分析とオファーカーブを用いた一般均衡分析によって整理する。

5.3.1　部分均衡分析

輸入需要曲線の移動

図５-４の曲線 M は，ある国の輸入需要曲線を描いたものである（この輸入需要曲線が“国内価格”と輸入量との関係を表したものであることに注意しておこう）。世界価格 p^* の下で関税なしの自由貿易が行われている場合，世界価格と国内価格は等しく，輸入量は z^* となる。貿易利益（輸入からの余剰）は $\triangle p^*ef$ の面積で表される。

従量税率 t の輸入関税が導入されたとしよう。世界価格が p^* のままならば，国内価格は $p=p^*+t$ に上昇して輸入量は z に減少する。輸入からの余剰は $\triangle pbf$ に減少し，他方，$\square p^*abp$ の大きさに相当する関税収入 tz が生じる。関税政策下の貿易利益は台形 p^*abf の大きさとなり，自由貿易状態に比べると $\triangle abe$ 分だけ減少している。

自由貿易の場合，世界価格 p^* に対応する輸入量は M 上の e 点に対応する z^* であるが，関税が実施されると同じ世界価格 p^* に対する輸入量は z に減少する。関税の下での世界価格と輸入量の組み合わせは図５-４の a 点のようになる。すなわち，“世界価格”と輸入量との関係を表す関税下の輸入需要曲線は，図５-４の青い曲線 M° のように元の輸入需要曲線から関税率 t の分だけ下方に移動したものとなる。

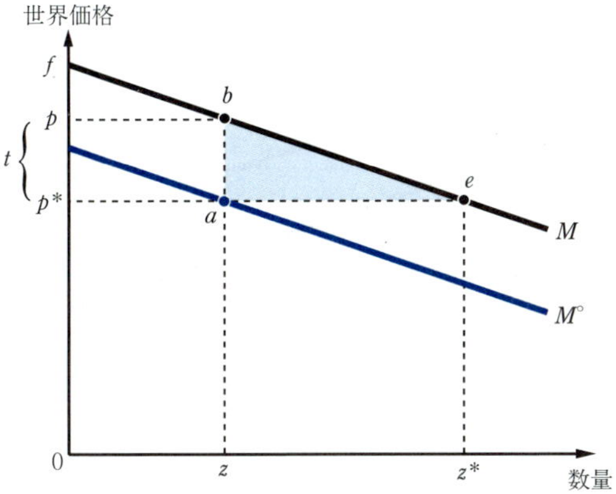

図5-4　関税による輸入需要曲線の移動

関税下の貿易均衡

図5-5は，ある財の世界市場を描いたものである。曲線 M は関税なしの自由貿易における輸入需要曲線を表し，曲線 X は輸出供給曲線を表している。両曲線の交点 e が両国が自由貿易を行っている場合の貿易均衡点である。均衡世界価格は p^*，均衡取引数量は z^* となる。輸入国の余剰は $\triangle p^*ef$，輸出国の余剰は $\triangle p^*eg$ の面積でそれぞれ表される。世界全体の余剰は $\triangle feg$ である。

輸入国が従量税率 t の輸入関税を導入すると，輸入需要曲線は t の大きさだけ下方に移動して曲線 M° となる。輸入国の需要が減退するので，当初の価格 p^* の下では世界全体として超過供給が生じる。関税下における需給バランスは，輸入需要曲線 M° と輸出供給曲線 X の交点 a において達成される。均衡世界価格は p^* から p° に低下するが，これは関税賦課国にとっての交易条件の改善を意味している。取引数量も z^* から z° へと減少する。

余剰の変化

自由貿易における輸入国の国内価格は世界価格 p^* に等しい。関税導入後の世界価格は p° であり，国内価格は $p=p^\circ+t$ となる。関税によって世界価格が低下するので，国内価格は上昇するが，その上昇幅は関税率 t ほどではない。

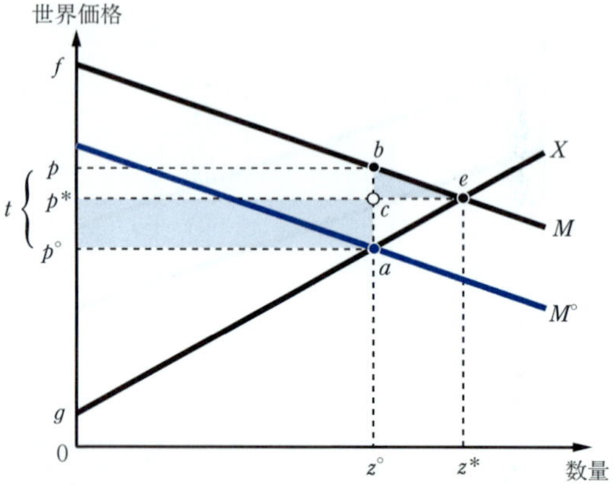

図 5 - 5　関税の効果—大国・部分均衡分析

国内価格が上昇するので，輸入国における民間部門の余剰は図 5 - 5 の △p^*ef から △pbf に減少する。民間部門の余剰の減少分は台形 p^*ebp の面積で表される。一方，輸入国の政府部門には図の □$p^\circ abp$ の面積に相当する関税収入が生じる。したがって，関税下の輸入国の余剰は台形 $p^\circ abf$ となる。

輸入国の民間部門が失った余剰（台形 p^*ebp）のうちの一部（□p^*cbp）は関税収入として回収されているが，△bec の部分は失われたままである。関税収入の残りの部分（□$p^\circ acp^*$）は輸入国の余剰の正味の増加分となっている。自由貿易における余剰と比べると □$p^\circ acp^*$−△bec の大きさだけ輸入国の余剰は変化する。したがって，もし △bec よりも □$p^\circ acp^*$ の面積のほうが大きければ，関税導入によって輸入国の総余剰は増加することになる（図 5 - 5 にはそのような状況が描かれている）。

他方，輸出国の余剰は台形 $p^\circ aep^*$ の面積分だけ減少して △$p^\circ ag$ となる。輸入国が関税を導入すると相手国である輸出国の経済厚生は必ず悪化する。この意味で輸入関税は**近隣窮乏化政策**なのである。

輸出国が失った余剰のうち □$p^\circ acp^*$ の部分は，輸入国の関税収入として輸入国の手に渡っている。しかし，△ace の部分は失われたままである。世界経済全体でみると，自由貿易の場合と比べて関税下の総余剰は △abe の大きさだけ正味で減少してしまう。この部分は世界経済から全く失われてしまった死

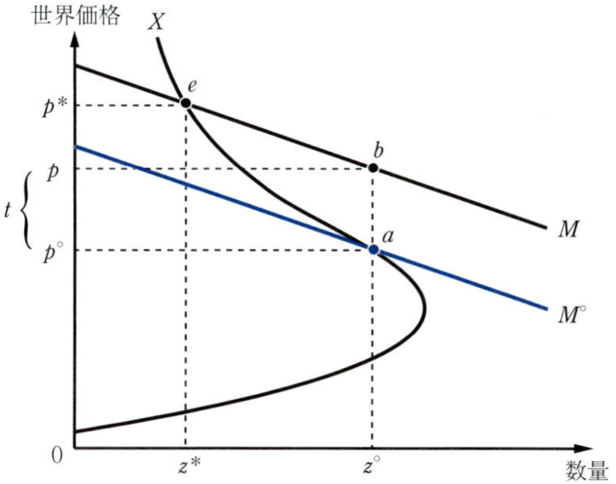

図5-6　メツラーの逆説

重の損失である。すなわち，関税導入によって輸入国の経済厚生は改善するかもしれないが，それは貿易相手国を犠牲にするだけでなく，世界経済全体の効率性をも阻害するものなのである。

メツラーの逆説

大国の場合，輸入関税導入によって当該財の世界価格は低下する。そのため，関税導入前と比べると関税導入後の国内価格は関税率ほどには上昇しない。もし世界価格が関税率以上に低下すると，国内価格は関税率の導入にもかかわらず低下してしまう。この場合，輸入関税の導入がかえって輸入競合産業に不利益をもたらすものとなる。これを発見者の名にちなんで**メツラーの逆説**（Metzler paradox）という。

図5-6はメツラーの逆説を図解したものである。図の曲線 M は関税なしの場合の輸入需要曲線を表している。曲線 X は輸出供給曲線であるが，価格上昇に伴って輸出量が減少する反転部分をもつように描かれている。自由貿易均衡は e 点，均衡価格は p^*，均衡取引数量は z^* で表される（このときの世界価格 p^* は，輸入国の国内価格に等しい）。従量税率 t の関税が導入されると輸入需要曲線は t の幅で下方に移動して M° となる。関税下の貿易均衡点は a 点，均衡価格は p°，均衡取引数量は z° となり，世界価格が低下して取引数

量は増加する。図解から，関税賦課後の輸入国の国内価格は $p=p^{\circ}+t<p^*$ のように関税賦課前のものよりも低下していることが分かる。図解の仕方から明らかなように，メツラーの逆説は輸出供給曲線が反転部分をもつ（輸出国のオファーカーブが“非弾力的”である）場合にのみ生じうる。

5.3.2　一般均衡分析

一般均衡分析を用いて関税の効果について整理しておこう。以下では，第1財を輸入するA国と輸出するB国からなる世界経済を考える。A国の輸入関税導入に対してB国は報復関税などの措置は実施しないものとする。

オファーカーブの収縮

各財に対する純輸入（＝超過需要）の定義 $z_i \equiv x_i - y_i$（$i=1,2$）を考慮すると，貿易収支均等条件を表す(5.3)式は次のようになる。

$$p^* z_1 + z_2 = 0 \tag{5.4}$$

上式が関税率 τ が正の場合でも，ゼロ（＝自由貿易）の場合でも成立しなければならないことに注意しておこう。

図5-7の曲線 $0A$ は，関税なしの場合のA国のオファーカーブである。世界価格が p^* のとき，A国の貿易点は貿易収支均等線 $0p^*$ とオファーカーブの交点 e となる。オファーカーブの定義より，e 点は貿易収支均等線と貿易無差別曲線（青い実線の曲線 u^*）の接点となっていることが分かる。世界価格 p^* の下での自由貿易状態におけるA国の経済厚生は貿易無差別曲線 u^* によって表される。

さて，A国が従価関税率 $\tau \times 100\%$ の輸入関税を導入したとしよう。世界価格 p^* が変化しなければ実質的に「小国」の場合と同じであるから，輸出も輸入も減少しなければならない（＝貿易抑制効果）。また，関税賦課後の輸出・輸入も p^* の下での貿易収支均等条件を満たしていなければならないので，関税下のA国の貿易点は貿易収支均等線 $0p^*$ に沿って原点方向に移動して，たとえば a 点のようになる。以上の議論は世界価格がどの水準であっても等し

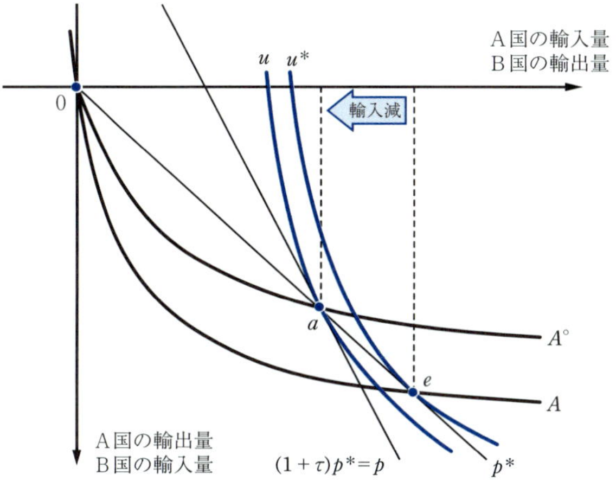

図5－7　輸入関税によるオファーカーブの収縮

く成立するので，結局，関税導入によってオファーカーブは曲線 $0A$ から曲線 $0A^\circ$ のように原点方向に向かって収縮するのである。

関税下の貿易点 a を通る貿易無差別曲線（青い実線の曲線 u）が a 点において貿易収支均等線と交わっていることに注意しよう。A国の経済主体（家計と生産者）は関税賦課後の国内価格 $p=(1+\tau)p^*$ に直面して消費・生産の意思決定を行うので，a 点における貿易無差別曲線の傾きは国内価格に等しくなっていなければならない。すなわち，貿易収支均等線と貿易無差別曲線 u の傾きの違いは世界価格 p^* と国内価格 p との乖離 τp^* の大きさを表しているのである。図解から明らかなように，関税下の貿易点 a における効用水準 u は関税なしの貿易点 e における効用水準よりも低い（＝厚生悪化効果）。

自由貿易均衡

図5－8はA国・B国間の貿易均衡を描いたものである。図の曲線 $0A$ は関税なしの場合のA国のオファーカーブ，曲線 $0B$ は関税なしのB国のオファーカーブである。両曲線の交点 e が自由貿易均衡点であり，均衡相対価格は原点0と交点 e とを結ぶ貿易収支均等線 $0p^*$ の傾きで表される（均衡価格を図解の記号を用いて p^* と表す）。

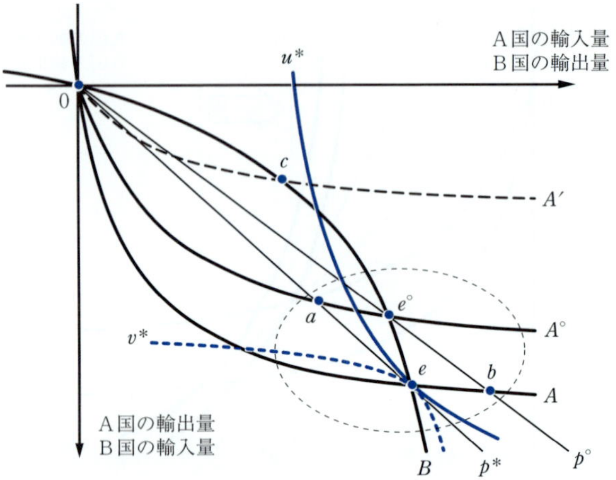

図5-8 関税の効果——大国・一般均衡分析

関税なしのオファーカーブの定義より，e 点はA国の貿易無差別曲線（青い実線の曲線 u^*）と貿易収支均等線の接点であり，同様にB国の貿易無差別曲線（青い破線の曲線 v^*）と貿易収支均等線の接点ともなっている。すなわち，自由貿易均衡点 e において両国の貿易無差別曲線は背中合わせに互いに接しており，これは自由貿易均衡配分（e 点）がパレート効率的であることを示している。

関税下の貿易均衡

A国が輸入関税を導入するとA国のオファーカーブは曲線 $0A$ から曲線 $0A^\circ$ のように原点方向に収縮する。新たな貿易均衡点は，B国のオファーカーブに沿って原点方向に移動して，A国の関税下のオファーカーブ $0A^\circ$ とB国のオファーカーブ $0B$ の交点 e° となる。関税下の貿易均衡点 e° と原点を結ぶ貿易収支均等線 $0p^\circ$ の傾きが関税下の貿易均衡における世界価格を表している（関税下の均衡価格を図解の記号を用いて p° と表す）。図解から明らかなように，自由貿易状態における貿易収支均等線 $0p^*$ の傾きよりも，関税下の貿易状態における貿易収支均等線 $0p^\circ$ の傾きのほうが緩やかである。これは自由貿易状態における（第2財で測った第1財の）均衡相対価格 p^* よりも関税下の均衡

価格 p° のほうが低いことを意味している。つまり，輸入関税の導入によって，輸入国の交易条件は改善するのである。

関税と各国の利害

図5-8の場合，関税下の貿易均衡点 e° は自由貿易均衡点 e を通るA国の貿易無差別曲線 u^* よりも効用水準の高い位置にある。すなわち，輸入関税の導入によってA国の経済厚生は改善しうるのである。ただし，関税導入によって関税賦課国（A国）の経済厚生が改善するのは，関税率があまり高くない場合にかぎられる。もし非常に高い関税率が導入されたならば，A国のオファーカーブは著しく収縮して，たとえば図5-8の破線の曲線 $0A'$ のようになる。この場合，貿易均衡点は c のように自由貿易均衡におけるA国の貿易無差別曲線 u^* よりも効用水準の低い位置となり，A国の効用水準はかえって低下してしまう。

これに対して，関税下の貿易均衡点 e° は自由貿易均衡点におけるB国の貿易無差別曲線 v^* よりも効用水準の低い位置にあり，A国による関税賦課によって貿易相手国であるB国の経済厚生は（A国の関税率が低くても高くても）必ず悪化することが分かる。

厚生変化の分解

図5-9は図5-8の破線の丸で囲んだ部分を拡大して，若干の線と記号を追加したものである（両図の記号は対応している）。これを利用して，もう少し詳細に関税賦課国（A国）の経済厚生の変化について検討してみよう。当初の交易条件は p^* であり，貿易点は図の e 点で表されている。また，関税賦課後の交易条件は p° であり，貿易点は e° である。関税賦課後の p° の下での貿易収支均等線と関税なしのオファーカーブとの交点を b とし，さらに b に対応する貿易無差別曲線を u' とする。b 点では貿易収支均等線に貿易無差別曲線が接している。

さて，関税賦課に伴う e から e° への貿易点の変化を e から b への変化と b から e° への変化という2つの変化に分けて考える。最初の e から b への貿易

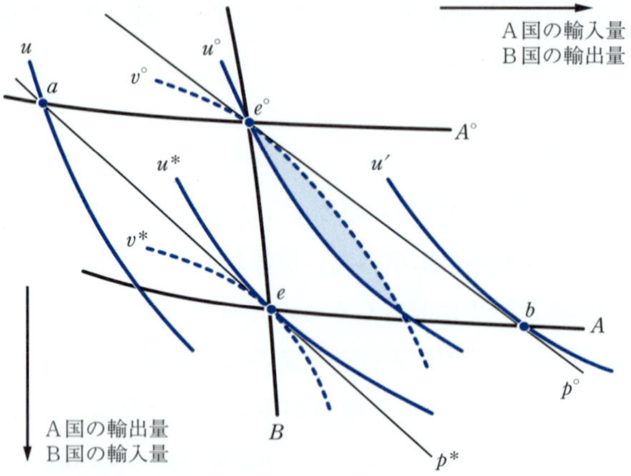

図5-9　関税による厚生変化とパレート（非）効率性

点の変化は，交易条件が“外生的”に p^* から p° へと改善した場合の変化に等しい。これによって，A国の経済厚生は u^* から u' へと改善する。これを**交易条件効果**（terms-of-trade effect）という。b 点は交易条件が p° のときにA国が自由貿易を行っていたら成立するはずの貿易点である。実際には関税導入によって貿易取引が抑制されて，貿易点は e° となる。b 点から見ると，効用水準は u' から u° へと低下している。これを**貿易量効果**（volume-of-trade effect）という。

一般に，関税賦課国の経済厚生の変化 Δu は，次のように2つの効果に分解される。

$$\Delta u = -z \cdot \Delta p^* + \tau p^* \cdot \Delta z \tag{5.5}$$

ただし，z は関税賦課国の輸入量，p^* は輸入財の世界相対価格（＝輸入国の交易条件）をそれぞれ表している。(5.5)式右辺の第1項（$-z\Delta p^*$）が交易条件効果，第2項（$\tau p^* \Delta z$）が貿易量効果である。

関税率が新たに導入されたり引き上げられたりすると交易条件は改善（$\Delta p^* < 0$）して，輸入量は減少する（$\Delta z < 0$）と考えられるので交易条件効果は正となり，逆に貿易量効果は負となることが期待される（図5-9ではそのような状況が描かれていた）。当初，自由貿易が行われていて関税率 τ がゼロ

ならば貿易量効果もゼロとなり，正の交易条件効果のみが残って，経済厚生は改善する（$\Delta u>0$）。逆に，元々高い関税率が賦課されていたならば，τ は大きく輸入量 z は小さくなっているので，マイナスの貿易量効果がプラスの交易条件効果を凌駕して経済厚生は悪化する（$\Delta u<0$）のである。

関税とパレート効率性

輸入関税の導入は，単に得をする国と損をする国を生み出すだけではなく，世界経済全体の効率性をも阻害する。再び図5-9を利用しよう。自由貿易均衡点はパレート効率的である。関税下の貿易均衡点 e° においてA国の経済主体は国内価格 $(1+\tau)p^\circ$ に直面し，これに対してB国の経済主体は世界価格 p° に等しい国内価格に直面している。したがって，e° 点における両国の貿易無差別曲線 u° と v° は互いに交わることになる。これら2つの貿易無差別曲線によってレンズ状の領域（図の青い影の部分）が作られるが，この領域に含まれる配分における両国の効用水準は e° におけるものよりも高い。すなわち，e° 点からパレート改善が可能なので，関税下の貿易均衡点 e° はパレート効率的ではないことが分かる。

練習問題

1. 税関のホームページ等を参照して，日本の関税制度の詳細について調べてみなさい。

2. ある「小国」の，ある財に対する需要関数 D と供給関数 S が，それぞれ次のように与えられているものとする。

$$D(p)\equiv 280-\frac{p}{2}\quad（需要関数）\tag{5.6}$$
$$S(p)\equiv \frac{p}{2}\quad（供給関数）\tag{5.7}$$

さらに当該財の世界価格は $p^*=100$ であるものとする。このとき，下の各問に答えなさい。

(a)　この国の閉鎖経済における国内均衡価格と均衡取引数量をそれぞれ求めなさい。

(b)　この国の自由貿易状態における輸入数量を求めなさい。

(c)　この国の自由貿易状態における総余剰を求めなさい。

(d)　この国の政府が $t=20$ の従量輸入関税を賦課すると，自由貿易状態と比べて輸入数量はどれだけ増減するか答えなさい。

(e)　従量輸入関税率を $t=20$ とする。自由貿易状態と比べて輸入関税下の総余剰はどれだけ増減するか答えなさい。

3. 上の問題と同じ需要関数・供給関数をもつA国とその貿易相手であるB国とからなる世界経済を考える。B国の輸出供給関数は次のように与えられているものとする。

$$X(p) \equiv 3p \quad \text{（B国の輸出供給関数）} \tag{5.8}$$

このとき，下の各問に答えなさい。

(a)　両国が自由貿易を行っているときの貿易均衡価格を求めなさい。

(b)　A国の従量輸入関税率を t とするとき，A国の輸入関税下の貿易均衡における世界価格 p^* を t の関数として表しなさい。

(c)　世界全体の総余剰を t の関数として表し，$t=0$ のときに最大となることを確認しなさい。

第6章　貿易政策分析の展開

貿易の流れを変化させる政策手段は関税ばかりではない。消費課税，生産課税・補助金，量的制限など，様々な政策手段が貿易取引を抑制あるいは促進する効果をもっている。ある目的を達成するために最も効果的な（経済厚生上の損失の少ない）政策は何であるのか，あるいは異なる政策手段が同等の効果をもつか否かなどは，実際に各種の政策を運用したり貿易取引に関わるルールを策定する際に明らかにしておくべき重要な点である。

本章では，輸入関税政策と同等の効果をもつその他の政策，中間財の貿易に対する関税，関税政策とは異なる形で貿易取引に影響を及ぼす輸出補助金，および代表的な非関税障壁である輸出入に関する量的制限の効果などについて学習する。

6.1　関税とその他の課税・補助金

本節では，輸入関税とその他の課税・補助金政策の効果の同等性について検討する。相対価格が変化しなければ（生産可能性フロンティアに集約される）生産者の行動は変化せず，予算制約式に変化がなければ家計の行動も変化しない。したがって，異なる2つの政策が同等の効果をもつことを示すには，両政策の下で相対価格および予算制約式が同一となることを示せばよい。

6.1.1　輸入税と輸出税の同等性

同率の輸入関税と輸出税とは同等の効果をもつ。これを発見者の名にちなんで**ラーナーの対称性定理**（Lerner's symmetry theorem）という。

第1財を輸入して第2財を輸出している小国経済を考えよう。輸入関税の従価税率を $\tau\times100\%$ とする。輸入関税の場合，各財の世界価格と国内価格には

$p_1=(1+\tau)p_1^*$，$p_2=p_2^*$ の関係があり，相対価格では

$$p=\frac{p_1}{p_2}=\frac{(1+\tau)p_1^*}{p_2^*}=(1+\tau)p^* \tag{6.1}$$

となる。これに対して，同率の輸出税を考えると，各財の世界価格，国内価格は，それぞれ $p_1=p_1^*$，$(1+\tau)p_2=p_2^*$ となり，相対価格では

$$p=\frac{p_1}{p_2}=\frac{p_1^*}{p_2^*/(1+\tau)}=(1+\tau)p^* \tag{6.2}$$

の関係が成立する。輸入関税，輸出税いずれの場合も国内相対価格 p は全く同じであるから，生産点も同一となる。

さらに，予算制約について考えてみよう。輸入関税の場合も輸出税の場合も，国内相対価格で評価した予算制約は次のようになる。

$$px_1+x_2=py_1+y_2+T \tag{6.3}$$

ただし，T は税収の家計への一括還元額を表している。相対価格が同じで生産点が同じになるので，右辺の総生産額 py_1+y_2 は輸入関税・輸出税どちらの場合でも同額になる。輸入税の場合の税収は $\tau p^*(x_1-y_1)$，輸出税の場合の税収は $\tau(y_2-x_2)$ であり，どちらの場合でも予算制約式から次の世界価格で評価した貿易収支のバランス条件が導かれる。

$$p^*(x_1-y_1)=y_2-x_2 \tag{6.4}$$

したがって，これらの家計に還元される税収額 T も輸入関税と輸出税の場合で同額となる。家計は，輸入関税と輸出税どちらの場合でも全く同じ予算制約に直面するので，両方の場合で全く同じ消費点を選択して，同じ効用水準を享受できる。このように，輸入関税と輸出税が，生産，消費，経済厚生に及ぼす影響は同等なのである。

6.1.2　関税と消費税・生産補助金

輸入関税の導入は，消費者の観点からすると消費税に等しく，輸入競合財の生産者の観点からすると生産補助金の導入に等しい。実際，輸入関税を廃止し

て，同率の消費税と生産補助金を同時に導入することによって，輸入関税と同等の効果を得ることができる。

ここでも第1財を輸入して第2財を輸出している小国経済を考えよう。輸入関税はなく，代わりに第1財に消費税と生産補助金が実施されるものとする。各財（$i=1,2$）の世界価格を p_i^*，生産者が直面する国内価格（生産者価格）を p_i，家計が直面する国内価格（消費者価格）を p_i^C とする。輸入財に対する消費税率（従価税率）を $\tau\times100\%$ とし，生産に対する補助率（従価補助率）を $\sigma\times100\%$ とすると，第1財の消費者価格は $p_1^C=(1+\tau)p_1^*$，生産者価格は $p_1=(1+\sigma)p_1^*$ となる（第2財の国内価格は世界価格に等しい）。したがって，相対価格でみると消費者価格と生産者価格はそれぞれ次のようになる。

$$p^C\equiv\frac{p_1^C}{p_2^C}=\frac{(1+\tau)p_1^*}{p_2^*}=(1+\tau)p^* \tag{6.5}$$

$$p=\frac{p_1}{p_2}=\frac{(1+\sigma)p_1^*}{p_2^*}=(1+\sigma)p^* \tag{6.6}$$

消費税収入は τp^*x_1，必要とされる補助金支出額は σp^*y_1 であるから，消費税と生産補助金による財政収支は $T=\tau p^*x_1-\sigma p^*y_1$ となる。財政収支の黒字は家計に一括還元し，財政収支に赤字が生じた場合には家計から一括税として必要な財源を徴収することにすれば，家計の予算制約は次のように表される。

$$p^Cx_1+x_2=py_1+y_2+T \tag{6.7}$$

上の予算制約式からも貿易収支均等条件が導かれることに注意しておこう。世界価格で評価した貿易収支はバランスしていなければならないのである。

ここで消費税率 τ と生産補助率 σ が等しければ（$\tau=\sigma$），消費者価格 p^C と生産者価格 p は等しくなる。このとき，消費税・生産補助金の下での予算制約(6.7)式は関税の下での予算制約式に等しくなっており，同率の消費税・生産補助金の下での企業や家計の行動は関税の下での行動と同一になることが分かる。

6.2　有効保護率

これまでは，最終財に対する輸入関税のみについて考察してきた。しかし実際の国際貿易では，原材料・部品・中間財などの投入物の取引が大きな部分を占めており，当然，こうした輸入中間財にも関税が賦課されている。特に，輸入競合産業において輸入中間財が生産のために用いられている場合，最終財に対する輸入関税はこの産業の販売面を有利にする効果をもつが，輸入中間財に対する関税はこの産業の費用条件を悪化させる要因となる。このとき最終財に対する関税率（これを名目関税率という）は，当該産業に対して与えられている保護の程度を表す適切な指標ではなくなってしまう。最終財・輸入中間財の両方に関税が課されている場合，ある産業に対する保護の程度を「関税賦課による当該産業の生み出す付加価値の変化」によって把握しようとする考え方を「有効保護の理論」といい，関税賦課によって生じる付加価値の変化率を**有効保護率**（ERP：Effective Rate of Protection）という。

ある国の輸入競合産業の生産において1種類の輸入中間財が用いられているとしよう（もちろん，他にも労働，資本等の本源的生産要素が生産に利用される）。当該財の世界価格を p^*，最終財に対する（従価）関税率を τ，輸入中間財の投入係数を a_M，輸入中間財の世界価格を c^*，輸入中間財に対する関税率を τ_M とする。関税なしの自由貿易状態における当該産業の生み出す付加価値を V^* とすれば，$V^*=p^*-c^*a_M$ である。これに対して最終財および輸入中間財に対する関税（τ, τ_M）を導入した後の付加価値を V とすれば，$V=(1+\tau)p^*-(1+\tau_M)c^*a_M$ である。したがって，有効保護率 ERP は次のようになる。

$$\mathrm{ERP} \equiv \frac{V-V^*}{V^*} = \tau+(\tau-\tau_M)\frac{c^*a_M}{V^*} \qquad (6.8)$$

もし最終財に対する関税率 τ と輸入中間財に対する関税率 τ_M が一致しているならば，上式右辺の第2項はゼロとなって有効保護率 ERP と最終財に対する名目関税率 τ は一致する。しかし，輸入中間財に対する関税率 τ_M よりも最終財に対する関税率 τ の方が高い場合には第2項が正なので，ERP＞τ となる。このように原材料よりも最終財の関税率が高いこと，より一般には，原材料から，部品，半製品，完成品のように財の加工度が高まる順に関税率が高くなっていくような関税構造を**傾斜関税構造**あるいは**タリフ・エスカレーション**という。タリフ・エスカレーションの下では，当該最終財を生産する部門は名目関税率以上の保護を受けることになるのである。

6.3　輸出補助金

輸入関税は貿易取引を不活発にする。逆に，貿易取引を活発にする（と考えられる）政策として**輸出補助金**（export subsidy）について考えよう。輸出補助金とは，輸出に対して政府・公的機関から交付される資金的な助成や価格の支持である。世界貿易機関（WTO）の枠組において，輸出補助金は明示的に禁じられている貿易政策手段である。とはいえ，輸入中間財を利用して生産される財を輸出する際に中間財に賦課された関税分を還付するような政策は，実質的に輸出補助金と同等の効果をもつので注意が必要である。

6.3.1　交易条件が不変の場合

まず，世界価格が一定であるような「小国」にとっての補助金の効果について，部分均衡分析を用いて検討しよう。この国の輸出財の世界価格を p^* とし，国内価格を p とする。輸出補助金は従量ベースで交付されるものとし，輸出補助率を $\theta>0$ と表しておく。

輸出補助金と国内価格

輸出補助金が実施されていなければ，輸出財の世界価格と国内価格は一致する（$p^*=p$）。輸出補助金が実施されると，国内輸出産業の企業が1単位の輸出を行うことから獲得できる“手取り”の収入は $p^*+\theta$ となる。もし輸出財の国内価格が輸出補助金導入前の水準に留まっていたとすると，国内企業は生産したすべての財を輸出に回してしまうので，国内市場への供給が逼迫することなる。超過需要が生じて，国内価格は上昇する。結局，国内価格は輸出することによる輸出企業の手取りの価格と等しくなるまで上昇しなければならない。したがって，$p=p^*+\theta$ が成立する。小国の場合，**輸出補助金は輸出補助率の分だけ輸出財の国内価格を上昇させる**のである。

生産・消費・貿易の変化

図6－1の曲線 D と S はそれぞれ当該国の需要曲線と供給曲線であり，右図の曲線 X は需要曲線 D と供給曲線 S から導かれる輸出供給曲線を表している。

世界価格が p^* のとき，輸出補助金のない自由貿易状態での需要量は D 上の a^* 点に対応する x^*，供給量は S 上の b^* 点に対応する y^* となっている。自由貿易における輸出数量は $q^*=y^*-x^*$ である。

輸出補助金が導入されると国内価格は $p=p^*+\theta$ に上昇する。需要量は x^* から需要曲線 D 上の a 点に対応する x まで減少し，供給量は y^* から供給曲線 S 上の b 点に対応する y まで増加する。輸出は q^* から $q=y-x$ にまで拡大することが分かる。

経済厚生の変化

補助金なしの自由貿易状態における消費者余剰は $\triangle p^*a^*d$ で表され，生産者余剰は $\triangle p^*b^*s$ で表される。政府部門の余剰はゼロなので，総余剰（＝消費者余剰＋生産者余剰－補助金支出）は四辺形 a^*b^*sd である。

補助金による輸出財の国内価格の上昇に伴って，消費者余剰は $\triangle pad$ に減少し，生産者余剰は $\triangle pbs$ に増加する。消費者余剰の減少分は台形 paa^*p^*，生産者余剰の増加分は台形 pbb^*p^* であり，民間部門全体で見ると台形 abb^*a^* の面積分の余剰が増加している。

しかし，政府部門では補助金支出をまかなわなければならず，その金額は θq である。図解では，補助金支出額は $\square abcl$ の面積で表される。したがって，輸出補助金が導入された貿易状態におけるこの国の総余剰は，四辺形 $absd$ から $\square abcl$ を差し引いたものになる。民間部門全体の余剰の増加は台形 abb^*a^*

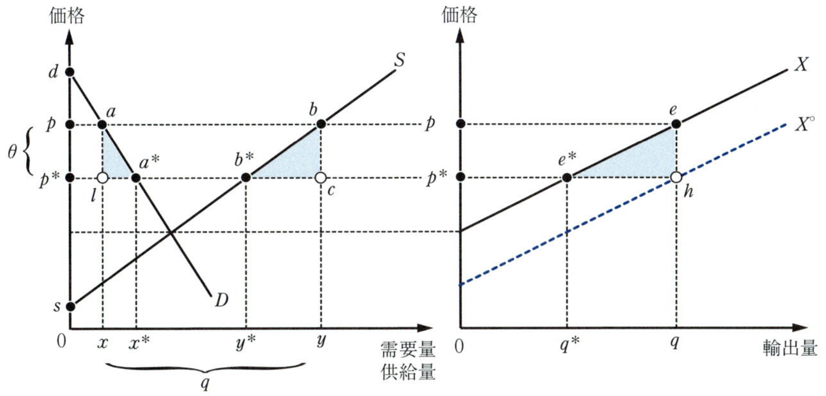

図 6 - 1　輸出補助金の効果—「小国」の場合

であるが，図解から明らかなように，これは必要補助金額の □$abcl$ よりも小さい。すなわち，当該国は △aa^*l＋△bb^*c の大きさに等しい損失を被ることになる。図 6 - 1 右では，民間部門の余剰の増加分は台形 pee^*p^*，補助金額は □$pehp^*$ なので，当該国の経済厚生上の損失は △ee^*h で表される。小国が輸入補助金を導入すると経済厚生は必ず悪化するのである。

6.3.2　交易条件が可変の場合

小国の場合，関税政策は実施国の経済厚生を悪化させる。しかし，関税実施に伴って交易条件が内生的に変化する「大国」の場合，関税導入によって実施国の経済厚生が改善する可能性があった。輸出補助金の場合にも同様の効果，すなわち「大国」ならば輸出補助金の実施によって当該国の経済厚生を改善させることが可能か否かについて検討しておこう。

輸出供給曲線の移動

図 6 - 1 右において，世界価格 p^* に対応する輸出量は，輸出補助金がない場合には q^* であるが，輸出補助金が実施されると q となる。すなわち，輸出補助金によって，世界価格と輸出量の組み合わせを表す点は e^* から h へと変化する。以上の議論は，世界価格がどの水準にあっても同様にあてはまるので，

結局，輸出補助金の実施によって図の青い破線 X° のように（世界価格に対する）輸出供給曲線全体が輸出の拡大方向に移動することが分かる。移動前の輸出供給曲線 X と移動後の輸出供給曲線 X° の垂直距離が（従量）輸出補助率 θ に対応している。

交易条件の悪化

図6－2は，問題となっている国の輸出供給曲線とその貿易相手国の輸入需要曲線を使って「大国」の場合の貿易均衡を描いたものである。輸出補助金なしの自由貿易均衡は輸出供給曲線 X と輸入需要曲線 M の交点 e^* であり，貿易均衡価格は p^*，均衡取引数量は q^* となっている。

輸出補助金が実施されると輸出供給曲線は右方に移動して曲線 X° のようになり，新たな貿易均衡点は X° と M との交点 e となる。輸出財の世界価格は低下し，p° となる。輸出補助金によって，補助金実施国の交易条件は悪化するのである。輸出国の国内市場における価格は p^* から $p^{\circ}+\theta$ へと変化する。図解から，補助金率ほどではないものの国内価格は上昇していることが分かる。

輸出国の経済厚生

国内価格が上昇するので，輸出国の消費者は損失を被り，輸出財の国内生産者は利益を得る。輸出国の消費者と生産者の行動を集約的に表した輸出供給曲線を利用すると，輸出国の民間部門全体では図6－2の台形 pke^*p^* の大きさの余剰が増加することが分かる。しかし，政府部門では補助金支出をまかなわなければならず，その金額は θq° である。これは図の □$p^{\circ}ekp$ の面積で表される。明らかに，民間部門の獲得する余剰の増加分よりも，政府の負担する補助金支出額のほうが大きい。輸出国全体で考えると，領域 $p^{\circ}eke^*p^*$ の面積分だけ総余剰（＝消費者余剰＋生産者余剰－補助金支出額）が減少している。すなわち大国の場合の関税政策の効果とは対照的に，大国の場合であっても，輸出補助金は実施国の経済厚生を悪化させるのである。

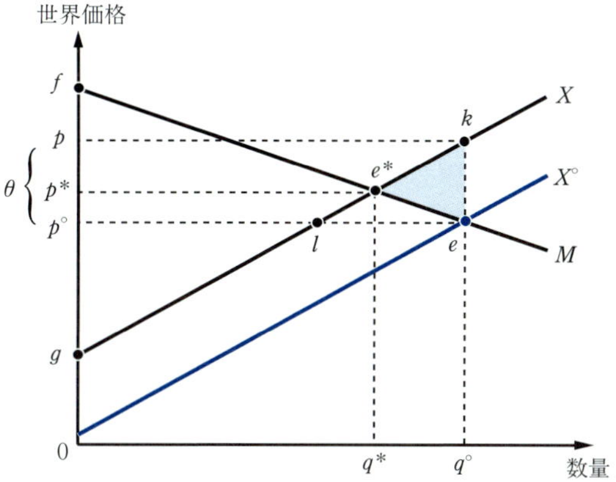

図 6 - 2　輸出補助金の効果──「大国」の場合

輸入国と世界全体の経済厚生

輸出補助金によって輸出国の交易条件は悪化する。これは相手国である輸入国にとって（外生的な）交易条件の改善に他ならない。したがって，輸入国の経済厚生は改善する。図 6 - 2 の台形 $p^\circ ee^*p^*$ の面積が輸入国の余剰の増加分を表している。この部分が，輸出国の失った余剰（領域 $p^\circ eke^*p^*$）の一部と重なっていることに注意しよう。いわば，輸出補助金の一部は価格の変化を通じた輸出国から輸入国への所得移転となっているのである。

次に世界全体の経済厚生について検討しよう。輸出補助金なしの自由貿易における輸出国の総余剰は $\triangle p^*e^*g$，輸入国の総余剰は $\triangle p^*e^*f$ であり，世界全体の総余剰は $\triangle e^*fg$ である。輸出国による輸出補助金が実施されると，輸出国の民間部門の余剰は台形 pke^*p^* 分だけ増加して $\triangle pkg$ となる。これに対して，輸入国の総余剰は台形 $p^\circ ee^*p^*$ 分だけ増加して $\triangle p^\circ ef$ となる。しかし，輸出国の補助金支出による損失 $\square p^\circ ekp$ は，輸出国の民間部門と輸入国の余剰の増加分の合計（領域 $p^\circ ee^*kp$）よりも $\triangle e^*ek$ 分だけ大きい。したがって，輸出国による輸出補助金の実施によって世界経済全体は損失を被ることになる。

6.4 数量制限

輸出入に関する数量制限は典型的な非関税障壁である。世界貿易機関（WTO）の枠組においては原則として数量制限の撤廃がうたわれているものの，日本をはじめとして数量制限を残している国は多い。本節では，部分均衡分析を利用して数量制限の効果について検討する。

6.4.1 輸入数量制限

輸入数量制限とは，割当や許可制度等の手段によって輸入数量を直接に一定数量以下に抑制する政策である。以下では図 6 - 3 を利用しながら，輸入数量制限の効果について示す。図 6 - 3 の左図は輸入国の需要曲線 D と供給曲線 S を表し，右図は D と S から導かれる輸入需要曲線 M と貿易相手国の輸出供給曲線 X を表している。

輸入割当と国内価格

まず交易条件が一定の「小国」の場合を考える。輸入財の世界価格が図 6 - 3 の p^* のように与えられているとしよう（しばらくの間，右図の曲線 X は無視してかまわない）。自由貿易状態の需要量は需要曲線 D 上のa^*に対応する x^*，供給量は供給曲線 S 上の b^* に対応する y^* である。自由貿易における輸入数量は $q^*=x^*-y^*$ で表される。

割当数量を Q とする。輸入を抑制するという目的から，当然，$Q<q^*$ である。この輸入割当 Q は図 6 - 3 右の青い垂直線で表される。輸入割当が実施されると国内市場に出回る輸入財が減少して，国内市場において超過需要 q^*-Q が生じる（これは右図の p^* を通る水平線上の線分 e^*h の距離に等しい）。この超過需要に対応して国内価格は上昇しなければならない。国内価格が，図 6 - 3 右における輸入需要曲線 M と輸入割当を表す垂直線の交点 k に対応する p となったときに国内市場の超過需要は解消される。輸入割当によって輸入財の国内価格 p と世界価格 p^* に乖離（$p-p^*>0$）が生じるのである。

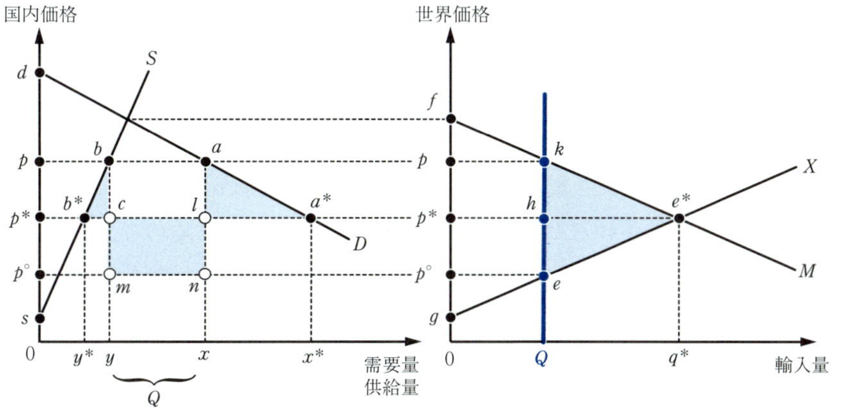

図 6 - 3　輸入割当の効果

輸入割当と生産・消費

輸入割当によって輸入品の国内価格が上昇して，輸入品と競合する製品を生産している国内産業は y^* から y へと生産を増加させる（図 6 - 3 左）。関税政策と同様に輸入割当も輸入競合産業を保護する効果をもつことが分かる。他方，輸入財の国内価格上昇は消費者にとっては不利な変化なので，輸入財の消費は x^* から x へと抑制される（図 6 - 3 左）。消費と生産の差である輸入は，当然，割当水準に等しくなるまで減少している。

交易条件の改善

次に交易条件が可変な「大国」の場合について考える。貿易相手国の輸出供給曲線が図 6 - 3 右の曲線 X のようなものであったとしよう。輸入割当のない自由貿易状態における世界市場の均衡価格は，輸入需要曲線 M と輸出供給曲線 X との交点 e^* に対応する p^* である。輸入割当 Q が実施されると，世界市場に対する当該国の輸入需要曲線は図 6 - 3 右の折れ線 fkQ のようになる。輸入国の国内市場の場合とは逆に，p^* の下で世界市場において超過供給が生じる。世界価格は下落して，輸入割当下の輸入需要曲線 fkQ と輸出供給曲線 X の交点 e に対応する p° となる。輸入割当は実施国の交易条件を改善させるのである。したがって，国内価格 p と世界価格の乖離は小国の場合よりも大国の場合の方が大きくなる（$p-p^{*}<p-p^{\circ}$）。

輸入国の経済厚生

輸入国の自由貿易状態における消費者余剰は図 6 - 3 左の $\triangle p^{*}a^{*}d$ で，生産者余剰は $\triangle p^{*}b^{*}s$ で表される。輸入国の総余剰は四辺形 $a^{*}b^{*}sd$ である。

輸入割当が実施されると輸入国の国内価格は p に上昇するので，消費者余剰は $\triangle pad$ に減少し，逆に生産者余剰は $\triangle pbs$ に増加する。輸入割当のライセンスを入手できた輸入業者は，世界市場から p^{*} の価格で輸入して，国内市場において p の価格で販売できるので，$(p-p^{*})Q$ の収益を上げることができる（図 6 - 3 左の $\square abcl$ または右の $\square pkhp^{*}$）。これを**輸入割当に伴うレント**という。

小国の場合，消費者余剰の減少分は台形 $paa^{*}p^{*}$，生産者余剰の増加分は台形 $pbb^{*}p^{*}$，輸入割当に伴って生じるレントが $\square abcl$ である。消費者余剰の減少分の一部は，生産者余剰の増加と輸入割当に伴うレントによって回収されているものの，すべての余剰の減少分がカバーされているわけではない。結局，総余剰は $\triangle aa^{*}l+\triangle bb^{*}c$ の大きさだけ減少している（これは図 6 - 3 右の $\triangle e^{*}kh$ に等しい）。**輸入割当によって小国の経済厚生は悪化する**のである。

他方，大国の場合，国内価格への影響は小国の場合とまったく同じなので，消費者余剰と生産者余剰の変化は小国の場合と同様である。しかし，世界価格が p° に低下して輸入業者はより安価に輸入できるようになるから，輸入割当に伴うレントは $(p-p^{\circ})Q$ に増加する。これは，図 6 - 3 左の $\square abmn$ または右の $\square pkep^{\circ}$ で表されている。交易条件の改善によるレントの増加分は図 6 - 3 左の $\square cmnl$ または右の $\square p^{*}p^{\circ}eh$ である。したがって，小国の場合の損失 $\triangle aa^{*}l+\triangle bb^{*}c$ よりも交易条件の改善によるレントの増加分 $\square cmnl$ の方が大きければ，総余剰は増加することになる。**大国の場合には，輸入割当が実施国の経済厚生を改善させる可能性がある。**

輸出国と世界全体の経済厚生

大国の場合，輸入割当によって世界価格は低下する。これは輸出国にとっての交易条件悪化に他ならない。輸出国の総余剰は，図6-3右の台形 $p^{\circ}ee^{*}p^{*}$ だけ減少する。この余剰の減少分の一部（□$p^{*}p^{\circ}eh$）は，輸入国におけるレントとして回収されている。しかし，世界全体で見ると △kee^{*} 分の死重の損失が生じていることが分かる。すなわち，輸入割当は世界全体の効率性を阻害するのである。

ライセンスの割当と関税との相違

輸入数量制限を有効に機能させるためには，誰がどれだけ輸入するのかを明確にしておかなければならない。輸入割当証明書や輸入承認証などの輸入ライセンス（免許）によって輸入することの権利が確定する。関税の場合であれば必要な税額を支払えば誰でも輸入できるが，輸入割当の場合にはライセンスを入手しなければ輸入は行えない。

多数の潜在的輸入業者がいて，輸入ライセンスに対する公開競争入札あるいはオークションが行われるならば，1単位の輸入を行うためのライセンスの"価格"は予想される国内価格と世界価格の乖離分（$p-p^{*}$ または $p-p^{\circ}$）に等しくなるまで引き上げられるであろう。輸入ライセンスを競り落とした輸入業者は，輸入割当に伴うレントに等しい金額をライセンスの販売者である政府に支払うことになる。この場合，輸入割当に伴うレントは政府の収入として吸収される。すなわち，政府部門が関税収入を得るか輸入割当に伴うレントを得るかが違うだけで，関税政策と輸入割当との間に実質的な分析上の違いはない。このことを捉えて，輸入割当と輸入関税政策とは同等であるということがある。

しかし，実際の輸入割当で公開競争入札が行われることはまれであり，先着順であったり，過去の累積的輸入実績や現在の国内におけるマーケットシェアに比例させたりなど，非競争的な方法で輸入ライセンスは配分されている。このような非競争的配分方法の場合，政府は個々の輸入業者に対する割当水準を決定するだけで，予想されるレントを輸入業者から徴収することはない。したがって，輸入割当に伴うレントは輸入ライセンスを入手した輸入業者の手元にそのまま残ってしまう。関税であれ輸入割当であれ，何らかの貿易政策手段の発動は財の相対価格の変動をもたらして，所得分配上の変化を引き起こす。輸入割当によるレントの非対称的な配分が，関税政策の場合よりも大きな所得分配上の歪みを生じさせている点には注意が必要である。

交易条件の改善と関税との相違

所得分配上の相違点に加えて，交易条件が変化する状況においても輸入割当と関税政策の効果に相違点が出てくる。図解を利用して，この点を示そう。図6-4は，ある小国の輸入需要曲線を描いたものである。曲線 M は自由貿易における輸入需要曲線であり，曲線 M° は従量輸入関税率 t の下での輸入需要曲線を表している。世界価格が p^* のように与えられると，関税下の輸入量は M° 上の e 点に対応する Q，国内価格は $p=p^*+t$ となる。民間部門の余剰は $\triangle pkf$，関税収入は $\square pp^*ek$ で表され，関税下の総余剰は台形 p^*ekf となる。世界価格が p^* のとき，輸入関税政策を関税下の輸入量 Q に等しい輸入割当で置き換えても関税の場合と同じ国内価格と総余剰が成立する。

さて，交易条件の改善に対する総余剰の変化について，関税政策と輸入割当を比較してみよう。まず関税政策の場合を考える。関税率 t を一定として，輸入財の世界価格が p^* から $\hat{p}^*$ に低下すると，関税下の輸入需要曲線 M° に沿って Q から $\hat{z}$ へと輸入量が増加する。関税率が一定で輸入数量が増加するので，関税収入も増加して $\square \hat{p}mn\hat{p}^*$ となる。さらに，国内価格が p から $\hat{p}=\hat{p}^*+t$ へと低下するので，民間部門の余剰も増加して $\triangle \hat{p}mf$ となる。交易条件改善前と比べると，領域 $p^*ekmn\hat{p}^*$ の面積分だけ総余剰が増加していることが分かる。

次に輸入割当の場合を考えよう。割当数量が Q のままであれば，交易条件が改善しても輸入量は増加しない。また，国内市場における需給にも変化がないので国内価格も p のままで変わらない。国内価格と世界価格の乖離は大きくなるので，輸入割当に伴うレントは増加して $\square p\hat{p}^*hk$ となる。交易条件改善前と比べると，総余剰はレントの純増分 $\square p^*\hat{p}^*he$ だけ増加している。

交易条件の改善に対する総余剰の増加は，明らかに関税政策の場合の方が輸入割当の場合よりも大きい。**輸入割当のような量的制限政策は，交易条件改善による厚生改善の機会を縮小させてしまうという意味で，関税政策よりも貿易**

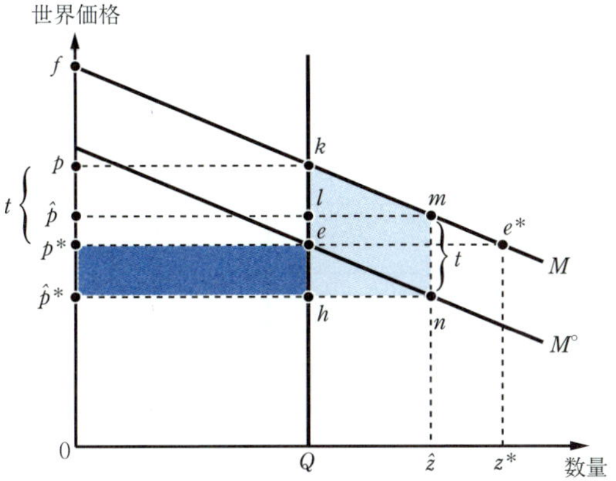

図 6 - 4　交易条件の改善に対する輸入割当の効果と関税政策の効果

制限的なのである。

6.4.2　輸出数量制限

輸出数量制限とは，割当や許可制度等の手段によって輸出数量を直接に一定数量以下に抑制する政策である。輸出数量制限の効果は多くの点で輸入割当の効果と並行しているので，図解を利用してごく簡単に整理するに留めておこう。図 6 - 5 左は輸出国の需要曲線 D と供給曲線 S を，右は D と S から導かれる輸出供給曲線 X と貿易相手国の輸入需要曲線 M をそれぞれ描いたものである。

交易条件が一定の場合

まず，交易条件が一定の小国の場合を考えよう。世界価格を図 6 - 5 左の p^* とする。輸出数量制限が実施されていない自由貿易における需要量は D 上の a^* 点に対応する x^*，供給量は S 上の b^* 点に対応する y^* であり，輸出量は $q^*=y^*-x^*$ である。消費者余剰は $\triangle p^*a^*d$，生産者余剰は $\triangle p^*b^*s$，総余剰は四辺形 a^*b^*sd で表される。

輸出の規制水準を Q とする。もちろん，$Q<q^*$ である。輸出数量制限が実施されると，国内市場において超過供給が生じ，輸出財の国内価格が低下する（図 6 - 5 右の p）。国内価格の低下によって，消費者余剰は $\triangle pad$ に増加し，

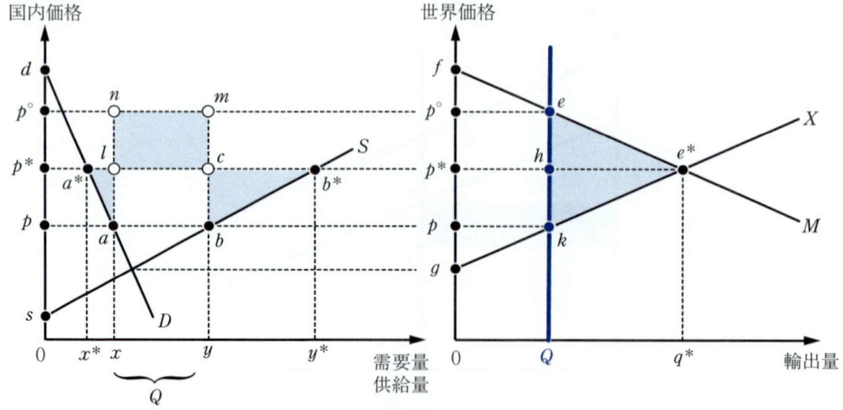

図 6 - 5　輸出数量制限の効果

生産者余剰は $\triangle pbs$ まで減少する。輸出枠を入手した貿易業者は，国内市場から安価に財を購入して，世界市場において高い価格 p^* で販売できるので，輸出することから $(p^*-p)Q$ の収益を獲得できる。これを輸出数量制限に伴うレントという。

図 6 - 5 左において，消費者余剰の増加分は台形 paa^*p^*，生産者余剰の減少分は台形 pbb^*p^* であり，輸出数量制限に伴うレントは $\square abcl$ で表されている。生産者余剰の減少分の一部は，消費者余剰の増加分とレントによって回収されているが，すべてがカバーされているわけではない。結局，総余剰は $\triangle aa^*l+\triangle bb^*c$ の大きさだけ減少してしまう。輸出数量規制によって，小国の経済厚生は悪化するのである。

交易条件が可変の場合

輸出数量規制によって，輸出供給曲線は図 6 - 5 右の折れ線 gke のようになる。輸出国の国内市場とは逆に，p^* の下で世界市場において q^*-Q に相当する超過需要が生じる。折れ線 gke と輸入需要曲線 M の交点 e が新たな均衡点となり，世界価格は p° まで上昇する。輸出国における国内価格と世界価格の乖離が拡大して，輸出数量規制に伴うレントは $(p^\circ-p)Q$ に増加する（図 6 - 5 左の $\square abmn$ または右の $\square pkep^\circ$）。

レントの一部（図6-5左の □$abcl$ または右の □p^*pkh）は失われた生産者余剰の一部を回収している。したがって，レントの純増加分 □$cmnl$（または □$p^\circ p^*he$）が回収されていない生産者余剰の損失 △aa^*l＋△bb^*c（または △khe^*）よりも大きければ，輸出数量規制によって輸出国の総余剰は増加することが分かる。大国の場合には，輸出数量制限が実施国の経済厚生を改善させる可能性がある。

しかし，輸出数量制限によって世界価格が上昇するので，輸入国の経済厚生は悪化する。輸入国の総余剰の減少分は図6-5右の台形 $p^\circ p^*e^*e$ で表されている。この一部は輸出国におけるレントの増加 □$p^\circ p^*he$ によって回収されているが，世界全体で見ると △kee^* に相当する死重の損失の生じていることが分かる。輸出数量制限は世界全体の効率性を阻害するのである。

輸出自主規制の要請と受諾

輸出数量制限の1つの形態である輸出自主規制は，“自主”とは示されているものの，実際には輸入国側からの要求に基づいて実施されてきた。なぜ輸出自主規制の要求が輸入国側から出されてくるのか，また，なぜその要求は受け入れられるのか。これら2つの疑問に答えておく必要があろう。

すでに見たように，輸入国は交易条件の悪化を通じて輸出自主規制から経済厚生上の損失を被る。したがって，一国全体の経済厚生を考慮するかぎり，輸入国は輸出国に対して輸出自主規制を要求する誘因をもたない。しかし，輸入国国内には輸出自主規制によって利益を得るグループが存在している。輸出自主規制によって当該財の世界価格が上昇するので，輸入国の輸入競合産業にとっては輸入関税と同様の保護効果がある。この産業が重要分野であり，かつ，献金や選挙協力あるいはロビー活動などを通じて要求国内の政府・議会に対して強い影響力をもっているならば，要求国における政策は輸入競合産業の利益を色濃く反映したものとなるであろう（第10章参照）。また“輸出国側の事情による”という理由づけによって，輸入国政府・議会は，自由貿易を標榜するGATT などの国際規範にあからさまな形で抵触することなく，国内産業保護を実現できる。すなわち，輸出自主規制が輸入国にとっての“隠された保護政策”となっていることが，輸入国側から輸出国に対して輸出自主規制が要請される要因となっているのである。

他方，輸出自主規制によって実施国の国内価格は低下する。この点だけを見れば，自主規制実施国の当該産業は打撃を受けることになる。しかし多くの場合，輸出規制の割当枠を入手するのは，独立した輸出業者であるよりはむしろ当該産業に属する企業あるいは企業の集合体である。したがって，輸出数量制限に伴うレントは，実施国の当該産業に属する企業群の手に渡る公算が大きい。数量規制に伴うレントからの利益が，価格下落に伴う生産者余剰の減少分を十分に補う可能性がある（輸出企業全体が，輸入国に対する実質的な独占的供給者となっている状況である）。そのような場合には，容易に輸出自主規制の要求は受け入れられることになろう。

輸出自主規制を要求する側にその誘因があり，それが受け入れられているという意味で双務的な合意に基づくものであるからといって，それが世界経済全体にとってよいものであるとはかぎらない。すでに見たように，輸出自主規制によって世界全体の総余剰は減少してしまう。この場合，大きな被害を被っているのは，実施国の輸入財産業，輸入国の輸出財産業および輸入国の（声なき）消費者である。なお，GATT のウルグアイ・ラウンドにおいて作成された**セーフガードに関する協定**においては，輸出自主規制を実施することに加えて，その要請を出すことも禁止され，隠蔽された形での保護主義的政策の実現を抑制することが図られている。

練習問題

1. 税関のホームページ http://www.customs.go.jp/ 等を参照して，実際に輸入割当が行われている産品，割当を受けるための資格・手続について調べてみなさい。

2. ある国の輸入競合産業が1種類の輸入中間財を利用して，1種類の最終財（輸入競合財）を生産している。最終財の世界価格を1000，中間財の世界価格を500，中間財の投入係数を1とする。最終財に対する従価関税率が10％，輸入中間財に対する従価関税率が２％のとき，この輸入競合産業に対する「有効保護率」は何パーセントとなるか答えなさい。

3. 生産可能性フロンティアと無差別曲線を利用した一般均衡分析に基づいて，「小国」における輸出補助金が，当該国の経済厚生を悪化させることを示しなさい。

4. オファーカーブを利用した一般均衡分析に基づいて，ある国の輸入数量制限および輸出数量規制の効果について検討してみなさい。

第7章　独占・寡占市場と貿易

これまでの各章では，個々の経済主体が市場で決定される価格に対して影響力をもたない完全競争環境を前提に議論してきた。完全競争の想定が妥当なものであるためには，売り手についても買い手についても多数の市場参加者が存在していなければならない。しかし，現代的な工業製品やサービスの多くは少数の企業によって供給されており，完全競争とはほど遠い。たとえば，ゴムタイヤの市場では上位十数社（ブリヂストン，ミシュラン，グッドイヤー等）が世界全体の7割強のシェアを占めている。また，インクジェットプリンタ市場では上位3社（ヒューレットパッカード，キャノン，セイコーエプソン），クレジットカードサービス市場ではわずかに上位2社（VISA, Master Card）のみでほぼ9割のシェアを達成しており，顕著な寡占市場となっている。

シェアの大きな企業は，多かれ少なかれ価格に影響を及ぼすことのできる**市場支配力**を有しており，もはや**価格受容者（プライス・テイカー）**として行動する誘因をもたない。むしろ**価格設定者（プライス・セッター）**として行動し，自らに有利な状況を生み出そうとするであろう。こうした市場における国際貿易の様態を明らかにするためには，**不完全競争**（imperfect competition）を前提とする分析枠組が必要である。本章では，不完全競争の類型を明らかにした後，独占・寡占状況の国際貿易理論について学習する。

7.1　不完全競争の類型

厳密に定義できる完全競争環境とは異なり，不完全競争環境はそれを特徴づけるための要素・要因の多様な組み合わせに応じて多様なものになる。したがって，不完全競争環境の様々な類型に応じて個別のモデルを用いて分析していかなければならない。以下では，不完全競争環境を類型化する要因として，選好構造，費用構造，製品差別化，競争形態，参入・退出，および市場の分断を取り上げて整理する。

選好構造

独占・寡占環境における分析では，具体的な需要関数を利用した計算が必要になることが多い。計算に適した需要関数を導出するために，しばしば家計の選好に対して強い仮定が置かれる。

独占・寡占環境で生産される財と完全競争環境で生産される財がそれぞれ１種類ずつ存在しているものとする。前者を寡占財と呼び，後者を**価値尺度財**（numéraire）とする。家計の効用関数 U が**準線形**（quasi-linear）であるとは，次のように寡占財 x の消費による効用と価値尺度財の消費量 x_0 との和で表される場合である。

$$U(x_0,x) \equiv x_0+V(x) \tag{7.1}$$

ただし，x は寡占財の消費量，右辺の V は寡占財に関する**部分効用関数**（sub-utility function）を表している。価値尺度財で測った寡占財の相対価格を p とすれば，(7.1)式の効用関数から導かれる寡占財に対する需要関数 D は所得に依存せず，$x=D(p)$ のように p のみの関数となることが知られている。需要関数 D の逆関数，すなわち $p=P(x)$ となる関数 P を**逆需要関数**（inverse demand function）という。**準線形効用関数の利点は，寡占財に関する所得効果を考慮しなくてもよい点にある。**一般均衡理論的な所得効果は価値尺度財によって吸収されるので，実質的には部分均衡分析と同等の作業が可能となる。

費用構造

現代の寡占産業は**費用逓減現象**によって特徴づけられるといわれる。独占・寡占状況を分析する際には，費用関数 C の性質が重要となってくる。一般に，費用関数は生産活動に投入される生産要素の価格と生産量 y の両方に依存している。部分均衡論的な枠組を用いる場合には，しばしば要素価格が省略されて $C(y)$ のように生産量のみに依存する形で表される。費用関数は生産量の増加関数である。

生産量1単位あたりの費用を**平均費用**（AC：average cost）という。一般に平均費用も生産量に依存する。

$$\mathrm{AC}(y) \equiv \frac{C(y)}{y} \tag{7.2}$$

これに対して，生産量1単位の増加に対する費用増加の割合を**限界費用**（MC：marginal cost）という。生産量を y から $y+\Delta y$ に増加させたときの費用の増加分は $\Delta C \equiv C(y+\Delta y)-C(y)$ である。したがって，限界費用は $\mathrm{MC} \equiv \Delta C/\Delta y = [C(y+\Delta y)-C(y)]/\Delta y$ となる。生産量の増加分 Δy が十分に小さければ，限界費用は費用関数 C の導関数 C' で表される。

$$\mathrm{MC}(y) \equiv \frac{\mathrm{d}C(y)}{\mathrm{d}y} = C'(y) \tag{7.3}$$

通常，**費用一定**，**費用逓増**，**費用逓減**などの用語は，平均費用 $\mathrm{AC}(y)$ が生産量 y の増加に伴って，それぞれ不変（一定），増加，減少であることを表すのに用いられる。限界費用 $\mathrm{MC}(y)$ が生産量に対して増加であるときに費用逓増，減少であるときに費用逓減ということもある。しかし，平均費用の逓増・逓減・一定と限界費用の逓増・逓減・一定とは同じではない。たとえば，平均費用が逓減的で，同時に限界費用が逓増的であることは可能である。

製品差別化の有無

財としての本質的な機能は同一であったり，産業分類において同一カテゴリに分類される財であっても，色彩・パッケージング・ロゴマーク・ブランド・アフターサービスの付加等の価格面とは異なる点を強調することによって，自企業の供給する財と他企業の供給する財との差異を需要者に認識させることを**製品差別化**（product differentiation）という。

製品差別化が成立していることを企業の側から見れば，これらの差別化された財のそれぞれに対して（これらが似通った財であるにもかかわらず）異なる価格を設定できることを意味している。したがって製品差別化の下では，企業はまったく同一の同質的な財に関する価格競争のみならず，既存の財とは異なる財を新たに開発して市場に提供することによる非価格競争をも展開できるようになる。

競争形態

各企業が市場支配力を発揮して財の価格を操作する際に，どのような手段を経由してそれを実現するのかも重要である。企業が操作に利用する手段のことを**戦略変数**という。企業は自らの財の価格を直接的に設定できる。各企業が価格を戦略変数としている状況を**価格競争**あるいは**ベルトラン競争**（Bertrand competition）という[(1)]。

これに対して，各企業は供給する財の数量を調整することによっても，自らの財の価格を（間接的に）操作することができる。各企業が数量を戦略変数としている状況を**数量競争**あるいは**クールノー競争**（Cournot competition）という[(2)]。

企業数と参入・退出

ある財に関する供給者がただ1者である場合を**独占**（monopoly）という。需要者がただ1者である場合は**買い手独占**（monopsony）である。一般に，供給者が複数である場合を**寡占**（oligopoly）といい，特に供給者が2者の場合を**複占**（duopoly）という。

企業数が外生的に与えられているか，それとも内生的に決定されるのかを区別しておくことも重要である。潜在的な企業家が企業を設立して市場に参入することにも，また廃業して市場から撤退することにも一切の費用がかからないとする仮定を**自由参入・退出**（free entry-exit）の仮定という。自由参入・退

---

(1)　ベルトラン（Joseph Louis François Bertrand, 1822-1900）はフランスの数学者。各企業が供給数量を戦略変数とするクールノーの寡占モデルを批判的に再検討して，価格を戦略変数とする寡占モデルを提示した。

(2)　クールノー（Antoine Augustin Cournot, 1801-77）はフランスの数学者・経済学者。主著『富の理論の数学的原理に関する研究』（*Recherches sur les principes mathématiques de la théorie des richesses*）は数学的手法を用いた経済分析の先駆けであり，彼の寡占理論は今日のゲーム理論の原型ともいえるものであった。

出が認められている状況では，通常，正の利潤を獲得できると予想できる場合に潜在的企業による新規参入が生じて企業数が増加し，逆に負の利潤（損失）が予想される場合に既存企業の退出が生じて企業数は減少すると想定される。したがって，自由参入・退出を想定したモデルでは，各企業の長期利潤はゼロとなり，そのときに企業数が確定することになる。

各（潜在的）企業がどのようにして参入後に正の利潤を獲得できると予想できるのかは，市場における競争形態に依存している。また，企業の参入に伴って新製品（既存企業の財とは差別化された新たな財）が導入されるような場合には，市場で取引される財の範囲も企業の参入・退出に伴って変化することになる。

市場の分断

寡占型のモデルでは，貿易パターンそのものは内生化されず，あらかじめ仮定として与えられることが多い。2国からなる**相互貿易モデル**と3国からなる**第三国モデル**がよく利用される貿易構造である。

図7-1は相互貿易モデルを模式的に表したものである。A国・B国の2国からなる世界経済が想定される。各国にはそれぞれ寡占企業（A国企業，B国企業）が存在しており，両国の市場は**分断されている**（segmented）と仮定される。これは，A国・B国両市場間の裁定取引に非常に大きな費用がかかると仮定することに等しい。各国企業は，それぞれ自分の国の市場および相手国市場に対して財を供給し，それぞれの市場において寡占競争を展開する。各国の寡占企業が生産している財が同質財であるならば，同質財に関する**産業内貿易**（intra-industry trade）があらかじめ仮定されていることになる。

図7-2は第三国モデルを模式的に表したものである。A国，B国，および第三国であるC国からなる世界経済が想定される。A国とB国には寡占財を生産・供給する企業が存在しているものの，C国には寡占財を生産する企業は存在しない。A国企業とB国企業は第三国市場において寡占競争を展開する。

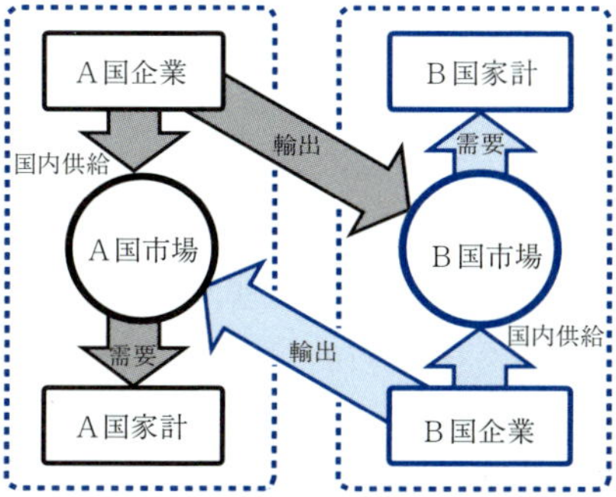

図7-1　相互貿易モデル

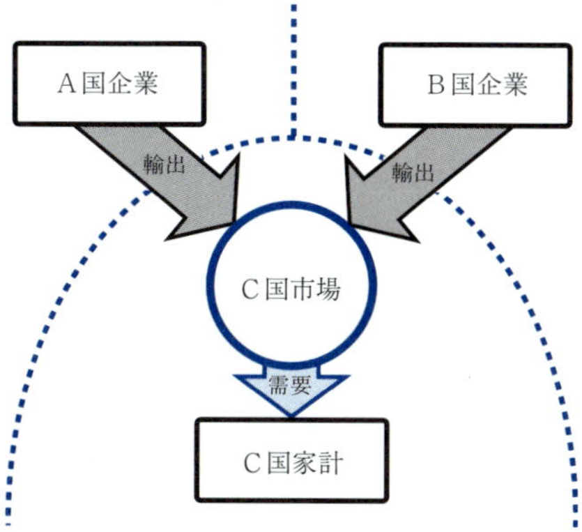

図7-2　第三国モデル

7.2　国内独占と貿易自由化

不完全競争環境下の貿易を分析する手始めとして，最も単純な形態である独占の場合を考えよう。ある小国経済の閉鎖経済状態において，ある財の市場で単一の供給者による独占が成立しているとする。当該財の価格を p，国内総需要量を Q とすれば，逆需要関数 P は次のように表される。

$$p=P(Q) \tag{7.4}$$

需要の法則を反映して，逆需要関数は総需要量の減少関数であると想定される。

利　潤

独占による供給量を x とする（ここでは在庫を無視して，生産量と供給量は同じであると考えている）。生産量 x を実現するための最小費用，すなわち費用関数を $C(x)$ のように表す。独占は逆需要関数(7.4)に関する情報に基づいて利潤を最大とするように供給量あるいは価格を決定する。国内独占が成立しているかぎり x は総需要量 Q に一致していなければならないので，独占の利潤 π は次のように供給量 x の関数として表される。

$$\pi(x) \equiv P(x) \cdot x - C(x) \tag{7.5}$$

限界収入

供給量を1単位増加させるときにどれだけ収入が増加するかを表した指標を**限界収入**（marginal revenue）という。独占が x だけの数量を市場に供給しているときの価格は $p=P(x)$ で与えられる。収入は $R=px$ である。供給量が Δx だけ増加して $x+\Delta x$ になると，価格は $p'=P(x+\Delta x)$ に変化する。価格の変化分を $\Delta p \equiv p'-p$ とする。供給量増加後の収入は $R' \equiv (p+\Delta p)(x+\Delta x)$ であるから，収入の変化分は $\Delta R \equiv R'-R=p\Delta x+x\Delta p+\Delta p\Delta x$ となる。供給量の変化分 Δx が十分小さければ対応する価格の変化分 Δp も十分に小さくなるので，限界収入 $\Delta R/\Delta x$ は次のように（近似的に）表される。

$$\frac{\Delta R}{\Delta x} = \frac{(p+\Delta p)(x+\Delta x)-px}{\Delta x} \fallingdotseq p+x\cdot\frac{\Delta p}{\Delta x} \tag{7.6}$$

逆需要関数が微分可能ならば $\Delta p/\Delta x$ の部分を逆需要関数 P の導関数 P' で置き換えて，限界収入 MR を供給量 x の関数として表すことができる。

$$\mathrm{MR}(x) \equiv \frac{\mathrm{d}R}{\mathrm{d}x} = P(x)+xP'(x) \tag{7.7}$$

供給量を1単位増加させると，その1単位分から価格 p に相当する収入が生じる。他方，供給量を1単位増加させるためには，これまで p の価格で販売していた x 単位の財について $\Delta p/\Delta x$ だけ値引きしなければならず，$x\cdot[\Delta p/\Delta x]$ の大きさの収入減が生じる。これらの合成された効果が限界収入となるのである。

需要の価格弾力性は $\varepsilon(x) \equiv -P(x)/[xP'(x)]$ のように供給量 x の関数として表される（第3章のコラム「弾力性について」参照）。これを用いると(7.7)式は次のように書き換えられる。

$$\mathrm{MR}(x) \equiv P(x)\left[1-\frac{1}{\varepsilon(x)}\right] \tag{7.8}$$

閉鎖経済における独占均衡

限界収入を $\mathrm{MR}(x)$，限界費用を $\mathrm{MC}(x)$ とする。限界収入と限界費用との差 $\mathrm{MR}(x)-\mathrm{MC}(x)$ は，供給量を1単位増加させるときの利潤の増加割合を表している。これを**限界利潤**（marginal profit）という。もし $\mathrm{MR}(x)-\mathrm{MC}(x)>0$ ならば，供給量を増加させることで利潤を高められる。逆に $\mathrm{MR}(x)-\mathrm{MC}(x)<0$ ならば，供給量を減少させればよい。したがって，**ある供給量において利潤が最大となっているならば限界利潤はゼロ，すなわち限界収入と限界費用とが一致していなければならない**。

$$\mathrm{MR}(x)=\mathrm{MC}(x) \quad \Leftrightarrow \quad P(x)\left[1-\frac{1}{\varepsilon(x)}\right]=C'(x) \tag{7.9}$$

これを**独占による利潤最大化のための1階の条件**という（この1階の条件が供給量 x に関する方程式となっていることに注意しよう）。独占者は限界収入と限界費用とが一致する供給量，すなわち方程式(7.9)を満たす供給量 $\bar{x}$ を選択する。価格は，供給量 $\bar{x}$ と逆需要関数から $\bar{p}=P(\bar{x})$ のように決定される。この価格 $\bar{p}$ と数量 $\bar{x}$ の組が閉鎖経済における独占均衡である。

図7-3は閉鎖経済における独占均衡を，縦軸に価格，横軸に数量を測った平面上に図解したものである。右下がりの曲線 D は需要曲線（逆需要関数のグラフ）を表しており，曲線 MR は D に対応する限界収入曲線を表している。需要の法則から $P'(x)<0$ であり，したがって $\mathrm{MR}(x)\equiv P(x)+xP'(x)<P(x)$ となるので，限界収入曲線は需要曲線の下方に位置するように描かれている。右上がりの曲線 MC は独占的供給者の限界費用曲線である。限界収入曲線 MR と限界費用曲線 MC の交点 e に対応する生産量 $\bar{x}$ において独占的供給者の利潤は最大となる。生産量 $\bar{x}$ に対応する需要曲線上の点 b の高さが閉鎖経済均衡における独占価格 $\bar{p}$ を表している。

均衡における独占的供給者の収入額は $\bar{p}\bar{x}$ であり，図7-3では $\square\bar{p}b\bar{x}0$ の面積で表される。さらに，限界費用曲線の下側の台形 $\bar{x}ec0$ の面積は可変費用の大きさに対応しているので，$\square\bar{p}b\bar{x}0$ からこの台形部分を差し引いた残りの台形 $\bar{p}bec$ の面積が独占的供給者の利潤（正確には，生産者余剰＝利潤＋固定費用）の大きさを表す。他方，消費者余剰は $\triangle\bar{p}bd$ の面積で表されるので，結局，閉鎖経済の独占均衡におけるこの国の総余剰（＝生産者余剰＋消費者余剰）は台形 $cebd$ の面積で表される。

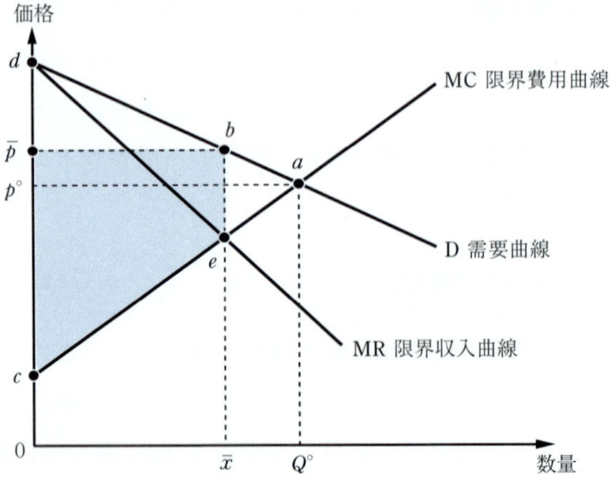

図 7 - 3　独占下の閉鎖経済均衡

閉鎖経済における死重の損失

需要曲線はある財の社会的な限界便益を表し，供給者が1者であればその限界費用は社会的な限界費用でもある。したがって，図 7 - 3 において需要曲線と限界費用曲線の交点 a に対応する数量 Q° が実現しているとき，この国の閉鎖経済状況における総余剰は最大となる。貿易なしで実現できる最大の総余剰は $\triangle cad$ の面積で表される。これは独占均衡における総余剰（台形 $cebd$）と比べると $\triangle abe$ 分だけ大きい。言い換えれば，独占均衡においては $\triangle abe$ に相当する余剰が**死重の損失**として一国全体から失われているのである。

貿易自由化

貿易が自由化されて世界価格 p^* の下での自由な取引が行えるようになったとしよう。ここでは，世界価格 p^* が図 7 - 4 の需要曲線と限界費用曲線の交点 a に対応する p° よりも低く，独占供給量に対応する限界費用 $\mathrm{MC}(\bar{x})$ よりも高い場合を考える。すなわち，$p^\circ > p^* > \mathrm{MC}(\bar{x})$ である(3)。

独占的供給者は国内需要 $P(x)$ に関する情報を知っているものの，貿易自由化によってその利点は失われている。独占的供給者が世界価格 p^* よりも高い

(3)　この他，$p^* > \bar{p}$，$\bar{p} \geqq p^* \geqq p^\circ$，$\mathrm{MC}(\bar{x}) \geqq p^*$ の場合が考えられる。

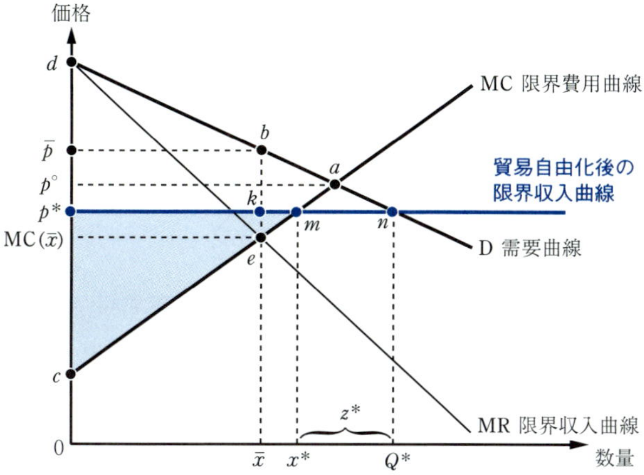

図7-4　小国の独占と貿易自由化

価格を設定しようとしても，そのような価格で当該財を独占的供給者から購入する消費者はいない（消費者は独占的供給者から購入せず，世界価格 p^* で輸入してくればよい）。逆に，貿易が自由化されているので独占的供給者は価格を引き下げることなく，世界価格 p^* の下で自由に供給量を増加させることができる（国内市場ではなく世界市場で販売することを考えればよい）。すなわち，貿易自由化後に独占的供給者が直面する需要曲線はもはや右下がりの逆需要曲線 $P(x)$ ではなく，世界価格 p^* の水準で水平な曲線となる。したがって，独占的供給者にとっての貿易自由化後の限界収入は，供給量にかかわらず p^* で一定となる。独占的供給者は世界価格 p^* と限界費用とが一致するような供給量を選択する。

図7-4は貿易自由化後の状況を描いたものである。縦軸の p^* を通る青い水平線が貿易自由化後に独占的供給者が直面する需要曲線を表しており，これは貿易自由化後の限界収入曲線に等しい。貿易自由化後の限界収入曲線と限界費用曲線との交点 m に対応する供給量 x^* が貿易自由化後の独占者による供給量である。さらに，需要曲線から世界価格 p^* の下での需要量は Q^* であることが分かる。需要量は供給量を上回っており，$z^*=Q^*-x^*$ だけの輸入が行われることになる。

貿易からの利益

生産者余剰は $\triangle p^*mc$ の面積で表される。閉鎖経済均衡の場合の生産者余剰 $\Box \bar{p}bec$ と比べると，$\Box \bar{p}bkp^*$ の面積分だけ小さく，$\triangle kem$ の面積分だけ大きい。したがって，$\triangle kem$ より $\Box \bar{p}bkp^*$ の方が大きければ，貿易自由化によって独占的供給者の利潤は低下する（図7－4にはそのような状況が描かれている）。

他方，貿易自由化に伴う価格低下によって消費者余剰は $\triangle \bar{p}bd$ から $\triangle p^*nd$ へと増加する。消費者余剰の増加分は台形 $\bar{p}bnp^*$ で表される。生産者余剰の減少部分 $\Box \bar{p}bkp^*$ は消費者余剰の増加の一部によって回収されている。すなわち，$\Box \bar{p}bkp^*$ 部分の余剰は独占的供給者から消費者に移転されただけで，一国全体の総余剰には影響しない。総余剰は台形 $cebd$ から四辺形 $cmnd$ の面積まで四辺形 $bemn$ 分だけ増加しているので，ここでも**貿易からの利益**が確認できる。

この貿易からの利益（四辺形 $bemn$）は $\triangle abe$ と $\triangle man$ の２つの部分に分けて考えることができる。前者の $\triangle abe$ が閉鎖経済の独占均衡における死重の損失を完全にカバーしていることに注意しよう。これは，小国の貿易自由化によってこの国の独占的供給者は価格支配力を失い，独占による歪みが是正された結果，死重の損失として失われていた余剰が回復されることを表している。さらに貿易自由化の純効果として $\triangle man$ の利益が生じるのである。

7.3　国際複占競争

前節での小国・独占モデルでは，貿易自由化前の独占状況が貿易自由化によって完全競争状況に変化していた。ここでは，貿易自由化前も後も不完全競争が維持される最も簡単な設定として，Ａ国・Ｂ国の２国からなる相互貿易モデルを考えよう。寡占的な相互依存関係が貿易に及ぼす影響を鮮明に描き出すために，両国は企業の生産技術や需要の面でまったく対称的であると想定する。各国には，ある同質的な寡占財を生産する企業が１つずつ存在している。これらをそれぞれＡ国企業，Ｂ国企業と呼ぶ。貿易が行われていなければ，各国企業は国内で市場を独占している。しかし貿易が自由化されれば，これらの企業は供給量を戦略変数とするクールノー競争を分断されたA国・B国の両市場で展開するものとする。

k 国（k=A, B）における寡占財の価格を p^k，総需要量を Q^k と表す。両国の寡占財に対する逆需要関数は次のように対称的で同一とする。

$$p^k = P(Q^k), \quad k = \mathrm{A, B} \tag{7.10}$$

逆需要関数 P が国を表す k に依存していないことに注意しておこう。

A国企業の総生産量を X，B国企業の総生産量を Y と表す。k 国企業（k=A, B）の費用関数 C^k は次のように限界費用が一定で固定費用を含まないものとする。

$$C^{\mathrm{A}}(X) \equiv cX, \ C^{\mathrm{B}}(Y) \equiv cY \tag{7.11}$$

限界費用 c は両国で共通である。A国企業によるA国市場への供給量を x_{A}，B国市場への供給量を x_{B} とし，同様に，B国企業によるA国市場への供給量を y_{A}，B国市場への供給量を y_{B} とする（下付添字は供給先の市場を表している）。したがって，各企業の総生産量に関して $X = x_{\mathrm{A}} + x_{\mathrm{B}}$，$Y = y_{\mathrm{A}} + y_{\mathrm{B}}$ が成立し，各国の総需要量に関して $Q^{\mathrm{A}} = x_{\mathrm{A}} + y_{\mathrm{A}}$，$Q^{\mathrm{B}} = x_{\mathrm{B}} + y_{\mathrm{B}}$ が成立する。

利　潤

A国企業がA国市場とB国市場に供給しているときの総利潤を Π^{A} とすれば，これは次のように x_{A}，x_{B}，y_{A}，および y_{B} に依存する。

$$\begin{aligned}\Pi^{\mathrm{A}}(x_{\mathrm{A}}, x_{\mathrm{B}}, y_{\mathrm{A}}, y_{\mathrm{B}}) &\equiv P(Q^{\mathrm{A}})x_{\mathrm{A}} + P(Q^{\mathrm{B}})x_{\mathrm{B}} - C^{\mathrm{A}}(X) \\ &= \underbrace{[P(x_{\mathrm{A}} + y_{\mathrm{A}}) - c]x_{\mathrm{A}}}_{\text{A国市場での利潤}} + \underbrace{[P(x_{\mathrm{B}} + y_{\mathrm{B}}) - c]x_{\mathrm{B}}}_{\text{B国市場での利潤}}\end{aligned} \tag{7.12}$$

限界費用が一定であると想定しているので，A国企業の総利潤 Π^{A} はA国市場に関する変数のみからなる部分とB国市場に関する変数のみからなる部分とに分離されている。A国企業はA国市場に供給する x_{A} とB国市場に供給する

x_B を別々に決定できるのである。B国にとっても状況は同様であるから，結局，両企業によるA国市場における競争をB国市場における競争とは切り離して考えることができる。以下では，A国市場における両企業の行動に注意を集中しよう（企業の立場を入れ替えた形で，B国市場でもまったく同様の事態が生じていると考えればよい）。

ここでA国企業のA国市場への供給量 x_A を改めて x と表し，B国企業のA国市場への供給量 y_A を y と表す。すると，k 国企業（k=A,B）がA国市場で獲得できる利潤 π^k を次のように簡略に表すことができる。

$$\pi^A(x,y) \equiv P(x+y)x-cx,\ \pi^B(x,y) \equiv P(x+y)y-cy \qquad (7.13)$$

A国企業の利潤 π^A は x と y の両方に依存しているが，A国企業自身が操作できるのは x のみである。同様に，B国企業の利潤 π^B はB国企業自身で操作できる y と操作できない x の両方の変数に依存している。このように，ある主体の利害が自分自身の行動のみならず他の主体の行動にも直接的に依存している状況を**戦略的相互依存関係**という。

クールノー的予想

戦略的相互依存関係の下における各主体は他の主体がどのように行動を選択するのかに関する何らかの予想に基づいて自らの行動を決定しなければならない。ある企業が「自らの行動の如何にかかわらず他のライバル企業は行動を変化させない」と考える予想の仕方を**クールノー的予想**という。クールノー的予想の下で各企業はライバル企業の供給量に応じて自らの利潤を最大とするように供給量を決定する。各企業はライバル企業の出方が分からないので，ライバル企業の可能な供給量のそれぞれに応じて利潤が最大となるようなスケジュールを決定していると言い換えてもよい。このような行動決定のあり方を**最適対応原理**ということがある。

残余の需要と主観的限界収入

図7-5を利用してA国企業の行動について考えよう。図の曲線 D はA国市

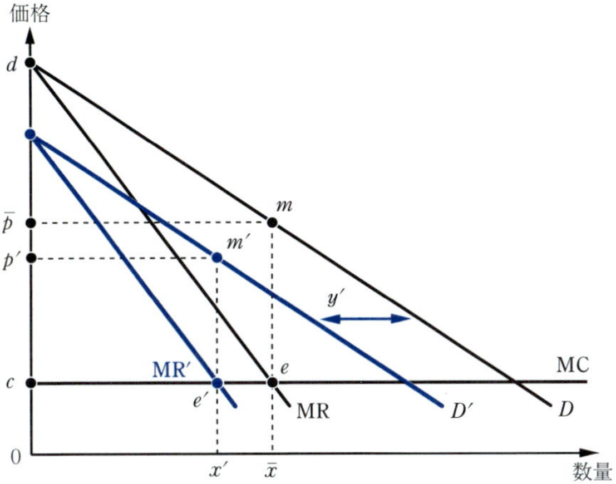

図7-5　主観的限界収入と供給量の決定

場の需要曲線を表し，水平線 MC は（一定の）限界費用曲線を表している。

A国企業が「B国企業はA国市場に $y'>0$ だけの財を供給する」と予想しているならば，A国企業はすべての需要を手に入れることはできず，A国企業に残された需要は各価格水準において y' だけ少なくなっている。これを**残余の需要**（residual demand）という。図7-5の曲線 D' が，B国企業の供給量を $y'>0$ と予想しているときのA国企業にとっての残余の需要を表している。これは元の需要曲線 D を y' だけ左方に平行移動させたものである。

ライバル企業の供給が変化しないというクールノー的予想の下では，A国企業は残余の需要に対する独占として振る舞うことができる（そのようにA国企業は想定している）。残余の需要 D' に対応する限界収入曲線は図の曲線 MR′ となる。この MR′ は「B国企業の供給量が y' である」という予想に基づいてA国企業が認識しているものであり（y' に対する）**主観的限界収入曲線**（perceived marginal revenue curve）と呼ばれる。一般に，A国企業が想定するB国企業の供給量を y とするとき，A国企業にとっての主観的限界収入は次のように x，y の関数となる。

$$\widetilde{\mathrm{MR}}^{\mathrm{A}}(x,y) \equiv P(x+y) + xP'(x+y) \tag{7.14}$$

反応関数

Ａ国企業は残余の需要に対する独占であるから，残余の需要から導かれる主観的限界収入と限界費用とが一致するように供給量を決定する。

$$\widetilde{\mathrm{MR}}^{\mathrm{A}}(x,y)=c \tag{7.15}$$

上式が x，y に関する方程式となっていることに注意しておこう。

さて，Ａ国企業が「Ｂ国企業はＡ国市場には財を供給してこない（$y=0$）」と予想しているならば，Ａ国企業は自身が市場を独占していると予想しているのに等しい。このとき，Ａ国企業が直面する残余の需要は元の需要に一致する。したがって，残余の需要から導かれる主観的限界収入 $\widetilde{\mathrm{MR}}^{\mathrm{A}}(x,0)$ は元の需要から導かれる限界収入に等しい。図７‐５において，需要曲線 D から導かれる（主観的）限界収入曲線は元の限界収入曲線 MR に等しく，Ａ国企業は限界費用曲線 MC と限界収入曲線 MR の交点 e に対応する $\bar{x}$ を選択する。Ｂ国企業による供給量ゼロに対して $\bar{x}$ を供給することが，利潤を最大にするという意味でＡ国企業にとっての**最適対応**（best response）なのである。

次に，Ａ国企業が「Ｂ国企業は $y'>0$ だけＡ国市場に供給してくる」と予想している場合を考えよう。主観的限界収入 $\widetilde{\mathrm{MR}}^{\mathrm{A}}(x,y')$ は図７‐５の曲線 MR′ で表される。Ａ国企業は主観的限界収入曲線と限界費用曲線の交点 e' に対応する x' を選択することで利潤を最大にできる。すなわち，Ｂ国企業による供給量 y' に対するＡ国企業の最適対応は x' である。

一般に，Ｂ国企業の供給量 y にＡ国企業の最適対応を関連づけた関数をＡ国企業の**反応関数**（reaction function）といい，次のように表す。

$$x=\phi^{\mathrm{A}}(y) \tag{7.16}$$

これは(7.15)式をＡ国企業の供給量 x について解いて得られる関数に他ならない（したがって厳密には ϕ^{A} はＢ国企業の供給量 y のみならず限界費用 c にも依存している）。まったく同様にして，$y=\phi^{\mathrm{B}}(x)$ のように表されるＢ国企業の反応関数を導くことができる。

等利潤曲線と反応曲線

反応関数を図解的に求めることもできる。図7-6の青い細線 α', α^* は，それぞれA国の利潤を一定に保つA国企業の供給量 x とB国企業の供給量 y の組み合わせを図解したものである。これをA国企業の**等利潤曲線** (iso-profit curve) という。B国企業の供給量が増加するとA国企業に残される需要は減少して利潤機会が失われるので，上方に位置する等利潤曲線ほどA国企業にとって“低い”利潤に対応する。したがって，曲線 α^* の表す利潤より α' の表す利潤の方が高い（B国企業にとっても同様の等利潤線を描くことができる)。

B国企業の供給量をゼロと想定するならば，両企業の供給量の組み合わせは $(x, 0)$ のように表される。A国企業が供給量を変化させれば，供給量の組み合わせは図7-6の横軸上を動く。B国企業の供給量がゼロならばA国企業は事実上の独占であるから，最大利潤を実現する供給量は $\bar{x}=\phi^{\mathrm{A}}(0)$ である。両企業の供給量の組み合わせは $(\bar{x},0)$ となり，これは図7-6の m 点で表される。

次にB国企業の供給量が $y'>0$ と想定される場合を考えよう。A国企業が供給量 x を増減させると，両企業の供給量の組み合わせは図7-6において y' 点を通る水平の破線上を動く。すでに分かっているように，y' に対するA国企業の最適対応は $x'=\phi^{\mathrm{A}}(y')$ であるから，このとき両企業の供給量の組み合わせは (x', y') となる（図の n 点)。n 点において y' を通る水平線と等利潤曲線 α' が接していることに注意しよう。これは，n 点からA国企業が供給量を増加させて供給量の組み合わせが水平線上で n 点の右になっても，供給量を減少させて供給量の組み合わせが n 点の左になっても，A国企業の利潤は n 点におけるものよりも低くなることを表している。

このことから逆に，一定水準のB国企業の供給量を表す水平線とA国企業の等利潤線が接する点を見つければ，その点が，与えられたB国企業の供給量とそれに対するA国企業の最適反応の組み合わせを表すことが分かる。たとえば，B国企業の供給量が y^* ならば，図7-6において e 点が y^* を通る水平の破線とA国企業の等利潤曲線との接点となっており，したがって e 点における x^*

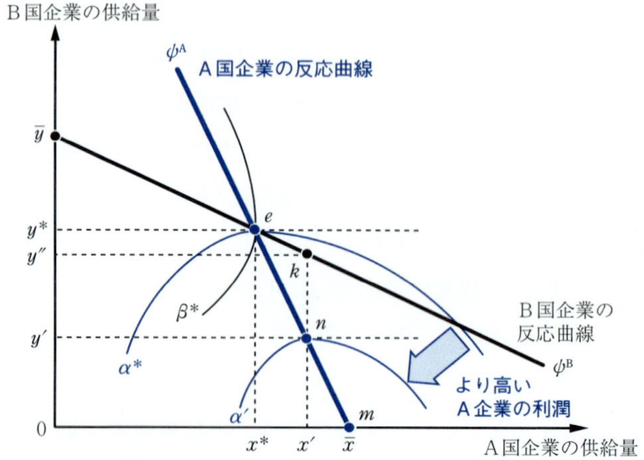

図7-6　反応関数のグラフ（反応曲線）とクールノー＝ナッシュ均衡

がA国企業の最適対応 $\psi^A(y^*)$ を表すのである。

このように，与えられたB国企業の供給量とA国企業の最適対応の供給量との組み合わせの点を等利潤曲線の図解から求めることができる。これらの点を結んだ曲線がA国の反応関数のグラフ，すなわち**反応曲線**である。

図7-6におけるA国の反応曲線 ψ^A は，B国企業が供給量を“強気”に増加させてくるとA国企業が供給量をいくぶん“弱気”に減少させるように描かれている。このようにB国企業の戦略変数の増加に対してA国企業が戦略変数を減少させて対応するとき，A国企業の戦略はB国企業の戦略に対して**戦略的代替**（strategic substitute）関係にあるという。逆に，B国企業の戦略変数の増加に対してA国企業が戦略変数を同じ方向に変化させるとき，A国企業の戦略はB国企業の戦略に対して**戦略的補完**（strategic complement）関係にあるという。

クールノー＝ナッシュ均衡

ある企業が相手企業の供給量に対して特定の数量を予想していたとしても，それが実際に相手企業の選択する供給量に一致するとはかぎらない。相手企業の供給量に対する予想と実際の値が食い違っていたら，自身の供給量もそれに合わせて調整し直さなければならず，供給量は確定しない。相手企業の供給量に対する予想が実際の値に一致しているという意味で各企業の予想が互いに**整合的**であれば，各企業は供給量を変更する誘因をもたず供給量が確定する。このような状態を**クールノー＝ナッシュ均衡**（Cournot-Nash equilibrium）という（コラム「ゲームの理論とナッシュ均衡」参照）。

今，図7-6において，A国企業が「B国企業の供給量は y' である」と予想しているものとしよう。反応関数にしたがってA国企業は $x'=\phi^{A}(y')$ の数量を選択する。これに対して，B国企業が「A国企業の供給量は x' である」と（正しく）予想しているならば，B国企業はB国企業の反応関数にしたがって $y''=\phi^{B}(x')$ を選択するであろう（図の k 点）。図解から明らかなように $y'\neq y''$ である。すなわち，A国企業による「B国企業の供給量が y' である」という予想は実際のB国企業の行動に合致していない。このような状態はクールノー＝ナッシュ均衡とはなりえないのである。

図7-6において両国の反応曲線の交点 e に対応するA国・B国の供給量の組，すなわち両国の反応関数で構成される連立方程式

$$\begin{cases} x=\phi^{A}(y) \\ y=\phi^{B}(x) \end{cases} \tag{7.17}$$

の解を (x^*, y^*) としよう。この供給量の組 (x^*, y^*) がクールノー＝ナッシュ均衡となることは次のようにして確認できる。A国企業が「B国企業の供給量は y^* である」と予想しているならば，反応関数にしたがってA国企業は $x^*=\phi^{A}(y^*)$ の供給量を選択する。同様に，B国企業が「A国企業の供給量は x^* である」と予想しているならば，反応関数にしたがって $y^*=\phi^{B}(x^*)$ を選択する。このとき，各国企業による相手企業の行動に対する予想と実際の行動とが合致して各国は供給量を変更する誘因をもたなくなる。すなわち，(x^*, y^*) において両企業の供給量が確定し，クールノー＝ナッシュ均衡が成立する。

貿易からの利益

図7-5と7-7を利用してA国の貿易利益について検討しよう。まず，閉鎖

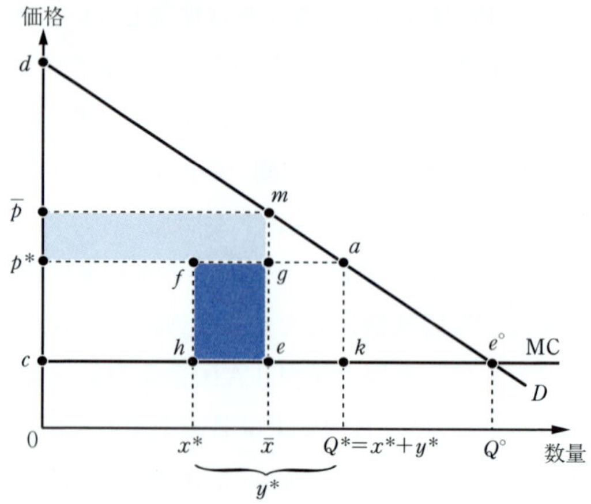

図 7 - 7　複占均衡における余剰

経済均衡について考える。貿易取引がないのでＡ国企業はＡ国市場において独占であり，形式的にはＢ国企業の供給量がゼロである場合と同等である。したがって，Ａ国企業は限界費用曲線 MR と限界費用曲線 MC との交点 e に対応する供給量 $\bar{x}=\phi^{A}(0)$ を選択する。需要曲線から価格は $\bar{p}=P(\bar{x})$ となることが分かる。Ａ国企業の収入は図 7 - 7 の $\square\bar{p}m\bar{x}0$，費用は $\square ce\bar{x}0$ で表され，したがって利潤は $\square\bar{p}mec$ となる。消費者余剰は $\triangle\bar{p}md$ であるから，結局，閉鎖経済均衡におけるＡ国の総余剰は台形 $cemd$ の面積で表される。

Ａ国・Ｂ国間で貿易自由化が実施されたとしよう。Ａ国企業はＢ国市場に，Ｂ国企業はＡ国市場にそれぞれ進出して，各市場において供給数量を戦略変数とするクールノー複占競争を展開する。Ａ国の総余剰を考える際，Ａ国市場のみならずＡ国企業がＢ国市場において獲得する利潤も計算に入れておかねばならないことに注意しておこう。

貿易自由化後のＡ国市場ではクールノー＝ナッシュ均衡 (x^*, y^*) が成立する。貿易自由化に伴うＢ国企業との競争激化によって，Ａ国企業の供給量は $\bar{x}$ から x^* に減少している。一方，Ｂ国企業がＡ国市場に進出してくるので総供給量は $Q^*\equiv x^*+y^*$ に増加する。価格は $\bar{p}$ から $p^*=P(Q^*)$ に低下し，これに伴ってＡ国の消費者余剰は図 7 - 7 の $\triangle\bar{p}md$ から $\triangle p^*ad$ へと増加する。消費者余剰の増加分は台形 $\bar{p}map^*$ である。

貿易自由化後にＡ国企業がＡ国市場から獲得する利潤は □p^*fhc で表される。他方，Ｂ国企業がＡ国市場から獲得する利潤は □$fakh$ で表される。閉鎖経済均衡と比べると，Ａ国企業は □$\bar{p}mgp^*$＋□$fgeh$ の大きさの利潤をＡ国市場で失っているが，このうち □$\bar{p}mgp^*$ の部分は消費者余剰の増加の一部としてＡ国に回収されている。しかし，□$fgeh$ の部分はＢ国企業の手に渡っている。

貿易自由化後にＡ国企業はＢ国市場に進出する。Ｂ国市場におけるＡ国企業の立場は，Ａ国市場におけるＢ国企業の立場と対称的であるから，Ａ国企業がＢ国市場で獲得する利潤はＢ国企業がＡ国市場で獲得する □$fakh$ の大きさに等しい。したがって，Ａ国企業はＡ国・Ｂ国両市場から □p^*akc の大きさに相当する利潤を獲得する。貿易自由化後にＡ国企業が両国市場から獲得する総利潤 □p^*akc は，閉鎖経済均衡においてＡ国市場のみから獲得する総利潤 □$\bar{p}mec$ よりも小さい。

消費者余剰の増加分（台形 $\bar{p}map^*$）の一部はＡ国企業の減少分（□$\bar{p}mgp^*$）で相殺されているものの △mag のプラスが生じている。Ａ国企業はＡ国市場においてさらに □$fgeh$ の利潤を失っているが，Ｂ国市場で □$fakh$ の利潤を獲得しているので，差し引き □$gake$ のプラスが生じている。したがって，Ａ国全体で見ると総余剰は台形 $make$ 分だけ増加しており，ここでも**貿易からの利益**が確認できる。

クールノー＝ナッシュ均衡の効率性

閉鎖経済の独占均衡におけるＡ国の総余剰は図７‐７の台形 $cemd$ の面積で表される。Ａ国市場における最大の総余剰は，総供給量が需要曲線と限界費用曲線の交点 e° に対応する Q° となったときの △dce° の大きさであるから，独占に伴う死重の損失は △mee° である。明らかに，閉鎖経済の独占均衡は効率的ではない。

貿易自由化が実施されると，総供給量の増加と価格の低下によって消費者余剰が増加し，さらにＢ国市場での利潤機会も増すので，総余剰は台形 $make$ の面積だけ増加する。貿易自由化によって死重の損失の一部は消費者余剰あるいはA国企業の利潤の形で回収されている。B国でも事情は同じなので，複占市場における貿易自由化が（各国の総余剰の観点から）パレート改善を実現していることが分かる。しかし，なお $\triangle ake^{\circ}$ 分の死重の損失が存在しており，貿易自由化後の複占均衡も効率的ではないのである。

Column ゲームの理論とナッシュ均衡

自分の行動が他の人の利害に直接的な影響を与え，逆に他の人の行動によって自らの利害が影響されることを知りながら，各人が行動を決定しなければならないような状況を**ゲーム的状況**あるいは単に**ゲーム**（game）という。ゲームに関わる人々を**プレイヤー**（player）と呼ぶ。囲碁や将棋の対局，テニスの試合などの文字通りのゲームは，一方が勝てば他方が負けるという意味でプレイヤーの利害が完全に対立するゲームである。しかし経済・社会問題に関連するゲームでは，利害が対立することばかりではなく，プレイヤーが共通の利益を得たり，逆に共倒れになったりすることもある。**ゲームの理論**とは，ゲームにおける人々の行動を解明するための分析枠組である。

ゲーム的状況を分析するためには，誰がこの状況に関係しているのか（プレイヤーは誰か），プレイヤーが何を知っているのか知らないのか，プレイヤーはどのような行動をどのような順序でとることができるのか，プレイヤーの行動によって何が結果として生じ，それをプレイヤーはどのように評価するのか，などを適切な形で表現しておかなければならない。**戦略型**（strategic form），**展開型**（extensive form），あるいは**特性関数型・提携型**（characteristic function form, coalitional form）など，いくつかのゲームの表現方法が知られているが，中でも戦略型は基本的なものである。

プレイヤーを番号 $i=1,2,\ldots,n$ で表す。各プレイヤーが実行できる行動計画の1つ1つを**戦略**（strategy）という。プレイヤー i のとる1つの戦略を s_i のように表し，プレイヤー i がとりうる戦略の全体を S_i とする。各プレイヤーがそれぞれの戦略 s_i $(i=1,2,\ldots,n)$ を選択することで，1つの戦略の組 $s=(s_1,\ldots,s_i,\ldots,s_n)$ が定まる。戦略の組に応じて1つの結果（社会状態）が決まり，その下で各プレイヤーの利害得失が確定する。戦略の組 s が成立しているときのプレイヤー i の利害得失を数値で表した関数 U_i をプレイヤー i の**利得関数**（payoff function）という。通常，各プレイヤーは自らの利得 U_i を大きくすることのみに関心をもつ主体であると仮定される。プレイヤーの集合 $N=\{1,2,\ldots,n\}$，戦略，利得関数からなる組 $G=(N,\{S_i\}_{i=1}^{n},\{U_i\}_{i=1}^{n})$ を戦略型ゲームという。

戦略型ゲーム G は，問題となっている状況を単に記述したものであって，そこで何が生じるのか——何が妥当でもっともらしい結果なのか——を示したものではない。ゲームにおいて何が実際に生じるのかを明らかにするのは**解概念**（solution concept）の役割である。**ナッシュ均衡**（Nash equilibrium）はゲームの理論における代表的な解概念である。戦略の組 $s^*=(s_1^*,\ldots,s_i^*,\ldots,s_n^*)$ が戦略型ゲーム G のナッシュ均衡であるとは，すべてのプレイヤー i（$i=1,2,\ldots,n$）のすべての実行可能な戦略 s_i について，

$$U_i(s_i^*,s_{-i}^*) \geqq U_i(s_i,s_{-i}^*) \tag{7.18}$$

が成立することである。ただし，$s^*=(s_i^*,s_{-i}^*)$ であり，右辺の（s_i,s_{-i}^*）はプレイヤー i だけが s^* に対応する s_i^* とは異なる戦略 s_i を選択して，i 以外のすべてのプレイヤーが s^* に対応する戦略 s_j^*（$j\neq i$）を選択していることを表している。他のプレイヤーがナッシュ均衡戦略（s^* に対応する戦略）を選択しているかぎり，自分もナッシュ均衡戦略を選択することで利得が最大になるという意味で，どのプレイヤーにとってもナッシュ均衡戦略を選択することが**合理的**なのである。ナッシュ均衡 s^* からは誰も単独で逸脱する動機をもたず，ナッシュ均衡がある種の安定的な結果となっていることが分かる。

本文中では，A国企業とB国企業がA国市場で競争している状況を考えた。これは，A国企業とB国企業が供給数量を戦略変数として競合するクールノー複占の状況を戦略型ゲームとして定式化して分析したものである。「クールノー複占状況を表す戦略型ゲームのナッシュ均衡」を省略した形で“クールノー＝ナッシュ均衡”と呼んでいるのである。

練習問題

1. 本章で取り上げたものの他，世界市場における大きなシェアをごく少数の企業が占めているような産業を調べてみなさい。

2. 需要関数が $x=D(p)\equiv a-p$ のとき，および $x=D(p)\equiv ap^{-\varepsilon}$ のときの，限界収入関数をそれぞれ求めて，元の需要関数との関係を説明しなさい（ただし，$a>0$，$\varepsilon>1$ は定数である）。

3. A国のある財の市場は閉鎖経済状態において供給独占が成立している。この国が貿易自由化を行うとB国から1企業がA国市場に進出してきて，両企業によってクールノー複占競争が行われるものとする（ただし，A国企業はB国市場には進出しない）。A国市場の逆需要関数を

$$P(Q)=430-Q$$

とする。両企業の費用関数は共通の限界費用 $c=10$ をもち，固定費用はない。このとき以下の値をそれぞれ求めなさい。

(a) A国の閉鎖経済均衡価格。

(b) 閉鎖経済均衡におけるA国の消費者余剰。

(c) 閉鎖経済均衡におけるA国企業の利潤。

(d) 貿易自由化後の均衡における輸入量。

(e) 貿易自由化後の均衡におけるA国の総余剰。

第 8 章　規模の経済性と製品差別化の役割

現代経済社会の 1 つの特徴は，大規模な生産活動と多様・大量の消費である。また，国際貿易の面での特徴として，異なる産業の財・サービスを交換する**産業間貿易**（inter-industry trade）よりも，同一産業・同一カテゴリーに分類される財・サービスの相互交流的な**産業内貿易**（intra-industry trade）のほうが活発であることもよく知られている。大量生産によって企業はスケールメリット（規模の経済性）を追求でき，貿易を通じて自国および外国で生産される多種多様な財やサービスを利用できることで人々の暮らしは一層豊かになる。スケールメリット，消費の多様性（製品差別化），および産業内貿易が，人々の暮らし向きに大きな影響を及ぼしている。

本章では，規模の経済性と製品差別化を明示的に取り入れて，スケールメリットや消費の多様性が，貿易パターンや貿易からの利益，あるいは産業内貿易の様態にどのような影響を及ぼすのかについて学習する。

8.1　規模の経済性

すべての生産要素の投入量を同時に 2 倍，3 倍と拡大するのにつれて，生産量が 2 倍以上，3 倍以上に拡大していくとき**規模に関する収穫逓増**（increasing returns to scale）が生じているという。これを生産量の側から見直せば，生産量の増加に伴って財 1 単位の生産に必要とされる要素投入を節約して平均費用を低下させられることを意味している。このように**生産規模の拡大に伴って平均費用が低下する現象を費用逓減あるいは規模の経済性（economies of scale）という**（「規模に関する収穫逓増」「平均費用逓減」「規模の経済性」はしばしば交替的に用いられる）。規模の経済性について論じる際に，“生産規模”を企業レベルで捉えるのか産業レベルで捉えるのかを区別しておくことは重要である。

企業レベルの規模の経済性

たとえば製鉄業や発電事業を行おうとする企業は，生産活動に先立って溶鉱炉や発電所といった巨大な資本設備を建設しなければならない。このような資本設備は**分割不可能**で，その設置・維持・管理にかかる費用は，生産量がたとえゼロであっても負担しなければならない**固定費用**である。企業が生産規模を拡大していけば，当然，原材料費や労働賃金支払いなどの**可変費用**は増加するものの，固定費用部分は生産された財１単位ごとに分散されて小さくなっていくので，企業は平均費用を低下させることができる。このように企業レベルでの生産規模拡大に対して平均費用が低下することを**内部的規模の経済性**という。

内部的規模の経済性は完全競争環境の仮定とは両立しない。内部的規模の経済性を発揮できる企業の直面する価格が完全競争環境の想定通りに一定であったとしよう。すると，ある企業が他の企業に先んじて生産規模を拡大させることに成功すれば，価格が一定であるにもかかわらず平均費用が低下するので一層大きな利潤を獲得できるようになる。この企業は増産するほど利潤を大きくできるので，遅れをとったライバル企業を市場から追い出して，やがては市場全体の需要を満たせるまでに拡大できるかもしれない。このとき，当初の企業１社のみが供給者となって**自然独占**（natural monopoly）が成立する（もちろん，企業数が減少していく過程で，独占が成立するよりも早く何らかの寡占均衡が成立する可能性もある）。いずれにせよ，企業レベルで大きな固定費用が必要とされるような産業について，完全競争を想定することはできない。

産業レベルの規模の経済性

個々の企業の（意図的な）生産要素投入と産出の関係という点では規模に関して収穫一定であるものの，個別企業の生産性が産業全体の生産規模に依存していることによって生じる規模の経済性がある。ある産業の企業数が増加して，地理的に近接した領域に立地して**産業集積**が進むと，経済環境に全般的な変化が生じる。たとえば，必要とされる熟練労働者や研究者・技術者なども同じ地域に集まってくるので，企業は求人やマッチングのための費用を節約できるようになる（雇用される側から見れば，働き口の発見が容易になることを意味している）。また，部品や中間財の供給元となる下請け企業や関連企業の集積と競争が促進されたり，人的ネットワークの形成を通じて技術的・経営的アイデアや市場情報等の交換が促進されたりするようにもなる。産業集積に伴う間接的な技術改善・費用削減効果は，個別企業にとって**外部的な規模の経済性**をもたらすものであり，これを最初に体系的に議論した研究者の名を冠して**マーシャルの外部経済性**（Marshallian externality）と呼ばれている[1]。

マーシャルの外部経済性は極めて有用な分析概念であるが，企業立地や企業間ネットワーク形成，熟練労働・技術者・研究者等の企業間・産業間移動に関する意思決定や産業基盤・インフラストラクチャーの整備などによる複雑な相互作用を“外部効果”というブラックボックスの中に閉じ込めてしまっているという点で不十分なものでもある。マーシャルの外部経済性は，これらの複雑な意思決定と相互作用を簡便な形で表現したものと理解しておくべきである。

8.2　マーシャルの外部経済性

産業レベルの規模の経済性の役割について検討するために，2 財（第 1 財，第 2 財）・1 生産要素（労働）からなるリカードモデルの構造にマーシャルの外部経済性を導入することを考えよう。第 1 財産業のみにおいてマーシャルの外部経済性が生じ，第 2 財産業には生じないものとする。

企業レベルの生産技術と産業レベルの生産技術

マーシャルの外部経済性について検討する際には，企業レベルの生産と産業レベルでの活動とを区別しておく必要がある。第 1 財産業の第 k 企業の生産

(1)　マーシャル（Alfred Marshall, 1842-1924）はケンブリッジ大学で活躍したイギリスの経済学者。彼の主著『経済学原理』（*Principles of Economics*）は長く利用され，大きな影響力をもった教科書であった（いわゆるマーシャルの外部経済性に関連する議論は同書第 5 編の第11章～第12章で展開されている）。

量と労働投入量をそれぞれ y_{1k}，L_{1k} とし，第１財産業全体の総生産量と総労働投入量をそれぞれ y_1，L_1と表す。個別企業の生産量・投入量をすべての企業にわたって合計したものが産業全体の生産量・投入量であるから，$y_1=\sum_k y_{1k}$ および $L_1=\sum_k L_{1k}$ が成立する。

第１財部門の個別企業にとっての労働投入係数は産業レベルの産出量 y_1 に依存しており，$a_{L1}(y_1)$ のように表される。産業レベルの産出量が増加すると個別企業の生産性が上昇することを反映して，$a_{L1}(y_1)$ は y_1 の減少関数であると想定される。個別企業の生産量・労働投入量に関して次式が成立する。

$$L_{1k}=a_{L1}(y_1)y_{1k} \tag{8.1}$$

個別企業の観点からすると $a_{L1}(y_1)$ は一定であり，労働投入量 L_{1k} を増加させれば比例的に生産量 y_{1k} も増加するという意味で規模に関する収穫一定が成立している（個別企業は市場全体から見るとごく小さなシェアしかもっておらず，y_{1k} の増減が総供給量 y_1 に及ぼす影響を個別企業は感知できないと想定しているのである）。

しかし，(8.1)式を産業レベルで集計すると，総労働投入量 L_1 と総生産量 y_1 に次のような非比例的関係が成立する。

$$L_1=a_{L1}(y_1)y_1 \tag{8.2}$$

上式の右辺 $a_{L1}(y_1)y_1$ について考えてみよう。もし投入係数 $a_{L1}(y_1)$ が一定ならば生産量 y_1 の増加に比例して右辺全体は大きくなるが，実際には y_1 の増加に伴って投入係数自体が低下するので，生産量が増加しても右辺全体は比例以下にしか増加できない。したがって，左辺の総労働投入量 L_1 が２倍に増加すると，(8.2)式を満たすためには，右辺の生産量 y_1 は２倍以上に増加しなければならない。産業レベルでは規模の経済性が働いていることが分かる。

企業の行動

第１財産業の第 k 企業の利潤 π_{1k} は次のようになる。

$$\pi_{1k} \equiv py_{1k} - wL_{1k} = py_{1k} - wa_{L1}(y_1)y_{1k} = \{p - wa_{L1}(y_1)\}y_{1k} \qquad (8.3)$$

ただし，p は第2財で測った第1財の相対価格，w は賃金率である。

外部性のないリカードモデルの場合と同様に，$p-wa_{L1}(y_1)>0$ ならば個別企業は y_{1k} を無制限に大きくとることで利潤をいくらでも大きくできるが，資源制約があるので長期的には不可能である。逆に $p-wa_{L1}(y_1)<0$ ならば個別企業は y_{1k} をゼロとするか市場から退出することによって損失をゼロに抑えることができる（産業レベルの総生産量 y_1 もゼロである）。同じ一定の財価格 p と賃金率 w であっても産業レベルの生産量 y_1 が十分大きければ，投入係数 $a_{L1}(y_1)$ が小さくなって次の等式が成立しうる。

$$p = wa_{L1}(y_1) \qquad (8.4)$$

このとき，個別企業は財を実際に生産することが可能である。以上より，与えられた財価格 p と賃金率 w に対して常に2つの“産業レベル”の供給量が対応していることが分かる。すなわち，1つはゼロであり，もう1つは(8.4)式を満たす y_1 である。

外部性部門の労働需要

産業レベルの総生産量がゼロならば産業レベルの労働投入量もゼロとなり，産業レベルの総生産量が正ならば産業レベルの労働投入量は(8.2)式を満たす正の値となる。したがって，与えられた財価格 p と賃金率 w に対して，外部性部門の産業レベルの労働需要も常にゼロと正の2つの値をとることになる。

財価格 p を一定として賃金率 w が上昇する場合を考えよう。産業レベルの生産量がゼロであれば，賃金率が上昇しても生産量は変化しないので，労働需要量もゼロのままで変化しない。これに対して(8.4)式が満たされて産業レベルでの生産量が正である場合には，労働投入係数 $a_{L1}(y_1)$ が低下しなければならず，労働投入係数 $a_{L1}(y_1)$ は産業レベル供給量 y_1 の減少関数なので y_1 は増加しなければならない。そして(8.2)式より，産業レベルの生産量を増加させるためには，産業レベルの労働投入量も増加しなければならないことが分かる。

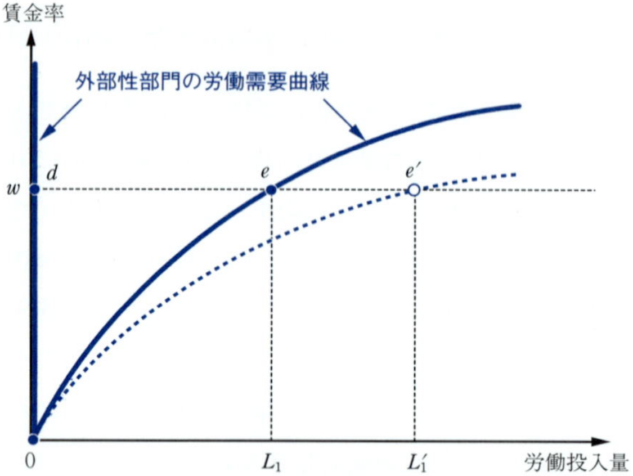

図 **8 - 1**　マーシャルの外部経済性と労働需要曲線

言い換えれば，マーシャルの外部経済性が発揮される第1財部門の労働需要関数は（正の生産量を実現する範囲で）賃金率 w に対する“増加”関数となっていなければならないのである。

図 8 - 1 の傾いたV字型の青い曲線は，横軸に労働投入量，縦軸に賃金率を測った平面上に外部性部門の労働需要曲線を描いたものである。財価格 p を一定として，賃金率が図の w のように与えられたとしよう。このときの産業レベルの労働需要量は，曲線上の e 点に対応する $L_1>0$ と縦軸上の d 点に対応するゼロとなる。賃金率が上昇すると，縦軸に対応する部分では労働需要はゼロのまま不変であるが，総労働需要が正となる部分では労働需要曲線に沿って労働需要量は“増加”する。

賃金率を一定として財価格 p が低下すると，(8.4)式を満たすためには労働投入係数が低下しなければならず，したがって y_1 は増加しなければならない。これに伴って（一定の賃金率に対する）産業レベルの労働需要も増加する。すなわち，財価格が低下すると労働需要曲線の正の部分は右方向に移動することが分かる。

労働市場均衡

図 8 - 2 は労働市場均衡を描いたものである。左下角の 0_1 から右に向かっ

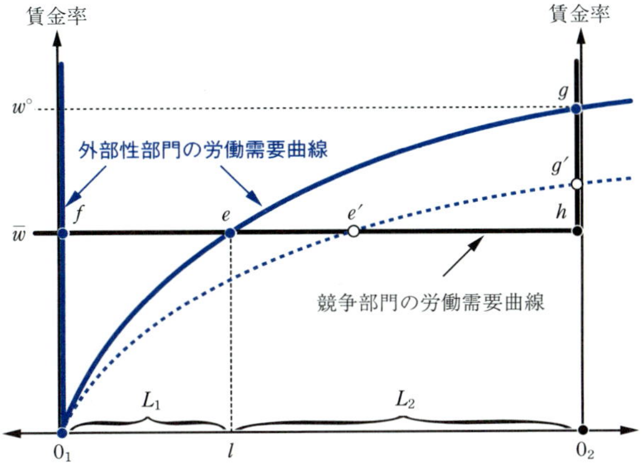

図8-2　マーシャルの外部経済性と労働市場均衡

て第1財部門における産業レベルの労働投入量を測り，右下角の 0_2 から左に向かって第2財部門の労働投入量を測っている。2つの縦軸の間の距離がこの経済の労働賦存量 L に等しくなるよう作図してある。

外部性のない第2財部門では，価格と平均費用との関係から $1<wa_{L2}$ のときに労働需要量はゼロとなり，$1=wa_{L2}$ のときに労働需要量は任意の値をとりうる（第2財を価値尺度財として価格を1に基準化してある）。ここで $\bar{w}\equiv1/a_{L2}$ と定義しよう。すると，第2財部門の労働需要曲線は $\bar{w}$ の高さで水平で，それよりも賃金率の高い領域では右の縦軸に一致することになる。第2財部門の労働需要曲線は図8-2の逆L字型曲線 ghf である。

両部門の労働需要曲線を組み合わせると，与えられた財価格 p に対して3つの労働市場均衡点 e, f, g が存在することが分かる。e 点では $\bar{w}$ に等しい賃金率の下で L_1 の労働力が第1財部門に配分され，L_2 の労働力が第2財部門に配分されている。この均衡点 e では，両財が正の数量生産される部分特化が成立している。これに対して f 点における賃金率は e 点と同じ $\bar{w}$ であり，第1財部門に配分される労働力がゼロなので，第2財への完全特化が生じている。さらに g 点における賃金率は $\bar{w}$ よりも高い w° となり，すべての労働力が第1財部門に配分されて，第1財への完全特化が成立している。

生産可能性フロンティア

図8-3は，図8-2を第1財の数量を横軸に，第2財の数量を縦軸に測った平面上に写したものである。図8-3の e, f, g 点はそれぞれ図8-2の e, f, g 点に対応している。

図8-2より e 点と f 点における賃金率は $\bar{w}$ であり，分配国民所得（総労働所得）はいずれも $\bar{w}L$ であることが分かっている。したがって，図8-3の e 点および f 点を相対価格で評価した実質生産国民所得は一致していなければならない（三面等価の原則)。図8-3において e 点・f 点を通る傾き $-p$ の右下がりの直線は，生産額が $\bar{w}L$ に等しい生産構造，すなわち $\bar{w}L=py_1+y_2$ を満たす生産量の組み合わせ (y_1, y_2) の全体を表している。この直線の縦軸切片の高さが e 点・f 点を相対価格 p で評価した実質生産国民所得の大きさに対応する。一方，図8-2の g 点における分配国民所得は $w^{\circ}L$ であり，これは $\bar{w}L$ よりも大きい。したがって，図8-3において g 点を相対価格 p で評価した生産国民所得を表す直線は l のように直線 ef よりも上方に位置していなければならない。

相対価格が p から p' へと低下した場合を考えよう。外部性部門の労働需要曲線の正の部分は図8-2の青い破線のように右に移動する。新たな均衡点は e', f, g' となる。第2財への完全特化を表す点は f に留まっており，賃金率も労働配分も変化しない。部分特化を表す点は e から e' へと変化して，賃金率は $\bar{w}$ のまま不変であるが，より多くの労働力が第1財部門に再配分されている。さらに，第1財への完全特化を表す点は g から g' へと変化する。賃金率は w° よりも低下するものの労働配分は変化しないので，完全特化は維持されたままである。

図8-3には相対価格の変化に対する生産構造の変化が描かれている。第2財への完全特化を表す生産点は f のままであり，変化後の相対価格 p' で評価した実質生産国民所得も変化前と同じ $\bar{w}L$ である。部分特化の点では，第1財の生産が増加し第2財の生産が減少するので，生産点は e から e' のように右下に移動する。しかし，e' 点における実質分配国民所得は元の $\bar{w}L$ と変わらないから，図8-3において e' 点は f を通る傾き $-p'$ の直線上に位置して

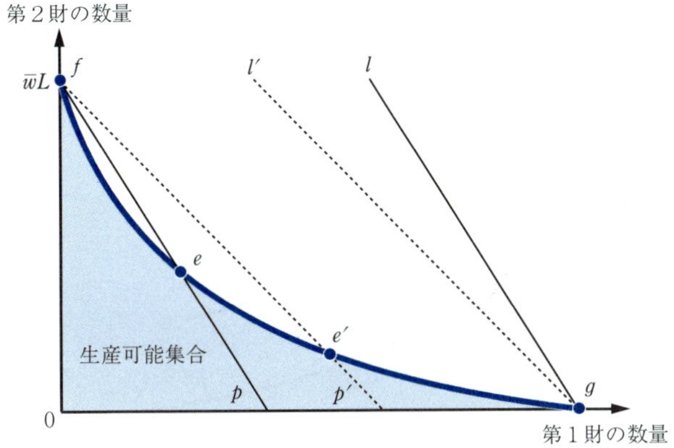

図８-３　マーシャルの外部経済性の下での生産可能集合と生産可能性フロンティア

いなければならない。

このようにして様々な相対価格の水準に対応する生産点を見出すことができる。完全特化に対応する f 点や g 点は不変である（g 点における実質生産国民所得は相対価格に応じて変化する）。部分特化に対応する点は，相対価格に応じて図８-３の e から e' のように変化する。これらを連ねていくと図の青い太線のような曲線を得る。これがマーシャルの外部経済性が存在する場合の生産可能性フロンティアである。外部性のない場合とは異なり，原点に向かって凸の図形となっている。

図８-３において，相対価格 p の下での（部分特化の）生産点は e 点である。このとき，生産国民所得を表す直線と生産可能性フロンティアとが e 点において“交わって”おり，相対価格と e 点における限界変形率（生産可能性フロンティアの傾き）に食い違いが生じていることに注意しよう。**マーシャルの外部経済性が働いている場合，与えられた価格に対応する生産点において生産国民所得が最大になるとはかぎらない**のである。

貿易パターンと貿易からの利益

生産技術・労働賦存・選好などのすべてにわたってまったく同じ２国（Ａ国，Ｂ国）からなる世界経済を考えよう。両国には何らの違いもないので，比較優

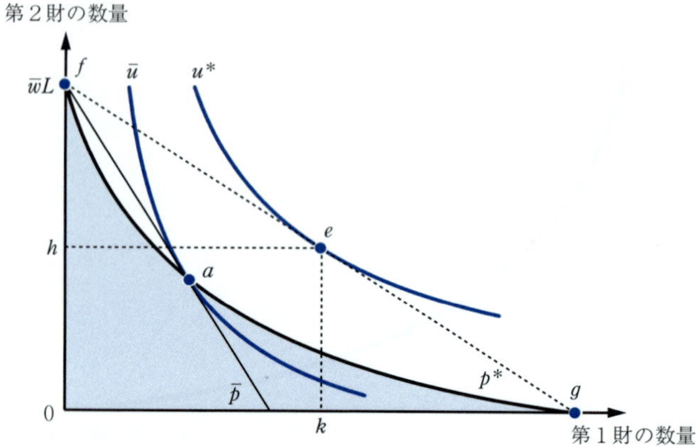

図８-４　マーシャルの外部経済性の下での閉鎖経済均衡と貿易利益の可能性

位に基づく貿易は生じない。

図８-４において部分特化の a 点が１国の閉鎖経済均衡における生産点を表しているとしよう。これはＡ国でもＢ国でも同じである。閉鎖経済均衡相対価格は $\bar{p}$ であり，このときの生産国民所得と家計の予算制約は直線 fa で表される。もちろん，a 点において家計の無差別曲線 $\bar{u}$ は予算線に接している（閉鎖経済均衡点 a において無差別曲線と生産可能性フロンティアが交わることになるので，a 点は生産可能集合の制約の下で家計の効用を最大にする点ではないことが分かる）。

さて，Ａ国・Ｂ国間で貿易自由化が実施された結果，規模の経済性が十分に発揮されて貿易均衡価格 p^* が両国の閉鎖経済均衡価格 $\bar{p}$ よりも低くなったとしよう（作図を簡単にするために，貿易均衡価格は２つの完全特化の生産点 f と g を結ぶ直線の傾きに等しいとしておく）。両国の家計の予算制約は図８-４の破線 fg で表される。明らかに，閉鎖経済均衡における予算（直線 fa）よりも緩やかな制約となっており，両国の家計は e 点においてより高い効用水準での消費を実現できる。

貿易均衡価格 p^* の下での生産点は図８-４の f あるいは g である。たとえば，p^* の下でＡ国が f 点に，Ｂ国が g 点にそれぞれ完全特化しているならば，Ａ国は第２財を輸出し，Ｂ国が第１財を輸出するという貿易パターンが成立する。しかし同じ p^* の下でまったく逆の特化パターンも可能であるから，Ａ国が第１財の輸出国となり，Ｂ国が第２財の輸出国となることも可能である。**マーシャルの外部経済性が働いているとき，まったく同質的な２国間でも貿易が行われて貿易利益を実現することは可能であるが，事前の情報から貿易パターンを確定的に予測することはできない**のである。実際にどちらの国が規模の経済性を発揮する財を生産するのかは，歴史的偶然か，初期におけるわずかのゆらぎ，あるいは何らかの政策的誘導に依存することになる。

8.3　産業内貿易

同一産業分類あるいは同一カテゴリーに属する財について輸出と輸入とが同時に行われるような貿易パターンを**産業内貿易**（intra-industry trade）という。

産業内貿易指数

産業内貿易の程度を実証的に計測するための**産業内貿易指数**がいくつか提案されているが，なかでも**グルーベル＝ロイド指数**（Grubel-Lloyd index：GL 指数）はよく利用されるものである[(2)]。あるカテゴリー i に属する財の輸出額と輸入額をそれぞれ X_i，M_iとすると，グルーベル＝ロイド指数 GL_i は次のように定義される。

$$\mathrm{GL}_i \equiv \frac{X_i+M_i-|X_i-M_i|}{X_i+M_i}=1-\frac{|X_i-M_i|}{X_i+M_i} \tag{8.5}$$

同一カテゴリー内において輸出と輸入に重複がなく**産業間貿易**（inter-industry trade）のみが行われているならば，すなわち $X_i=0$ または $M_i=0$ ならば，定義の最後の分数の項が１となるので GL 指数自体はゼロとなる。逆に，カテゴリー内で同じ程度の輸出入が行われているならば（$X_i=M_i$ なら

(2)　グルーベル＝ロイド指数のオリジナルの議論に関しては，Grubel, H. G. and P. J. Lloyd (1975), *Intra-Industry Trade*, London：Macmillan を参照のこと。また，産業内貿易の理論・計測・実証などに関わる様々な問題点については，D. グリーンナウェイ＝C. ミルナー（小柴徹修・栗山規矩・佐竹正夫訳）『産業内貿易の経済学』文眞堂（2008年）が詳しく整理・検討している。

表8-1　財別・国別のグルーベル＝ロイド指数

	中間財			資本財			消費財		
国　別	1990年	1995年	2000年	1990年	1995年	2000年	1990年	1995年	2000年
日　本	0.406	0.447	0.484	0.357	0.438	0.584	0.254	0.401	0.442
米　国	0.436	0.506	0.562	0.560	0.610	0.631	0.191	0.341	0.243
中　国	0.480	0.511	0.623	0.394	0.509	0.524	0.131	0.212	0.193
韓　国	0.587	0.700	0.793	0.446	0.551	0.555	0.189	0.429	0.470
台　湾	0.712	0.710	0.819	0.688	0.760	0.525	0.320	0.597	0.532
シンガポール	0.573	0.619	0.812	0.434	0.392	0.550	0.519	0.552	0.480
マレーシア	0.435	0.593	0.744	0.258	0.524	0.474	0.528	0.627	0.505
タ　イ	0.453	0.574	0.747	0.378	0.395	0.604	0.252	0.311	0.361
フィリピン	0.469	0.492	0.739	0.307	0.307	0.490	0.330	0.361	0.296
インドネシア	0.154	0.265	0.338	0.054	0.248	0.746	0.408	0.428	0.357

出所：経済産業省『通商白書』2006年版（第2-2-12表）。元の表から国の順番を入れ替えてある。

ば），GL 指数は1となる。一般に，GL 指数はゼロと1との間の値をとり，1に近いほど産業内貿易の程度が高いことを表している。

表8-1は東アジアの8カ国と日本および米国の10カ国の域内貿易について，用途別に分類した財（中間財，資本財，消費財）ごとに計測したGL 指数の経年変化を示したものである。数値には，国・年・用途ごとにばらつきがあるものの，平均すると0.47程度となっており，無視できない程度の産業内貿易が生じていることが分かる。

比較優位と産業内貿易

グルーベルとロイドは，比較優位に基づいて説明できる産業内貿易の類型として次のようなものを指摘している。たとえば，農産物に関する収穫期の国ごとの違いを利用して，収穫期に輸出，端境期に輸入が行われれば，年間を通してみたときに周期的な産業内貿易が生じる。また，米国やロシアなどのように広大な国土をもつ国の場合，同一カテゴリーの財について，ある地方から輸出可能な財であっても，別の地方では他国から輸入したほうが有利なものもあるかもしれない。このような国境貿易によっても産業内貿易は生じる。さらに，中継貿易のように，ある国から一旦輸入した財を第三国向けに再輸出することも産業内貿易の一因となろう。ここにあげた周期的貿易，国境貿易，中継貿易などは，ロケーションと輸送費用による差別化や時間による差別化を導入したものと見ることもできるが，実質的には財の分類の仕方や期間のとり方の定義の問題に過ぎず，これらを適切に定義しさえすれば標準的な比較優位の理論を用いて説明できる。

しかし，比較優位に基づく素朴な理論によって広範に観察される産業内貿易のすべてを説明することは難しい。産業内貿易に関する異なる説明として，寡占的な相互依存関係と分断された市場を明示的に考慮した場合にも，同質財に関する産業内貿易が生じることを第７章でみた。ただし，寡占モデルにおける産業内貿易は仮定されたものであって，産業内貿易を内生的に説明するものではない。一層踏み込んだ形で産業内貿易の様態を解明するためには，規模の経済性や製品差別化などの（単なる定義の問題を超えた）特色を十分に組み込んだ異なる理論が必要なのである。

8.4　製品差別化

基本となる機能や用途が同じという意味で同一カテゴリーに含まれる財であるものの，企業が何らかの副次的要因を自らの製品に付加することによって他企業の製品とは異なるものであると需要者に認識させることを**製品差別化**（product differentiation）という。

たとえば，低級品と高級品のように製品の品質に違いをもたせたり，配色・デザイン・ブランド・ロゴマークなどの企業イメージや商標による違いを強調したり，あるいはアフターサービスや保証を付加したりすることで製品差別化は可能となる。品質の違いによる差別化を**垂直的差別化**（vertical differentiation），それ以外によるものを**水平的差別化**（horizontal differentiation）といって区別することもある。何らかの形で他社製品とは差別化されている財を単に**差別化財**と呼ぶことにする。

製品差別化が可能であれば，企業はある程度の独占力を行使して自社製品の価格をコントロールできる。しかし，製品差別化はそもそも“需要側”の現象であって，企業がいかに自社製品とライバル企業の製品の差別化を図ろうとしても，その違いが消費者によって認識されなければ製品差別化は成り立たない。(水平的）製品差別化を成立させる需要の理論としては，ランカスターによる**理想的特性アプローチ**（ideal-characteristics approach）とディキシットとスティグリッツによる**多様性選好アプローチ**（love-of-variety approach）がよく知られている[3]。

理想的特性アプローチ

これは，各製品が様々な**特性**（characteristics）あるいは**属性**（attributes）の組み合わせからなっており，消費者は各財に含まれる体化された特性や属性を消費することから効用を得るとする考え方である。同じカテゴリーに属する1単位の財でも，それに体化されている特性・属性の量や組み合わせが異なれば，消費者によって差別化されたものと認識されることになる。各消費者は各々理想とする特性・属性の組み合わせをもっており，市場に供給されているものの中から自分の理想に“最も近い”特性・属性の組み合わせの製品を購入するのである。これを企業の側から見れば，多くの消費者を惹きつけられるような特性・属性の組み合わせの製品を作ることによって利潤機会を拡大できることを意味している。

たとえば，テレビを考えてみよう。テレビの基本的な機能は映像を画面に映し出すことである。しかし，他にも，画面の大きさ，画像の再現性や発色，ボディの形・デザイン，見た目の重厚さや質感，操作のしやすさ，他の機器との接続や拡張可能性など，様々な特性をもっており，これらを様々に組み合わせて異なる製品を生み出すことができる。企業は，大型で重厚なデザインのテレビを生産しているライバル企業に対抗するために，同種の製品での価格競争を行う代わりに，小型でモダンなデザインの差別化されたテレビを供給して対抗することもできるのである。

---

(3) 製品差別化に関する2つのアプローチについては，Lancaster, K. (1966), A new approach to consumer theory, *Journal of Political Economy* 74 : 130-57. および Dixit A. K. and J. Stiglitz (1977), Monopolistic competition and optimum product diversity, *American Economic Review* 67 : 297-308. を参照のこと。

多様性選好アプローチ

これは，１つの財のカテゴリーには様々な**バラエティ**が存在していて，各消費者は複数のバラエティを組み合わせて同時に消費することから効用を得ると考えるものである。たとえば，素材もサイズもデザインも同じだけれども，様々な「色」のラインナップがあるＴシャツを考えてみよう。１つの色が１つのバラエティに対応している。同じ色のＴシャツを何枚も消費するよりも，同じ枚数ならば異なる色（異なるバラエティ）のＴシャツを組み合わせて消費するほうが効用をより高めるとき，消費者は多様性を選好しているという。

あるカテゴリーの財に m 種類のバラエティが存在しているものとしよう。各バラエティを固有の名前の代わりに番号 $i=1,2,\ldots,m$ で表す。第 i 番目のバラエティ（第 i バラエティ）の消費量を x_i とすれば，多様性選好アプローチに基づく消費者選好は次のような効用関数 V によって表される。

$$V(x_1,x_2,\ldots,x_m) \equiv v(x_1)+v(x_2)+\cdots+v(x_m) \equiv \sum_{i=1}^{m} v(x_i) \qquad (8.6)$$

ここで上式右辺の v は個々のバラエティの消費に関する**部分効用関数**（sub-utility function）を表している。部分効用関数はバラエティの種類に関わりなく同一であり，バラエティの消費 x_i に関する正の限界効用と限界効用逓減とが仮定される。

図８-５は各バラエティに関する部分効用関数のグラフを横軸にバラエティの消費量，縦軸に部分効用を測った平面上に描いたものである。バラエティの消費量が増加すると効用も増加する（＝正の限界効用）ことを反映して，右上がりのグラフとなっている。また，各バラエティの消費水準が増加するのにつれて消費の増加による効用の増加の程度は鈍ってくる（＝限界効用逓減）ので，上に凸の曲線が描かれている。この図解を用いて(8.6)式が“多様性選好”を表すことを確認しておこう。

第 i バラエティと第 j バラエティの２種類のバラエティを考える。効用関数は $V(x_i, x_j) \equiv v(x_i)+v(x_j)$ で表される。今，この消費者に差別化財を２単位消費できる機会が与えられているものとしよう。すると，この消費者は第 i バラエティのみを２単位消費して第 j バラエティをまったく消費しないか，第 i バ

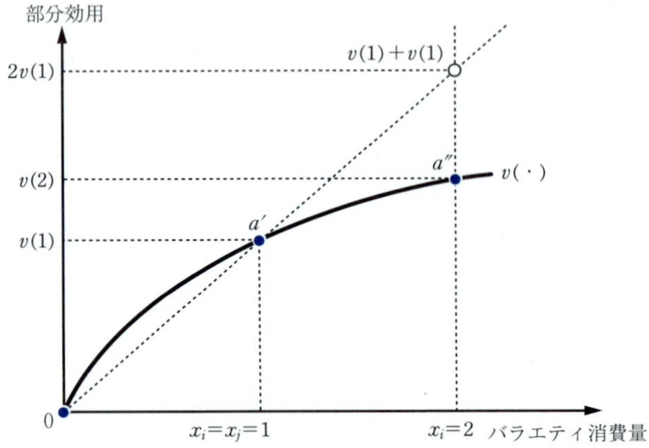

図 8 - 5　多様性選好アプローチの効用関数

ラエティ1単位と第 j バラエティ1単位を組み合わせて消費することが可能である（第 i バラエティと第 j バラエティの役割を入れ替えてもよい）。第 i バラエティ1単位を消費することから得られる効用水準は $V(1,0)=v(1)+v(0)$ である。これは図 8 - 5 において $x_i=1$ に対応する曲線上の a' 点の高さ $v(1)$ で表される（図解では消費量がゼロのときの部分効用の値をゼロとしてある）。第 i バラエティまたは第 j バラエティを合計2単位消費すれば効用水準は $V(2,0)=V(0,2)=v(2)+v(0)$ であり，曲線上の a'' 点の高さで表される。これに対して，第 i バラエティと第 j バラエティをそれぞれ1単位ずつ消費する場合の効用水準は $V(1,1)=v(1)+v(1)$ であり，図解より $V(1,1)=v(1)+v(1)>v(2)+v(0)=V(2,0)=V(0,2)$ であることが分かる。このように(8.6)式の効用関数は，単一のバラエティを多く消費するよりも，複数のバラエティを少量ずつ消費する効用の方が高いことを表している。すなわち，多様性選好である。

差別化財とは別に，完全競争環境において生産・消費される価値尺度財（ゼロ番目の財）を導入して，効用関数を次のように拡張することがある。

$$U(x_0,x_1,x_2,\dots,x_m)\equiv x_0+V(x_1,\dots,x_m)\equiv x_0+\sum_{i=1}^{m}v(x_i) \qquad (8.7)$$

ただし，x_0 は価値尺度財の消費量，x_i は差別化財の各バラエティの消費量をそれぞれ表している。

8.5　独占的競争

同一カテゴリーの財でも製品差別化が可能ならば，各企業はライバル企業とは差別化された製品を市場に供給することで利潤を獲得できる。各企業は，自ら生産する財に対しては独占的であるが，他方で，多数のライバル企業が市場に参入して差別化された製品を生産すれば需要が奪われてしまうという意味で競争にさらされてもいる。このような状況を**独占的競争**（monopolistic competition）という。本節では，多様性選好アプローチに基づく製品差別化を導入した独占的競争モデルを用いて貿易パターンと貿易利益について検討する(4)。

8.5.1　家計と企業

家　　計

各家計は 1 単位の労働力と α 単位の同質的な価値尺度財を保有している。各家計の価値尺度財の消費量を x_0，差別化された財の第 i バラエティの消費量を x_i（$i=1,2,\ldots,m$）とする。価値尺度財で測った賃金率を w，各バラエティの価格を p_i とすれば，家計の予算制約式は次のように表される。

$$w\times 1+\alpha=x_0+\sum_{i=1}^{m}p_i x_i \tag{8.8}$$

左辺 $w+\alpha$ は家計の保有する 1 単位の労働力と α 単位の価値尺度財を市場に供給して獲得できる所得額を表し，右辺は価値尺度財を x_0 と各バラエティを x_i だけ消費する際に必要な支出額を表している。

(4)　独占的競争を明示的に導入した貿易モデルに関してはクルグマンによる一連の研究が先駆的である。Krugman, P. R. (1979), Increasing returns, monopolistic competition and international trade, *Journal of International Economics* 9 : 469-79. や Krugman, P. R. (1980), Scale economies, product differentiation, and the pattern of trade, *American Economic Review* 70 : 950-59. あるいは Krugman, P. R. (1981), Intra-industry specialization and the gains from trade, *Journal of Political Economy* 89 : 959-73. などを参照のこと。本章での展開は Feenstra, R. C. (2004), *Advanced International Trade : Theory and Evidence*, Princeton University Press. を参考にしている。

各家計は(8.8)式の予算制約の下で(8.7)式で表される効用を最大とするように各財・バラエティの消費量を決定する。このとき，各バラエティに対する逆需要関数は $p_i=P(x_i)$ のように各バラエティの価格のみの関数として表されることが知られている（差別化されたバラエティに対する需要は賃金率とは独立である)。

企業の利潤最大化

各バラエティを生産するためには，まず生産量とは無関係に固定的な労働投入 $f>0$ が必要である。これは，差別化されたバラエティの研究開発や広告・宣伝等に利用される労働力を表している。さらに，各バラエティを1単位増産するために c だけの労働力が必要であるとする。したがって，第 i バラエティを y_i 単位生産するためには cy_i+f 単位の労働力が必要となる。ここでは **c や f がすべての企業にわたって共通であること，すなわち企業の対称性を仮定しておく**。賃金率を w とすれば，第 i バラエティを y_i 単位生産するための費用は次のように表される。

$$C(y_i)\equiv wcy_i+wf \tag{8.9}$$

生産量 y_i の係数 wc は限界費用を表し，定数項 wf は固定費用を表している。平均費用は $C(y_i)/y_i\equiv wc+wf/y_i$ となり，生産量の増加に伴って低下することが分かる。すなわち，**企業レベルでの規模の経済性**が想定されている。

差別化製品を生産する企業は自分自身のバラエティに対しては独占的であって，各バラエティに対する逆需要関数 $p_i=P(x_i)$ を知っている。需要者の数を L，1家計あたりの第 i バラエティの需要量を x_i とすれば，$x_iL=y_i$ となる。すると第 i バラエティ生産企業の利潤 π_i は次のように x_i の関数として表される。

$$\pi_i(x_i)\equiv p_iy_i-C(y_i)=\{P(x_i)x_i-wcx_i\}L-wf \tag{8.10}$$

独占の場合とまったく同様に，限界収入と限界費用が一致するように供給量を選択することが各バラエティ生産企業にとっての**利潤最大化条件**である。今の場合，１家計あたりの供給量が分かれば総供給量も分かるので，各企業は y_i のかわりに x_i を決定すればよい。

$$P(x_i)\left[1-\frac{1}{\varepsilon(x_i)}\right]=wc \tag{8.11}$$

ただし，$\varepsilon(x_i)$ は第 i バラエティに対する需要の価格弾力性を表している。上の条件はすべてのバラエティにわたって共通であるから，１家計あたりの供給量 x_i および価格 p_i もすべてのバラエティにわたって同一となることが分かる。その共通の供給量と価格をそれぞれ x, p と表す。さらに実質賃金率を $\omega\equiv w/p$ として，(8.11)式を書き換えると次のようになる。

$$\omega=\frac{1}{c}\left[1-\frac{1}{\varepsilon(x)}\right] \tag{8.12}$$

ここで各バラエティに対する需要の価格弾力性 ε は需要量 x の増加に伴って減少すると仮定しよう。すると，各バラエティ生産企業の利潤最大化条件と整合的な実質賃金率 ω と１家計あたりの供給量 x との関係は，図８-６の曲線Ａのように右下がりの曲線で表される。実質賃金率 ω が上昇するとバラエティ生産企業は供給量 $y=xL$ を減少させるのである。

8.5.2　市場均衡

労働市場均衡

各バラエティ生産企業が１消費者あたり x の供給量を決定しているならば，１企業あたりの生産量は $y=xL$ となる（ただし，L は需要者の数である）。すると，１企業あたりの労働需要量は $cy+f$ である。１つのバラエティは１つの企業によって生産されるので，生産されている差別化財のバラエティ数が m ならば，総労働需要量は $m\{cy+f\}$ となる。

当該経済の家計の数を L_S とする。各家計は１単位の労働力を市場に供給しているので，L_S は総労働供給量に等しい。需要者の数 L と総労働供給量 L_S を区別しておくことは重要である。閉鎖経済において両者は一致しているが，貿易自由化が実施されると自国の家計と外国の家計の両方が財を購入するので（企業にとっての）需要者の数は増加することになる。

労働市場均衡条件は次の等式によって表される。

$$L_S=m\{cy+f\} \quad \Leftrightarrow \quad m=\frac{L_S}{cy+f} \quad \Leftrightarrow \quad m=\frac{L_S}{cxL+f} \tag{8.13}$$

図8‐6の曲線Dは，横軸に1家計あたりの供給量 x，縦軸下方に向かってバラエティ数 m を測った平面上に労働市場均衡条件(8.13)を図解したものである。バラエティ数が図の m のように与えられているとしよう。曲線D上の対応する点 e' から，労働市場均衡条件と整合的な1家計あたりの供給量 x が分かる。さらに図の上側に示した利潤最大化条件を表す曲線Aの対応する e 点より，実質賃金率が ω に定まることも分かる。

参入・退出

差別化財の市場に対する自由参入・退出が認められているものとしよう。潜在的企業は新たなバラエティを開発しさえすれば市場に参入できる（新たなバラエティ開発のために wf の固定費用が必要だが，参入自体には費用はかからないとする)。差別化財を生産している既存企業の利潤が正であれば，潜在的企業には新たなバラエティを開発して市場に参入する誘因が生じ，逆に既存企業が損失を被っていれば市場から退出する。1企業が1バラエティを生産しているので，**企業の参入によってバラエティ数は増加し，退出によってバラエティ数は減少する**のである。

既存企業の利潤がゼロになると，既存企業が市場から退出することも，潜在的企業が新規参入してくることもなくなり，バラエティ数が確定する。次式は**ゼロ利潤条件**（$\pi_i\equiv py-wcy-wf=0$）を書き直して，実質賃金率 $\omega\equiv w/p$ と1家計あたりの供給量 x との関係を表したものである。

$$\omega=\frac{xL}{cxL+f} \tag{8.14}$$

図8‐6の曲線Bは(8.14)式の図解である。1家計あたりの供給量 x と実質賃金率 ω の組み合わせ（x,ω）が曲線B上にあるとき既存企業の利潤はゼロとなり，曲線Bの下側の領域では既存企業の利潤は正の値をとる。もちろん，曲線Bの上側では既存企業は損失を被っている。

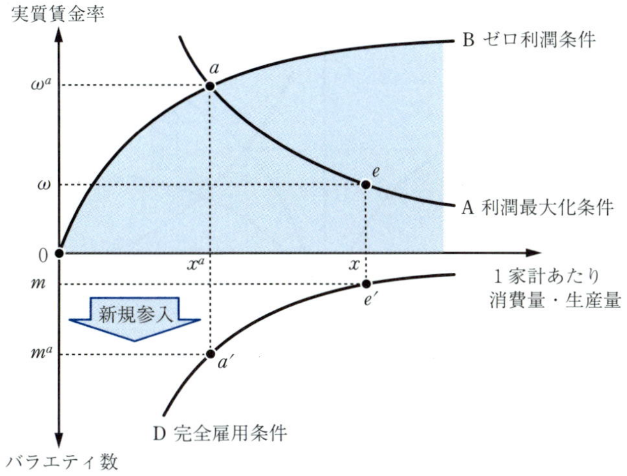

図8-6　独占的競争の短期均衡と長期均衡

閉鎖経済における長期均衡

今，図8-6の m のようにバラエティ数が与えられているとする。すでに見たように，労働市場均衡と整合的な1家計あたり供給量と実質賃金率は図の上側の e 点によって表される。e 点は曲線Bの下方に位置しているので，既存企業は正の利潤を獲得している。

潜在的な企業が新たなバラエティを携えて市場に参入し，バラエティ数は増加する。新規参入に伴って労働需要が増加して，労働に対する超過需要を生み出す。労働市場の逼迫を反映して実質賃金率が上昇し，各企業は供給量を抑制する。結局，利潤最大化条件，労働市場均衡条件およびゼロ利潤条件のすべてが満たされたときに，参入・退出が停止してバラエティ数の確定する長期均衡が実現する。図の ω^a，x^a，m^a が長期均衡における実質賃金率，1家計あたり供給量およびバラエティ数をそれぞれ表している。

8.5.3　貿易取引

貿易自由化

図8-7は，横軸右に向かって1家計あたり数量，左に向かって1企業あたり生産量，縦軸上に向かって実質賃金率，下に向かってバラエティ数をそれぞ

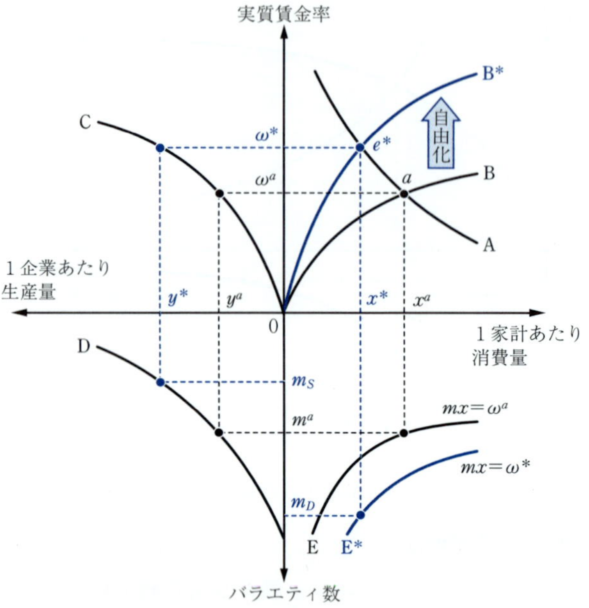

図8-7　独占的競争と貿易自由化

れ測った図解である（縦軸・横軸で区切られる4つの領域の右上を第1象限といい，反時計回りに第2象限，第3象限，第4象限という）。第1象限の曲線Aは各バラエティ生産企業の利潤最大化条件 $\omega=[1-1/\varepsilon(x)]/c$，曲線Bはゼロ利潤条件 $\omega=xL/[cxL+f]$ を表している。第2象限の曲線Cは1企業あたりの生産量と実質賃金率との関係で見たゼロ利潤条件を表し，第3象限の曲線Dは1企業あたりの生産量とバラエティ数との関係で見た労働市場均衡条件 $m=L_S/[cy+f]$ を表している。曲線Bのみが需要者数 L の影響を受けるものの，他の曲線は L の変化の影響を受けないことを確認しておこう。閉鎖経済均衡は図8-7の a 点で表されている。閉鎖経済均衡における実質賃金率は ω^a，1家計あたりの供給量は x^a，1企業あたりの生産量は $y^a\equiv x^aL$，そしてバラエティ数は m^a である。

さて，貿易自由化が実施されると，各家計は国内で生産されるバラエティに加えて外国で生産されるバラエティも消費できるようになる。これを個々のバラエティを生産する企業の側から見ると，需要者の数 L が増加することに対応している。すると曲線Ｂは上方に移動して図８－７の曲線 B* のようになる。閉鎖経済均衡の a 点は新たな状況におけるゼロ利潤条件を表す曲線の下方に位置しており，既存企業は正の利潤を獲得できるようになっている。貿易自由化によって需要が拡大し，利潤機会が拡大しているのである。

既存企業は需要の拡大に対応して生産量を拡大させる。これを**規模効果**（scale effect）という。規模効果によって労働需要は増加するが，貿易自由化後も国内の労働供給量 L_S に変化はないので，労働に対する超過需要が生じて実質賃金率が上昇する。個々の企業の生産量増加に伴う労働需要の増加と実質賃金率の上昇は一部の企業を市場から押し出す力となる。これを**淘汰効果**（selection effect）あるいは**競争促進効果**（pro-competitive effect）という。淘汰効果によって国内で生産されるバラエティ数は減少する。貿易自由化後の長期均衡は図８－７第１象限の e^* 点で表される。このときの実質賃金率は ω^*，１家計あたりの供給量は x^*，１企業あたりの生産量は y^*，国内で生産されるバラエティ数は m_S である。

貿易からの利益

閉鎖経済でも貿易自由化後でも，企業の参入・退出が停止している長期均衡において企業の利潤はゼロであるから，貿易利益は家計の消費面においてのみ生じる。まず均衡における各家計の予算制約ついて考えてみよう。すべての家計がまったく対称的なので，家計の行動はまったく同一である。特に，価値尺度財に対する需要量はすべての家計にわたって同一で，しかも価値尺度財は各家計から同一数量供給されるので，結局，$x_0=\alpha$ が成立する。したがって，均衡における家計の予算制約は

$$w+\alpha=x_0+\sum_{i=1}^{m}p_i x_i \quad \Leftrightarrow \quad w=mpx \quad \Leftrightarrow \quad \omega=mx \tag{8.15}$$

のように簡略に表される。閉鎖経済均衡では $\omega^a=m^a x^a$ が成立している。

さて，図８－７第４象限の曲線Ｅは閉鎖経済均衡における実質賃金率 ω^a の下で予算制約を満たすバラエティ数と１家計あたり消費量の関係 $\omega^a=mx$ に対応する双曲線を表し，曲線 E* は貿易自由化後の予算制約 $\omega^*=mx$ に対応す

る双曲線を表している。実質所得について $\omega^* > \omega^a$ が成立しているので，曲線 E* は曲線Eの下方（実質所得の増加方向）に位置している。図解より，貿易自由化後に家計の消費するバラエティ数は $m_D \equiv \omega^*/x^*$ であり，閉鎖経済均衡における m^a よりも増加していることが分かる。貿易自由化によって，各家計は国内で生産されるバラエティ数 m_S よりも多くのバラエティ数 m_D を消費できるのである。当然，$m_D - m_S$ に相当するバラエティは海外から輸入することになる。**貿易自由化に伴う実質所得の増加と利用可能なバラエティ数の増加によって家計の効用は上昇する**のである。独占的競争モデルにおいても貿易利益の存在を確認できる。

8.5.4 企業の生産性格差と輸送費用

近年の企業レベルデータを用いた実証分析によって，輸出を行っている企業の次のような特徴が明らかとなってきた。すなわち，(a) 同一産業内でもすべての企業が輸出を行っているのではなく，実際に輸出を行っている企業の割合は小さい，(b) 輸出を行っている企業は，そうでない企業よりも規模が大きく生産性が高い，(c) 貿易自由化によって生産性の高い大規模企業は輸出と生産を拡大し，生産性の低い小規模企業は市場から撤退する，(d) 貿易自由化によって産業全体の（平均的な）生産性は向上する，というものである[(5)]。これまではあらゆる面で対称的な企業を想定してきたので，こうした同一産業内における企業の生産性格差ないし**企業の異質性**（heterogeneity of firms）の問題は適切に取り扱えていない。ここでは，企業の異質性と貿易に関する重要な貢献であるメリッツ（M. J. Melitz）の研究の概略を示す[(6)]。

---

(5)　これらの論点整理は，手島健介（2008）「国際貿易と企業：理論と実証研究の発展」『経済セミナー』５月号：104-105. の解説に基づいたものである。

(6)　ここでの議論は Helpman, E. (2006), Trade, FDI, and the organization of firms, *Journal of Economic Literature* XLIV : 589-630. による解説を本章のモデルに即して修正したものである。メリッツのオリジナルの貢献については Melitz, M. J. (2003), The impact of trade on intra-industry trade reallocations and aggregate industry productivity, *Econometrica* 71 : 1695-1725. を参照のこと。

国内向け生産

これまでと同様に，第 i バラエティを y_i だけ生産するためには，cy_i+f の労働投入が必要であるものとする。ただし，限界的労働投入 c は企業ごとに異なっており，その意味で企業には生産性に格差があるものとする（固定的労働投入 f はすべての企業にわたって共通としておく）。もちろん，c が小さいほど高い生産性・優秀な技術をもった企業であることを表している。問題となっている国には，様々な水準の c の値に対応する企業が数多く分布しているものとしておく。

議論を簡明にするために，第 i バラエティに対する（家計の）需要関数が $x_i=p_i^{-\varepsilon}$ のように与えられているものとしよう。簡単な計算から，各バラエティに対する需要の価格弾力性は ε に等しく，需要数量にかかわらず一定であることが確認できる。

各バラエティ生産企業が国内向けに生産する場合，輸送費用はかからないので，企業の利潤最大化条件は(8.11)式のままである。ただし，需要の価格弾力性が一定なので，(8.11)式を各バラエティの価格について解けば，各バラエティの国内向け価格 p_D を求めることができる。

$$p\left[1-\frac{1}{\varepsilon}\right]=wc \quad \Leftrightarrow \quad p_D=\left[\frac{\varepsilon}{\varepsilon-1}\right]wc \tag{8.16}$$

上の結果を各バラエティの需要関数に代入し，結果をさらに企業の利潤の定義に代入すれば，企業の国内向け生産による利潤 π_D を求めることができる。

$$\pi_D = AL(wc)^{1-\varepsilon}-wf = ALw^{1-\varepsilon}\Theta-wf \tag{8.17}$$

ただし，$A\equiv\varepsilon^{-\varepsilon}/(\varepsilon-1)^{1-\varepsilon}>0$, $\Theta\equiv c^{1-\varepsilon}$ であり，L は国内需要者の数を表している。需要の価格弾力性 ε は1より大きいので，c が小さくなれば Θ は大きくなる。パラメータ c は，小さいほど高い生産性に対応している。したがって Θ は大きいほど生産性が高いことを表す技術パラメータである。以上より，国内向け生産によって獲得できる企業の利潤 π_D は技術パラメータ Θ の1次式で表され，より高い技術を有する企業がより高い利潤を獲得できることが分かる。この1次式の傾きは $ALw^{1-\varepsilon}$ であり，国内需要者の数が大きくなれば大きくなり，賃金率が高くなれば小さくなる。

図 8 - 8 の黒い直線 π_D は国内向け生産による利潤を表す 1 次式を描いたものである。固定費用 wf が存在しているために，ある正の生産性水準で国内向け生産による利潤 π_D がゼロとなることが分かる。利潤 π_D がちょうどゼロとなる生産性水準を（国内向け生産に関する）**カットオフ水準**といい，Θ_D と表す。生産性が Θ_D よりも低い企業は正の利潤を獲得できないので操業せず，生産性が Θ_D よりも高い企業のみが国内市場に財を供給する。

輸出向け生産と輸送費

輸出向けに財を供給しようとすると，まず輸出先の需要動向を調査したり，流通・販売経路を確保したりのために国内向けの場合以上の固定的な労働投入が必要となる。これを f_X とする（$f_X>f$ である）。さらに，輸出のためには輸送や保険，通関手続きなどの金銭的・時間的な費用がかかる。これを**貿易費用**（trade cost）あるいは**輸送費用**（transportation cost）という。ここでは，いわゆる**氷塊型費用**（iceberg-type cost）を導入して輸送費用を表そう。すなわち，輸出先の市場に 1 単位の財を届けるために，τ 単位（$\tau>1$）の財を発送することが必要とする。これは，輸送途中で一定割合の財が“溶けてなくなってしまう”と考えることで費用を表すものである。すると，輸出 1 単位を実現するための限界費用は τwc となる。利潤最大化条件の wc を τwc で置き換えて，整理すれば各バラエティの輸出先市場における価格 p_X を求めることができる。

$$p_X=\left[\frac{\varepsilon}{\varepsilon-1}\right]\tau wc \tag{8.18}$$

これを踏まえて，各バラエティ生産企業が輸出から獲得できる利潤 π_X を求めると次のようになる。

$$\pi_X = AL^*(\tau w)^{1-\varepsilon}\Theta - wf_X \tag{8.19}$$

ただし，L^* は輸出先の需要者数である。国内向け生産から獲得できる利潤 π_D と同様に π_X も技術パラメータ Θ の 1 次式で表されている。

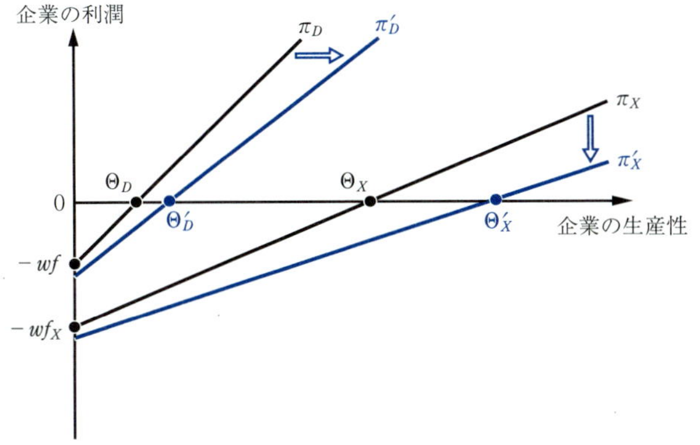

図 8 - 8　企業の異質性と生産・輸出の決定

図 8 - 8 の黒い直線 π_X は輸出による利潤を表す 1 次式を描いたものである。輸出を行うための固定費用を反映して，直線 π_X の縦軸切片は直線 π_D よりも低い位置にある。また，需要者の数で表される市場規模が国内市場と輸出先市場とで変わらないならば（すなわち，$L=L^*$ ならば），輸出にかかる輸送費用 τ のために直線 π_X の傾きは直線 π_D よりも緩やかなものとなる。

国内向け生産による利潤の場合と同様に，輸出による利潤がちょうどゼロとなる生産性水準が存在する。これを（輸出向け生産に関する）カットオフ水準と呼び，Θ_X のように表す。図解から明らかなように，$\Theta_D<\Theta_X$ が成立している。生産性 Θ が Θ_X よりも低い企業は輸出から正の利潤を得ることはできない。逆に生産性が Θ_X を超えていれば，輸出から正の利潤を獲得できる。

貿易自由化

図 8 - 8 の 2 つの黒い直線 π_D と π_X が，ある国の閉鎖経済均衡における賃金率に対応して描かれているものとしよう（実際には，輸出は行われていないので，直線 π_X に具体的な意味があるわけではない）。閉鎖経済均衡では，生産性が Θ_D を超える企業が国内市場のみに向けて生産を行っている。

さて，この状況から貿易自由化が実施される場合を考える。各企業は貿易自由化によって開かれた利潤機会を踏まえて，国内向け生産・輸出向け生産に関する決定を行う。まず，賃金率が閉鎖経済均衡の水準に留まっていたとしよう。

生産性が国内生産に関するカットオフ水準 Θ_D を下回っている企業は，貿易自由化後にも操業しない。生産性 Θ が国内生産に関するカットオフ水準 Θ_D と輸出に関するカットオフ水準 Θ_X の間にある企業は，貿易自由化後も国内向け生産は継続しようとするものの輸出を行おうとはしない。これに対して，生産性 Θ が輸出に関するカットオフ水準 Θ_X を超えるような企業は，国内生産に加えて輸出を行おうとするであろう。

すなわち，賃金率に変化がなければ，生産性が輸出に関するカットオフ水準 Θ_X を下回る企業は閉鎖経済均衡における生産を維持しようとするものの，Θ_X を超えるほど生産性が高い企業は生産を拡大しようとする。生産性の高い企業による労働需要増加は，労働市場に対する賃金率上昇圧力となる。賃金率が上昇すると，国内向け生産による利潤を表す直線と輸出向け生産による利潤を表す直線は，それぞれやや傾きを緩やかにしながら下方に移動する。貿易自由化後の均衡における国内向け生産による利潤を表す直線は図 8 - 8 の青い直線 π_D' のようになり，輸出向け生産による利潤を表す直線は青い直線 π_X' のようになる。国内生産に関するカットオフ水準は Θ_D から Θ_D' へ，輸出向け生産に関するカットオフ水準は Θ_X から Θ_X' へとそれぞれ上昇する。

閉鎖経済均衡において操業できていた企業の中では生産性が低いグループに属する企業（すなわち，生産性 Θ が Θ_D と Θ_D' の間であるような企業）は，貿易自由化に伴う賃金率の上昇によって国内市場からの撤退を余儀なくされる。他方，貿易自由化後の輸出向け生産に関するカットオフ水準 Θ_X' を超えるほど生産性の高い企業は生産を拡大させ，実際に輸出も行うことになる。**貿易自由化によって生産性の低い企業が淘汰され，生産性の低い企業から高い企業に向けて資源（労働力）が再分配されることを通じて産業全体の平均的な生産性が上昇する**のである。

Column 空間経済学・新経済地理学

近年，**空間経済学**（spatial economics）あるいは**新経済地理学**（NEG：New Economic Geography）と呼ばれる理論的枠組が注目を集めている。これは，規模の経済性，製品差別化と独占的競争，および輸送費用を明示的に考慮することによって生じる様々な効果を分析の中心に据えて，企業が特定地域に集中する**産業集積**（industrial agglomeration）や大都市・周辺都市構造の形成，あるいは海外直接投資を通じた国際的企業立地などの経済事象の地理的分布の様態を解明しようとするアプローチである。

本文中では独占的競争と輸送費の問題について詳細には取り上げなかったが，輸送費用を考慮すると次のような効果の生じることが知られている。まず，輸送費用がかかることによって他国・他地域からの輸入品が割高になり，輸入品に対する需要が減少し，自国製品に対する需要は増加する。他国に比べて需要者の数が大きい国（大国）では，輸送費用をかけずにすむ自国市場の需要条件が相対的に有利となるため，通常より多くの企業が参入してくる。この結果，大国は小国と比べて比例以上に多くのバラエティを生産することとなり，差別化財の（純）輸出国となる(7)。これを**自国市場効果**（home market effect）という。自国市場効果は，大国に比例以上に多くの企業が集中して立地する現象を表していると解釈できる。

労働力の提供と消費活動の主体である家計が，国・地域間を移動できるようになると，さらに新たな効果が生じる。大国では，輸送費のかからないバラエティがより多く生産されるので，差別化財の平均価格（価格指数）が小国よりも低くなる。大国にいた方が安価な差別化財を消費できるので，家計の実質所得・効用は高くなり，家計にとって小国から大国へと移動する誘因となる。これを**前方連関効果**（forward linkage）という。他方，大国が多くの家計を惹きつけて需要を拡大させることは，自国市場効果を通じて，大国へのさらなる企業立地を促す。これを**後方連関効果**（backward linkage）という。前方連関効果と後方連関効果は互いに強め合い，累積的に特定地域への家計と企業立地の集中化を推し進める**集積力**（agglomeration force）として働き，**中心＝周辺構造**（core-periphery structure）と呼ばれる地理的構造を形成する。

もちろん，集積力だけが家計・企業の立地を決めているわけではない。企業立地の集中が生じると需要をめぐる企業間の競争が激しくなって収益性を悪化させる（**競争促進効果** pro-competitive effect）し，土地のように地域間を移動できない生産要素があると，企業の集中に伴って要素価格が上昇して費用条件を悪化させる。また，家計が特定地域に集中すると，たとえば住宅費用などが上昇して家計の負担となるかもしれない。これらの効果は，立地の集中を妨げる**分散力**（dispersion force）として働く。

様々な集積力と分散力とのバランスが家計・企業の空間構造を決定するのである。

(7)　ここでの「大国」「小国」という用語は，需要規模の大きな国と小さな国を区別するものである。

空間経済学・新経済地理学は，それらを解明するための統一的な枠組を提供するものであり，今後一層の発展が期待されている分野である(8)。

練習問題

1. 差別化された貿易財の例をできるだけ多く探してみなさい。

2. マーシャルの外部経済性を導入したモデルにおいて，貿易自由化後の相対価格が閉鎖経済均衡価格 $\bar{p}$ よりも高くなるような貿易均衡が可能であること，そのような貿易均衡において外部性を発揮する財を輸入する国は閉鎖経済よりも経済厚生が悪化してしまうことを示しなさい。

3. 1単位の労働を用いて1単位の価値尺度財が生産できるような独占的競争モデルを考える（初期保有としての価値尺度財は考えない）。効用関数 U は次のように与えられているものとする。

$$U \equiv (x_0)^{1-\gamma} X^{\gamma}, \quad 0<\gamma<1$$

ただし，x_0 は価値尺度財の消費量，$X \equiv \left(\sum_{i=1}^{m} x_i^{(\sigma-1)/\sigma}\right)^{\sigma/(\sigma-1)}$ は差別化財の数量指数を表している。また，第 i バラエティを y_i 単位生産するためには，cy_i+f 単位の労働が必要とする。このとき，以下の各問に答えなさい。

(a) 労働者1人当たりの第 i バラエティに対する需要関数が次のように表されることを示しなさい。

$$x_i = \frac{\gamma w p_i^{-\sigma}}{\sum_{k=1}^{m} p_k^{1-\sigma}}$$

---

(8) Fujita, M., P. R. Krugman and A. J. Venables (1999), *The Spatial Economy: Cities, Regions and International Trade*, Cambridge, MIT Press. は，今日の空間経済学・新経済地理学の発展の発端となった重要な学術的貢献である。佐藤泰裕・田淵隆俊・山本和博『空間経済学』（有斐閣，2011年）では，これまでの理論的発展が手際よく整理されている。

ただし，p_i は第 i バラエティの価格，w は賃金率である。

(b)　L 人の労働者がいる 1 国における閉鎖経済均衡価格を求めなさい。

(c)　閉鎖経済均衡におけるバラエティ数を求めなさい。

(d)　まったく同質的な相手国との貿易自由化が実施されたときの，均衡バラエティ数を求めなさい。

(e)　貿易自由化によって経済厚生が改善することを示しなさい。

第9章　生産活動の国際展開と規制

国際的な経済取引の対象となるのは生産された財やサービスばかりではない。生産活動に貢献する労働や資本などの生産要素も国境を越えて移動する。さらには，生産活動そのものを担う企業も**海外直接投資**（FDI：Foreign Direct Investment）を通じて，その活動をグローバルに展開している。

本章では，まず資本や労働などの生産要素の国際移動の基本理論を紹介する。次に，企業による海外直接投資の概念規定を明らかにして，企業による生産構造に関する意思決定が，どのように輸出入や直接投資を通じた国際的生産ネットワークの形成に役立っているのかについて説明する。さらに，国際的生産要素移動や直接投資に関連する各国の規制政策についても学習する。

9.1　国際生産要素移動の基礎

生産要素は，生産活動に従事して，その生み出す成果に応じた報酬を受け取る。当然，各生産要素はより高い報酬率を享受できる国や地域において，その能力を発揮しようとする。したがって，各生産要素は報酬率の低い国から，より高い国や地域へと移動する誘因をもつ。ここでは，生産要素移動の要因を国際的な報酬率の格差に求めたマクドゥーガル（G. D. A. MacDougal）による分析を取り上げる。議論を明確にするために，以下では国際的に移動できる生産要素を便宜的に「資本」と呼ぶが，要素価格の格差を誘因とするものであるかぎり「労働」など他の生産要素の国際移動に対しても同様の議論があてはまる。

生産関数

A国・B国からなる世界経済を考えよう。両国はともに，資本と労働を利用して単一の消費財を生産可能であるとする。各国の生産関数は次のように表される。

$$F^j(K^j, L^j), \quad j=\mathrm{A,B} \tag{9.1}$$

ここで，K^j，L^j はそれぞれ j 国（j=A,B）の国内において消費財の生産のために利用されている資本，労働の投入量を表している。

さて，各国における資本・労働の賦存量をそれぞれ $\bar{K}^j$，$\bar{L}^j$ のように表す。国際的に移動可能な生産要素は資本のみであり，労働は国際的に移動できないとする。したがって，各国の労働投入量は常に $\bar{L}^j$ に等しい。しかし，資本が国際的に移動する状況では，各国の資本賦存量 $\bar{K}^j$ と国内における利用量 K^j が一致するとはかぎらない。資本移動の自由化後に $\bar{K}^j>K^j$ となっているならば，j 国は「資本輸出国」であるし，逆に $\bar{K}^j<K^j$ ならば「資本輸入国」である。

閉鎖経済均衡

図9－1は，いわゆる**マクドゥーガル図**（MacDougall diagram）を描いたものである。左下の原点 0^A から右に向かってA国国内における資本投入量が，右下の原点 0^B から左に向かってB国国内における資本投入量がそれぞれ測られており，縦軸上に向かって消費財生産に関する資本の価値限界生産力が測られている。図の横幅は世界全体の資本賦存量 $\bar{K}^A+\bar{K}^B$ に等しい。右下がりの曲線 VMP^A と右上がりの曲線 VMP^B は，それぞれA国とB国における資本の価値限界生産力曲線を表している。

資本移動が禁じられていると，各国は自国に存在する資本しか利用することができない。両国間における資本の配分は賦存量の配分に等しく，図9－1の m 点で表される。A国における資本レンタルは m 点に対応する VMP^A 上の a 点の高さ $\bar{r}^A$ となり，B国における資本レンタルは VMP^B 上の b 点の高さ $\bar{r}^B$ となる。こうした国際的な資本レンタル格差は資本移動の誘因となる。

資本移動の自由化

図に示された状況では $\bar{r}^A<\bar{r}^B$ なので，A国帰属の資本には，より高い収益（資本レンタル）を求めてB国市場に移動しようとする誘因が生じる。資本

移動が自由化されて，A国からB国に資本が移動し始めると，両国間での資本配分を表す点は図の m 点から左に向かって移動する。A国内で利用される資本量は減少し，同時にB国内で利用される資本量は増加する。資本の限界生産力逓減を反映して，A国内の資本レンタルは上昇し，逆にB国内の資本レンタルは低下していく。両国間で資本レンタルが一致する点において，自由な資本移動の下での均衡が達成される。図9-1の e 点が自由な資本移動の下での均衡を表し，その高さが均衡における資本レンタル r^* を表している。均衡において，A国からB国に I の大きさの資本が移動している。

国民所得の変化

各国の経済厚生が消費財で測った**国民総生産**（GNP：Gross National Product）によって表されるものとしよう。資本が国際的に移動することによって，資本が帰属する国と生産活動に従事する国とが異なってくるので，国民総生産と**国内総生産**（GDP：Gross Domestic Product）とを区別しておくことは重要である。

図9-1において，資本の価値限界生産力曲線の下側の面積が生産額を表していることを再確認しておこう（第4章の特殊要素モデルを参照）。消費財を価値尺度財とすると国民総生産は消費財の生産量に等しい。資本移動が行われていない状況におけるA国の国民総生産は $F^A(\bar{K}^A, \bar{L}^A)$ であり，これは図9-1の台形 $0^A maf$ の面積で表される（資本移動がない場合，国民総生産と国内総生産は一致する）。他方，B国の国民総生産は $F^B(\bar{K}^B, \bar{L}^B)$ であり，これは台形 $0^B mbg$ の面積で表される。したがって，世界全体の総生産は領域 $0^A fabg 0^B$ の面積で表されることになる。

資本移動が自由化されると，A国からB国に I だけの資本が流出するのでA国の国内生産は減少する。資本移動自由化後にA国の国内で利用できる資本は $\bar{K}^A - I$ であり，“国内”総生産は減少して台形 $0^A nef$ の面積となる。他方，B国の国内で利用できる資本は $\bar{K}^B + I$ に拡大して，“国内”総生産は台形 $0^B neg$ の面積に増加する。

B国の国内総生産の増加にはA国からの流入資本 I も貢献している。流入

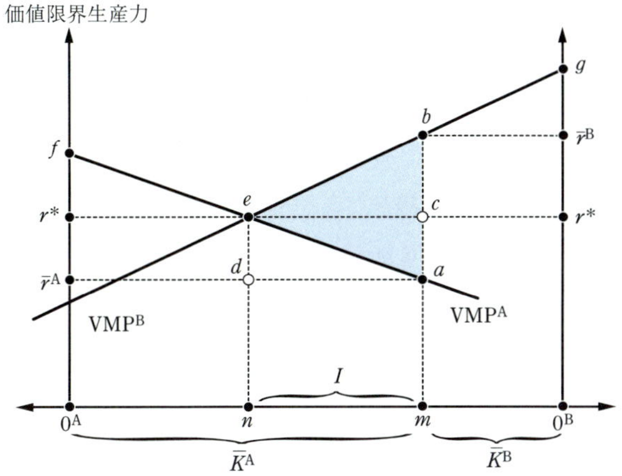

図9-1　マクドゥーガル図

資本 I がB国内での生産活動から受け取る資本所得は r^*I であり，これは図の □$ecmn$ の面積で表される。この部分はA国に帰属する資本の貢献部分であるから，A国の“国民”総生産に算入される。したがって，資本移動自由化後におけるA国の“国民”総生産は領域 $0^A fecm$（＝台形 $0^A nef$＋□$ecmn$）の面積で表される。資本移動自由化前の国民総生産と比べると，△eac の面積分だけ増加していることが分かる。

B国の国民総生産は，国内総生産からA国への資本所得支払いを除いたものであるから，領域 $0^B gecm$（＝台形 $0^B neg$－□$ecmn$）である。資本移動自由化前の国民総生産と比べると，△ebc の面積分だけ増加している。すなわち，資本移動の自由化は両国の国民総生産を同時に増加させるという意味で，資本輸出国・資本輸入国のいずれにとっても利益となるのである。この結果を**国際要素移動に関する貿易利益命題**と呼んでもよいであろう。

所得分配への影響

まず，資本輸出国であるA国内の所得分配について検討しよう。閉鎖経済均衡におけるA国の国民総生産は図9-1の台形 $0^A maf$ で表される。閉鎖経済均衡における資本レンタルは $\bar{r}^A$ なので，資本所得は $\bar{r}^A \bar{K}^A$ である。これは

□$0^{A}ma\bar{r}^{A}$ の面積で表される。国民総生産の残りの部分は労働の貢献によるものであるから，労働所得は △$\bar{r}^{A}af$（＝台形 $0^{A}maf$－□$0^{A}ma\bar{r}^{A}$）の面積で表される。

資本移動が自由化されると，資本レンタルが $\bar{r}^{A}$ から r^* へと上昇するのでA国帰属の資本にとっては有利となる。資本所得は □$0^{A}ma\bar{r}^{A}$ から □$0^{A}mcr^*$ へと増加する。資本所得の増加分は □$\bar{r}^{A}acr^*$ である。他方，賃金所得は △$\bar{r}^{A}af$ から △r^*ef へと台形 $\bar{r}^{A}aer^*$ の面積分だけ減少している。賃金所得の減少分が資本所得の増加分によって完全にカバーされていることに注意しておこう。

次に資本輸入国であるB国内の所得分配について検討しよう。閉鎖経済均衡におけるB国の国民総生産は台形 $0^{B}mbg$ で表される。資本レンタルは $\bar{r}^{B}$ なので，資本所得は □$0^{B}mb\bar{r}^{B}$，労働所得は △$\bar{r}^{B}bg$ となる。資本移動が自由化されると資本レンタルが r^* に低下して，資本所得は □$0^{B}mcr^*$ となる。資本所得の減少分は □$\bar{r}^{B}bcr^*$ である。他方，労働所得は台形 $r^*eb\bar{r}^{B}$ 分だけ増加して，△r^*eg となる。資本所得の減少分は労働所得の増加分によってカバーされている。

以上のように，**資本移動の自由化は，資本輸出国の資本と資本輸入国の労働にとって有利であり，資本輸出国の労働と資本輸入国の資本にとって不利であるような所得分配上の変化をもたらす**ことが分かる。

9.2　海外直接投資の概念と様態

企業は海外に生産拠点や販売拠点となる子会社を設立したり，現地企業を買収したりすることを通じて海外市場へと進出していく。このような活動を**海外直接投資**（FDI：Foreign Direct Investment）という。生産活動に携わるなにものかの国際移動という点では，海外直接投資も生産要素の国際移動と同じような側面をもっている。しかし企業が，生産活動に関わる組織や企業内外の取引関係を構築し，それを運営するために必要な意思決定の一切を遂行する主体そのものであることから，報酬率格差によって説明される生産要素の国際移動とは異なる独特の側面もある。本節では，企業による海外直接投資の概念や理論について説明する。

9.2.1　概念把握

統計的定義

国際投資とは，一国の居住者と非居住者との間での資産・負債の受け払いの関係に変化を及ぼすような国際的な経済取引のことである。国際収支表では資本収支の中の投資収支（直接投資，証券投資，金融派生商品，その他投資の項目が含まれる）として記録される[(1)]。投資家の目的という観点から分類すると，国際投資は，企業経営への具体的な参加を意図して行われる**直接投資**と，経営参加への意図はなく利子・配当の獲得を目的とする**証券投資**（間接投資）とに大別される。とはいえ，投資家の“意図”を客観的に識別することはできないので，国際収支表における直接投資の項目には「出資の割合が原則として10％以上の場合」を直接投資関係にあると規定して，そのような関係にある直接投資家・直接投資企業間における株式取得，再投資収益，資金貸借などが記録されている。

経営資源説

統計的な記録のために一定の線引きが必要なのは当然であるが，企業による海外直接投資の実態を的確に捉えるために，出資割合の一定水準のような外形的・量的な基準のみをもって直接投資を定義づけるのは適切ではない。海外直接投資の多くは**多国籍企業**（MNEs：Multi-National Enterprises）と呼ばれる組織によって担われている。多国籍企業にかぎらず，およそ企業組織とは単一の機能を果たす単なる生産要素ではなくて多くの生産資源の複合体である。これらを総称して**経営資源**という。小宮隆太郎他によれば，経営資源とは具体的には次のようなものである。

---

(1)　国際収支表の構成の詳細や意義については，本シリーズの岩本武和『国際経済学 国際金融編』（ミネルヴァ書房，2012年）を参照のこと。

「企業とは経営資源のかたまり（集合体）である。経営資源とは企業経営上の様々な能力を発揮する主体であり，外面的には経営者を中核とし，より現実的には経営・管理上の組織と経験，パテントやノウハウをはじめマーケティングなどの市場における地位，トレードマークあるいは信用，情報収集，技術開発のための組織をさす。」（小宮隆太郎・澄田智・渡辺康著『多国籍企業の実体』日本経済新聞社，1972年）

今日では，**グローバルな観点から，経営資源を企業内部においてパッケージとして国際的に配置する活動**として企業の海外直接投資を捉えることが標準的となっている。これを海外直接投資の「経営資源説」という。

経営資源説に基づいて直接投資を分析する際には，(a) 経営資源に関して市場取引（arm's-length trade）が可能であるか否かを区別すること，および (b) 経営資源の希少要素的性質と公共財的性質とを区別することが重要であると原正行は指摘している[(2)]。経営資源の希少要素的性質とは，生産設備・機器のようにある場所で利用されていると他所では利用できないようなものを指している。これに対して，経営資源の公共財的性質とは，（マニュアル化可能な）経営知識・ノウハウあるいはブランドイメージを伝えるロゴマークなどのように，一旦それを開発・獲得してしまえば，企業内のどこでも同じだけ利用することができるようなものを指す。

内部化理論

経営資源説によって企業概念を把握しつつ，企業が直接投資を通じて多国籍化する様相を解明しようとする理論に，ラグマン（A. M. Rugman）による**内部化理論**（internalization theory）がある。これは，様々な形で存在する市場の不完全性から生じる**取引費用**（transaction costs）を克服するために，企業

(2) 原正行『海外直接投資と日本経済――投資摩擦を越えて』（有斐閣，1992年）あるいは原正行・中西訓嗣「国際投資政策」（大山道広編『国際経済理論の地平』［東洋経済新報社，2001年］第4章所収）を参照のこと。本項の記述はこれらによるところが大きい。

自身が企業の内部に市場を形成していくプロセスを通じて企業が多国籍化することを強調するものである。

ダニング（J. H. Dunning）は内部化理論を発展させて，企業が多国籍化することに関わる様々な要因を，(a) **所有上の優位性**（Ownership specific advantage），(b) **立地上の優位性**（Location specific advantage）および（c）**内部化誘因の優位性**（Internalization incentive advantage）の 3 つのカテゴリーに整理した。所有上の優位性とは，企業特殊的な優れた生産・経営・管理上の技術やノウハウ（すなわち，企業特殊的な経営資源を所有していることそのもの）を指している。立地上の優位性とは，地域ごとの要素賦存の相違による賃金その他の要素報酬率格差，租税制度や税率の違い，人口水準や年齢構成の違いによる需要の多寡，輸送・通信費用の高低，法制度の整備状況の違いなどである。さらに，内部化誘因の優位性とは，経営資源に関する外部市場が利用できない場合に，企業内部市場を形成することによって，外部市場の不完全性を克服できるか否かの違いを指している。これら 3 つのカテゴリーに含まれる優位性の組み合わせの差異あるいは多寡によって直接投資と多国籍化の様相を説明しようという考え方を，それぞれの優位性の頭文字をとって **OLI パラダイム**あるいは**折衷理論**（eclectic theory）という。

9.2.2　直接投資・多国籍化の様態

企業による海外直接投資を通じた多国籍化が，概念的には“経営資源のパッケージの移転”として理解されるものだとしても，実際にどのような形で実現するのかは実に様々である。企業が，本国生産と供給，輸出，輸出先国の選定，直接投資を通じた現地供給，輸出プラットフォームの建設，生産工程の分割と国際的配置など，企業のもつ経営資源を有効に活用する方策をいかに策定するのかが，その企業の直接投資・多国籍化の形態を決定する。

新規投資と M&A

まったく新規に海外子会社を設立する**グリーン・フィールド投資**（greenfield investment）を行えば，自前の経営資源を海外で活用する新たな可能性が拓かれる。また，海外の既存企業に対する合併・買収（**クロス・ボーダーM & A**, cross-border Merger and Acquisition）を行うことによって，相手企業の経営資源を吸収し，自前の経営資源との相乗効果（シナジー効果）を活用することが可能にもなる。

内部化とオフショアリング

企業の遂行する様々な業務・作業をどのように組織するのか，すなわち，生産プロセスを企業内部で処理するのか他の企業に委託するのか，また生産プロセスを企業本社の属する国（本国）で行うのか海外で行うのかの区別に応じて，表 9 - 1 のように 4 つに分類することができる。

生産プロセスを本国において自前で実行するならば，統合された生産組織が成立する。これに対して，自前の生産プロセスを海外で実行するならば，企業は多国籍化している。企業が生産プロセスを独立した他の企業に委託することを**アウトソーシング**（外部委託，外注：outsourcing）というが，これも国内企業に委託するのか，海外企業に委託するのかで状況は変わってくる。非常に狭い意味で海外委託のことを**オフショアリング**（offshoring）ということもあるが，概念的には生産プロセスの立地に着目して多国籍化と海外委託の両方を含めてオフショアリングと規定しておくのが適切であろう。

企業の内部化の決定を**不完備契約の理論**（theory of incomplete contracts）に基づいて説明する試みがある[3]。これは，生産プロセスにおける特定の業務が，その業務の実行者と企業の経営者との間の契約と交渉の結果として遂行されると捉えるものである。

たとえば，最終製品を生産するために不可欠で特殊な部品を供給する部品生産者と企業経営者との契約を考えてみよう。ありとあらゆる事態に対処できるような契約（完備契約）が可能であれば，部品生産者を内部で雇用して部品生

(3) Grossman, S. J. and O. D. Hart (1986), The costs and benefits of ownership : A theory of vertical and lateral integration, *Journal of Political Economy* 94 (4) : 691-719. および Antras, P. (2003), Firms, contracts and trade structure, *American Economic Review* 97 (3) : 1375-1418. を参照のこと。

表9－1　企業による生産組織の選択

		生産プロセスの立地	
		本　国	海　外
生産プロセスの所有権	自前	統合生産	多国籍化
	外注	国内委託	海外委託

出所：Feenstra, R. C. (2010), *Offshoring in the Global Economy*, MIT Press (Figure 1.1).

産を行わせることも，外部に留め置いたままアウトソーシングすることも，なんら変わりはない。

しかし，そのような契約は非常に困難であり，ほとんどの場合，不完備契約とならざるを得ない。不完備契約の状況でアウトソーシングを行うと，部品生産者が不完全な部品を生産して，部品納入の際に契約の再交渉を求めるなど，企業経営者が逃れられない状況で，契約ではカバーされていない要求を突きつけてくるといった事態が生じる可能性がある（逆に，部品生産者が逃れられない状況で，企業経営者が契約でカバーされていない要求を部品生産者に提示することもあろう）。このように，完備契約が不可能であるときに，各主体が契約の「抜け穴」を突くような機会主義的行動をとることによって生じる困難を**ホールドアップ問題**という。

ホールドアップ問題による負担の増大を回避する1つの方法は，部品生産者を企業内部に取り込んで（＝内部化），企業の被用者として生産にあたらせることである。しかし，これも別の費用を生み出す。企業内部に組み込まれた部品生産者は，外部の部品生産者との競争から保護されることになるため，十分な生産性を実現する誘因を失って，業務をおろそかにする可能性（**モラル・ハザード**）が生じる。その結果，企業は低い収益しか実現できなくなるかもしれない。結局，企業は，ホールドアップ問題とモラル・ハザードによる費用を比較して，内部化かアウト・ソーシングかを決定しなければならない。

水平的直接投資と垂直的直接投資

現地市場の旺盛な需要を開拓・獲得することを目指して，進出先国の市場に生産・販売・アフターサービス等のための拠点を建設するような直接投資を**水**

平的直接投資という。現地子会社を通じて市場のニーズに関する情報を直接入手するなど，輸出に伴う様々な貿易費用・輸送費用を節約することが可能となる。先進国間で顕著に見られる同種の産業における相互交流的な直接投資や，後に示すような貿易摩擦を回避したり抑制したりすることを目指して行われる直接投資などが，このカテゴリーに含まれる。水平的直接投資は，輸出入による財・サービスの国際取引を現地生産で置き換えることになるので，貿易取引と代替的な関係にあるといってよいであろう。

これに対して，生産活動の様々に異なる段階，たとえば新製品や新技術の研究・開発（R & D），経営管理，部品や中間財の製造，アセンブリ（組み立て），仕上げ・検査・梱包等の作業の一部あるいは全部を海外に移転させるような直接投資を**垂直的直接投資**という。先進国における高賃金の労働力を避けて，賃金の安い途上国に製造工場を移転させるような直接投資が典型的である。生産工程が分離されて異なる国に配置されると，工程間での部品・中間財・半製品などに関する**企業内貿易**が増加するので，垂直的直接投資と貿易取引とは補完的な関係にあると予想されよう。

垂直的直接投資の展開を説明する枠組に**フラグメンテーション理論**（fragmentation theory）がある[4]。この理論の特徴は，生産過程をひとかたまりの作業と考えるのではなく，様々に異なる**タスク**（task）や**生産ブロック**（production block）の有機的な結合と捉えている点にある。それぞれのタスクや生産ブロックは独自の要素集約性や規模効果を有している。たとえば，研究・開発活動は知識集約的と考えられるし，アフターサービスのためのコールセンターでの作業などは労働集約的であろう。したがって，研究・開発活動を技術者・科学者の多い地域で行い，コールセンターを人件費の安い地域に設置するなど，個々のタスクや生産ブロックを分離（フラグメント）して，それぞれの要素集約性や規模効果に応じた国・地域に分散立地させることができれば，

(4) たとえば，Jones, R. W. and Kierzkowski, H. (1990), The role of services in production and international trade : A theoretical framework, in : R. W. Jones and A. O. Krueger (eds.), *The Political Economy of International Trade : Essays in Honor of Robert E. Baldwin*, Oxford, Basil Blackwell. を参照のこと。

全体としての費用を節約することが可能となる。

企業は，生産活動のフラグメンテーションを通じて**国際的生産ネットワーク**を形成することで，経営資源の有効活用を図るのである。ただし，タスク・生産ブロックが1カ所に固まって密着している場合には，タスク・生産ブロック間を結びつけるための物的輸送費用や通信費用などの**サービス・リンク費用**は小さくて済むが，タスク・生産ブロックを分散立地させるとこれらの費用が増大することには注意が必要である。

Column　要素価格均等化定理

財に関する国際貿易は海外直接投資のような生産要素の国際移動と代替的なのか，補完的なのか。この点に関して，第4章で一部を紹介したヘクシャー＝オリーン＝サミュエルソンモデルから導かれる興味深い理論的結果を紹介しておこう。ストルパー＝サミュエルソン定理における価格と平均費用との関係を再述する（国を区別するために上付添字 k=A,B を付してある）。

$$\begin{cases} c_1(r^k,\ w^k)=p_1^k \\ c_2(r^k,\ w^k)=p_2^k \end{cases} \qquad (k=\mathrm{A,B})$$

各国における財の相対価格 p^k を一定とすれば，これは各国における資本レンタル r^k と賃金率 w^k に関する連立方程式とみることができる（A国とB国それぞれに同じ連立方程式が1つずつ成立していることに注意）。両国が閉鎖経済均衡にあれば，各国の生産構造・消費構造に応じて財の価格は異なったものとなる（$p_i^{\mathrm{A}} \neq p_i^{\mathrm{B}}$ である）。すると連立方程式から決定される資本レンタルや賃金率は国ごとに異なったものとなる（$r^{\mathrm{A}} \neq r^{\mathrm{B}}$, $w^{\mathrm{A}} \neq w^{\mathrm{B}}$）。

さて，生産要素の国際移動は自由化されず，財の貿易自由化のみが実施されたとしよう。両国間の貿易に輸送費がかからなければ，裁定取引を通じて財価格は両国で同じとなる（$p_i^{\mathrm{A}} = p_i^{\mathrm{B}}$ である）。すると，資本レンタルと賃金率に関する方程式として，A国とB国における方程式はまったく同一となるので，そこから得られる解も等しくなる。すなわち，**両国間における財のみに関する自由貿易均衡において，両国の資本レンタルと賃金率とは均等化する**。この結果を**要素価格均等化定理**（Factor Price Equalization theorem）という(5)。

(5)　厳密には，価格と平均費用の一致条件から導かれる連立方程式を比べるだけでは要素価格均等化を証明したことにはならない。

資本レンタルや賃金率が国際的に均等化してしまうので，財の貿易自由化後には資本にとっても労働にとっても他国に移動する誘因は失われてしまう。その意味で，要素価格均等化定理が成立する条件の下では，財の貿易と生産要素の国際移動とは代替的であるということができる。しかし，要素価格均等化定理が成立するには(a) 完全競争環境，(b) 両国の生産技術が同一，(c) 両国の労働・資本の存在比率の違いが大きくない，(d) 貿易自由化後も両国で部分特化が成立している，などの条件が必要であって，これらが満たされていなければ財貿易と要素移動は補完的になりうる。要素価格均等化定理の意義は，その叙述と結果そのものにあるというよりは，むしろ財貿易と要素移動とが代替的となる条件を明示することによって，代替性・補完性の境界を鮮明に描き出している点にある。

9.3 海外直接投資の理論分析

本節では，輸出，現地生産，生産工程の分割と国際的再配置など，様々な戦略の相対的費用の違いに基づく直接投資の理論と貿易摩擦やそれに関連する政策によって誘導される直接投資の理論について説明する。

9.3.1 水平的直接投資

第8章の最後に検討した企業の異質性を考慮に入れたモデルを考える。生産性パラメータ Θ をもつ企業のある活動（国内生産，輸出，その他）から得られる利潤 π は，次のように生産性パラメータ Θ の1次式で表される。

$$\pi = AL(\tau w)^{1-\varepsilon}\Theta - f \tag{9.2}$$

ただし，$A>0$ は外生的パラメータ，$L>0$ は活動の対象となっている市場の規模，$\tau \geqq 1$ は輸送費用，$w>0$ は生産の単位費用，$\varepsilon>1$ は当該市場における需要の価格弾力性，$f \geqq 0$ は当該活動のための固定費用をそれぞれ表している（第8章のモデルでは，固定費用部分は wf のように w が付加されていたが，ここでは議論を単純にするために固定費用の表現から w を取り除いておく）。

水平的直接投資について示すために，市場規模の似通った本国 H と海外 F

の間での国際経済取引を考えよう。本国企業は，輸出によって海外市場に進出するか，水平的直接投資を通じて進出するかの選択に直面している。輸出を選択すると，本国において w_H の単位費用をかけて財を生産し，$\tau>1$ の輸送費用をかけて現地市場に財を送り届けることになる。固定費用は $f_X>0$ とする。これに対して，直接投資を選択すれば，現地において w_F の費用をかけて財を生産し，輸送費用をかけずに（$\tau=1$）現地市場に供給できる。直接投資のための固定費用を $f_I>0$ とする。

直接投資の場合には，現地での工場建設用地や自前の販売ルートの確保などのために，輸出の場合よりも大きな固定費用がかかるものとする。すなわち，$f_X<f_I$ である。さらに，両国市場の賃金率には大きな差がなく $w=w_H=w_F$ が成立しているものとする。企業は，大きな固定費用と輸送費用の節約を考慮して，直接投資か自国生産かを決定しなければならない。輸出による利潤 π_X および直接投資による利潤 π_I は，それぞれ次のように表される。

$$\pi_X=AL(\tau w)^{1-\varepsilon}\Theta-f_X \tag{9.3}$$

$$\pi_I=AL(w)^{1-\varepsilon}\Theta-f_I \tag{9.4}$$

図 9 - 2 の黒い直線 π_X と青い直線 π_I は，それぞれ(9.3)式と(9.4)式を描いたものである（黒い直線 π_D は国内生産・国内供給による利潤を表している）。直接投資には大きな固定費用がかかるので直線 π_I の切片は直線 π_X よりも低くなっているが，輸送費用がかからないので直線 π_I の傾きは直線 π_X よりも急である。図解から明らかなように，両曲線は 1 点で交わっている。この交点に対応する技術パラメータのカットオフ水準を Θ_I としておく。第 8 章で求めた国内生産に関するカットオフ水準 Θ_D と輸出に関するカットオフ水準 Θ_X および先の Θ_I の 3 つのカットオフ水準の関係は $\Theta_D<\Theta_X<\Theta_I$ となっており，技術パラメータを 4 つの区間に分割している。

さて，技術水準 Θ が最も低い企業（$0<\Theta<\Theta_D$）はそもそも操業しない。技術水準が次に低い企業（$\Theta_D<\Theta<\Theta_X$）は，国内市場供給によって正の利潤を獲得できるものの，輸出からは正の利潤を獲得できないので，国内市場にのみ財を供給し，海外との取引は行わない。技術水準のやや高い（$\Theta_X<\Theta<\Theta_I$）

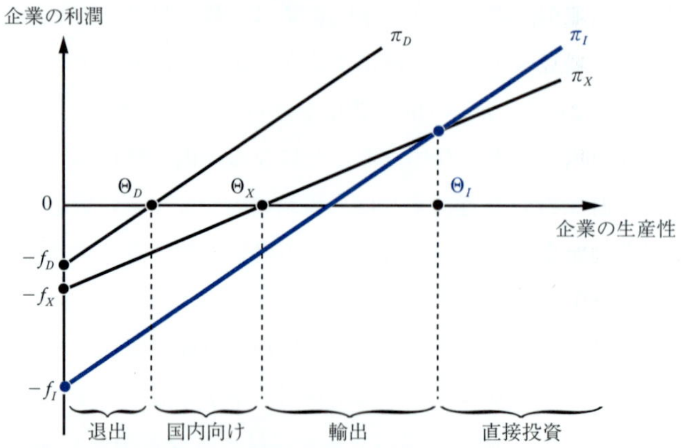

図 9 - 2　企業の生産性と水平的直接投資

出所：Helpman, E., M. J. Melitz, and S. R. Yeaple (2004), Export versus FDI with Heterogeneous firms, *American Economic Review* 94 (1): 300-316 (Figure 1).

は，国内市場に供給すると同時に輸出を通じて海外に財を供給する。最後に，最も技術水準の高い企業（$\Theta_I < \Theta$）のみが水平的直接投資を通じて海外市場にアクセスする。

以上のように，直接投資による輸送費の節約が水平的直接投資の誘因となっていること，また，技術水準・生産性の高い企業ほどその誘因が強くなっていることが読み取れる。ここでの“輸送費用”には，財を実際に移動させるための費用のみならず，行政手続に伴う諸種の費用，異なる言語や制度の違いによって生じる様々な人的・時間的費用も含んでいるものと理解されるべきである。

9.3.2　垂直的直接投資

生産活動の分離による垂直的直接投資について考察するために，最終財の生産構造を次のように変更する。すなわち，1 単位の中間財（部品）を投入し，1 単位の組み立て作業（アセンブリ）を行うことで 1 単位の最終財を生産できるものとする。最終財の生産において，中間財と組み立て作業は補完的な関係にある。さらに，1 単位の中間財は $c/2$ 単位の労働力を投入することで生産され，同様に 1 単位の組み立て作業は $c/2$ 単位の労働力を投入することで実現されるものとする。もし中間財を生産するのと，組み立て作業を行うのに賃金率が同じ w の労働力を用いることができるならば，最終財を生産するための限界費用は wc（$=wc/2+wc/2$）となる。もし中間財を生産するために投入する労働の賃金率が w' で，組み立て作業を行う労働の賃金率が w'' ならば，最終財を生産するための限界費用は $(w'/2+w''/2)c$ となる。

さて，賃金率の異なる本国 H と海外 F における国際経済取引を考えよう。本国における賃金率 w_H は海外における賃金率 w_F よりも高いものとする。すなわち，$w_H>w_F$ である。企業は，中間財（部品）の生産を本国で行うか海外で行うか，また組み立て作業を本国で行うか海外で行うかの選択に直面している。本国ですべての活動を実施するならば，まったく固定費用はかからない。しかし，中間財生産を海外に移転すると f_M だけの固定費用がかかり，組み立て作業を海外に移転すると f_A だけの固定費用がかかるものとする。さらに，両方の活動を海外に移転すると固定費用は f_M+f_A となる。議論を簡明にするために，中間財についても最終財についても輸送費は一切かからないものとしておく。

中間財生産を海外 F で，組み立てを本国 H で行う企業の戦略を（F, H）のように表す。企業にとって可能な戦略の選択肢は，（H, H），（H, F），（F, H），および（F, F）である。戦略（H, H）のときの企業の利潤 π_{HH} は次のように表される。

$$\pi_{HH}=AL(w_H)^{1-\varepsilon}\Theta \tag{9.5}$$

その他の戦略（i, j）に対応する企業の利潤 π_{ij} は，それぞれ次のようになる（$i,j=H,F$）。

$$\pi_{HF}=AL(w_H/2+w_F/2)^{1-\varepsilon}\Theta-f_A \tag{9.6}$$

$$\pi_{FH}=AL(w_H/2+w_F/2)^{1-\varepsilon}\Theta-f_M \tag{9.7}$$

$$\pi_{FF}=AL(w_F)^{1-\varepsilon}\Theta-(f_M+f_A) \tag{9.8}$$

輸送費が存在しないので，L は特定国の市場規模ではなく世界経済全体の市場規模を表しているものと解釈される。また，本国と海外の賃金率格差に関する想定より，$w_H > w_H/2 + w_H/2 > w_F$ が成立している。以下では，組み立て作業 FDI に関する固定費用 f_A を一定として，中間財生産 FDI の固定費用 f_M が異なる値をとる場合に，どのような FDI パターンが成立するのかを調べる。

図 9 - 3 の直線 π_{HH}，π_{HF}，π_{FH} および π_{FF} は，中間財生産 FDI の固定費用 f_M が十分に低い場合の，それぞれの戦略に対応する利潤を図解したものである。すべてを国内で行う場合には，固定費用がかからないので直線 π_{HH} は原点を通る。しかし，最も賃金率が高くついているので直線 π_{HH} の傾きが最も緩やかとなっている。逆に，すべてを海外で行う場合には，最も単位費用が安くつくので直線 π_{FF} の傾きが最も急になっている。残りの直線 π_{HF}，π_{FH} の傾きは同じで，先の 2 つの直線の傾きの中間の値をとる。

直線 π_{HH} と π_{FH} の交点を a，π_{FH}と π_{FF} の交点を b とする。さて，中間財生産 FDI の固定費用が十分に低い場合，企業の生産性と最も高い利潤をもたらす戦略との関係は次のようになる。企業の生産性が a 点に対応するものよりも低い場合，最も高い利潤を実現できるのは戦略（H, H），すなわち本国ですべての作業を行うことである。このような企業は，直接投資を行わず輸出のみを行う。次に企業の生産性が a 点に対応するものよりも高く b 点に対応するものより低い中間的な場合，戦略（F, H）が最も高い利潤を実現する。すなわち，中間的な技術水準の企業は生産プロセスを分離（フラグメント）して，中間財生産に関する部分的な FDI を行い，海外子会社から部品を輸入して本国で最終財の組み立てを行う。最後に，生産性の最も高い企業は，両方の作業に関する FDI を実施する。本国には意思決定部門（headquarter）のみが残り，海外に**輸出向けプラットフォーム**（export platform）が建設される。中間財生産 FDI の固定費用が十分に低い場合には，中間財を本国で生産して組み立てを海外で行うような生産パターンは選択されない。

次に中間財生産 FDI の固定費用が十分に高くなった場合について検討してみよう。図 9 - 3 の青い破線の直線 π'_{FH} と π'_{FF} は，青い実線の直線 π_{FH} と π_{FF} の相対的な位置関係を保ったまま（中間財生産 FDI の固定費用が上昇した分だけ）平行に下方に移動させたものである。直線 π_{HH} と π_{HF} の交点を a'，直線 π_{HF} と π'_{FF} の交点を b' とする。この場合，戦略（F, H）と（H, F）の

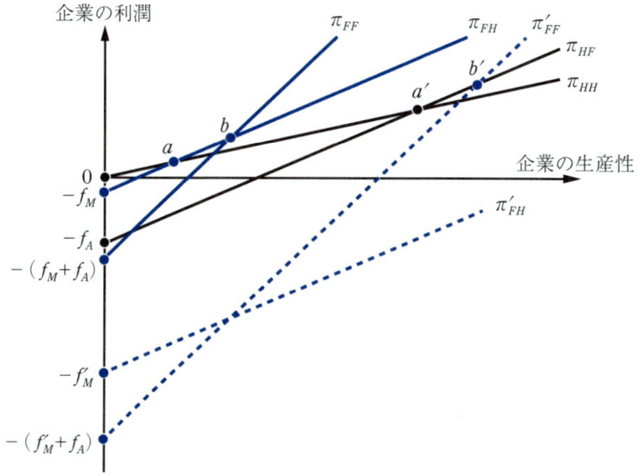

図 9 - 3　企業の生産性と最適戦略

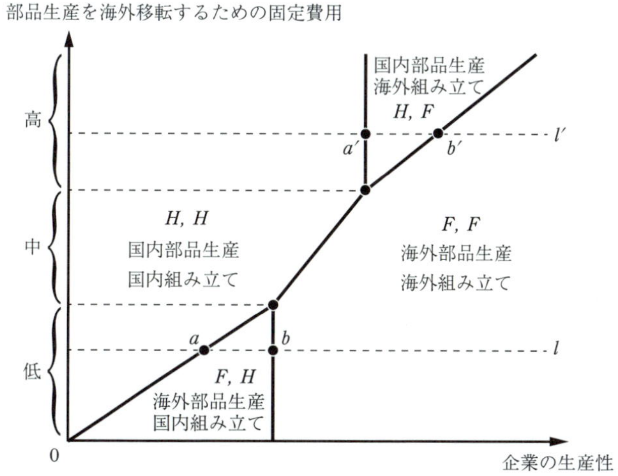

図 9 - 4　企業の生産性とフラグメンテーション

出所：Helpman E. (2006), Trade, FDI, and the organization of firms, *Journal of Economic Literature* XLIV : 589-630 (Figure 4).

関係が逆転する。生産性が a' 点に対応するものよりも低い企業は，本国ですべての作業を行うことを選択する。生産性が a' 点に対応するものよりも高く b' 点に対応するものよりも低い企業は，戦略（*H, F*）を選択する。すなわち，生産活動を分離して組み立て工場を海外に建設し，本国で生産した中間財を海外工場に送って最終財を生産する。生産性の最も高い企業は海外に輸出向けプラットフォームを建設して，両方の作業を海外で行う。

図9-4は以上の観察を，横軸に企業の生産性，縦軸に中間財生産FDIに関する固定費用 f_M の水準を測った平面上にまとめたものである。企業のフラグメンテーション＝直接投資戦略に応じて，平面が4つの部分領域に分割されている。破線の水平線 l は f_M が十分に低い場合に対応し，破線の水平線 l' は f_M が十分に高い場合にそれぞれ対応している（図9-3と図9-4における，a, b, a', b' の各点は対応している）。中間財生産FDIの固定費用が中間的な場合，戦略（H, H）と（F, F）に対応する領域が接しており，どのような生産性をもつ企業もすべての活動を本国で行うか，すべての活動を海外で行うかであって，生産活動の分離は行わないことが読み取れる。また，f_M が上昇するのにつれて，海外で中間財生産を行う企業の範囲が狭くなっていくこと，さらに同時に海外組み立てを行う企業の範囲も狭くなっていることも分かる。その意味で，中間財生産FDIと組み立て作業FDIとは互いに補完的な関係にあるということができる(6)。

9.3.3 貿易摩擦と海外直接投資

海外からの安価な輸入品の流入が，輸入国の競合産業を圧迫したり，一方的で巨額の貿易赤字を生んだり，ひいては国民感情を害したりすることによって輸出国と輸入国との間で貿易摩擦が引き起こされることがある。貿易摩擦の存在は海外直接投資の動向とも無縁ではありえない。ここでは，貿易摩擦回避型の直接投資としてのタリフ・ジャンピングと貿易摩擦抑制型の直接投資としての見返り投資の議論について整理する。

貿易摩擦の回避

ある財の輸入国によって関税やその他の貿易障壁が強化・新設された場合に，

(6) ここでは，市場間の輸送費用がまったくないものとしたが，最終財の輸送費，中間財の輸送費，それらの市場間での相違などが導入されれば，もっと複雑な投資パターンが生じることはいうまでもない。

輸出産業が輸出から現地生産へと財の供給ルートを切り替えて貿易障壁による負担を回避する目的で輸入国国内に行う直接投資のことを**タリフ・ジャンピング**（tariff jumping）という。現に生じてしまった貿易摩擦を逃れるために行われるという意味で，これを「貿易摩擦回避型」の直接投資と呼んでよいであろう。

今，ある企業が輸出と直接投資による現地生産という2つの供給ルートを通じて，分断された外国市場に財を独占的に供給しているとしよう(7)。輸入国政府が関税率を引き上げると，この企業の輸出向けプラントにおける生産の実質的費用条件が悪化する。このプラントでの生産は縮小する。さらに，輸出向けプラントに配分していた企業特殊的経営資源の収益性も悪化するので，相対的に有利となった現地プラントにより多くの経営資源を振り分けることになる。すなわち，直接投資の拡大（タリフ・ジャンピング）が生じる。より多くの経営資源が利用可能となったので，現地生産プラントの生産性は上昇し，現地生産を通じた現地市場への供給は増加する。

貿易摩擦の抑制

海外からの安価な財の流入によって国内競合産業が圧迫されることは（たとえば，雇用確保の面から）輸入国にとって望ましくないものである可能性がある。このような状況では保護貿易主義的な政治的・社会的な圧力によって貿易障壁が強化されてしまう危険が生じる。輸出企業が当該国に直接投資を行って現地の雇用等に貢献できれば，当該国における保護主義的傾向を緩和し，貿易摩擦を抑制できるかもしれない。もしそうならば，現時点においては費用がかさんで損失となる直接投資であったとしても，積極的に当該国に進出して，将来時点における当該国の市場開放の程度を大きく確保しておくことは，企業の長期的利潤最大化に合致しているといえる。このように，輸出のみを行っていたのでは避けがたい輸出先国の保護主義的対応をあらかじめ押さえ込むことを企図して行われる海外直接投資を**見返り投資**（*quid pro quo* investment）とい

(7)　ここでのタリフ・ジャンピングに関する記述は Nakanishi, N. and M. Hara (1997), Content protection schemes and tariffs on final good, *Kobe University Economic Review* 43: 53-71. に基づいている。

う。これは「貿易摩擦抑制型」の直接投資といってよいであろう。

見返り投資の議論の鍵は，企業の直接投資と受け入れ国の貿易障壁削減との結びつきをどのように捉えるのかにある。見返り投資の場合，企業による直接投資が（貿易政策の決定主体である）受け入れ国政府にとっての直接的な利得であるかどうかは必ずしも明確でない。したがって，企業による直接投資が受け入れ国政府の貿易政策の決定に及ぼす筋道をより詳細に描き出しておく必要がある。

バグワッティ（J. N. Bhagwati）らは，見返り投資に対する企業の誘因についていくつかの可能性を指摘している(8)。しかし，いずれにしても見返り投資は，企業の直接投資が受け入れ国の民間経済主体（競合企業，労働者・労働組合，地域社会）の利得に直接の影響を与え，さらに受け入れ国内の政治過程（選挙，ロビー活動等）を通じて間接的に受け入れ国政府による政策決定に至るというかなり迂遠な論理の連鎖を前提とした議論である。見返り投資に関してフォーマルな分析を展開しようとすると，(i) 直接投資と受け入れ国の民間経済主体の利得との関係，(ii) 受け入れ国の民間経済主体の利得と政策決定主体のスタンス（保護主義的か否か）との関係，(iii) 受け入れ国の国内における政治過程がどのようなものであるのか，などの論点をいかに取り扱うのかが問題となってくる。したがって，見返り投資の議論では，政治経済学的なアプローチが重要である。

Column 労働の国際移動

労働の国際的な移動の効果についても，それが生産要素としてのみ取り扱われるかぎり，マクドゥーガル分析が同じようにあてはまる。しかし，労働力は「ヒト」の存在そのものと切り分けて考えることのできない用役であることから，独特な問題点を有している。

労働の国際移動は様々な要因から生じる。マクドゥーガル分析と同様に，低賃金の国から高賃金の国へと，より高い賃金率を求めて極めて単純な形で労働移動が生じることがある。しかし，高い賃金率のみが国際労働移動を引き起こす要因とはい

(8) Bhagwati, J. N., E. Dinopoulos, and K-Y. Wong (1992), Quid pro quo foreign investment, *AEA Papers and Proceedings* 82 (2): 186-190.

えない。他にも，外国へのあこがれや新天地での可能性に賭けるといった冒険者的動機も考えられるし，政治的・宗教的な迫害・弾圧や戦禍を逃れるための亡命や難民，大地震や大津波などの自然災害からの避難など，様々な形で「ヒト」および労働力は国際間を移動する。

労働移動は，それが移民のように長期にわたる恒久的なものか，それとも出稼ぎ労働・季節労働のようにごく短期のものが繰り返し行われるものかを区別しておかなければならない。このような区別は，特に「一国の利益」を評価するための基準を設ける際に重要となる。出稼ぎ労働者の厚生は，本籍国の厚生として数えられるのが妥当であろう。しかし，恒久的な移民が生じたときに，その移民の厚生は本籍国の厚生であろうか，それとも移民先の厚生として考慮されるべきであろうか。移民の厚生効果を事前的に評価するためには，移民自身の厚生を本籍国の厚生として考慮するのが適切であるかもしれないが，事後的には移民先の厚生として考慮されるべきであろう。そもそも，厚生判断の基礎となる「ヒト」の移動を問題にしているときに「一国の厚生」のような大雑把な概念を利用すること自体が不適切なのかもしれない。

また，国際的に移動するのが，ごく単純な労働（単純労働，未熟練労働）か，高度の知識や技術を兼ね備えた人的資本としての労働であるかの区別も重要である。特に，高度の知識や技術を備えた労働が海外に移動してしまって，自国内でそうした人的資源が活用されなくなる状況を**頭脳流出**（brain drain）などという。人的資本を国際的な観点から効率的に利用するために，医師・弁護士・会計士・看護師・福祉介護士のような専門的職業の資格を国際的にどのように調整・調和させていくかなどにも十分な配慮が必要である。

労働が人的接触を伴って生産活動を行う生産要素であることから，様々な外部性を生じさせる可能性がある。たとえば，同質的な同国人を集めるより，異質な外国人との接触機会を増やせば，“三人寄れば文殊の知恵”といわれるように，新アイデア創造の相乗効果は大きくなるであろう。しかし逆に，外国人嫌悪や言語の違いによるコミュニケーションの欠如，文化的理解の不足などによって，生産性を低下させてしまうような負の外部性が生じてしまうかもしれない。さらには，違法移民・移住（illegal migration）がもつ経済的・社会的・文化的なインパクトにも十分な注意を払わなければならない(9)。

(9)　近藤健児『国際労働移動の経済学』（中央大学経済学研究叢書，2000年）は国際労働移動の理論に関する研究書である。Yoshida, C. (2000), *Illegal Immigration and Economic Welfare*, Physica-Verlag. は違法移民の経済効果に関する理論的研究である。

9.4　国際生産要素移動に対する規制

本節では，資本の送り出し国による資本輸出制限と資本の受け入れ国が実施する対内投資収益課税の効果について検討する。また，要素移動に対する直接の規制ではないが，海外直接投資を実施した企業に対して受け入れ国政府が要求するローカルコンテンツ規制についても取り上げる。

9.4.1　資本輸出規制

図9－5は，資本移動に関するマクドゥーガル図である。左下の原点 0^{A} から右に向かってA国における資本量，右下の原点 0^{B} から左に向かってB国における資本量をそれぞれ測っている。A国，B国の資本賦存量をそれぞれ $\bar{K}^{A}$，$\bar{K}^{B}$，とする。左右の原点間の距離は，両国で利用可能な資本の総量 $\bar{K}^{A}+\bar{K}^{B}$ に等しくなるよう作図してある。右下がりの曲線 VMP^{A} はA国における資本の価値限界生産力曲線，右上がりの曲線 VMP^{B} はB国における資本の価値限界生産力曲線である。

自由な資本移動

資本移動がなければ，各国はそれぞれに帰属する資本のみを利用して生産を行わなければならない。このとき，両国間の資本の配分は図の m 点で表される。A国における資本レンタルは VMP^{A} 上の a 点に対応する $\bar{r}^{A}$ となり，B国における資本レンタルは VMP^{B} 上の b 点に対応する $\bar{r}^{B}$ となる。B国の資本レンタルの方が高いので，A国帰属の資本にはB国に移動する誘因が生じる。資本移動が自由化されると，両国の価値限界生産力曲線の交点 e が均衡点となる。自由化後の（両国共通の）資本レンタルは r^{*} であり，資本の配分は n で表される。A国の資本輸出量は線分 mn の長さに等しい I であり，A国帰属の資本がB国内で獲得する資本所得 $r^{*}I$ は □$ecmn$ の面積で表される。また，A国，B国の国民総生産は，領域 $0^{A}fecm$ と領域 $0^{B}gecm$ の面積に等しい。したがって，世界全体の所得は領域 $0^{A}feg0^{B}$ の面積で表される。

規制と資本レンタルの乖離

さて，資本の輸出数量の上限を定める直接的な手段による資本輸出規制を考えよう。資本輸出の規制水準を Q とする（もちろん，$Q<I$ である）。図9‐5の青い垂直線が資本輸出規制を表している。A国からの資本輸出が抑制されて，A国の資本市場では超過供給が生じる。資本輸出規制を表す垂直線とA国の価値限界生産力曲線の交点 a' が，資本輸出規制下のA国資本市場の均衡点を表す。図解から明らかなように，A国における資本レンタルは r^* から $\hat{r}^{\mathrm{A}}$ に低下している。一方，資本輸出規制下のB国資本市場の均衡点は，B国の価値限界生産力曲線と資本輸出規制を表す垂直線の交点 b' となる。資本レンタルは r^* から $\hat{r}^{\mathrm{B}}$ に上昇していることが分かる。

資本輸出国の所得

資本輸出規制によってA国内で利用できる資本が増加するので，それと共同して生産を行う労働の生産性が向上する。その結果，労働所得は図9‐5の $\triangle r^*ef$ から $\triangle \hat{r}^{\mathrm{A}}a'f$ に増加する。労働所得の増加分は台形 $r^*ea'\hat{r}^{\mathrm{A}}$ で表される。

資本所得の変化はやや複雑である。資本輸出規制後にB国内で生産を行うA国帰属の資本 Q が受け取る所得は，B国内における資本レンタル上昇を反映して，r^*Q から $\hat{r}^{\mathrm{B}}Q$ に増加する（増加分は図9‐5の $\square cc'b'h$ に等しい）。他方，資本輸出規制後にもA国内に留まっている資本 $\bar{K}^{\mathrm{A}}-Q$ が受け取る所得は，A国内の資本レンタルの低下を反映して，$r^*(\bar{K}^{\mathrm{A}}-Q)$ から $\hat{r}^{\mathrm{A}}(\bar{K}^{\mathrm{A}}-Q)$ に減少する（減少分は $\square r^*c'a'\hat{r}^{\mathrm{A}}$ である）。結局，A国帰属の資本の所得は，図の $\square 0^{\mathrm{A}}r^*cm$ から領域 $0^{\mathrm{A}}\hat{r}^{\mathrm{A}}a'b'hm$ に変化するが，一般にどちらが大きいかは確定しない。

労働所得の増加分（台形 $r^*ea'\hat{r}^{\mathrm{A}}$）が資本所得の減少分（$\square r^*c'a'\hat{r}^{\mathrm{A}}$）の一部をカバーしていることに注意しよう。A国の国民所得で考えると，$\triangle ec'a'$ 分のマイナスと $\square cc'b'h$ 分のプラスが生じていることが分かる。規制水準 Q が自由な資本移動の下での I に十分近ければ，$\triangle ec'a'$ よりも $\square cc'b'h$ の方が大きいことが示される（図にはそのような状況が描かれている）。すなわち，あまり厳しくない資本輸出規制を導入することによって，資本輸出国は国民所得を増加させることができるのである。

資本輸入国と世界全体の所得

資本輸出規制によって資本輸入国で利用可能な資本が減少するので，労働の生産性が低下して，B国の労働所得は図9-5の $\triangle r^*eg$ から $\triangle \hat{r}^{B}b'g$ へと減少する（減少分は台形 $r^*eb'\hat{r}^{B}$ である）。B国帰属の資本の所得は，B国内の資本レンタル上昇に伴って $r^*\bar{K}^{B}$ から $\hat{r}^{B}\bar{K}^{B}$ に増加する（増加分は図の $\square r^*ch\hat{r}^{B}$ で表されている）。しかし，資本所得の増加は労働所得の減少分をカバーしきれていない。すなわち，資本輸出規制によって，資本輸入国の国民所得は減少するのである。

資本輸出規制があまり厳しくなければ，資本輸出国の国民所得は増加し，資本輸入国の国民所得は減少する。資本輸出規制後の世界全体の所得は，図9-5の領域 $0^{A}fa'b'g0^{B}$ の面積で表される。自由な資本移動の下で実現される世界全体の所得（領域 $0^{A}feg0^{B}$）と比べると，$\triangle ea'b'$ の大きさだけ小さい。資本輸出規制によって，世界全体の所得は減少する。

9.4.2　対内投資収益課税

一般に，資本輸入国政府が投資収益課税を実施するとき，輸入国に帰属する資本と海外から流入してきた資本とを無差別に取り扱って一律に課税する場合と，現地資本と流入資本を差別的に扱って流入資本のみに課税する場合とを区別しておく必要がある。ただし，非弾力的な資本供給が仮定されているモデルでは，いずれの場合も効果の上で大差はない。そこで，ここでは流入資本による対内投資収益のみに対する課税を考えることにする。

図9-5に即して，A国が資本輸出国，B国が資本輸入国としておく。自由な資本移動の下での均衡点は図の e 点である。資本の配分は n 点で表され，I だけの資本がA国からB国に流入している。

課税と資本の価値限界生産力

資本輸入国（B国）による投資収益課税の税率を $\mu\times 100\%$ とする。B国に

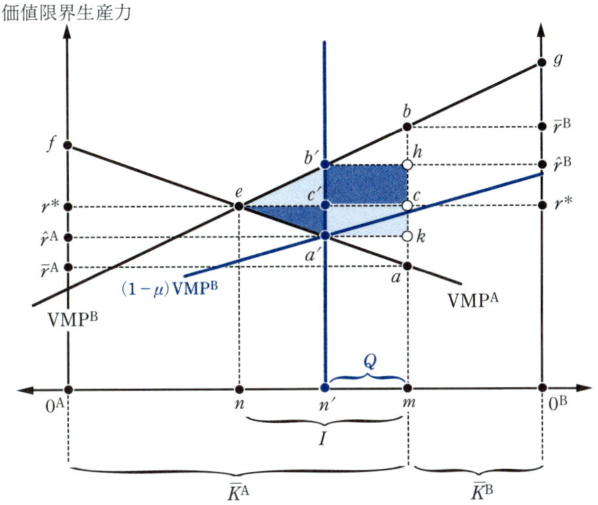

図 9 - 5　資本輸出規制と投資収益課税の効果

おける資本レンタルを r^B とすれば，B国への投資によってA国からの流入資本が実際に受け取ることのできる税引き後の資本レンタルは $(1-\mu)r^B$ となる。A国において資本輸出規制が行われていなければ，A国の資本レンタル r^A とB国における税引き後の資本レンタルが一致するまで資本は移動することになる。すなわち，投資収益課税実施後の均衡においては，次の関係が成立していなければならない。

$$r^A=(1-\mu)r^B \tag{9.9}$$

各国の課税前の資本レンタルは，各国の資本の価値限界生産力に等しいことに注意しておこう。投資収益課税が導入されると，A国の資本が直面するB国の価値限界生産力曲線は，図 9 - 5 の青い右上がりの曲線 $(1-\mu)\mathrm{VMP}^B$ のように税率 μ の割合で下方に移動したものになる。

課税後の均衡

課税後の均衡点は，A国の価値限界生産力曲線 VMP^A とB国の課税後の価値限界生産力曲線 $(1-\mu)\mathrm{VMP}^B$ との交点 a' で表される。資本の配分は n から

n' に変化し，資本流入量が I から Q に減少する。投資収益課税の導入は資本移動を抑制するのである。

A国の資本レンタルは $\hat{r}^{A}$ となり，B国の資本レンタルは b' 点に対応する $\hat{r}^{B}$ となる。資本輸出規制の場合と同様に，投資収益課税は資本輸出国の資本レンタルを低下させ，資本輸入国の資本レンタルを引き上げる。両国の資本レンタルの乖離 $\hat{r}^{B}-\hat{r}^{A}$ が流入資本1単位あたりの税額（$=\mu\hat{r}^{B}$）を表している。したがって，資本輸入国政府が獲得する税収は $(\hat{r}^{B}-\hat{r}^{A})Q$ となり，これは図の □$a'b'hk$ で表されている。

資本輸入国の所得

投資収益課税によって資本輸入国（B国）の資本レンタルは $\hat{r}^{B}$ に上昇するので，B国帰属の資本の所得は増加する。この増加分は図9-5の □$r^{*}ch\hat{r}^{B}$ で表される。

他方，資本流入が減少し，それに伴って労働の生産性が低下するので，B国の労働所得は減少する。図の台形 $r^{*}eb'\hat{r}^{B}$ が労働所得の減少分を表している。資本所得の増加分（□$r^{*}ch\hat{r}^{B}$）と税収の一部（□$cc'b'h$）が，失われた労働所得の一部をカバーしていることに注意しよう。B国全体の可処分所得（＝労働所得＋資本所得＋税収）には，カバーされていない労働所得の減少分（△$ec'b'$）のマイナスと余分の税収分（□$a'c'ck$）のプラスが生じている。税率 μ があまり高くなければ，前者よりも後者の方が大きくなることが示される(図には，そのような状況が示されている)。すなわち，あまり高くない投資収益課税を導入することによって，資本輸入国は可処分所得を増加させることができるのである。

資本輸出国と世界全体の所得

資本輸出国（A国）における資本レンタルが低下するので，国内に留まる資本もB国に流出する資本もA国帰属の資本が獲得する所得は低下する。図9-5の □$r^{*}ck\hat{r}^{A}$ が資本所得の減少分を表している。

資本流出が抑制されて，国内で利用できる資本量が増加するので，労働の生産性が向上して，A国内の労働所得は増加する。労働所得の増加分（台形 $r^{*}ea'\hat{r}^{A}$）は資本所得の減少分の一部をカバーしているものの十分ではない。結局，資本輸入国の投資収益課税によって，資本輸出国の国民所得は減少するのである。

投資収益課税導入後における資本輸出国の国民所得は図の領域 $0^{A}fa'km$ で表され，資本輸入国の可処分所得は領域 $0^{B}gb'a'km$ で表される。したがって，自由な資本移動の場合と比べると，世界全体の所得は $\triangle ea'b'$ の面積分だけ減少している。投資収益課税の導入は，世界全体の所得を減少させるのである。

9.4.3　ローカルコンテンツ規制

ローカルコンテンツ規制とは，直接投資によって海外から進出してきた企業に対して「現地生産で利用する部品・中間財投入の一定割合以上を現地の中間財産業から調達すること」を要請あるいは義務づける現地国政府による政策である。部品・中間財を現地調達することが進出企業にとって最も有利であれば，そもそもローカルコンテンツ規制を実施する必要はない。したがって，それが必要とされているかぎり，ローカルコンテンツ規制は進出企業にとって費用増加要因である。

多国籍企業による直接投資拡大は，進出先（現地）経済に対して様々な影響を及ぼす。直接投資によって新プラントが現地に建設されて直接に雇用が拡大したり，経営資源が移動してくることによって各種の情報・技術の移転が進んだり，あるいは学習効果を通じた生産効率の改善が期待できたりなどのプラス面がある。他方，現地での生産が本国から部品・中間財を持ち込んで組み立てるだけのノックダウン生産のようなものであるならば，低い付加価値しか生み出されず現地雇用も低水準に留まったり，現地における下請け・孫請け等の現地中間財産業の育成もままならず技術移転や学習効果も発揮されなかったり，本国からの部品・中間財の現地への輸入が増加することによって貿易赤字悪化につながったりなどのマイナス面も生じてくる。こうした直接投資に関連するいくつかのマイナス面の回避を目的として，ローカルコンテンツ規制は実施される。しかしながら，ローカルコンテンツ規制（ローカルコンテント要求）は，

WTO の**貿易に関連する投資措置に関する協定**（TRIMs 協定：Agreement on Trade-Related Investment Measures）において，輸出入均衡要求，輸出制限，為替制限などと並んで明示的に禁止がうたわれている貿易関連投資措置の１つである。

練習問題

1. 自分の身近にある外資系企業をできるだけ多く探してみなさい。

2. 経済産業省，経済産業研究所（RIETI），あるいは日本貿易振興機構（JETRO）等のホームページを参照して，外国企業がどの分野にどの程度の規模で日本に進出してきているのか調べてみなさい。

3. 上と同様にして，日本企業がどのような分野，規模で，どの国に向けて進出しているのか調べてみなさい。

4. A国・B国の資本の価値限界生産力がそれぞれ $VMP^A=300-K^A/2$，$VMP^B=200-K^B/2$ のように表されるものとする。また，A国・B国の資本賦存量はそれぞれ $\bar{K}^A=\bar{K}^B=200$ のように与えられている。このとき，以下の各問に答えなさい。
   (a) 資本移動自由化前の両国の資本レンタルをそれぞれ求めなさい。
   (b) 資本移動自由化前の両国の国民総生産をそれぞれ求めなさい。
   (c) 資本移動が自由化されると，どちらの国が資本輸出国となるか答えなさい。
   (d) 資本移動自由化後の資本レンタルと，移動する資本の大きさを求めなさい。
   (e) 資本移動自由化後の両国の国民総生産をそれぞれ求めなさい。

第10章　自由貿易と保護貿易

自由貿易を堅持すべきなのか，保護貿易も必要であるのか。自由貿易と保護貿易をめぐる意見の対立は古くから存在し，今日でもなお繰り返し議論されている実践的にも理論的にも重要なテーマである[(1)]。これまでの各章で示してきた貿易利益命題や自由貿易均衡の効率性命題は，自由貿易を推奨すべきものとする強力な論拠となってきた。しかし，それにもかかわらず様々な観点から保護貿易を擁護する議論も数多く知られている。

本章では，保護貿易を擁護する経済学的な観点からの議論と保護貿易を生み出す政治経済学的な観点を取り入れた議論について学習する。まず，古典的な議論として，最適関税論と幼稚産業保護論を紹介し，これらの問題点について検討する。続いて，不完全競争の貿易理論に基づく戦略的貿易政策論について取り上げる。さらに，国内政治過程における有権者の投票行動や利益集団・圧力団体によるレントシーキング活動が，一国の保護貿易政策の決定に及ぼす影響についても説明する。

10.1　最適関税論

第5章で示したように，交易条件が可変であるような大国の場合，輸入国は（あまり高くない）輸入関税を賦課することによって交易条件を改善させ，それを通じて関税なしの自由貿易の場合よりも高い経済厚生を実現することが可能である。輸入国政府の目的が自国家計の効用を高めることならば，**関税による交易条件改善効果**は関税率引き上げに向けた非常に強い誘因を輸入国政府に

(1)　ダグラス・A・アーウィン（小島清監修・麻田四郎訳）『自由貿易理論史』（文眞堂，1999年）は，学説史的な観点から自由貿易・保護貿易をめぐる論争を整理した好著である。

与えるものである。

他方，関税率を引き上げすぎると極端にオファーカーブが縮小して，貿易取引そのものが行われなくなる。貿易が行われなくなるほど高い関税率を**禁止的関税率**（prohibitive tariff rate）という。禁止的関税率の下では事実上の閉鎖経済均衡に置かれることになるので，貿易からの利益が消滅して，輸入国の経済厚生は自由貿易の場合よりも悪化してしまう。したがって，単に関税率を高くすればよいというものではない。ゼロから禁止的関税率の間のある水準で輸入国の経済厚生は最大となるであろう。このように，貿易相手国からの報復的な関税引き上げがない場合に，自国の経済厚生を最大にする関税率を**最適関税率**（optimal tariff rate）という。

10.1.1　最適関税下の均衡

オファーカーブの収縮

図10 - 1は，最適関税率の下での貿易均衡を表したものである。A国・B国からなる世界経済を考える。A国が第1財を，B国が第2財をそれぞれ輸入しているものとする。図の曲線 $0A$・曲線 $0B$ は，それぞれA国・B国の関税なしのオファーカーブである。両曲線の交点 e が自由貿易均衡点であり，このときのA国の効用水準は貿易無差別曲線 u^* で表されている。

A国が輸入関税率を引き上げていくと，貿易均衡点はB国のオファーカーブ $0B$ に沿って原点方向に移動していく。A国の関税率が極端に高くなると，オファーカーブが破線の曲線 $0A'$ のように縮小して，c 点が貿易均衡点となる。c 点を通るA国の貿易無差別曲線 u は e 点を通る u^* よりも低い効用水準を表している。

自由貿易均衡点 e においても，極端に高い関税下の均衡点 c においても，B国のオファーカーブとA国の貿易無差別曲線が“交わっている”ことに注意しよう。B国のオファーカーブとA国の貿易無差別曲線が交わっているかぎり，B国のオファーカーブ上にA国の効用水準が高くなる方向を見出すことができる。言い換えれば，B国のオファーカーブとA国の貿易無差別曲線が“接する”点からは，関税率をどのように変化させてもA国の効用を高めることはで

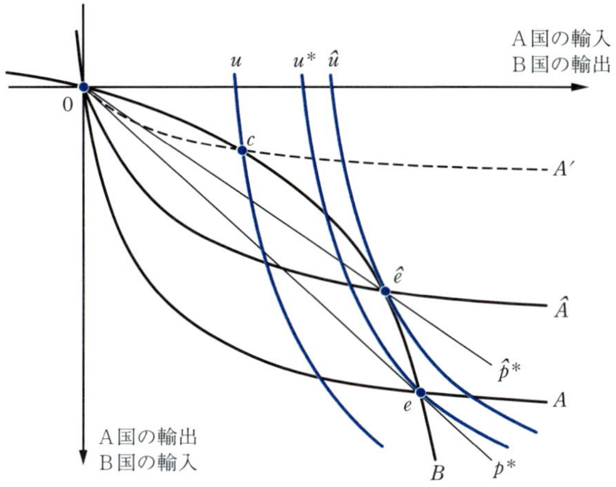

図 10 - 1　最適関税均衡

きない。図10 - 1 の $\hat{e}$ 点がA国の貿易無差別曲線 $\hat{u}$ とB国のオファーカーブとの接点を表している。A国のオファーカーブが曲線 $0\hat{A}$ のようになれば，$\hat{e}$ 点が貿易均衡点として実現され，A国の効用水準は最大となる。

最適関税率の算式

次式は第 5 章の (5.5) 式をA国が関税賦課国であることを明示して再述したものである。

$$\Delta u^{A} = -z^{A} \cdot \Delta p^{*} + \tau^{A} p^{*} \cdot \Delta z^{A} \tag{10.1}$$

貿易均衡条件から $z^{A}+z^{B}=0$，さらに変化分をとれば $\Delta z^{A}+\Delta z^{B}=0$ が成立する。A国にとっての最適関税下の貿易均衡では，効用水準が最大となっているので $\Delta u^{A}=0$ である。これらの条件を (10.1) 式に代入して関税率 τ^{A} について解くと次の関係を得る。

$$\tau^{A} = \frac{1}{\left[\dfrac{p^{*}}{z^{B}} \cdot \dfrac{\Delta z^{B}}{\Delta p^{*}}\right]} \tag{10.2}$$

上式右辺で定義されるA国の最適関税率を $\hat{\tau}^{A}$ とする。(10.2) 式右辺の分母は

B国による輸出供給の価格弾力性 η^B に他ならない。すなわち，**A国の最適関税率 $\hat{\tau}^A$ はB国の輸出供給の価格弾力性 η^B の逆数に等しい**のである（第3章のコラム「弾力性について」参照）。

A国による最適関税下の貿易均衡価格は図10-1の原点0と $\hat{e}$ 点を通る直線の傾き $\hat{p}^*$ で表される。このとき，A国の国内価格は $(1+\hat{\tau}^A)\hat{p}^*$ となり，これは図の $\hat{e}$ 点におけるA国の貿易無差別曲線 $\hat{u}$ の傾きに等しい。

10.1.2　最適関税論の問題点

最適関税論は，一貫した基準（一国の経済厚生の改善）と理論的に整った議論に基づく保護貿易擁護論として大変興味深いものである。しかし，それを現実の保護貿易を支持するものと見なすのには，なお問題がある。以下，若干の問題点について整理しておく。

報復的関税引き上げ

ある国による一方的な関税賦課がその国にとっての最適関税均衡を実現できるのは，貿易相手国が報復的に関税率を引き上げないことを前提としている。もしある一国にとって関税率を引き上げることがその国の利益となるのならば，他国にとってもまた同様であり，こうした一国利益の追求は「関税競争」あるいは「関税戦争」などと呼ばれる状況を生み出してしまう（第11章参照）。結局，世界貿易は縮小し，各国の経済厚生は悪化してしまう。

オファーカーブに関する情報

一国にとっての最適関税率の値を正しく求めるためには，貿易相手国のオファーカーブの形状が全域にわたって明らかとなっていなければならない。実際には，貿易均衡における局所的な情報を得ることがせいぜいであり，入手できた情報と(10.2)式に基づいて計算された関税率が，その国の正しい最適関税率の値を示しているとはかぎらない。

たとえば，A国にとっての最適関税均衡点 $\hat{e}$ を実現するためには，$\hat{e}$ 点の達成以前にその点におけるB国（貿易相手国）のオファーカーブの位置と形状に関する情報が必要なのである。一般に，こうした事柄に関する情報を入手することは不可能であるか，費用がかかりすぎるという意味で困難である。

世界価格の操作可能性

最適関税論のモデル（本書で用いられるモデルのほとんど）においては，世界がわずか2国で構成されると想定されているので，ある財についてみるとただ1国のみが輸入国となっている。この事実が（理論分析において）ある財の輸入国に**買い手独占**（monopsony）としての地位と力を与えている。現実に，ある財の世界価格に単に“影響を及ぼす”のみならず，自国にとって最適となるように“操作できる”ためには，輸入国は当該財の世界市場において非常に大きなシェアを占めていなければならない。しかし，世界経済は数多くの国で構成されているので，特定の財の輸入を一手に引き受けているような国は現実には存在しない。たとえば，マギー（C. S. P. Magee）とマギー（S. P. Magee）は，アメリカのような現実の経済大国でも，ほとんどの財の世界市場において「小国」であり，米国の関税率は最適関税率から大きく乖離しているとの実証結果を示している(2)。最適関税論の適用可能性はきわめて限定的といってよいであろう。

10.2　幼稚産業保護論

現在の技術水準のままで優秀な外国企業との競争にさらされてしまうと成長の機会を失ってしまうものの，ある程度の保護政策を実施して**研究開発投資**（R & D 投資）による知識・技術の改善や**実践を通じた学習**（learning-by-doing）による熟練深化のための時間を確保できるならば，将来時点における生産性向上や成長が見込まれるような（輸入競合）産業を**幼稚産業**

(2)　Magee, C. S. P. and S. P. Magee (2008), The United States is a small country in world trade, *Review of International Economics* 16 (5): 990-1004. を参照のこと。これとはいくぶん対立する実証結果については，Broda, C., N. Limão and D. E. Weinstein (2008), Optimal tariffs and market power: The evidence, *American Economic Review* 98 (5): 2032-2065. を参照のこと。

(infant industry) という。このような産業に対しては，政策的手段を講じて，少なくとも一時的な保護を与えるべきであるとする議論が幼稚産業保護論である。その定義から明らかなように，幼稚産業保護論について考察する際には「現在」および「将来」といった時間要素を明示的に取り込んだ動学的な枠組が必要である。

10.2.1　保護の諸基準

ある輸入競合産業が幼稚産業であると認められたとしても，そのことによって自動的に政策的保護の実施が正当化されるわけでははい。どのような条件の下で幼稚産業保護が正当化されるのかについて，いくつかの基準が提案されてきた。

ミル＝バステーブルの基準

ミル (J. S. Mill) は政策的保護によって当該産業の生産性上昇が見込まれ，特に比較劣位部門から比較優位部門へと転換できることが必要であると論じた。さらにバステーブル (C. F. Bastable) は，単に生産性上昇が見込まれるだけでなく，将来時点で獲得される便益の割引現在価値が現在時点での投資費用を上回る必要があるとミルの議論を修正した。これらの条件をミル＝バステーブルの基準という。

ケンプの基準

将来に対する不確実性が存在せず，資本市場が完全に機能しているならば，(ミル＝バステーブルの基準を満たすような) 各企業は，現在時点における損失を資本市場からの借り入れによって埋め合わせ，将来時点における利潤によって返済しても，通時的に見て正の利潤を獲得できるはずである。生産性向上の成果が投資企業によって十分に回収されうるならば，各企業による利潤最大化行動を通じて必要な投資が実施されるので，政策的な保護は必要とされない。

しかし，企業の研究開発投資や実践を通じた学習によって獲得された新知識・新技術が，模倣や熟練労働の移動などを通じて他の企業にスピルオーバーしてしまうならば，投資企業は投資の成果を十分に享受できない。この場合，各企業の投資は社会的に望ましい水準よりも過小となってしまう。ケンプ（M. C. Kemp）は，このようなスピルオーバー効果を**動学的外部経済**と呼び，これが存在することを幼稚産業に対する政策的保護の根拠とした。

根岸の基準

根岸隆は，ケンプによる動学的外部経済の存在に基づく議論を批判的に検討し，幼稚産業の習熟過程における本質的な分割不可能性による**動学的内部経済**（収穫逓増）の存在が保護の正当化にとって重要であることを示した。根岸は，企業が将来時点における利潤を保証するだけの生産性向上を学習効果を通じて実現するためには，現在時点における生産活動に関して分割不可能な必要最小規模が存在すると考えた。その最小規模を実現するためにかかる現在の費用を将来生産のための固定費用であるとみて，これによって生じる将来生産の平均費用逓減現象を動学的内部経済と呼んだ。根岸の基準は，当該企業の通時的利潤が負であったとしても，生産（所得）拡大によって十分な消費者余剰の増加が見込まれて，一国全体の総余剰が増加するならば，政策的保護が正当化されるとするものである。

10.2.2　保護の効果

根岸の所論に沿った形で幼稚産業保護の効果について検討しよう。第1財と第2財を生産し，「現在」（第1期）と「将来」（第2期）という2期間にわたって活動する「小国」経済を考える。この国は，少なくとも現在時点において第1財を輸入しており，輸入競合産業が「幼稚産業」と見なされているものとしよう。

通時的効用

当該国の各期間における効用関数は U で一定とする。現在時点の消費ベクトルを $x^1=(x_1^1, x_2^1)$，将来時点の消費ベクトルを $x^2=(x_1^2, x_2^2)$ とする。**家計の**

通時的効用水準 W は各期の消費から得られる効用の割引和で表される。

$$W=U(x^1)+\delta U(x^2) \qquad (0<\delta<1) \tag{10.3}$$

ただし，δ は**主観的割引因子**（subjective discount factor）である。割引因子 δ が1に近いほど家計が将来を重視していることを表し，逆にゼロに近いほど現在を重視していることを表している。その意味で，δ は**忍耐力**（patience）を表す指標である。

必要最小規模と自由貿易

輸入競合産業が将来時点での生産性向上を実現するためには，現在時点において少なくとも $\bar{y}_1$ だけの生産の経験がなければならないとしよう。現在時点における生産経験が必要最小規模 $\bar{y}_1$ を下回っていると，実践を通じた学習が十分に進まず将来時点における生産性向上につながらないのである。

さて，現在時点における生産可能性フロンティアが図10-2の曲線 AB のようであったとしよう。現在時点において自由貿易が行われると，生産点は $y^*=(y_1^*, y_2^*)$ のように決定される。このときの第1財の国内生産量 y_1^* は必要最小規模 $\bar{y}_1$ を下回っている。家計の予算制約は直線(a)で表され，現在時点の消費点は x^* となる。このときの現在時点における効用水準は $u^*=U(x^*)$ である。

現在時点における生産が必要最小規模を下回っているので，学習効果が発揮されず将来時点における生産可能性フロンティアも AB のままに留まることになる。将来時点においても自由貿易が維持されていれば，生産点は y^*，消費点も x^* のままである。現在時点・将来時点の両方で自由貿易が実施された場合の通時的効用水準 W_F は次のように表される。

$$W_F=U(x^*)+\delta U(x^*) \tag{10.4}$$

関税による保護と生産性向上

輸入競合産業に対して輸入関税による保護政策が実施されたとしよう。第5章で示したように，輸入関税によって輸入財の国内価格は上昇し，輸入競合産

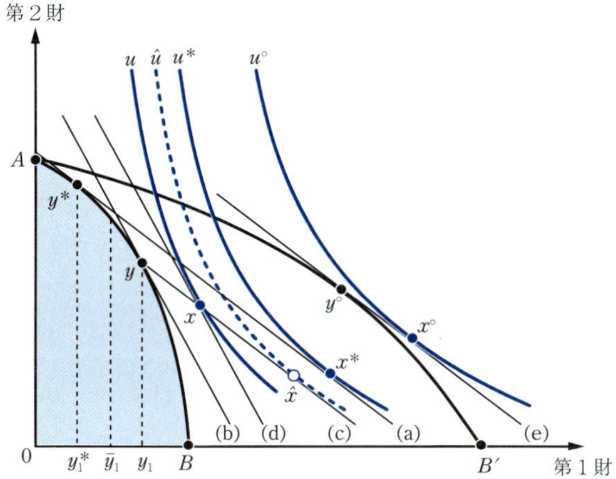

図 10 - 2　幼稚産業保護

業の生産は拡大する。図10 - 2 の $y=(y_1, y_2)$ 点が輸入関税導入後の生産点である。関税導入後の第１財の生産量は，学習効果のための必要最小規模を超えている（$y_1>\bar{y}_1$ である）。直線(b)は国内価格で測った生産国民所得を表し，直線(c)は世界価格で測った生産国民所得を表している。関税導入後の消費点は直線(c)上で限界代替率が国内相対価格に一致する点 x となる。現在時点における効用水準は $u=U(x)$ であり，これは自由貿易の場合の $u^*=U(x^*)$ よりも低い。

学習効果が発揮されるので将来時点における輸入競合産業の生産性は改善している。これによって将来時点における生産可能性フロンティアは，図の曲線 AB から AB' のように（輸入競合産業に偏って）拡大する。生産性が向上した後の将来時点において輸入関税が撤廃されて自由貿易が実施されるならば，生産点は図の y° となる。家計の予算制約は直線(e)で表され，消費点は x° となる。将来時点における効用水準は $u^\circ=U(x^\circ)$ であり，生産性向上がない場合の自由貿易における $u^*=U(x^*)$ よりも高い。現在時点において幼稚産業を関税によって保護し，学習効果が発揮された後に自由貿易を実施した場合の通時的効用水準 W_P は次のように表される。

$$W_P = U(x) + \delta U(x^\circ) \qquad (10.5)$$

保護の条件

通時的効用水準を上昇させることができるならば，すなわち $W_P > W_F$ ならば，幼稚産業に対する一時的保護政策の実施は正当化されるであろう。(10.4)式と(10.5)式を利用して $W_P > W_F$ を書き換えると次のようになる。

$$\delta > \frac{U(x^*) - U(x)}{U(x^\circ) - U(x^*)} \qquad (10.6)$$

上式右辺の分子 $U(x^*) - U(x) > 0$ は，幼稚産業に対する一時的な保護によって現在時点で生じる厚生悪化の大きさ（保護の社会的費用）であり，右辺の分母 $U(x^\circ) - U(x^*) > 0$ は幼稚産業保護によって将来時点で生じる厚生改善の大きさ（保護の社会的便益）である。家計の忍耐力 δ を一定とするならば，(10.6)式は保護の社会的便益が十分に保護の社会的費用を上回っているときにかぎって幼稚産業に対する保護が正当化されることを意味している。

10.2.3　幼稚産業保護論の問題点

数ある保護貿易擁護論の中でも幼稚産業保護論は，自由貿易論者ですらしばしば容認する例外的な事例であるといわれている。しかし，幼稚産業保護論に基づいて特定産業の保護を実践することには，なお問題点も多い。

幼稚産業の判定

まず，そもそも特定産業が幼稚産業であるか否かを判定すること自体が困難である。幼稚産業であると判定されるためには，現在時点の生産性のみならず，一時的保護の実施後に獲得されるはずの将来時点における生産性についての情報も必要である（少なくとも適切な推定値が必要である）。しかし，研究開発投資がどれほどの新知識・新技術をもたらすのか，実践を通じた学習効果がどれほどの生産性向上をもたらすのか，また生産性向上のために必要な期間はどれくらいであるのかなどは，実際には不確実なものであって，事後的に明らかとなるにすぎない。

学習効果を発揮するための必要最小規模が存在することを認めたとしても，その具体的な水準は事前に入手可能な情報からは判然としない。また，実際の保護政策の運用のためには，特定の産業を幼稚産業として認定しなければならないが，政策当局者による認定が恣意的な判断に基づいていたり，特定業界の政治的な活動や圧力に屈した結果であったりすると，**理論的な観点からは幼稚産業とは認められない産業に対して保護が与えられる危険性がある**。いずれにしても特定の産業が幼稚産業であるか否かを客観的に評価することには大きな困難が伴う。

一時的保護の永続化

幼稚産業を根拠とする保護政策は「一時的」なものでなくてはならない。一時的保護の期間に研究開発投資や実践を通じた学習が実行されることが期待され，期間の終了後には，保護を撤廃することが予定されているのである。しかし，一旦，保護政策が実施されると，費用削減努力や積極的な学習に取り組まなくとも高い収益を得られるので，企業のインセンティブがそがれてしまう。その結果，保護政策の実施にもかかわらず企業が研究開発投資や学習を怠ってしまうという**モラルハザード**（moral hazard）の可能性が生じる。

モラルハザードを回避して一時的保護による当初の目的を達成するためには，予定期間の終了時点において保護を撤廃することに対する政府の**コミットメント**（commitment）が必要であるし，それが保護対象の企業によって**信頼に足るもの**（credible）と認識されていなければならない。しかし，政府の政策に対するスタンスが信頼に足るものでなければ，一時的保護の終了時点になっても再び“幼稚産業”であることを理由に保護の延長が繰り返し要求されて，一時的であるべき保護政策がなし崩し的に永続化してしまうかもしれない。

政策手段の適切性

幼稚産業が保護されるべきものであるとしても，その手段として輸入関税のような貿易政策手段を用いるのは適切ではない。幼稚産業保護のポイントが「学習効果を発揮させるための必要最小規模を実現すること」であるならば，生産補助金によっても同じレベルの保護を実現できるはずである。

図10 - 2 を用いてこの点を確認してみよう。保護のための輸入関税実施後の生産点は y であり，必要最小規模を達成している。輸入財に対する輸入関税を撤廃して同率の生産補助金で置き換えても，生産者の直面する相対価格は変わらないので，生産点も変わらない。したがって，生産補助金の下でも必要最小規模を達成することは可能である。

他方，家計の予算制約は直線(c)で表される。関税が撤廃されれば世界価格の下で輸入財を購入できるので，家計の消費点は直線(c)と無差別曲線の接触する $\hat{x}$ となる。このときの効用水準 $\hat{u}=U(\hat{x})$ は関税下の効用水準よりも高い。

幼稚産業を保護することによって経済厚生上の負担が生じること自体に違いはないが，生産補助金の場合の社会的費用 $U(x^{*})-U(\hat{x})$ は，関税の場合の社会的費用 $U(x^{*})-U(x)$ よりも小さい。**幼稚産業保護の手段としては，輸入関税よりも生産補助金の方が優れており，輸入関税は次善の策（second-best policy）に過ぎない**。一般に，ある目的を達成するための政策手段としては，その目的に直接作用するものが最も経済厚生上の負担が少ない。これを経済政策に関する**特効原則**という。

10.3 戦略的貿易政策論

自国の経済利益を増進させるために，輸入関税や輸出補助金などの手段を用いて不完全競争（特に寡占状況）における企業間の戦略的相互依存関係に介入する政策を**戦略的貿易政策**（strategic trade policies）という。戦略的貿易政策論は，1980年代におけるブランダーとスペンサーによる一連の研究に始まり，以後，今日に至るまで盛んに研究されているテーマである(3)。

本節では，第７章で用いた対称的なＡ国企業・Ｂ国企業からなる国際複占モ

(3) ブランダーとスペンサーによる初期の研究については，Brander, J. A. and B. J. Spencer (1984), Trade warfare: Tariffs and cartels, *Journal of International Economics* 16: 227-242. や Brander, J. A. and B. J. Spencer (1985), Export subsidies and international market share rivalry, *Journal of International Economics* 18: 83-100. などを参照のこと。

デルを利用して，不完全競争環境下の輸入関税と輸出補助金の効果について整理する(4)。

10.3.1　自由貿易均衡

ある市場に対するA国企業の供給量を x，B国企業の供給量を y，両企業に共通する限界費用を c とする。市場の逆需要関数は $P(x+y)$ のように表される。各企業は主観的限界収入と限界費用とが一致するように自らの供給量を選択する。一般に，各企業の反応関数は（実効的な）限界費用に依存しており，A国企業・B国企業の反応関数はそれぞれ $\phi^{A}(y, c), \phi^{B}(x, c)$，のように表される。

図10－3は，ある市場における複占競争を描いたものである。曲線 ϕ^{A} と ϕ^{B} は，A国企業・B国企業の反応曲線をそれぞれ表している。両曲線の交点 e が自由貿易におけるクールノー＝ナッシュ均衡点である。各企業の均衡供給量は x^*，y^* である。曲線 α^* と β^* は，自由貿易均衡点に対応するA国企業・B国企業の等利潤曲線をそれぞれ表している。

10.3.2　輸入関税

A国政府がB国企業からの輸入に対して輸入関税を賦課する場合を考える。従量関税率を $t>0$ とする。問題となっている市場はA国の市場である。

反応曲線の移動

輸入関税が導入されても，A国企業の限界費用には影響がないので，A国企業の反応曲線に変化はない。他方，輸入関税がB国企業によって負担されるものとすれば，B国企業の実効的な限界費用は c から $c+t$ に上昇する。B国企業の利潤最大化条件は次のように変化する。

---

(4)　柳川範之『戦略的貿易政策――ゲーム理論の政策への応用』（有斐閣，1998年）は戦略的貿易政策を集中的に取り上げた教科書である。また，石川城太「戦略的貿易政策」（大山道広編『国際経済理論の地平』［東洋経済新報社，2001年］第19章所収）では，戦略的貿易政策論に関して一般に誤解されがちな論点やそれらの意義についてコンパクトな解説が与えられている。

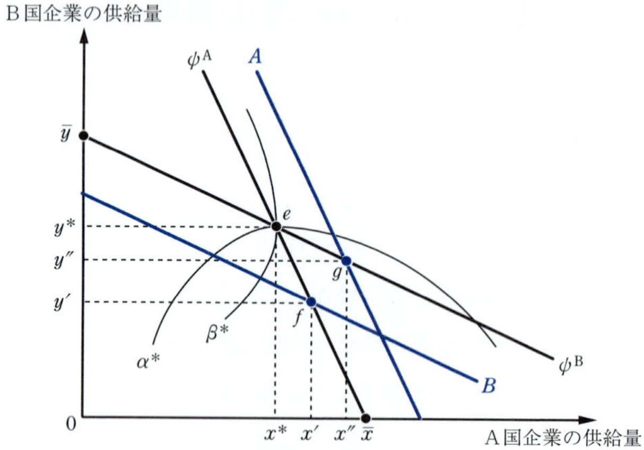

図10-3 戦略的貿易政策と複占均衡

$$P(x+y)+yP'(x+y)=c+t \tag{10.7}$$

左辺はB国企業の主観的限界収入であり，右辺は実効的な限界費用である。これをB国企業の供給量 y について解けば，輸入関税の下でのB国企業の反応関数 $\phi^{B}(x, c+t)$ を求めることができる。

B国企業にとって関税が賦課されることは限界費用の上昇と同等であるから，A国企業の一定の供給量 x に対するB国企業の最適対応の供給量は減少する（第7章の図7-5において，A国企業とB国企業の立場を入れ替えて限界費用 c が上昇する場合を考えてみればよい）。すなわち，$\phi^{B}(x,c+t)<\phi^{B}(x,c)$ である。輸入関税賦課後のB国の反応曲線は，図10-3の曲線 B のように下方（供給量の縮小方向）に移動することになる。

均衡点の変化

図10-3において，A国企業の反応曲線 ϕ^{A} と関税によって移動したB国企業の反応曲線 B の交点 f が，関税下の均衡点となる。A国企業の供給量は x^* から x' へと増加し，B国企業の供給量は y^* から y' へと減少している。自由貿易均衡点 e に対応する等利潤曲線と関税下の均衡点 f の位置関係から，A国企業の利潤は増加するものの，B国企業の利潤は減少していることが分かる。

さらに（線形の需要関数を前提とすれば）総供給量は減少することが示される。すなわち，$Q'\equiv x'+y'<Q^*\equiv x^*+y^*$ である。総供給量が減少するので，価格は $p^*=P(Q^*)$ から $p'=P(Q')$ へと上昇する。しかし，価格の上昇幅は関税率よりも小さく，$0<p'-p^*<t$ が成立している。輸入関税の賦課にもかかわらず輸入財の国内価格は，関税率ほどには上昇しないのである。

利潤の変化

図10 - 4 はA国市場の状況を描いたものである。曲線 D はA国市場における需要曲線であり，高さ c の水平線MC は両国企業に共通の（生産に関する）限界費用曲線である。自由貿易均衡における総供給量は Q^* であり，価格は Q^* に対応する需要曲線上の a 点の高さ p^* で表される。A国企業の供給量は x^* であり，このときの利潤は □p^*fec の面積で表される。同様に，B国企業の供給量は $y^*=Q^*-x^*$ であり，利潤は □$fane$ で表されている。

B国企業に対して輸入関税が賦課されると総供給量は Q' に減少して，価格は Q' に対応する需要曲線上の b 点の高さ p' にまで上昇する。A国企業の供給量は増加し，しかも価格が上昇しているので，A国企業の利潤は逆立ちしたL字型領域 p^*fehkp' の大きさだけ増加する。他方，B国企業の供給量は y' に減少している。関税を支払う“前”の利潤は □$kbmh$ で表されるが，関税 ty' を支払わなければならない。（線形の需要関数を前提とすれば）価格の上昇幅 $p'-p^*$ は関税率 t よりも小さいので，関税支払額は □$kblg$ よりも大きくなる。したがって，B国企業が関税賦課後に実際に受け取る利潤額は □$glmh$ よりも小さい。明らかにB国企業の利潤は減少している。A国市場とB国市場が分断されているので，B国の消費者はA国の輸入関税に影響されない。したがって，A国市場におけるB国企業の損失がそのままB国全体にとっての損失となる。**不完全競争環境においても輸入関税は近隣窮乏化政策なのである。**

経済厚生の変化

価格の上昇によって消費者余剰は台形 p^*abp' の大きさだけ減少する。消費者余剰の減少分のうち，□p^*gkp' の部分はA国企業の利潤の増加分として回

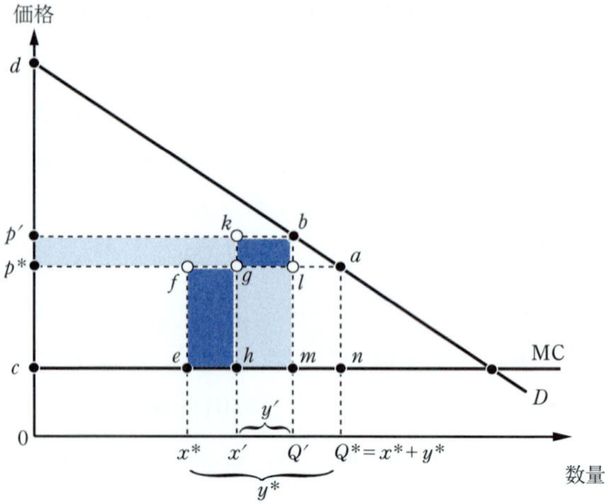

図 10 - 4　複占と関税によるレント移転

収され，□$kblg$ の部分は関税収入として回収されている。したがって，消費者余剰のうち △abl の部分は回収されないままである。A国企業の利潤の増加分のうち □$fghe$ が △abl よりも大きければ，関税導入によってA国の総余剰（＝消費者余剰＋生産者余剰［A国企業の利潤］＋関税収入）は増加する。

A国企業の利潤の増加分のうち □$fghe$ の部分が，自由貿易におけるB国利潤の一部であったことに注意しよう。**関税導入は，B国企業の費用条件を実質的に悪化させてA国市場から押し出し，A国企業がB国企業の利潤を浸食することを可能にしている**のである。これを輸入関税による**レント移転効果**（rent-shifting effect）という。レント移転効果は，完全競争環境における交易条件改善効果とは違う関税政策導入に向けた誘因を与えるものである。

10.3.3　輸出補助金

A国政府がA国企業による輸出に補助金を与える場合を考えよう。従量輸出補助率を $\theta>0$ とする。問題となっている市場はB国の市場である。ここでは，変数 x をB国市場に対するA国企業の輸出量に，変数 y をB国市場に対するB国企業の供給量に置き換えて考える。

反応曲線の移動

A国政府によるA国企業に対する輸出補助金はB国企業の反応曲線を変化させない。しかし，A国企業の実効的な限界費用は c から $c-\theta$ に低下するので，A国企業の利潤最大化条件は次のように変更される。

$$P(x+y)+xP'(x+y)=c-\theta \tag{10.8}$$

上式を x について解けば，輸出補助金の下でのA国企業の反応関数 $\phi^A(y,c-\theta)$ を求めることができる。輸出補助金はA国企業にとって限界費用の低下と同等であるから，B国企業の一定の供給量 y に対するA国企業の最適対応の輸出量は増加する（第7章の図7-5において，A国企業の限界費用 c が低下する場合を考えてみればよい）。すなわち，$\phi^A(y,c-\theta)>\phi^A(y,c)$ である。輸出補助金下のA国の反応曲線は，図10-3の曲線 A のように上方（輸出量の増加方向）に移動することになる。

均衡点の変化

図10-3において，B国企業の反応曲線 ϕ^B と輸出補助金によって移動したA国企業の反応曲線 A の交点 g が，輸出補助金下の均衡点となる。A国企業の供給量は x^* から x'' へと増加し，B国企業の供給量は y^* から y'' へと減少している。自由貿易均衡点 e に対応する等利潤曲線と関税下の均衡点 g の位置関係から，A国企業の利潤は増加するものの，B国企業の利潤は減少していることが分かる。

さらに（線形の需要関数を前提とすれば）総供給量は増加することが示される。すなわち，$Q''\equiv x''+y''>Q^*\equiv x^*+y^*$ である。総供給量が増加するので，価格は $p^*=P(Q^*)$ から $p''=P(Q'')$ へと低下する。しかし，価格の低下幅は輸出補助金率よりも小さく，$0<p^*-p''<\theta$ が成立している。A国企業への輸出補助金が個々の企業の供給量に与える影響の方向は，B国企業への関税と同じであるが，総供給量と価格に及ぼす影響はまったく逆になっている。

輸出国の経済厚生

輸出補助金実施国であるA国政府の観点からすると，B国市場における消費者余剰は問題とならない。したがって，A国の経済厚生の構成要素としては，A国企業の利潤と政府の補助金負担のみを考慮すればよい。

図10－5は，B国市場における状況を描いたものである。曲線 D はB国市場における需要曲線であり，高さ c の水平線 MC は両国企業に共通の（生産に関する）限界費用曲線である。自由貿易均衡における総供給量は Q^* であり，価格は Q^* に対応する需要曲線上の a 点の高さ p^* で表される。A国企業の輸出量は x^* であり，このときの利潤は □p^*fec の面積で表される。

輸出補助金が実施されるとA国企業の輸出量は x^* から x'' へと増加する。輸出補助金によってA国企業の実質的限界費用は $c''=c-\theta$ へと低下している。価格の低下幅は補助金率よりも小さいので，A国企業にとっての価格と実質的限界費用との乖離（マージン）は p^*-c から $p''-c''$ へと拡大している。マージンの拡大と輸出量の増加によって，A国企業の補助金込みの利潤は □$p''glc''$ に増加する。

A国企業が受け取っている補助金額は □$chlc''$ であるが，これは同時にA国政府部門に生じる負担の大きさも表している。補助金の受け払いは，A国企業の利得とA国政府の損失が完全に相殺する。したがって，A国の経済厚生の変化は補助金を除いたA国企業の利潤の変化を見ればよい。輸出補助金の下でA国企業が獲得する補助金抜きの利潤は □$p''ghc$ である。自由貿易状態と比べると，価格の低下によって □p^*fkp'' の大きさの利潤が低下し，輸出量の増加によって □$kghe$ の利潤が増加する。価格と限界費用のマージン（$p-c$）の低下率よりも輸出量の増加率の方が高ければ，□p^*fkp'' よりも □$kghe$ の方が大きくなり，輸出補助金によってA国の経済厚生は改善する。このように，**不完全競争の場合，輸出補助金によって補助金実施国の経済厚生が改善する可能性が出てくる**。これは，小国の場合でも大国の場合でも完全競争環境では見ることのできない大きな特徴である。

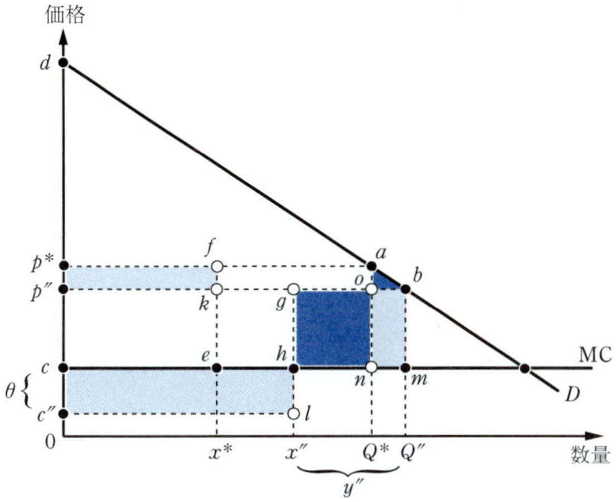

図 10 - 5　複占と輸出補助金政策

輸入国の経済厚生

価格と限界費用のマージンが低下し，供給量も減少するので，B国企業の利潤は低下する。この点で，A国による輸出補助金はB国に損害を及ぼすものである。他方，輸出補助金によってB国市場への総供給量が増加し，価格も低下するので，B国の消費者にとっては利益となる。

A国による輸出補助金下のB国企業の利潤は，図10 - 5の □*bmhg* で表される。自由貿易における利潤 □*anef* と比べると，逆立ちしたL字型の領域 *aoghef* 分だけ小さく，□*bmno* 分だけ大きい（もちろん，領域 *aoghef* よりも □*bmno* の方が小さい)。価格の低下によって台形 *p*abp″* の分だけB国の消費者余剰は増加している。この消費者余剰の増加の一部（□*aokf*）がB国企業の利潤の減少の一部をカバーしていることに注意しよう。B国全体で見ると，台形 *abmn*（＝△*abo*＋□*bmno*）と □*p*fkp″* の利得と □*ghek* の損失が生じている。したがって，□*ghek* よりも台形 *abmn*＋□*p*fkp″* の方が大きければ，A国の輸出補助金によってB国の経済厚生は改善することになる。**A国の輸出補助金によって，A国とB国の経済厚生が同時に改善する「パレート改善」の可能性が生じる**のである。

10.3.4　戦略的貿易政策論の注意点

不完全競争環境における企業間の戦略的相互依存関係に介入する戦略的貿易政策では，完全競争環境では見ることのできない効果が生じうる。しかし，これらの効果は想定しているモデルの微妙な性質に大きく依存しており，注意が必要である。たとえば，本節で示したレント移転効果によって関税賦課国の経済厚生が改善するためには，関税賦課による国内価格上昇幅が関税率よりも小さくなることが必要であるが，そのためには需要曲線の傾きのほうが（主観的）限界収入曲線の傾きよりも緩やかでなければならない。線形の需要関数の場合，この条件は満たされているが，一般の需要関数の場合に満たされるとはかぎらない。

他にも，企業の費用構造，製品差別化の有無，競争形態，企業数や参入・退出の可能性，分断市場・統合市場など，第 7 章で指摘した不完全競争の類型のわずかな違いによって，輸入関税や輸出補助金の効果の大きさのみならず，効果が正か負かといった効果の方向性すら異なりうる。戦略的貿易政策論からの結論を実践に移す際には，慎重な検討が必要なのである。

10.4　国内政治過程

これまでは，一国の全般的な経済厚生の改善を目的として政策決定を行う政府・政策決定主体を前提に議論してきた。しかし，公平無私の“理想的政府”が存在しているわけではない。内閣，議員と議会，あるいは官僚組織などの政策決定者は，国民全体のことを考慮するよりもむしろ自分自身の目的を達成するように政策を決定するかもしれない。また，政策決定は様々な政治的手続きや制度と人々の“市場外”での活動を通じて行われるので，それが社会的にみて望ましい結果を生み出すとはかぎらない。本節では，国内の政治過程が貿易政策決定に及ぼす影響について検討する。

10.4.1　多数決と政党間競争

日本やアメリカなど，ほとんどの“民主主義的”な先進国では代議制が採用されており，議会を通じて各種の政策が決定される。議会における決定方式として**単純多数決ルール**（simple majority voting rule）が採用されているものとしよう。すなわち，議会に提出された議案は，賛成者の数が反対者の数を上回っていれば採択され，逆ならば否決される。もし，議会における議員の意見分布が国民全体の意見分布を正しく反映しているならば，これは国民１人１人が直接投票を行う直接民主主義の下での単純多数決による決定と同じ結果を生み出す（以下では，直接民主主義の下での単純多数決を念頭に議論を進めるが，実際には議会を通じた決定と考えるべきものである）[(5)]。

個人の利害

資本と労働という２種類の生産要素を用いて輸出財と輸入財を生産できる小国経済を考える。議論を明確にするために，輸入財は「資本集約財」としておく（輸入財が労働集約財であっても，まったく同様の議論が可能である）。

第４章のストルパー＝サミュエルソン定理で示されたように，相対価格の変化は資本レンタルと労働賃金率の間における利害対立を生み出す。所得の源泉を労働のみに頼っている「労働者」と資本のみに頼っている「資本家」という２つの階級に国民全体を分割できるならば，所得の人的分配と機能的分配とが一致する。純粋な労働者や資本家である個人も存在しているかもしれないが，現実の個人は程度の違いはあっても労働所得と資本所得の両方を得ていると考えてよいであろう。

さて，この国は L 人の個人（有権者）から構成されているものとする。消費財に対する選好はすべての個人にわたって共通で，すべての個人は労働力を

(5)　ここでの多数決による関税率の決定に関する議論は，Mayer, W. (1984), Endogenous tariff formation, *American Economic Review* 74 (5): 970-985. を簡略にしたものである。議会・委員会等における各種の決定方式や政治制度の実証的・規範的性質については，デニス・C・ミュラー（加藤寛監訳）『公共選択論』（有斐閣，1993年）が優れた解説を与えている。

1単位ずつ保有しているが，資本の保有量は個人ごとに異なっているものとする。賃金率を w，資本レンタルを r とすれば，資本を k だけ保有している個人の所得 I は次のように表される（関税政策の場合，厳密には，関税収入を個人間でどのように配分するのかについても考慮しておかなければならない。ここでは関税収入の配分については無視しておく）。

$$I \equiv w \times 1 + rk \tag{10.9}$$

輸入関税率を τ とする。小国経済を想定しているので，関税率の引き上げは輸入財の相対価格の上昇と同等である。現行の関税率を引き上げると，次のように個人の所得水準は変化する。

$$\left[\frac{\Delta I}{\Delta \tau}\right] = \left[\frac{\Delta w}{\Delta \tau}\right] + k\left[\frac{\Delta r}{\Delta \tau}\right] \tag{10.10}$$

ストルパー＝サミュエルソン定理と各財の資本集約性に関する仮定より，関税率の引き上げは賃金率を低下させ（$\Delta w/\Delta\tau<0$），資本レンタルを上昇させる（$\Delta r/\Delta\tau>0$）。関税率の引き上げは，資本保有量 k の大きな個人に所得の増加をもたらし，資本保有量 k の小さな個人には所得の減少をもたらすことが分かる。$\Delta I/\Delta\tau>0$ となる個人は関税率の引き上げを望み，$\Delta I/\Delta\tau<0$ となる個人は関税率の引き下げを望む。ちょうど $\Delta I/\Delta\tau=0$ となる個人は，現行関税率の引き上げも引き下げも望まない。言い換えれば，そのような個人にとっては現行の関税率が最適なのである。(10.10)式において $\Delta I/\Delta\tau=0$ として，これを k について解けば，現行関税率が最適となるような個人の資本保有量を現行関税率の関数 $\varphi(\tau)$ として表すことができる。

$$\left[\frac{\Delta I}{\Delta \tau}\right]=0 \quad \Leftrightarrow \quad k=-\frac{[\Delta w/\Delta\tau]}{[\Delta r/\Delta\tau]} \quad \Leftrightarrow \quad k=\varphi(\tau) \tag{10.11}$$

現行の関税率を τ とすると，資本保有 k が $\varphi(\tau)$ を上回る個人は関税率の「引き上げ案」に賛成し，逆に $\varphi(\tau)$ を下回る個人は関税率の「引き下げ案」に賛成するであろう。このことから，現行関税率が最適となるような資本保有量を表す関数 φ は関税率 τ の増加関数となることが分かる（図10－6の下側は，縦軸下方に向かって関税率，横軸右に向かって個人の資本保有量を測った

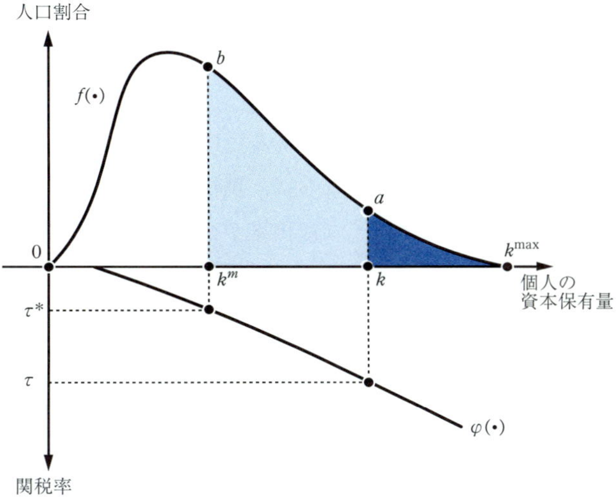

図 10 - 6　中位投票者定理による関税率の決定

平面上に φ のグラフを描いたものである)。

資本保有と意見分布

この小国経済に属する個人の資本保有量はゼロから $k^{\max}>0$ の間に分布しており，この分布は密度関数 f で表されるものとする。図10 - 6 上側は資本保有に関する密度関数の一例を示したものである。図のように，ある資本保有量 k をとると，k の右側で f の下側となる領域 $kak^{\max}$ の面積は，資本保有量が k よりも大きくなる人数（有権者数）の全有権者数に対する割合を表す（k の左側で f の下側となる領域 $kab0$ の面積は，資本保有量が k よりも小さい個人の割合である)。図10 - 6 の場合，k 以上の資本を保有する有権者の数は k 以下の資本を保有する有権者の数よりも少ない。

今，現行関税率が図10 - 6 の τ のように与えられているものとしよう。資本保有量が $k=\varphi(\tau)$ の個人にとっては現状の関税率が最適である。$\varphi(\tau)$ を上回る資本を保有している個人は関税率の引き上げを支持し，$\varphi(\tau)$ を下回る資本を保有している個人は関税率の引き下げを支持する。個人の資本保有に関する分布（密度関数 f）と現行関税率 τ が与えられると，現行関税率からの引き上げ・引き下げに対する国民の意見分布が定まるのである。

多数決ルールの下での均衡

現行の関税率に対する「引き上げ案」あるいは「引き下げ案」のいずれかが単純多数決ルールの下で採択されるならば，現行関税率は改定される。多数決ルールの下で現行関税率を覆すような対抗案が存在しているならば，そのような現行関税率は長続きせず均衡とはなりえない。言い換えれば，多数決ルールによって覆されることのない関税率が存在すれば，その関税率は均衡となる。

ある k^m に対して，資本保有量 k が $k \geqq k^m$ となる個人の割合と $k \leqq k^m$ となる個人の割合がともに50％となるとき，k^m を密度関数 f の**中位点**（median）といい，資本保有量が k^m であるような個人を**中位投票者**（median voter）という。中位投票者が最適と考える関税率を τ^* とする。すなわち，$k^m = \varphi(\tau^*)$ である。

> 単純多数決ルールの下では，中位投票者にとって最適な結果が採択される。

上の結果を**中位投票者定理**（median voter theorem）という。証明は次のように簡単である。今，現行関税率が，たとえば $\tau' > \tau^*$ のように中位投票者の支持する税率よりも高かったとしよう。現行関税率 τ' を最適とする資本保有量は $k' \equiv \varphi(\tau')$ であり，資本集約性に関する仮定より $k' > k^m = \varphi(\tau^*)$ である。中位点の定義より，資本保有量が k' より多く現行関税率 τ' よりも高い関税率を望む個人の割合は50％未満となる（現行関税率よりも低い関税率を望む個人の割合は50％を超える）。したがって，τ' に対する「引き下げ案」が提案されれば，単純多数決ルールによって採択されるので τ' は均衡とはならない。他方，現行関税率が中位投票者が最適と考える τ^* であるならば，「引き上げ案」も「引き下げ案」も賛否が拮抗してどちらも採択されず，現行関税率がそのまま成立する。この結果は，分布の形（密度関数 f）には依存しないという意味で頑健なものである。

中位投票者にとってゼロの関税率が最適とはかぎらない。すなわち，**直接民主制における単純多数決ルールの下で，関税率ゼロの自由貿易が成立するとは**

かぎらないのである。当然，単純多数決ルールの下での均衡関税率がゼロでなければ，貿易均衡もまたパレート効率的ではありえない。多数決を通じて“民主主義的”に関税率を決定することに対して，パレート効率性が阻害されるという社会的費用がかかっているのである。

政党間競争

上の結果は，保護貿易の程度（関税率の水準）を争点として，2つの政党が多数決ルールの下で選挙に勝利することを目的に競い合っている状況にも当てはめることができる。もし第1の政党が中位投票者 k^m にとって最適な関税率，すなわち $k^m=\varphi(\tau^*)$ を満たす関税率 τ^* を政策として提案しているならば，第2の政党が別のどのような関税率を提案しても，有権者の半数を超える支持を取り付けることはできない。したがって，中位投票者にとって最適な関税率を提案した第1の政党が多数決ルールの下で勝利することになる。2大政党による政党間競争においても中位投票者定理が成立するのである。

10.4.2　献金による政治的支持

保護貿易による損失は（全体としては大きくても）広く浅く分散して個人間で負担されるものであるのに対して，保護の利益は狭く厚く特定のグループに集中して生じてくる。保護によって利益を共有する個人は**利益集団**（interest group）を構成する。利益集団が，メンバー共通の利益を増進するために何らかの形で政治的影響力を行使するとき**圧力団体**（pressure group）と呼ばれる。たとえば，日本では，日本経済団体連合会（経団連），日本商工会議所，経済同友会などの産業横断的な経営者の団体（いわゆる「財界」），日本労働組合総連合会，全国労働組合総連合などの産業横断的な労働者組織，全国農業協同組合中央会や日本自動車工業会のような特定産業の業界団体，あるいは日本医師会や日本弁護士連合会のような特定の職能・資格に関わる団体などがよく知られている。

利益集団・圧力団体は，ロビー活動やキャンペーン，寄付・政治献金を通じて，また，ときには買収・賄賂などの違法な手段をも行使して，自らの目的にとって有利な政策を引き出そうとする。こうした活動は**レント・シーキング**（rent seeking）と呼ばれ，個々の利益集団・圧力団体にとっては利益となるかもしれないが，社会的には資源の浪費につながる非生産的な活動と見なされている。

ここでは，ある小国において，輸入競合産業に関わる特殊要素の所有者が圧力団体を形成し，現在の政府に寄付・政治献金を提供することを通じて影響力を行使する状況を想定する。圧力団体による寄付・政治献金の結果，政府が保護貿易政策の実施を選択する可能性を示す(6)。

政府の目的

小国経済を想定しているので，関税率 τ が与えられると国内価格が確定する。消費者余剰と生産者余剰および関税収入，それらの合計である総余剰も確定する。関税率 τ の下での総余剰を $W(\tau)$ と表す。自由貿易の利益に関する分析から明らかとなっているように，小国の場合，関税率がゼロのときに総余剰 W は最大となる。すなわち，任意の $\tau \neq 0$ に対して $W(0) > W(\tau)$ である（$\tau > 0$ のときには，輸入関税による死重の損失が発生するので総余剰は低下する。また，$\tau < 0$ は輸入補助金であり，ラーナーの対称性定理より輸出補助金と同等であるから，やはり死重の損失が生じて総余剰は低下する）。

もし政府（政策決定者，政権政党）がそれ自身の目的として総余剰 W で表される国民全体の利益のみを考慮しているならば，輸入競合産業からのいかなる寄付・政治献金に対しても政府の選択する関税率はゼロとなり，自由貿易が成立することになる。しかし，政権運営を円滑にしたり，次期選挙や地元対策等の政党活動の資金のために寄付・政治献金が有用であれば，政府は自らが受け取る寄付金額も考慮するであろう。**政府の利得 G は，寄付金の受取額 C と総余剰 W の荷重和で表されると想定する。**

$$G = C + \lambda W(\tau) \tag{10.12}$$

(6) ここでの議論は，Grossman, G. M. and E. Helpman (1994), Protection for sale, *American Economic Review* 84 (4): 833-850. を簡略にしたものである。

ただし，$\lambda>0$ は政府利得における総余剰のウェイトである。λ が大きいほど，現政権は国民全体の利益を重視することを表している。政府利得は，寄付金額 C が大きいほど高くなり，関税率 τ がゼロから離れるほど低くなる。

政府利得 G の大きさを一定として，次のように関数 R を定義する。

$$R(\tau,G)\equiv G-\lambda W(\tau) \tag{10.13}$$

たとえば，$\tau>0$ とすれば死重の損失が生じて総余剰は低下するが，$R(\tau,G)$ だけの寄付金を受け取ることができれば，政府は利得 G を確保できる。すなわち，$R(\tau,G)$ は，関税 τ を実施するときに利得 G を確保するために必要とされる受入額（最小の寄付金要求水準）を表しているのである。

図10－7は，縦軸に寄付金額，横軸に関税率を測った平面上に R のグラフを描いたものである。原点を通る黒い曲線 $R(\tau,G_0)$ は，寄付金なし（$C=0$）で自由貿易を行った（$\tau=0$）ときに政府の獲得できる利得水準 $G_0=0+\lambda W(0)$ に対応する最小寄付金要求水準 $R(\tau,G_0)$ のグラフを描いたものである。定義より，$\tau=0$ のときの最小寄付金要求水準はゼロである。$R(\tau,G_0)$ の曲線が縦軸の右側で右上がりとなっているのは，関税率引き上げによる総余剰の減少を補塡して G_0 を維持するために正の寄付金が必要となるからである（縦軸の左で右下がりである理由も同様である）。関税率をさらに引き上げると，一層急速に死重の損失が生じるので，補塡のために必要とされる寄付金供給水準は急速に高くなる。このことを反映して，$R(\tau,G_0)$ のグラフは下に凸の形に描かれている。R のグラフは，いわば政府にとっての無差別曲線を表しており，たとえばもう1つの曲線 $R(\tau,G)$ は G_0 よりも高い利得 G に対応する政府の無差別曲線である。

利益集団・圧力団体の利得

輸入競合産業に関わる特殊要素の保有者が全体として利益集団を形成しているものとしよう。まず第一に，輸入競合産業の利潤が問題である。小国を仮定しているので，関税率 τ が与えられると輸入財の国内価格が定まり，利潤も確定する。関税率 τ の下での輸入競合産業の利潤を $\Pi(\tau)$ と表す。輸入関税は

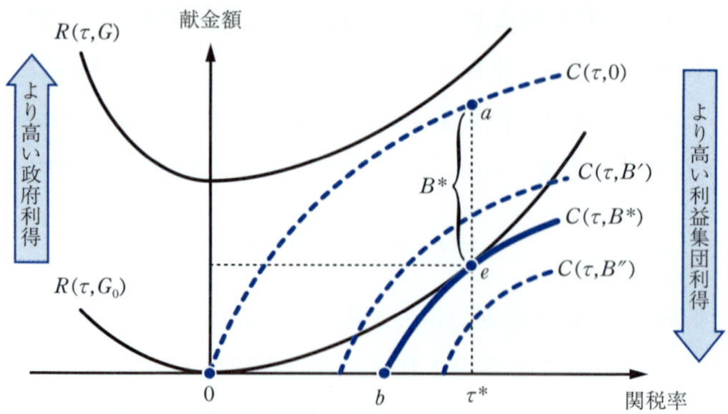

図 10 - 7　政治献金モデルによる関税率の決定

輸入競合産業を保護するので，関税率が上昇すると $\Pi(\tau)$ も増加する。

輸入競合産業の利益集団がまったく寄付を行わなければ，政府はゼロ関税率を選択する。したがって，利益集団は政治献金を行わなくとも $\Pi(0)$ の利得を確保できる。もし利益集団が政治献金を行って，関税率を $\tau>0$ まで引き上げさせることに成功すれば，$\Pi(\tau)-\Pi(0)$ だけの利潤の増加が見込まれる。これが寄付を行うことの便益なので，利益集団は $0\leqq C\leqq\Pi(\tau)-\Pi(0)$ の範囲でならば寄付 C を行う。寄付を行うことによる純便益は $B=\Pi(\tau)-\Pi(0)-C$ である。ここで，

$$C(\tau,B)\equiv\Pi(\tau)-\Pi(0)-B \qquad (10.14)$$

のように関数 C を定義すると，これは利益集団が純便益 B を確保するために支払ってもよいと考える最大の寄付金額を表している（寄付金額そのものと，関税率と純便益の関数とに同じ記号を用いている）。

図10 - 7 の原点を通る青い破線の曲線 $C(\tau,0)$ は，寄付をせず自由貿易が行われた場合の利益集団の純便益 $B=0$ に対応する最大寄付金額 $C(\tau,0)$ を表している。関税率が上昇すると，利益集団を構成する輸入競合産業の利潤が増加するので，支払い可能な寄付金額は増加する。さらに一層関税率が増加すると利潤は増加するものの，その保護効果は薄れてくる。これらの事実を反映して $C(\tau,0)$ のグラフは右上がりで上に凸の図形となっている。一般に，$C(\tau,B)$ は

利益集団の無差別曲線と見なすことができる。定義から明らかなように，下方に位置する曲線ほど利益集団にとって高い利得に対応している。図10-7の$C(\tau,0)$，$C(\tau,B')$，$C(\tau,B^*)$，および$C(\tau,B'')$における利益集団の純便益は$0<B'<B^*<B''$となっている。

政策決定ゲームと均衡

利益集団が条件付きの寄付計画を提示して，それを踏まえて政府が関税率を決定するような順序で行われる政府・利益集団間の政策決定ゲームを考える。利益集団が**先行者**（leader）で政府が**追随者**（follower）である。利益集団による条件付き寄付計画とは「決定される関税率に応じて寄付金を支払う」ことを政府に約束する提案である。様々な寄付計画を考えることが可能であるが，ここで利益集団は最大寄付金額$C(\tau,B)$の中から寄付計画を選択するものと想定する（純便益の水準Bを1つ指定すれば，それに対応して1つの条件付き寄付計画が定まる）。

政府は，寄付金がなくとも$G_0\equiv\lambda W(0)$の利得を確保できるので，政府利得がG_0を下回るような寄付計画は受け入れない。逆に先行者である利益集団の立場から見れば，G_0を保証できる寄付計画ならば政府は受け入れるので，そのような寄付計画の中で最も利益集団にとっての利得が高くなるものを選べばよいことが分かる。

図10-7において，政府の無差別曲線$R(\tau,G_0)$上で利益集団の純便益が最も高くなるのはe点である。したがって，利益集団にとってはe点で獲得できる純便益B^*に対応する寄付計画$C(\tau,B^*)$を提示することが最適となる。利益集団から提示された寄付計画$C(\tau,B^*)$を前提として——すなわち，利益集団の無差別曲線$C(\tau,B^*)$上で——政府の利得が最も高くなるのは再びe点であり，政府にとってはe点に対応する関税率τ^*を選択することが最適である。これが政府・利益集団間のゲームのナッシュ均衡であることは容易に確かめられる。**輸出競合産業の利益集団による寄付を通じた政策決定への影響力の行使によって保護貿易政策が選択される**のである。

政府が関税率τ^*を選択すると，実際の寄付金額は$C(\tau^*,B^*)$となる。利益

集団は関税率が τ^* のときに，最大で $C(\tau^*,0)$ の金額を支払うことができるにもかかわらず $C(\tau^*,B^*)$ の寄付で済んでいるので，これらの差額が純便益の大きさとなる。すなわち，$B^*=C(\tau^*,0)-C(\tau^*,B^*)$ である。$C(\tau^*,B^*)$ は図10-7の e 点の高さ，$C(\tau^*,0)$ は a 点の高さであるから，均衡における利益集団の純便益 B^* の大きさは線分 ae の長さで表される。

均衡における利得と厚生

利益集団は，政策決定ゲームのナッシュ均衡において純便益 $B^*=\Pi(\tau^*)-\Pi(0)-C(\tau^*,B^*)$ を得る。$B^*>0$ なので，明らかに自由貿易の場合よりも高い利益を獲得することになる。他方，均衡における政府の利得は $C(\tau^*,B^*)+\lambda W(\tau^*)$ であり，これは G_0 に等しい。すなわち，政府の利得は寄付金なしの自由貿易の場合と変わらない。しかし，$\tau^*>0$ なので総余剰 $W(\tau^*)$ は自由貿易の場合よりも小さくなっている。**利益集団によるレントシーキング活動は一国の経済厚生全体を阻害する**のである。

対立する複数の利益集団

ここまでは，海外企業との競争からの保護を求める輸入競合産業に関連する利益集団・圧力団体の行動と政策決定との関係を見てきた。しかし，輸入からの保護ではなく，輸出促進や貿易自由化を求めて行動する（主として国内輸出産業に関連する）利益集団・圧力団体が政府に働きかけを行うことも考えられる。保護政策を求める圧力団体と自由化を求める圧力団体とによる活動がバランスして，政府の選択する対外政策を（たまたま）自由貿易に近いものにする可能性はあるが，その場合でも，献金や寄付という形で政策決定に働きかけを行うという基本的には生産的でない活動に人的・時間的・資金的，そのほか様々な資源が浪費されてしまうという点に変わりはない。

練習問題

1. 経済産業省や農林水産省などのホームページ等を手がかりとして，日本の農産品（特にコメ）の貿易自由化に関して，どのようなグループ・団体が，どのような根拠に基づいて，賛成しているのかあるいは反対しているのかについて調べてみなさい。

2. A国の輸入需要関数を $M(p) \equiv 280-p$，その貿易相手であるB国の輸出供給関数を $X(p) \equiv 3p$ とする。このとき，下の各問に答えなさい。

(a) A国の従量輸入関税率を t とするとき，A国の輸入関税下の貿易均衡における世界価格 p^* と均衡取引数量を t の関数として表しなさい。

(b) A国の総余剰を t の関数として表しなさい。

(c) A国の禁止的関税率を求めなさい。

(d) A国にとっての最適関税率を求め，そのときのA国の余剰の大きさを示しなさい。

3. A国・B国からなるクールノー複占型相互貿易モデルを考える。A国市場の逆需要関数が $P(Q) \equiv 600-Q$ のように与えられている。また，A国企業・B国企業の費用関数を $C(x) \equiv 30x$，$C(y) \equiv 30y$ のように特定化する。ただし，Q はA国市場への総供給量，x，y はそれぞれA国企業・B国企業の供給量である。B国企業に対する従量関税率を t とするとき，次の各問に答えなさい。

(a) クールノー＝ナッシュ均衡におけるA国企業・B国企業の供給量を t の関数として表し，t の上昇によってそれらがどのように変化するか確認しなさい。

(b) 均衡価格および均衡における総供給量を t の関数として表し，t の上昇によってそれらがどのように変化するか確認しなさい。

(c) A国の総余剰（＝消費者余剰＋A国企業の利潤＋関税収入）を t の関数として表しなさい。

(d) 上の結果から，関税率をゼロから少し引き上げたとき，A国の総余剰が増加することを確認しなさい。

(e) 寡占状況におけるA国にとっての最適関税率を求めなさい。

第11章　貿易交渉とルール

第２次世界大戦後，およそ50年にわたって世界の貿易取引に一定の規律をもたらしてきたのは**関税及び貿易に関する一般協定**（GATT：General Agreement on Tariffs and Trade）であった。1995年にGATTの理念を受け継ぐ形で**世界貿易機関**（WTO：World Trade Organization）が設立された。現在ではWTOが，国際貿易・投資に関連する情報を収集・開示し，加盟国間で生じる様々な貿易・投資関連の問題について討議・交渉・調整することを通じて，一定のルールの下で問題解決を図る場となっている。

本章では，まず，GATTからWTOに引き継がれた自由貿易・貿易自由化の考え方と無差別原則の意義およびWTOの役割について説明する。次に，GATT・WTOの規範が存在しない世界における保護主義的な関税競争の理論的分析を紹介する。関税競争は各国の厚生を悪化させ，世界全体の効率性をも阻害することを示す。さらに，国際的な関税交渉と合意によって世界全体の効率性を回復させられること，および，ある条件の下では国際的な合意が参加各国によって自発的に守られることも示す。また，WTOの規範の下で認められている不当廉売関税・相殺関税・緊急輸入制限のような貿易救済措置の意義と効果についても学習する[(1)]。

(1)　本章におけるGATT・WTOの諸規範・ルールに関する記述全般についての参考文献として，松下満雄『国際経済法：国際通商・投資の規制［改訂版］』（有斐閣，1996年），津久井茂充『WTOとガット〈コンメンタール・ガット1994〉』（日本関税協会，1997年），および田村次朗『WTOガイドブック』（弘文堂，2002年）をあげておく。また，各種協定等の条文の引用は，特に断りのないかぎり，小寺彰・中川淳司編『基本経済条約集』（有斐閣，2002年）からのものである。

11.1 GATT・WTO 小史

GATT 成立の背景

1929年10月のアメリカのウォール街で生じた株価の大暴落は，世界経済を「大恐慌」に巻き込んだ。アメリカは，スムート＝ホーレイ関税法を制定し，外国からの輸入品に対して極めて高い関税率を賦課したり，輸入制限を実施することで国内競合産業の保護を図った。しかし，これは諸外国からの強い反発を招き，報復的関税率の引き上げの応酬という関税競争・関税戦争の状況をもたらした。また，イギリスやフランスが，それぞれの本国・植民地諸国間での特恵関税制度を強化したり，通貨の切り下げと同一通貨圏による**ブロック経済化**を推し進めたりしたため，世界の貿易取引は急速に縮小して状況を一層悪化させた（世界の総輸入額は，1929年１月にはおよそ30億ドルであったが，1933年１月には９億９千万ドルへと減少した）。これらを背景に，資源確保や領土拡張への要求など，世界各国において経済ナショナリズムが高まり，第２次世界大戦という惨禍を引き起こす大きな要因となった。

ブロック経済化などの保護主義的対応が戦争という大きな犠牲を伴うものであるとの反省から，世界平和と経済的繁栄のためには，通貨の安定性・信頼性を確保すること，および国際貿易を健全に拡大させることが重要であると考えられた。まず，国際通貨・金融の面では，第２次世界大戦終結に先立つ1943年に連合国45カ国の代表によって**国際通貨基金**（IMF：International Monetary Fund）および**国際復興開発銀行**（IBRD：International Bank for Reconstruction and Development，通称「**世界銀行**」World Bank）という２つの国際機関の設立協定が締結された。これらを，会議が行われた場所の名にちなんで**ブレトンウッズ協定**という[(2)]。

国際貿易の面では，アメリカが1945年に「世界貿易と雇用の拡大に関する提案」を行い，国際連合の下で「国際貿易機関」（ITO：International Trade

⑵ IMF や IBRD の役割の詳細や変遷については，岩本武和『国際経済学 国際金融編』（ミネルヴァ書房，2012年）を参照のこと。

Organization）を設立することが企図された。多くの国際交渉の後，1948年に「国際貿易機関憲章」が成立した。会議の開催された都市の名を冠して**ハバナ憲章**と呼ばれている。国際貿易機関憲章は，関税，貿易制限，補助金，制限的取引慣行など，広範囲な領域における制限措置の軽減・廃止を目的とするなど，今日の WTO にもつながるきわめて先進的・意欲的な内容を含むものであった。しかし，53カ国が署名したものの，アメリカ議会（上院）やイギリスによる反対もあり，実際に批准に至ったのはオーストラリアとリベリアの２カ国のみで，結局，国際貿易機関は不成立に終わった。

国際貿易機関憲章に関する交渉とは別に，1947年にアメリカの提案に基づいて23カ国の参加する関税の引き下げ等に関する多角的交渉が行われた。このときの多国間協定をとりまとめて成立したのが「関税及び貿易に関する一般協定」，すなわち GATT である。本来 GATT は，国際貿易機関憲章が発効したあかつきにはそれに組み込まれるべき性質の協定であったが，国際貿易機関が不成立となったために GATT のみが暫定的に適用されることとなった。GATT は IMF や IBRD のように強い法的権限をもつ正式の国際機関ではなかったが，これらの国際機関と並んで第２次世界大戦後の国際経済秩序の形成と発展に大きな役割を果たしてきた(3)。

多角的貿易交渉

GATT では，数次にわたる多角的交渉を通じて，貿易自由化と貿易の拡大を実現してきた（図11－1を参照）。1947年のジュネーブにおける第１回交渉から1961年～62年にかけて行われた第５回交渉であるディロン・ラウンドまでは，**国別・品目別交渉方式**（リクエスト・オファー方式）によって関税交渉が進められた。これは，各国が相手国に対して関税引き下げを求める品目の要求表を提示し，相手国が引き下げに応じられる譲許可能な品目のリストを作成し，

(3) 日本は1955年に正式加入が認められて GATT の締約国となった。ただし，イギリス・フランスなどを含む14の既締約国が，特定締約国（今の場合，日本）に対する協定の不適用を定めた GATT 第35条を援用したため，正式加盟後も日本は差別的な扱いを受けてきた。日本に対する GATT 第35条の援用がすべて撤回されたのは1964年になってからであった。

〈市場アクセス分野〉　〈ルール分野〉

	鉱工業品関税	1947年	第1回交渉				
		1948年1月	GATT　発足				
	鉱工業品関税	1949 ~1961年	第2回交渉 ~ディロン・ラウンド				
	鉱工業品関税	1964 ~1967年	ケネディ・ラウンド	AD 等			
	鉱工業品関税	1973 ~1979年	東京ラウンド	AD, TBT, 政府調達, 補助金, ライセンシング等			
サービス 農業	鉱工業品関税	1986 ~1994年	ウルグアイ・ラウンド	AD, TBT, 政府調達, 補助金, ライセンシング等	繊維協定, PSI, 原産地, TRIPS, SPS, DSU, TRIMs		
		1995年1月	WTO　発足				
サービス —エネルギー —流通 —電子商取引 農業	鉱工業品関税	2001年~	ドーハ開発アジェンダ	AD 補助金 地域貿易協定	TRIPS（部分的交渉）	投資※ 競争※ 貿易円滑化 政府調達の透明性※ 電子商取引	環境

□ は BIA（ビルト・イン・アジェンダ）／※準備交渉の開始

図 11 - 1　WTO における自由化交渉の流れ

出所：経済産業省『不公正貿易報告書 2011年版』図表Ⅱ総-3。注：AD＝Anti-Dumping（アンチ・ダンピング），TBT＝Technical Barriers to Trade（貿易の技術的障害），PSI＝Preshipment Inspection（船積み前検査），TRIPS＝Trade Related aspects of Intellectual Property Rights（知的所有権の貿易関連の側面），SPS＝Sanitary and Phytosanitary Measures（衛生植物検疫措置），DSU＝Understanding on Rules and Procedures Governing the Settlement of Disputes（紛争解決に係る規則及び手続に関する了解），TRIMs＝Trade Related Investment Measures（貿易に関連する投資措置）。

交換することによって交渉を進めていくものである。

第1回交渉では23カ国が参加し，およそ45,000品目について関税譲許が行われた。その後，回を追うごとに参加国数・関税譲許品目数も増加していった。しかし，ディロン・ラウンドのころには，経済大国である欧米諸国が関心を示さない品目についての交渉が困難になったり，低関税率を実現している国の譲許可能品目が少なくなることによって高関税国に対して交渉上不利な立場におかれたりなど，国別・品目別交渉方式の問題点が認識されるようになった。

1964年～67年に行われた**ケネディ・ラウンド**では，関税率の**一括引き下げ方式**が採用された[(4)]。これは，あらかじめ定められた一定の算式に基づいて，一

(4)　このケネディ・ラウンドはアメリカ大統領ケネディ（J. F. Kennedy）の提唱によっ↗

斉に関税率の引き下げを行うものである。ケネディ・ラウンドでは現行税率を一律に削減する方式がとられ，農産品以外の品目について平均35％の削減が実現した。また，ケネディ・ラウンドでは，関税のみならず非関税障壁についても取り上げられ，ダンピング防止に関連する分野において「関税及び貿易に関する一般協定第6条の実施に関する協定」，いわゆる**ダンピング協定**が成立した。

1973年，東京でのGATT閣僚会議において開催が宣言された**東京ラウンド**（1973年～79年）では，関税引き下げに加えて，非関税障壁への取り組みが重要課題となった。まず，関税については，**ハーモナイゼーション方式**を用いた算式による一括引き下げが実施された。これは，高関税率であるほど引き下げ率を大きく設定するものであり，引き下げ後の関税率を平準化する働きがある。非関税障壁に関しては，補助金・相殺措置，基準・認証制度，政府調達，ライセンシング，アンチダンピングなどの分野において，それぞれ協定（コード）が策定された。

ウルグアイ・ラウンド

1950年代以降の東西冷戦構造の中にあってアメリカは，経済的・政治的な配慮からGATTによる多角的貿易自由化路線の旗振り役を務めてきた。しかし，巨額の貿易赤字と国際社会における相対的地位の低下に苦しむようになると，しだいに保護主義的なスタンスへと傾いていった。70年代の2度の石油危機後の状況変化の中で，ヨーロッパ諸国をはじめ他の国々でも保護主義的傾向が拡大してきた。その結果，**輸出自主規制**（VER：Voluntary Export Restraint）の要求や**市場秩序維持協定**（OMA：Orderly Market Agreement）などの締結といったGATTの規定上は「灰色措置」と見なされる双務主義的手段によって貿易摩擦に対処することが多く見られるようになった。また，アメリカの通商法301条のように，他国の貿易慣行が不公正であると一方的に判断して制裁措置を実施するといった威嚇手段もとられるようになった。

加えて，経済発展に伴うサービス経済化，インターネットをはじめとする電

↘て開始されたので，このように呼ばれている。

子機器・電気通信技術の進歩，あるいは海外直接投資など企業の海外進出の拡大によって，従来は国際取引にはなじまなかった「サービス」の問題や，知識・情報・技術の取引あるいはコピー商品・海賊版・模倣に関わる「知的所有権」の問題，企業による「投資」の問題，あるいは純粋に国内問題と捉えられていたような「公衆衛生」や「労働」その他の国内諸規則の問題などが，国際貿易に関わる重大な関心事として取り沙汰されるようにもなった。

灰色措置を伴う保護主義の台頭と新分野の出現に対応するため，1986年，南米ウルグアイのプンタ・デル・エステにおいて**ウルグアイ・ラウンド**の開始が宣言された。124の参加国を得て，期間は当初４年間の予定であった。農業や政府調達など政治的にセンシティブな分野や**サービス貿易**（Trade in Services）や**知的所有権**（Intellectual Property Rights）あるいは**貿易関連投資措置**（TRIMs：Trade Related Investment Measures）などの新分野をも取り入れなければならなかったため交渉は難航したが，1993年末にようやく最終合意に到達した。

鉱工業品分野では，関税率の平均33％の大幅削減が実現された。また，農業分野においても，1995年～2000年の６年間にわたって実施すべき事項として，(a) すべての非関税障壁を撤廃して関税に置き換える（**関税化** tariffication）こと，(b) 農産物全体で36％，品目ごとに最低15％削減すること，(c) 関税化対象品目の最低輸入数量義務（**ミニマム・アクセス**）について，現行の機会を維持すること，および輸入がほとんどない場合には１年目に国内消費量の３％，最終の2000年には５％に拡大すること，(d) 研究，農村基盤整備，食糧安全保障目的の備蓄，国内食糧援助などの場合を除いて，農産品に対する国内補助金の総額の20％を削減すること，などが合意され，**農業に関する協定**（Agreement on Agriculture）としてまとめられた(5)。

(5) 日本のコメは例外とされ，当初６年間は関税化を猶予された。代替的措置として，１年目に国内消費の４％，最終の2000年に８％という，より高いレベルでの最低輸入数量の義務を受け入れた。2000年には日本のコメも関税化された。

WTO の設立

ウルグアイ・ラウンドでの合意を受けて成立した「世界貿易機関を設立するマラケッシュ協定」(Marrakesh Agreement Establishing the World Trade Organization, 通称「**WTO 協定**」) に基づいて, 1995年1月1日に WTO が設立された。WTO は国際法上の法人格を認められた国際機関である(6)。

WTO 協定の全体像は図11-2に示されたとおりである。設立協定本体と附属書 [ANNEX] 1A～3までは不可分の一体であって, 加盟国はこれらすべての協定を一括して受け入れなければならない。これを**一括受諾方式** (single undertaking) という (附属書4に含まれる複数国間協定は各々が独立した協定と見なされ, それぞれの締約国のみを拘束する)。従前の GATT においては, 都合のよい協定のみに参加して都合の悪い協定には参加しないといったルールの "つまみ食い" (ルール・ショッピング) が可能であったが, 一括受諾方式の採用によってそうした機会主義的な行為を防いでいるのである。

WTO 設立後初の多角的貿易交渉である**ドーハ開発アジェンダ** (DDA : Doha Development Agenda) が, 紆余曲折の末, 2001年に開始された。「貿易と環境」「貿易と労働」「競争政策」「貿易円滑化」「電子商取引」などに関する新たなルール作りが進められているが, 先進諸国と途上諸国の南北対立のみならず, 先進国・先進国間, 途上国・途上国間の利害と思惑の違いが複雑に絡み合って先行きの見えない状況に陥っている。

11.2 WTO の基本理念と構造

WTO 協定の前文では, 協定の目的として (a) 生活水準の向上, (b) 完全雇用と高水準の実質所得・有効需要の実現と増加, (c) 財・サービスの生産と貿易の拡大, (d) 締約国のニーズ・関心に沿った環境の保護・保全とそのための手段の拡充, (e) 持続可能な開発のための資源の有効利用, (f) 途上国の経済開発ニーズに応じた貿易量の確保が掲げられ, その目的達成に寄与するために

(6) 2012年5月現在, 155カ国が加盟しており, 28カ国が加盟申請中である (加盟承認済みのロシアを含む)。

- 世界貿易機関を設立するマラケシュ協定（WTO 設立協定）
  - 物品の貿易に関する多角的協定［ANNEX 1A］
    - 千九百九十四年の関税及び貿易に関する一般協定（1994年の GATT）
    - 農業に関する協定
    - 衛生植物検疫措置（SPS）の適用に関する協定
    - 繊維及び繊維製品（衣類を含む）に関する協定
    - 貿易の技術的障害（TBT）に関する協定
    - 貿易に関連する投資措置に関する協定（TRIMs）
    - アンチ・ダンピング協定
    - 関税評価に関する協定
    - 船積み前検査に関する協定（PSI）
    - 原産地規則に関する協定
    - 輸入許可手続に関する協定
    - 補助金及び相殺措置に関する協定（SCM）
    - セーフガードに関する協定
  - サービスの貿易に関する一般協定（GATS）［ANNEX 1B］
  - 知的所有権の貿易関連の側面に関する協定（TRIPS）［ANNEX 1C］
  - 紛争解決に係る規則及び手続に関する了解［ANNEX 2］
  - 貿易政策検討制度（TPRM）［ANNEX 3］
  - 複数国間貿易協定［ANNEX 4］（注）
    - 民間航空貿易に関する協定
    - 政府調達に関する協定

（注）　国際酪農品協定及び国際牛肉協定は，1995年から３年間有効とされていたが，1998年以降の延長はしないとの決定がなされたため，1997年末に失効した。

図 11－2　世界貿易機関を設立するマラケシュ協定（WTO 協定）

出所：経済産業省『不公正貿易報告書　2011年版』図表Ⅱ総－1。

「関税その他の貿易障害を実質的に軽減し及び国際貿易関係における差別待遇を廃止するための相互的かつ互恵的な取極を締結する」ことがうたわれている。このように，WTO 協定の根幹をなしているのは，**無差別の原則**と**貿易障壁の軽減**という２つの考え方である。

11.2.1　無差別の原則

差別待遇を廃止するという無差別の原則は，**最恵国待遇**（MFN：Most Favored Nation treatment）と**内国民待遇**（National Treatment）という２つの規定によって具体化されている。

最恵国待遇

GATT 第１条では「いずれかの締約国が他国の原産の産品又は他国に仕向けられる産品に対して許与する利益，特典，特権又は免除は，他のすべての締約国の領域の原産の同種の産品又はそれらの領域に仕向けられる同種の産品に対して，即時かつ無条件に許与しなければならない」と規定されている。

たとえば，日本が全般的な関税率を10％としているときに，アメリカからの輸入に５％の関税率を適用するとの約束を行った場合，日本はすべての WTO 加盟国（最恵国待遇が適用される国）に対して，この５％の有利な関税率を適用しなければならないというのが最恵国待遇の意味である。最恵国待遇の下では，すべての加盟国は最も有利な条件において等しく取り扱われることになる[(7)]。関税の場合のみならず，緊急輸入制限のために数量規制や関税割当を実施する場合や国家貿易を実施する場合にも，最恵国待遇に合致するように，すべての国の同種の産品に対して無差別に行わなければならないことが規定されている。

最恵国待遇の例外

GATT 第１条の規定にもかかわらず，最恵国待遇についてもいくつかの例

(7)　最恵国待遇自体は古い歴史を持っており，GATT・WTO に固有の規定という訳ではない。幕末の開国期に日本がアメリカと締結した日米和親条約においては，日本のみが最恵国待遇を実施する義務を負うという片務的最恵国待遇がとられていた。

外的な取り扱いが認められている。その1つ目は，締約国が他国と**地域貿易協定**（RTA：Regional Trade Agreement）を締結する場合であり，2つ目は先進国が途上国からの輸入に関して一方的に有利な取り扱いをする**一般特恵制度**（GSP：Generalized System of Preference）の場合であり，3つ目はGATT成立以前から存在していた英連邦特恵制度やフランス連合特恵などの特恵関税の場合である[8]。

最初の地域貿易協定については第13章で詳述する。2番目の一般特恵制度は，1971年6月のGSPに関するGATT理事会決定に規定されており，1979年の「異なるかつ一層有利な待遇並びに相互主義及び開発途上国のより十分な参加に関する決定」（いわゆる「授権条項」）に基づく措置として1994年のGATTの一部を構成するとされるものである[9]。3番目の例外はいわば歴史の遺産であり，特恵を輸入品に対する関税のみに限定すること，新設を認めないこと，GATT成立時の特恵税率と最恵国待遇に基づく税率との格差拡大を認めないことなどを条件として認められたものである[10]。

内国民待遇

GATT第3条では「締約国は，内国税その他の内国課徴金と，産品の国内における販売，販売のための提供，購入，輸送，分配又は使用に関する法令及び要件並びに特定の数量又は割合による産品の混合，加工又は使用を要求する内国の数量規則は，国内に保護を与えるように輸入産品又は国内産品に適用してはならないことを認める」と規定されている。

国境を越えて国内に入ってきた輸入品については，国内産品と同等に取り扱わなければならないというのが内国民待遇の意味である。たとえば，輸入品のみに対して国内品に対するものよりも高い消費税率を適用することは内国民待遇の規定に反している（関税は輸入品のみに課されているが，このような“国境措置”が内国民待遇に抵触するわけではない）。また，国内での生産活動に

---

(8)　他にもいくつかの例外規定が存在する。
(9)　経済産業省『不公正貿易報告書　2011年版』（第1章，p. 210）。
(10)　田村次朗『WTOガイドブック』（弘文堂，2002）第2章（p. 15）。

おいて，原材料の一定割合以上を国内産品としなければならないなどの規定も，国内の原材料生産者を海外からの輸入から保護する効果をもっており，内国民待遇に反するものである。

内国民待遇の例外

内国民待遇にもいくつかの例外がある。１つは**政府調達**に関するものである。これは国防上の理由などから国産品を利用・購入する必要があること，あるいは中小企業対策・地域産業振興などの政策手段として政府調達が利用される場合があることなどから認められたものである。同様に，いくつかの条件の下で国内生産者に対する補助金の場合も例外が認められている。また，自国文化の保護の観点から（外国）映画の上映時間に関する割当についても規定されている。

11.2.2　貿易障壁の軽減

数量制限の一般的禁止と関税の容認

GATT・WTO の枠組において貿易障壁を軽減する措置の最も大きな特徴は，数量制限を一般的に禁止していることである。これについて，GATT 第11条では「締約国は，他の締約国の領域の産品の輸入について，又は他の締約国の領域に仕向けられる産品の輸出若しくは輸出のための販売について，割当によると，輸入又は輸出の許可によると，その他の措置によるとを問わず，関税その他の課徴金以外のいかなる禁止又は制限も新設し，又は維持してはならない」と規定されている。輸入についても輸出についても数量制限は禁止され，いかなる手段によるものも認められていない。これに対して，**関税とその他の課徴金については，通商政策の手段として容認されている。**

関税の場合には，どの国からでも，輸出者あるいは輸入業者が誰でも，関税を支払いさえすれば輸入できるのに対して，輸入割当の場合にはライセンスを受けた業者のみが輸入できる。輸入割当の決定にあたって，輸入元の国を差別的に取り扱ったり，ライセンスを受ける業者を恣意的に選択したり，選択方法が非効率的であったりするなどの問題点もある。数量制限の一般的禁止規定は，通商政策の手段を関税に限定することによって，政策の透明性や公平性を高めるとともに，市場における競争を促進するものである。

数量制限禁止の例外

数量制限の禁止に関しても，以下のようないくつかの例外が認められている[11]。すなわち，(a) 食料その他輸出国にとって不可欠な物資が危機的に不足することを防止・緩和するための一時的な輸出禁止・制限，(b) 基準認証制度等の運用のために必要な輸出入の禁止・制限，(c) 国内農業等の生産制限措置の実施のために必要な農漁業産品の輸入制限，(d) 公徳の保護，人，動物等の生命又は健康保護等を目的とした一般的例外，(e) 安全保障のための例外，(f) 国際収支擁護のための数量制限，(g) 初期の経済開発段階にある開発途上国等における特定産業保護確立のための数量制限，(h) 輸入急増による国内産業への重大な損害を防止・救済するための数量制限（セーフガード），(i) パネル勧告の未履行に対する対抗措置，(j) 閣僚会議・一般理事会で例外として認められたウェーバー取得による数量制限，などである。これらは一般的禁止に対する例外規定であるから，適用できる範囲・条件についても細かな定めがある。

関税譲許と交渉

第6章で示したように，WTOの加盟国・地域は品目ごとに関税率の上限を約束しており，約束された税率を譲許税率あるいは協定税率という。GATT第28条の2では「締約国は，関税がしばしば貿易に対する著しい障害となること，したがって，**関税その他輸入及び輸出に関する課徴金の一般的水準の実質的な引き下げ**，特に，最少限度の数量の輸入をも阻害するような高関税の引き下げをめざし，かつ，この協定の目的及び各締約国の異なる必要に妥当な考慮を払って行われる**相互的かつ互恵的な交渉**が国際貿易の拡大のためきわめて重要であることを認める」と規定され，関税率の引き下げをめざすことがうたわれている。また，そのための方法として品目別交渉のみならず，締約国による多角的交渉を行いうることが定められている。

---

(11)　経済産業省『不公正貿易報告書　2011年版』(第3章，図表3-1，p. 223)。

11.2.3 紛争解決手続

ある国がWTOの規定に反する措置・政策を実施したり，明示的な規則違反はなくとも不公正な貿易慣行とみられる措置が他国に損害を与える結果となったりすることによって，加盟国間での利害対立が生じる。加盟国によるルールの遵守を促し，加盟国間で生じる紛争案件を迅速かつ適切な形で解決できなければ，WTOはそもそもの存在意義を失ってしまう。WTOにおける紛争解決手続は**紛争解決に関する規則及び手続に関する了解**（Understanding on Rules and Procedures Governing the Settlement of Disputes）に規定されている。WTO協定に関わる問題について加盟国間で生じた紛争については，この了解に基づく**紛争解決手続**（DSP：Dispute Settlement Procedure）にしたがって，一般理事会に設置されている**紛争解決機関**（DSB：Dispute Settlement Body）が一元的に処理することとなっている。

手続の流れ

図11‐3はWTOにおける紛争解決手続を模式的に示したものである。加盟国間で紛争が生じた場合，まず紛争の提訴国と被提訴国間での**協議**が行われる。所定の期間内に協議によって解決できない場合，提訴国はWTOに対して**パネル**の設置を要請できる。パネルは3～5名の通商問題の専門家（パネリスト）で構成される小委員会であり，被提訴国の行いが協定に違反しているか否かについて判断し，報告書を提出する（パネル報告書）。

パネル報告書の法的判断に関して不満があれば，当事国は**上級委員会**（Appellate Body）に上訴できる。上級委員会は，パネル報告の法的判断について審査し，それを支持するか，覆すか，修正することができる。上級委員会は所定の期間内に，被提訴国の行いが協定に違反するか否かについて判断し，報告書を提出する（上級委員会報告書）。

被提訴国の行いがWTO協定違反であると結論づけるパネル報告書あるいは上級委員会報告書をDSBが採択した場合，DSBは被提訴国に協定違反の行いを是正するよう勧告を行う。妥当な期間を経ても勧告が実施されず，代償

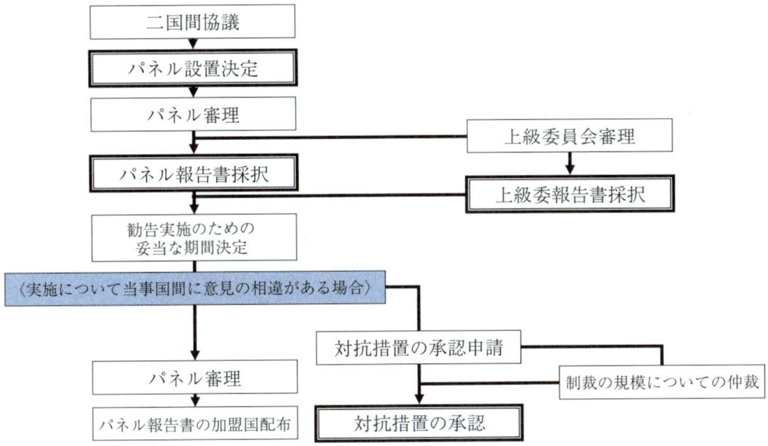

図 11 - 3　WTO の紛争解決機関と手続の流れ

出所：経済産業省『不公正貿易報告書　2008年版』の図解より抜粋。

交渉も合意に至らない場合は，提訴国は DSB に対抗措置の承認を申請して，それを実行することができる。

WTO の紛争解決手続では，手続の各ステップに期限が定められていること，およびパネル設置，パネル報告書・上級委員会報告書の採択，対抗措置の発動決定において**ネガティブ・コンセンサス方式**（逆コンセンサス方式）が採用されていることによって，審査の迅速性が確保されている(12)。また，上級委員会への上訴が認められていることは，DSB における決定の信頼性や公正さを高めることに役立っている。さらに，提訴国による対抗措置の実施においては，当該紛争案件とは異なる分野での対抗措置をとること（**クロス・リタリエーション** cross retaliation）も認められており，対抗措置の実効性が高められている(13)。

---

(12)　全員が一致して原案を否決しないかぎり，原案が採択される決定方法をネガティブ・コンセンサス方式という。通常，ある案件の提訴国と被提訴国の見解は相反するものであるから，ここで問題となっている諸決定はほぼ自動的に原案を採択するものとなる。

(13)　農業分野で生じている紛争案件に関する対抗措置を工業品分野で実施するというように，分野を超えて対抗措置をとることをクロス・リタリエーションという。農産品輸入国による不公正貿易慣行に対して，農産品輸出国が“農産品”に対する報復関↗

11.3　関税競争

WTO における各国による交渉と合意，あるいは国際貿易を律する各種の規範の意義を理解する上で，それらがなかったならばどのような結果が生じるのかを明らかにしておくことは極めて重要である。

11.3.1　報復関税

第1財を輸入するA国と第2財を輸入するB国からなる世界経済を考えよう。図11-4はオファーカーブを利用して両国間の貿易を描いたものである。破線の曲線 $0A$ と実線の曲線 $0B$ は，それぞれA国・B国が関税なしの自由貿易を行っている場合のオファーカーブを表している。これらの交点 e が自由貿易均衡点である。

一方的関税賦課

交易条件が可変の場合，各国は，輸入関税を導入することによって自国の経済厚生を改善させることが可能である。特に，貿易相手国からの報復的関税引き上げが行われず，最適関税率を設定できるならば，相手国の厚生悪化という犠牲の下に自国の経済厚生を最大にすることができる。図11-4の $\hat{e}$ 点は，A国による最適関税率の下での貿易均衡点を表している。$\hat{e}$ 点において，B国の関税なしのオファーカーブとA国の貿易無差別曲線 $\hat{u}$ とが接している。A国は，関税賦課後のオファーカーブが $\hat{e}$ 点を通る $0\hat{A}$ にまで収縮するように関税率を設定すればよい（A国の最適関税率を $\hat{\tau}^A$ としておく）。自由貿易均衡点と比べると，A国の経済厚生は改善し，B国の経済厚生は悪化している（第10章「最適関税論」参照）。

↘税を実施しようとしても，相手国から農産品を輸入しているわけではないので対抗措置の実効性はない。クロス・リタリエーションを認めることによって，対抗措置をとりうる範囲を拡げ，実効性を確保しているのである。

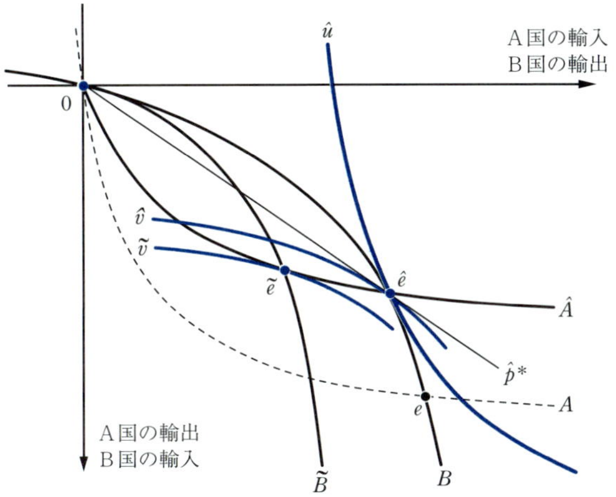

図 11 - 4　報復関税の賦課

対抗措置の誘因

A国による最適関税均衡における各国の貿易収支均等線は直線 $0\hat{p}^*$ によって表されている。B国は自由貿易を行っているので，貿易収支均等線とB国の貿易無差別曲線 $\hat{v}$ は $\hat{e}$ 点において互いに接している。他方，A国の最適関税の下でのオファーカーブ $0\hat{A}$ と貿易収支均等線は $\hat{e}$ 点において交わっているので，A国のオファーカーブ $0\hat{A}$ とB国の貿易無差別曲線 $\hat{v}$ も $\hat{e}$ 点において交わることになる。このことから，A国のオファーカーブ $0\hat{A}$ 上にB国の経済厚生が $\hat{e}$ 点よりも高くなる点を見出せることが分かる。すなわち，**A国の最適関税賦課に対して，貿易相手国であるB国には報復的に関税率を引き上げる誘因が存在する**のである。

報復措置

A国の関税率 $\hat{\tau}^A$ を一定とするとき，B国の経済厚生が最大となるのは，A国のオファーカーブ $0\hat{A}$ とB国の貿易無差別曲線が接する $\tilde{e}$ 点である。B国が輸入関税率を引き上げていくと，オファーカーブが収縮し，対応する貿易均衡点はA国のオファーカーブ $0\hat{A}$ に沿って原点方向に移動する。したがって，適切な税率の下でB国は $\tilde{e}$ 点を貿易均衡点として実現できる。

$\tilde{e}$ 点におけるB国の経済厚生は $\hat{e}$ 点におけるものよりも高く，A国の経済厚生は低い。A国の経済厚生を悪化させることに成功しているという意味において，B国による対抗的な関税率引き上げは文字通り**報復関税**（retaliatory tariff）となっていることが分かる。この報復関税によってB国の経済厚生は改善しているので，B国にとっては報復を実施しないよりも実施した方がよいのであるが，A国による一方的措置以前の自由貿易均衡における経済厚生を回復できているわけではない。

11.3.2　関税競争の帰結

各国は一方的に関税のような保護貿易措置を実施する誘因をもつし，それに対して報復措置をとる誘因ももつ。各国が自らの経済厚生のみを考慮して一方的保護措置を実施すると，それに引き続く報復的措置の連鎖を引き起こし，**関税競争**（tariff competition）あるいは**関税戦争**（tariff war）などと呼ばれる状況を生み出す。関税競争・関税戦争の帰結を明らかにするために，これを戦略型ゲームとして考えてみよう（第7章のコラム「ゲームの理論とナッシュ均衡」参照）。

関税率と貿易均衡価格

A国の関税率 τ^{A} が与えられるとA国のオファーカーブが確定し，同様に，B国の関税率 τ^{B} が与えられるとB国のオファーカーブも確定する。両国のオファーカーブの交点が貿易均衡となり，世界市場における第1財の相対価格 p^* が決定される。すなわち，貿易均衡価格は，与えられた両国の関税率に対応して決定されるので，

$$p^*(\tau^{A},\ \tau^{B}) \tag{11.1}$$

のように関税率の組（τ^{A}, τ^{B}）の関数として表すことができる。以下では，両国の関税率の組のことを**関税構造**（tariff structure）と呼ぶことにする。

関税率の引き上げは各国の交易条件を改善させるので，$p^*(\tau^{A}, \tau^{B})$ は τ^{A} の減少関数，τ^{B} の増加関数となる（A国は第1財の輸入国，B国は第2財の輸

入国である)。

関税率と経済厚生

両国の関税率が与えられると，世界価格 p^* が決まる。これに対応して，A国における国内価格は $p^A=(1+\tau^A)p^*$ となり，B国における国内価格は $p^B=p^*/(1+\tau^B)$ となる。与えられた国内価格の下で，生産点や消費点が決まるので，各国の厚生水準も確定する。すなわち，各国の厚生水準もまた関税構造 (τ^A, τ^B) の関数として表される。

$$W^k(\tau^A, \tau^B), \quad k=\mathrm{A, B} \tag{11.2}$$

これを**関税効用関数**（tariff utility function）と呼ぶことにしよう。

貿易相手国による関税率の引き上げは自国の交易条件を悪化させるので，たとえばA国の関税効用関数 W^A はB国の関税率の減少関数となっている。他方，自由貿易状態（ゼロ関税率）から自国の関税率を引き上げていくと，最初は交易条件の改善に伴って効用水準は上昇し，やがて最適関税率にいたって効用水準は最大となり，さらに関税率を引き上げると効用水準は低下することが分かっている。

関税効用関数の値が一定となるような関税率の組み合わせの図解を**関税無差別曲線**（tariff indifference curve）という。図11-5は，横軸にA国の関税率，縦軸にB国の関税率を測った平面上に，いくつかの関税無差別曲線を描いたものである。青い曲線 u_n, u_f, $\hat{u}$ はA国の関税無差別曲線を表している。A国の関税効用関数はB国の関税率に関する減少関数なので，$u_n<u_f<\hat{u}$ が成立している（ここでは，無差別曲線と対応する効用水準とを同じ記号で表している）。一般に，A国の効用水準は図の下方に行くほど高くなる。A国の場合と対称的に，B国の効用水準は図の左方に行くほど高くなる。

反応関数

B国が自由貿易を行っているときに，A国は最適関税率 $\hat{\tau}^A$ を賦課することで効用水準が最大となる。すなわち，最適関税率以外のすべての関税率 τ^A に

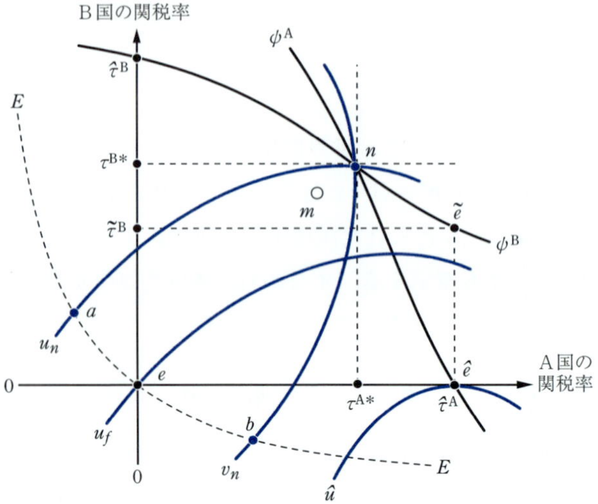

図 11 - 5　関税競争・関税交渉

対して，$W^A(\hat{\tau}^A, 0) \geqq W^A(\tau^A, 0)$ が成立している。言い換えれば，$\hat{\tau}^A$ がB国のゼロ関税率に対するA国の最適対応となっているのである。A国の最適対応を見つけるには，図11 - 5 においてB国のゼロ関税率に対応する水平線上でA国の関税効用関数の値が最大となる点を見つければよい。

B国の関税率がゼロでない場合にも同様に考えることができる。B国の関税率 τ^B を一定に保ちながらA国の関税率だけを変化させると，関税構造は図の τ^B に対応する水平線上を動くので，そこでA国の関税効用関数の値を最大とするような点を見つければよい。このような点が**A国の関税無差別曲線の頂点となっている**ことに注意しよう。この点に対応するA国の関税率の値を $\phi^A(\tau^B)$ のようにB国の関税率の関数として表して，A国の**関税反応関数**（tariff reaction function）と呼ぶ。図11 - 5 の曲線 ϕ^A はA国の関税反応関数を図解したもの（反応曲線）である（B国についても同様に関税反応関数 ϕ^B を求めることができる）。

ナッシュ関税均衡

図11 - 5 に示されているように，B国が自由貿易を行っているならば（B国

の関税率がゼロならば)，A国の最適対応は $\hat{\tau}^{A}=\phi^{A}(0)$ である。しかし，A国の関税率が実際に $\hat{\tau}^{A}$ であるならば，B国は $\tilde{\tau}^{B}=\phi^{B}(\hat{\tau}^{A})$ に引き上げることが最適な対応となる。このように，各国の最適対応に対する貿易相手国の最適対応が当初の（貿易相手国の）関税率と食い違っているかぎり，各国は関税率を変更する誘因をもつ。したがって，関税構造（τ^{A},τ^{B}）が両国の関税反応関数で構成される次の連立方程式の解となっているときに，関税率を再調整する必要がないという意味で整合的な状態が成立することになる。

$$\begin{cases}\tau^{A}=\phi^{A}(\tau^{B})\\ \tau^{B}=\phi^{B}(\tau^{A})\end{cases} \tag{11.3}$$

上の方程式の解となっている関税構造（τ^{A*}, τ^{B*}）が関税競争ゲームのナッシュ均衡点，すなわち**ナッシュ関税均衡**（Nash tariff equilibrium）である。

図11-5においてA国の反応曲線 ϕ^{A} とB国の反応曲線 ϕ^{B} との交点 $\boldsymbol{n}$ がナッシュ関税均衡点を表している。B国の関税率が τ^{B*} のときA国の最適対応は $\tau^{A*}=\phi^{A}(\tau^{B*})$ であり，A国の関税率が τ^{A*} のときB国の最適対応は $\tau^{B*}=\phi^{B}(\tau^{A*})$ となっているので，関税構造（τ^{A*}, τ^{B*}）からはどちらの国も関税率を変更する誘因をもたない。

均衡の非効率性

関税反応関数（反応曲線）の求め方から，ナッシュ関税均衡点 $\boldsymbol{n}$ において両国の関税無差別曲線は互いに直角に交わっていることが分かる。したがって，図11-5における $\boldsymbol{n}$ 点から両国が同時に関税率を引き下げて，関税率の組が $\boldsymbol{m}$ 点に対応するものになれば，A国とB国の効用水準は両国ともに上昇する。ナッシュ関税均衡点 $\boldsymbol{n}$ から，両国が関税率を調整することによって両国の経済厚生を同時に改善できる余地があるという意味で $\boldsymbol{n}$ 点はパレート効率的ではない。**関税競争は世界全体の経済厚生の観点から見て非効率的な状態を生み出す**のである。

図11-5に描かれている状況では，ナッシュ関税均衡点 $\boldsymbol{n}$ における両国の効用水準はそれぞれ自由貿易均衡点（e 点）におけるものよりも低くなっている。

関税競争によって，両国は共倒れとなるのである。ただし，自由貿易と比べて必ず両国の経済厚生が悪化するとはかぎらない。ジョンソン（H. G. Johnson）は，両国の非対称性が大きい場合には，関税競争の帰結においていずれか1国が自由貿易均衡よりも高い効用水準を実現できる可能性があることを示した。これを「**ジョンソンの場合**」（Johnson's case）ということがある[14]。

11.4 関税交渉

一方的措置とそれに対する報復関税の応酬という関税競争が世界の効率性を阻害することを見た。もちろん，こうした非効率性は世界全体にとって好ましいことではない。関税競争による非効率性を是正するために，どのような方策が可能であるのかについて，いくつかの異なる状況の下で考察しよう。

11.4.1 拘束力のある合意

まず関税競争の状況では，一方的な措置とそれに対する（一方的な）報復のみが行われており，両国間での交渉の可能性は一切考慮されていなかった。両国間での交渉あるいは“話し合い”が行えるならば，どのような結果が成立するであろうか。ここでは「話し合いが何らかの結論に至ったならば両国は必ずそれを実行する」という意味で**拘束力のある合意**（enforceable agreements）が可能であるときに，実際に両国はどのような結果に対して合意できるのかについて考えてみよう。

交渉への参加

そもそも，なぜ両国は話し合いの場に立とうとするのであろうか。当然，“交渉がなかった”ならば，実現できない利益を得るためである。逆に，そのような利益がなければ，両国は交渉そのものに参加してこないであろう。したがって，交渉の結果は，交渉がなかった場合あるいは交渉が決裂した場合に何

⒁ 自由貿易均衡はパレート効率的なので，関税競争の帰結において自由貿易均衡よりも高い効用水準を両国が同時に達成することはできない。

が生じるのかという事実に依存することになる。ここでは先に見たナッシュ関税均衡 (τ^{A*}, τ^{B*}) を交渉が行われない場合の結果と考えよう。ナッシュ関税均衡におけるＡ国の効用水準を $u_n \equiv W^A(\tau^{A*}, \tau^{B*})$，Ｂ国の効用水準を $v_n \equiv W^B(\tau^{A*}, \tau^{B*})$ とする。交渉が行われない場合の結果において獲得できる効用水準の組 (u_n, v_n) を**威嚇点**（threat point）あるいは**交渉決裂点**（disagreement point）という。

交渉の結果が何であれ，ナッシュ関税均衡における効用水準を下回るようであれば，交渉などしない方がましなので，交渉の結果となりうる関税構造 (τ^A, τ^B) は次の条件を満たしていなければならない。

$$W^A(\tau^A, \tau^B) \geqq u_n, \quad W^B(\tau^A, \tau^B) \geqq v_n \tag{11.4}$$

これを**参加制約**（participation constraint）あるいは**個別合理性**（individual rationality）の条件という。図11-5では，ナッシュ関税均衡点 n を通る両国の無差別曲線で囲まれた紡錘状の領域 $u_n n v_n$ が参加制約を満たす関税構造の全体を表している。

効率的な関税構造

両国がある結果に対して暫定的な合意に至ったとしても，なお両国にとって経済厚生を改善する余地が残されていれば，両国はよりよい結果を求めてさらに交渉を継続することになろう（交渉自体には費用がかからないものとしておく）。したがって，交渉の最終的な帰結として導かれる関税構造はパレート効率的でなければならない。

各国の消費者は国内価格と消費の限界代替率が一致するように消費点を選択し，生産者は国内価格と限界変形率が一致するような生産点を選択する。Ａ国の限界代替率とＢ国の限界代替率が異なっていると，両国の貿易無差別曲線が交わることになるから，そのような状態はパレート効率的ではない。したがって，関税構造 (τ^A, τ^B) がパレート効率的であるならば，これから導かれる両国の国内価格は一致していなければならない。第１財の世界価格を p^* とすれば，Ａ国の国内価格は $p^A = (1+\tau^A)p^*$，Ｂ国の国内価格は $p^B = p^*/(1+\tau^B)$ であるから，これらの一致条件 $p^A=p^B$ を変形して次の関係を得る。

$$(1+\tau^A)(1+\tau^B)=1 \tag{11.5}$$

これが，**パレート効率性**（Pareto efficiency）あるいは**全体合理性**（collective rationality）の条件である。図11‐5の原点を通る破線の双曲線 EE が，パレート効率的な関税構造の全体を表している。

条件から明らかなように，両国が同時に関税率をゼロにしている自由貿易状態はパレート効率的である。また，もし $\tau^A \gtrless 0$ ならば $\tau^B \lesseqgtr 0$ でなくてはならないことは容易に確認できる（複合同順）。すなわち，パレート効率的な関税構造（τ^A, τ^B）において，いずれかの国が“輸入関税（正の税率）”であるならば，その貿易相手国は“輸入補助金（負の税率）”となっていなければならないのである。

交渉の帰結

以上で求めた参加制約と効率性条件の両方を満たす関税構造であれば，両国は合意に至ることが可能であろう。図11‐5の双曲線上の一部 *aeb* が，両方の条件を満たす関税構造の全体を表している。これを関税競争ゲームの**コア**（core）という[15]。ある関税構造がコアに含まれていなければ，いずれかの国が交渉そのものに参加しないとして拒否するか，両国がよりよい結果を目指して交渉を継続するので，最終的な結果とはなりえない。

コアは最終的な結果となり得る関税構造の集合を指定するものであって，ピンポイントでどの関税構造が成立するのかを示すものではない。コアに含まれる関税構造のうちどれが実現するのかは，交渉に当たっている両国の交渉力の大小に依存する。もしA国の交渉力が強ければ，図11‐5の曲線分 *aeb* で表されるコアの中でもA国にとって有利な b 点に近い関税構造が実現するであろうし，逆にB国の交渉力が強ければ，B国にとって有利な a 点に近い関税構

---

(15) コアは協力ゲームの理論で用いられる概念である。ここでは参加制約と効率性の両方を満たす関税構造の全体をコアと呼んだが，3つ以上の国を含む場合には追加的な条件が必要である。

造が実現するであろう。

11.4.2　自発的な協力

両国において拘束力のある合意が可能であれば，コアに含まれる関税構造の中のいずれかが成立することを見た。しかし，交渉を通じた約束や合意が関連する国々によってきちんと実行されるとはかぎらない。一国内の民間経済主体間の約束や合意であれば，不履行に対する懲罰措置を当該国の政府が（当事者に代わって）司法・行政機関を通じて強制的に実施できるので，ある種の約束や合意は確かに拘束力をもつと考えてよい。しかし，国際社会においては自律した国々を統制するだけの強制力を伴った超国家機関は存在しないので，一国内の約束や合意と同様に考えることはできない。

確かに，国際機関としての WTO はいくらかの強制力をもっている。しかし，その強制力の源泉は WTO という組織自体がもつものではない。前節で紹介した WTO の紛争解決手続で示されているように，最終的に各国を WTO の規範にしたがうよう動機づけているのは，当事国による対抗措置の可能性である。関税交渉における約束や合意は，外部からの強制力がなくても当事者によって自発的に遵守されるようなものでなくてはならないのである。

関税交渉に関する両国の関係がただ1回かぎり（すなわち，交渉相手に2度と出会うことがない）ものだとすると，その場の約束や合意を守ろうとする誘因は極めて弱くなる。逆に，両者の関係が何度も繰り返されるような長期的なものであれば，約束や合意が守られたか否かといった過去の経験を踏まえて自らの態度を決定できるし，約束の不履行が短期的には利益となるにしても，将来にわたる相手国の行動を変えさせて長期的な不利益につながるかもしれないなどといった配慮も必要となるので，約束や合意を守ろうとする誘因を強める可能性が出てくる。そこで，長期的な関係を前提とするとき，両国が約束や合意を自発的に遵守する可能性があるのか否かについて考えてみよう。

1回かぎりのゲーム

これまで考察してきた関税競争ゲームを簡略にして，A国・B国がそれぞれ

表 11 - 1　自由貿易＝保護貿易ゲーム

	B国	
	自由貿易 F	保護貿易 P
A国　自由貿易 F	u_{FF}, v_{FF}	u_{FP}, v_{FP}
保護貿易 P	u_{PF}, v_{PF}	u_{PP}, v_{PP}

自由貿易 F と保護貿易 P のいずれかの行動を選択する状況を考える。すなわち，両国がともに自由貿易を選択すれば自由貿易均衡が成立し，いずれか一方の国のみが保護貿易を選択すればその国による一方的な最適関税均衡が成立する。そして，両国がともに保護貿易を選択すればナッシュ関税均衡が成立するというものである。これを「自由貿易＝保護貿易ゲーム」と呼ぶことにしよう。

各国の行動の選択に応じて4つの組み合わせ（F, F），（P, F），（F, P），および（P, P）が生じる(16)。これらに対応する各国の効用水準を表11 - 1のように表す。たとえば，A国の効用水準はそれぞれ $u_{FF}\equiv W^{\mathrm{A}}(0,0)$，$u_{FP}\equiv W^{\mathrm{A}}(0,\hat{\tau}^{\mathrm{B}})$，$u_{PF}\equiv W^{\mathrm{A}}(\hat{\tau}^{\mathrm{A}},0)$，$u_{PP}\equiv W^{\mathrm{A}}(\tau^{\mathrm{A}*}, \tau^{\mathrm{B}*})$ であり，これまでの議論を踏まえて，$u_{PF}>u_{FF}>u_{PP}>u_{FP}$ を仮定しておく。B国の効用水準も同様に表すことができ，$v_{FP}>v_{FF}>v_{PP}>v_{PF}$ を想定する。

これは，ゲームの理論において**囚人のジレンマ**（prisoners' dilemma）として知られている状況と同じである。相手国の選択した行動が何であれ，各国は保護貿易 P を選択することが有利である。すると結局，両国ともに保護貿易を選択して，ナッシュ関税均衡が成立する。両国の効用水準はそれぞれ u_{PP}，v_{PP} である。もし両国が自由貿易 F を選択することに合意して，その約束が守られるならば，両国はより高い効用水準を実現できる（$u_{FF}>u_{PP}$ および $v_{FF}>v_{PP}$）。しかし，両国の貿易取引関係がただ1度かぎりのものならば，各国がその約束を守るだけの誘因はない。

長期的関係と利得

両国の関係が長期的・継続的なものであるとしよう。具体的には，両国が時間を通じて何度も繰り返して「自由貿易＝保護貿易ゲーム」を行う状況を考え

(16)　たとえば，A国が F，B国が P を選択している場合を（F, P）と表す。

る。現在時点を0として，時間の流れが $t=0,1,2,\ldots$ のようにゼロから始まる自然数 t で表されるものとする。両国は各時点 t で「自由貿易＝保護貿易ゲーム」を行う(17)。すると，各国による自由貿易 F と保護貿易 P の選択の組み合わせに応じて，時点 t における効用水準が確定する。時点 t におけるA国の効用水準を $u(t)$ のように表す。これは両国の選択に応じて u_{FF}，u_{FP}，u_{PF}，u_{PP} のいずれかの値をとる。

時間の経過にともなって「自由貿易＝保護貿易ゲーム」が繰り返し実施されると，A国は $u(0)$，$u(1)$，$u(2),\ldots$ のように各時点ごとに効用を獲得する（以下，B国にも同様の議論があてはまる）。A国は現時点において獲得できる効用のみならず，将来にわたって獲得できる効用も考慮するが，将来よりも現時点を相対的に重視するものとしよう。効用に関する1期間あたりの**主観的割引因子**（subjective discount factor）を δ とする（$0<\delta<1$）。すなわち，1期間後に獲得できる1単位の効用は現時点における δ 単位の効用に等しいと考えるのである。A国が長期的な関係から獲得する長期的効用 U は，次のように各時点における効用の**割引和**（discounted sum）で表されるものとする。

$$U \equiv u(0)+\delta^1 u(1)+\delta^2 u(2)+\delta^3 u(3)+\cdots = \sum_{t=0}^{+\infty}\delta^t u(t) \qquad (11.6)$$

たとえば，両国が永遠に自由貿易 F を選択し続けるならば，A国はすべての時点で u_{FF} の効用を獲得する。このときの長期的効用水準を U_F とすれば，

$$U_F = u_{FF}+\delta^1 u_{FF}+\delta^2 u_{FF}+\cdots = [1+\delta+\delta^2+\cdots]u_{FF} = \frac{u_{FF}}{1-\delta} \quad (11.7)$$

となる(18)。同様に，両国が永遠に保護貿易 P を選択し続けるならば，A国はすべての時点で u_{PP} の効用を獲得し，長期的効用水準 U_P は次のようになる。

---

(17)　ここで考えているのは，いわゆる「無限繰り返しゲーム」である。

(18)　(11.7)式の展開では等比級数に関する次の公式を利用している。T 番目の項までの有限和を $S=1+\delta^1+\delta^2+\cdots+\delta^{T-2}+\delta^{T-1}$ とする。両辺に δ を掛けて元の式から引けば，$S-\delta S=1-\delta^T$ となる。これを整理して $S=(1-\delta^T)/(1-\delta)$ を得る。δ は1より小さい正の数なので，T を無限大にとれば，$\delta^T\to 0$ となる。すなわち，$0<\delta<1$ ならば，$1+\delta^1+\delta^2+\cdots = 1/(1-\delta)$ が成立する。

$$U_P = u_{PP} + \delta u_{PP} + \delta^2 u_{PP} + \cdots = [1+\delta+\delta^2+\cdots]u_{PP} = \frac{u_{PP}}{1-\delta} \quad (11.8)$$

ここで $u_{FF} > u_{PP}$ であるから，$U_F > U_P$ であることが分かる。すなわち，**両国が協力的に行動して自由貿易体制を維持できるならば，A国は保護貿易が蔓延している場合よりも高い長期的利益を獲得できる**のである（B国にとっても同様である）。

長期的な戦略

各国は，各時点において自由貿易 F か保護貿易 P かいずれかの行動を選択するのだが，**各時点における行動を指定するプランの全体を長期的な戦略という**。すべての時点における行動をあらかじめ指定しておくことも可能ではあるが，長期的な関係であることを利用して，各時点までに分かっている事柄（過去の経緯・歴史や各国の行動に関する知識）に応じてその時点における行動を決定するようないくぶん複雑な長期的戦略を考えることも可能である。

さて，現在時点 0 において自由貿易 F を選択し，それ以後の t 時点（$t \geqq 1$）については，もし $t-1$ 時点まで両国ともずっと自由貿易 F を選択していたならば t 時点でも自由貿易 F を選択し，そうでなければ t 時点以後ずっと保護貿易 P を選択するような長期的戦略を考えよう。これは，ある時点までは自由貿易 F が行われていても，ある時点で覆されてしまうと，それを“引き金”として永遠に保護貿易 P に移行する戦略であり，**トリガー戦略**（trigger strategy）と呼ばれている。トリガー戦略は，最初は自由貿易を約束するが，相手国が保護貿易を採用した場合には，被害を受けた国が永続的に保護貿易を採用して対抗するという強硬な脅しを表している。

長期的な均衡

もし両国がトリガー戦略を採用するならば，現在時点 0 では両国とも自由貿易 F を選択する。すなわち，(F, F) が成立する。次の第 1 時点では，0 時点での (F, F) を受けて，どちらの国も自由貿易 F を選択するのでやはり (F, F) が成立する。このようにして**両国がトリガー戦略にしたがっているな**

らば，両国が常に自由貿易を選択し続けるという永続的な自由貿易体制が実現することが分かる。問題は，各国がトリガー戦略を維持する誘因をもつか否かである。

B国がトリガー戦略を採用しているときに，A国がトリガー戦略から逸脱する誘因をもつかどうか検討してみよう。A国がトリガー戦略とは異なる長期戦略を採用したとする。これは，どこかの時点でA国が自由貿易 F ではなく，保護貿易 P を選択するものとしてよい。A国がどの時点で保護貿易 P を選択するにしても，それ以前の時点における各国の行動には影響しない（過ぎてしまったことだから）。したがって，A国がトリガー戦略から逸脱することによって獲得できる長期的利得について考える場合，A国が保護貿易 P を初めて実行する時点を現在時点0とみなしておけばよい。

さて，A国が現在時点0で保護貿易 P を選択したとする。B国はトリガー戦略を採用しているので，現在時点0においては自由貿易 F を選択している。A国が逸脱すると現在時点0において (P, F) が成立し，A国は自由貿易を選択した場合よりも高い u_{PF} の効用を実現できる。ところが，0時点においてA国が逸脱したことをB国は知り，（トリガー戦略に即して）次の第1時点以降のすべての時点において保護主義 P を選択する。第1時点以降においてA国がどのような行動を選択しようともA国の獲得できる各期ごとの効用は u_{PP} を越えない（第1時点以降の各時点でA国が自由貿易 F を選択すれば u_{FP}，保護貿易 P を選択すれば u_{PP} を獲得する）。したがって，B国がトリガー戦略を採用しているときに，A国がトリガー戦略から逸脱して獲得できる長期的効用水準の上限値 U_D は次のようになる。

$$U_D = u_{PF} + \delta^1 u_{PP} + \delta^2 u_{PP} + \cdots = u_{PF} + \frac{\delta u_{PP}}{1-\delta} = u_{PF} + \delta U_P \qquad (11.9)$$

A国がトリガー戦略を採用しているときに獲得できる長期的効用水準は U_F であるから，$U_F > U_D$ であればA国はトリガー戦略から逸脱する誘因をもたないといえる。この不等式 $U_F > U_D$ を整理すると次のようになる。

$$\frac{\delta}{1-\delta} > \frac{u_{PF} - u_{FF}}{u_{FF} - u_{PP}} \qquad (11.10)$$

上式を**非逸脱条件**（non-deviation condition）と呼ぶことにしよう。これは3つの要素，すなわち右辺の分子 $u_{PF}-u_{FF}>0$，分母 $u_{FF}-u_{PP}>0$，および左辺に現れる割引因子 δ で構成されている。

最初の $u_{PF}-u_{FF}$ は，A国が自由貿易を放棄したまさにその時点で獲得できる効用の増加分（＝トリガー戦略からの逸脱の利益）を表している。これに対して $u_{FF}-u_{PP}$ は，A国が自由貿易を放棄してしまったことがB国に知られた後に，B国がトリガー戦略に即して保護貿易を採用することで生じるA国の各期の効用の減少分（＝B国の対抗措置によるA国の損失）を表している。直感的にも明らかなように，逸脱の利益が小さいほど，また対抗措置による損失が大きいほど，(11.10)式の右辺が小さくなって非逸脱条件は満たされやすくなる。また，A国が将来の出来事をより重視して割引因子 δ が大きくなるほど，(11.10)式の左辺が大きくなって，同様に非逸脱条件が満たされやすくなる。この辺りの事情は，B国に対しても同様にあてはまる。

したがって，**各国が将来の出来事を重視し，逸脱の利益が小さく，相手国からの対抗措置による損失が大きければ，各国はトリガー戦略から互いに逸脱する誘因をもたず，その結果，両国が外部からの強制力がなくても自発的に自由貿易を選択し続ける自由貿易体制が存続しうる**のである。

情報の不確実性と WTO の役割

各国による自由貿易か保護貿易かという具体的な行動が「輸入関税率」のように明示的な政策手段である場合には，逸脱行動に関する情報は容易に入手できる。しかし，保護貿易が非関税障壁のように透明性の低い手段で実現されるならば，各国が意図的に保護貿易を採用したのかどうかを知ることが不確実になる。そのような場合には，交易条件や貿易数量の変化といった観察可能な変数から相手国の行動を推測しなければならない。たとえば，自国にとっての交易条件悪化や輸出減少が観察された場合，それは相手国による意図的な保護主義的手段の行使によるものかもしれないし，偶発的・一時的な景気の変動によるものかもしれない。

情報が不確実な場合，２つの問題が生じる。１つは，相手国に保護貿易の意図がないにもかかわらず，観察された交易条件の悪化や自国の輸出減少を保護貿易主義の表れであると誤って認識して，報復措置を実行してしまうことである。この場合，相手国のみならず自国経済にも無用の負担をかけてしまうことになる。もう1つは，情報が不確実であることを利用して，自らの意図を隠したままで観察しにくい不透明な保護手段を行使する誘因を各国に与えてしまうことである。この場合，つけ込まれた側は本来とるべき報復措置を実施できず，相手国に搾取され続けることになる。

WTO の一般理事会に設置されている**貿易政策検討機関**（TPRM：Trade Policy Review Mechanism）では，2年に1度，加盟国の貿易政策について審査し，報告書を公表している。このような WTO による各国政府の貿易政策に関する情報の収集・整理・公開・評価の活動は，（WTO が関税のみを通商政策の手段として容認していることと合わせて）各国の政策スタンスに関する透明性を高め，情報の不完全性を緩和・解消することを通じて，自由貿易体制の維持に対して極めて重要な役割を果たしている。

11.5　貿易救済措置

予想できなかった状況の変化や貿易相手国による不公正な措置・慣行によって，国内産業や国民経済全体が深刻な打撃を被ることがある。WTO の目的は自由貿易の促進ではあるものの，困難な事態に陥ってもなお自由貿易の堅持を要求する硬直的なルールだとすれば，各国は WTO に参加すること自体を拒否するであろう。多数の国の参加を促して広範な自由貿易体制を維持するために，特定の状況においては，むしろ基本原則から逸脱した例外的措置（**貿易救済措置**）を認めておくほうが合理的である。本節では，代表的な貿易救済措置とその経済的な効果について説明する。

11.5.1　不当廉売関税・相殺関税

ダンピング

ある国から他国へ輸出される産品が，輸入国内において**正常価格**よりも低廉な価格で販売されることを**ダンピング**（dumping）という。正常価格とは，基本的には当該財の輸出国における国内価格のことである。しかし，もっぱら輸出向けに生産されていて国内販売が僅少であるなどの理由で輸出国の国内価格が利用できない場合には，第三国に輸出される同種の産品の代表的価格（第三国輸出価格）あるいは原産国における生産費に管理費・販売経費・一般的経費および利潤として妥当な額を加えて計算される**構成価額**が利用される。

正常価格を下回る価格でのダンピング輸出は，利益を無視した安売りによって輸入国市場への浸透を図り，輸入国の競合企業を駆逐して市場を占有しようとする不公正な措置・慣行であると位置づけられている。「1994年の関税及び貿易に関する一般協定第6条の実施に関する協定」，いわゆる**ダンピング協定**では，一定の条件（後述）が満たされる場合，ダンピングに対して正常価格と輸出価格との差（**ダンピング・マージン**）を限度として，**不当廉売関税**（アンチ・ダンピング税，ダンピング防止税，AD 税：Anti-Dumping duty）を賦課することが認められている。

補助金・相殺措置

広義の**補助金**とは，贈与，貸付，出資，債務保証，税額控除，その他の形で政府によって与えられる所得や価格の支持であって，その受領者にとって利益となるもののことである。第6章で見たように，たとえば輸出補助金は自国の輸出産業の生産を有利にして，比較優位に基づく競争を歪めて効率性を損なってしまう。WTO では（広義の）補助金についても，GATT 第6条，第16条，および**補助金及び相殺措置に関する協定**（補助金協定）において規律を設けている。

補助金協定においては，(a) その交付が特定の企業・産業に限定されない「特定性のない補助金」と (b) 交付が特定の企業・産業に限定された「特定性のある補助金」とが区別されている。貿易歪曲効果の面から問題となるのは，後者の特定性のある補助金であり，これはさらに「禁止補助金」（レッド補助金）と「悪影響を及ぼす補助金」（イエロー補助金）とに分類される。**輸出補助金**と**国内産品優先使用補助金**が禁止補助金である。

禁止補助金や悪影響を及ぼす補助金に対しては，輸出国において産品の製造・生産・輸出に対して直接・間接に与えられた奨励金・補助金を相殺するために，それらの奨励金・補助金の額を限度として**相殺関税**（countervailing duty）を賦課することが認められている。

不当廉売関税・相殺関税の発動要件

不当廉売関税も相殺関税も，輸出国側における何らかの不公正な措置・慣行による貿易歪曲効果を是正する目的で設けられているものであり，それらを発動するための要件や手続の流れも大変似通ったものとなっている（ここでは主に不当廉売関税の場合を紹介する）。

不当廉売関税［相殺関税］は (a) ダンピングされた貨物［補助金を受けた貨物］の輸入の事実があること，(b) ダンピングされた貨物［補助金を受けた貨物］と同種の貨物を生産している国内産業に**実質的損害**（material injury）等の事実があること，(c) 実質的な損害等がダンピングされた貨物［補助金を受けた貨物］の輸入によって引き起こされたという因果関係があること，(d) 国内産業を保護する必要性があることを条件として実施することが認められている[19]。ダンピング［補助金］の事実だけで課税が認められるわけではないことに注意しておこう。

図11－6は不当廉売関税［相殺関税］の実施に関する手続の流れを模式的に示したものである。まず，不当廉売関税に関する調査は，国内産業の利害関係者からの書面による課税の求めによって開始される（日本の場合，財務大臣宛に書面を提出する）。ダンピングや損害の事実について十分な証拠があり調査開始が決定されてから，最終決定までは，原則１年の期限が定められている。調査期間中に一定の条件の下で暫定措置をとることも可能である。また，調査期間中に被調査企業（輸出者）が価格の改定またはダンピング輸出の取りやめを約束して（**価格約束** price undertaking），調査当局がそれを受け入れた場合には調査は中断される。最終決定において，不当廉売関税の賦課が決定された場合でも，原則として決定後５年以内に失効することが定められている。

(19) 税関ホームページ http://www.customs.go.jp/tokusyu/hutou_gai.htm 参照。

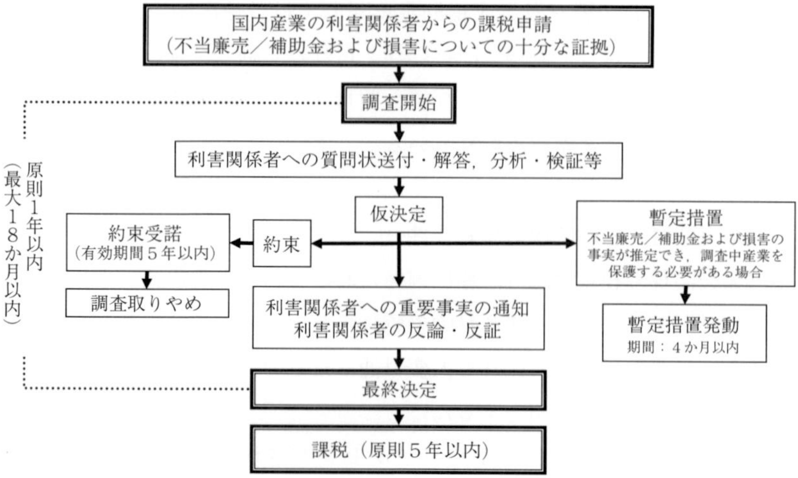

図 11－6　不当廉売関税・相殺関税実施の流れ

出所：税関ホームページ http://www.customs.go.jp/tokusyu/sousai_nagare.pdf および http://www.customs.go.jp/tokusyu/hutou-renbai_nagare.pdf の図解を簡略化。

不当廉売関税の問題点

輸出国企業による不公正な行いの有無にかかわらず，不当廉売関税を賦課することには輸入を抑制して国内産業を保護する効果があり，輸入国政府にはそれを利用する誘因が働く。また，不当廉売関税を公正に運用するためには，ダンピング・マージンを適切に算定しなければならない。しかし，正常価格に対して（特に，構成価額を用いる場合）不必要に高い経費率や利潤率を適用したり，逆に輸出価格から経費を大きく控除したりすることによって，恣意的にダンピング・マージンを大きく設定すれば，本来のダンピングに対処するのに必要とされる以上の保護効果を国内産業に与えることが可能となる。

また，不当廉売関税は実際に課税が行われなくとも，その調査が開始されるだけで輸入を抑制する効果をもっている。不当廉売関税にかかる調査が開始されると，被調査企業（輸出者）は短期間のうちに質問状に対する回答を作成することが求められる。これは，企業の財務・雇用・取引関係等の詳細にわたる内容に関わるものであり，回答作成自体が被調査企業にとって人的・時間的・金銭的費用となって，通常の企業活動を阻害する要因ともなる。

11.5.2　緊急輸入制限

不当廉売関税や相殺関税が輸出国側の不公正な措置・慣行に対処する貿易救済措置であったのに対して，**緊急輸入制限（セーフガード safeguard）は不測の輸入急増による国内産業の損害を防止するために緊急避難として認められた措置である**。GATT 第19条では「締約国は，事情の予見されなかった発展の結果及び自国がこの協定に基づいて負う義務（関税譲許を含む。）の効果により，産品が，自国の領域内における同種の産品又は直接的競争産品の国内生産者に重大な損害を与え又は与えるおそれがあるような増加した数量で，及びそのような条件で，自国の領域内に輸入されているときは，その産品について，前記の損害を防止し又は救済するために必要な限度及び期間において，その義務の全部若しくは一部を停止し，又はその譲許を撤回し，若しくは修正することができる」と規定されている。この規定を補完しているのが**セーフガードに関する協定**（Agreement on Safeguards）である（農産品については別途「農業に関する協定」において特別セーフガードの要件が定められている）。

緊急輸入制限の発動要件

セーフガード措置の発動要件は，以下のようにまとめることができる。すなわち，(a) セーフガード措置の対象となる産品の輸入が絶対的または相対的に増加していること，(b) 輸入の増加が事情の予見されなかった発展の結果であり，輸入国が WTO 上の義務に違反していないこと，(c) 輸入の急増によって国内産業に対して**重大な損害**（serious injury）が生じているか，生じるおそれがあること，(d) 重大な損害等が対象産品の輸入急増によって生じたとの因果関係があること，である[20]。日本の場合，セーフガード措置については関税定率法に規定されているが，その第 9 条ではセーフガードの発動にあたって「**国民経済上緊急に必要があると認められるとき**」という条件が付加されている。

セーフガード措置の場合に必要とされる国内産業に対する「重大な損害」は，不当廉売関税や相殺関税の場合の「実質的損害」よりも深刻な損害でなければ

(20)　経済産業省『不公正貿易報告書 2011年版』（第 7 章）参照。

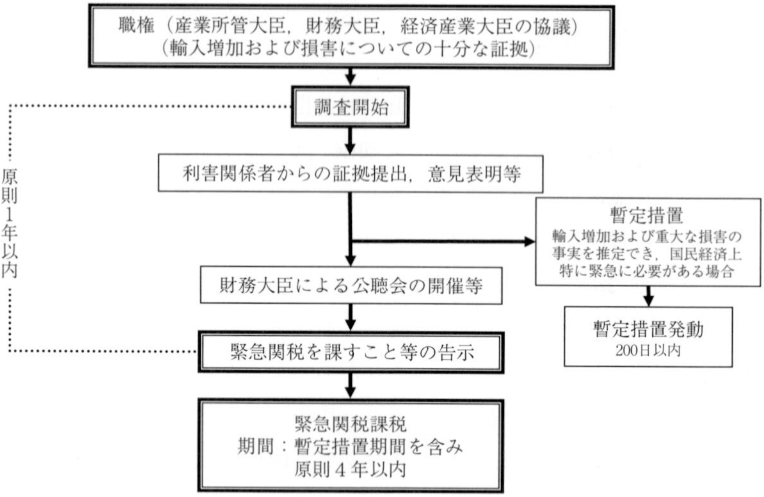

図 11 - 7　セーフガード措置（緊急関税）実施の流れ

出所：税関ホームページ http://www.customs.go.jp/tokusyu/kinkyu_nagare.pdf の図解を簡略化。

ならないと理解されている（しかし，明確な定義が存在しているわけではない)。その意味で，セーフガードの発動要件は，不当廉売関税・相殺関税よりも厳しいものとなっているのである。

図11 - 7は日本におけるセーフガード措置（緊急関税）実施の流れを模式的に示したものである。他の貿易救済措置の場合と同様に，調査開始からセーフガード措置の実施までの期間（原則1年以内）およびセーフガード措置の実施期間（原則4年以内）が明示されている。また，事態を放置すると国内産業への重大な損害につながる「危機的状況」の場合には，暫定措置を発動することも認められている。

輸入数量制限の利用

緊急輸入制限にあたって輸入数量制限を実施する場合，最近3年間の平均輸入数量を下回る輸入制限は禁止されている。また，緊急輸入制限は，不当廉売関税や相殺関税のように特定の輸出国・輸出者による不公正貿易慣行を是正するためのものではないので，輸入数量制限を実施する場合であっても無差別の原則に基づいていなければならない。ただし，同種の産品を多数の国から輸入しているものの特定国からの輸入が突出して増加することがセーフガード措置発動の原因となっている場合には，その突出した国からの輸入枠を特に小さく配分して制限することができる。これを**クォータ・モジュレーション**（quota modulation）という。クォータ・モジュレーションは，実質的に特定国からの輸入のみを制限する差別的な措置となる可能性がある。

代償・対抗措置

輸入国によるセーフガード措置は不測の事態に対処するために行われるものであり，輸出国の側から見れば自らが責任を負う必要のない事柄に基づいてとられる制限的な措置である。セーフガード措置を実施するにあたって，輸入国は輸出国との間での協議に基づいて**セーフガード措置と実質的に等価値の譲許その他の義務を維持するよう努力しなければならない**（代償措置）し，この協議が不調に終わった場合，輸出国は対抗措置をとることもできる。ただし，セーフガード措置が輸入の絶対的増加に対してとられたものであり，協定の規定に適合する場合には，輸出国はセーフガード発動後３年間は対抗措置をとることはできない。

11.5.3　貿易救済措置の意義

予期できなかったものにせよ，輸出国側の不当廉売や輸出補助金によるものにせよ，輸入の増加は当該財の国内価格を低下させて輸入競合産業を圧迫する。しかし，貿易救済措置に関わるような輸入財価格の低下は，当該国にとっては外生的な交易条件の改善であるから，一国全体の経済厚生を改善させるはずである。とすれば，輸入競合産業を保護することはともかくとして，貿易救済措置（特に緊急関税）を講じることが関税定率法第９条に示されているように“国民経済上緊急に必要とされる”ことの意義は乏しいのではないかとの疑いが生じる。ここでは，外生的な交易条件の改善にもかかわらず，一国の経済厚生が悪化してしまう可能性を示し，貿易救済措置が“国民経済上”必要とされる状況が存在することを示す。

交易条件の改善：再論

図11－8は第1財を輸入しているある国の生産可能性フロンティアと無差別曲線を描いたものである。自由貿易状態における生産点は y，予算線は直線 m，消費点は x であり，効用水準は無差別曲線 u で表されている。

さて，輸入急増その他の理由によって交易条件が外生的に改善したとしよう。通常であれば，交易条件の改善に伴って，輸出財（第2財）の生産が増加し，輸入競合財（第1財）の生産が減少する。このような生産調整は y 点から y' 点のように“生産可能性フロンティアに沿って”行われるはずである。予算線は m よりも緩やかな傾きをもつ直線 m' のようになり，効用水準も u から u' へと上昇する。以上が，通常の交易条件改善による経済厚生改善に関する議論である。

賃金の硬直性と失業

交易条件の改善に伴う y から y' への生産構造調整が，輸入競合産業から輸出産業へのスムーズな生産資源（たとえば，労働力）の移動を前提としていることには注意が必要である。第4章で紹介した特殊要素モデルを用いて，このあたりの事情を明らかにしよう。図11－9は，図11－8の生産可能性フロンティアの背後にある一国の労働市場の状況を描いたものである。図11－9の右下がりの黒い曲線 VMP_1 は，自由貿易状態における輸入競合財（第1財）部門の労働の価値限界生産力曲線を表している。同様に，右上がりの黒い曲線 VMP_2 は輸出財（第2財）部門の労働の価値限界生産力曲線である。自由貿易均衡における国内賃金率は両曲線の交点 e の高さで決まり，労働力は l 点に対応するように両部門間で配分される（第1財部門に 0_1l，第2財部門に 0_2l）。

輸入財価格が低下したとしよう。輸入競合財（第1財）部門の労働の価値限界生産力は図11－9の右下がりの青い曲線 VMP'_1 のように下方に移動する。労働市場における賃金低下による調整と部門間労働移動が迅速であるならば，新たな均衡点は e' となる。この点は図11－8の y' 点に対応している。名目賃金率は低下して，第2財部門の雇用が増加し，反対に第1財部門の雇用は減少する（当然，第1財の生産は減少し，第2財の生産は増加している）。

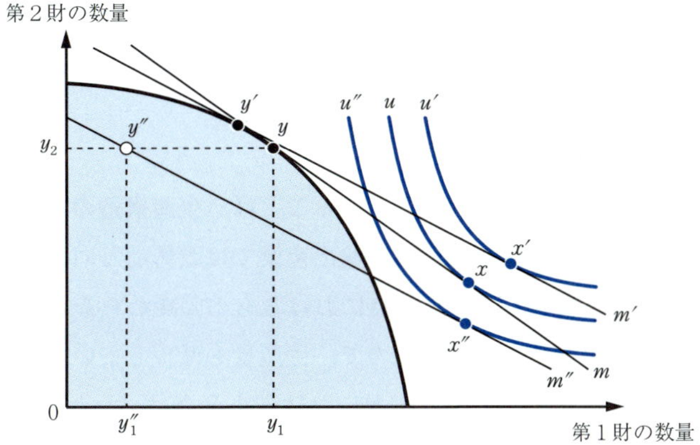

図 11 - 8　交易条件の“改善”による厚生悪化

出所：Ito, M. and T. Negishi (1987), *Disequilibrium Trade Theories*, Harwood Academic Publishers (Figure 11, p. 26) を参考に筆者作成。

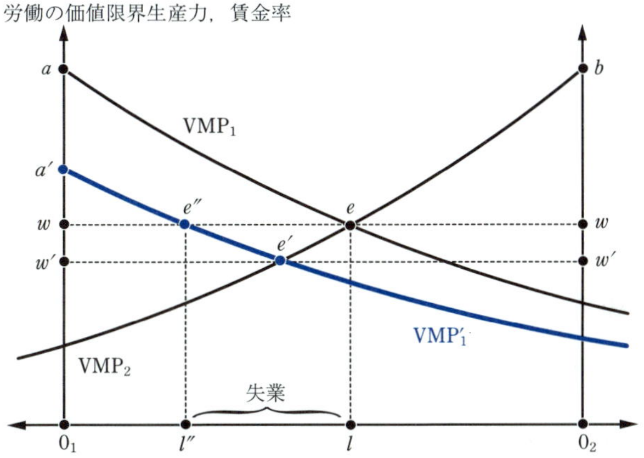

図 11 - 9　交易条件の改善，硬直的賃金，失業の発生

しかし，価格の低下によって輸入競合産業の調子が悪くなったからといって，そこから放出（解雇）された労働力が速やかに他の産業（輸出財産業）において雇用されるとはかぎらない。労働市場において賃金率が硬直的で，交易条件改善後にも相当期間にわたって w の水準に留まっていたとしよう。輸出産業では交易条件改善前と同じ 0_2l を雇用する。しかし，輸入競合産業では労働の価値限界生産力が低下しているので，w の下での雇用量は e'' 点に対応する

$0_1l''$にまで減少する。労働供給量に変化はないので，結局，ll''のギャップに相当する失業が生じることになる。

失業による厚生悪化

硬直的な賃金率の下で失業が生じていることは，生産構造の非効率性を意味している。交易条件改善後においても輸出産業では改善前と同じ雇用を確保しているので，生産量は図11－8の y 点におけるものと変わらない。しかし，輸入競合産業では雇用が減少しているので，生産量も減少していなければならない。すなわち，失業が生じている状況における生産点は，たとえば図11－8の白丸で表した y'' 点のように当初の y 点の左側に位置することになる。図解から明らかなように，y'' 点は生産可能性フロンティアの内側にある。

交易条件改善後の相対価格で y'' 点を評価した生産国民所得は直線 m'' で表されている（この直線の傾きは直線 m' と同じである）。家計の予算線も直線 m'' であり，家計は x'' 点のような消費点を選択する。効用水準は x'' を通る無差別曲線 u'' で表され，図解では自由貿易のときの無差別曲線 u よりも低い位置にある。すなわち，**賃金率が硬直的な場合，交易条件の改善にもかかわらず，失業が生じることを通じて生産国民所得が大幅に減少し，家計の効用水準がかえって低下してしまう可能性がある**ことが分かる。このような場合には，“国民経済上”の必要性から，緊急関税などの貿易救済措置を講じることにも一定の理論的な意義が認められよう。

練習問題

1. 経済産業省が発行している『不公正貿易報告書』（各年版）などを参照して，日本が提訴国となった不当廉売関税や相殺関税の事例について調べてみなさい。

2. WTO のホームページ http://www.wto.org/english/tratop_e/dda_e/dda_e.htm を参照して，ドーハ開発アジェンダの進捗状況について調べてみなさい。

3. 「自由貿易＝保護貿易ゲーム」に関する各国の利得が下表のように与えられているものとする。このとき，下の各問に答えなさい。

		B国	
		自由貿易 F	保護貿易 P
A国	自由貿易 F	10，10	0，15
	保護貿易 P	15，　0	2，　2

(a) 主観的割引因子 δ が0.9のとき，永続的な自由貿易によって獲得できる利得 U_F の値を求めなさい。

(b) 主観的割引因子 δ が0.9のとき，永続的な保護貿易によって獲得できる利得 U_P の値を求めなさい。

(c) トリガー戦略の下で，非逸脱条件を満たす主観的割引因子の範囲を求めなさい。

第12章　経済成長と貿易

資本蓄積や人口成長のように利用可能な生産要素の量が増加したり，技術革新・技術進歩によって経済全体の生産能力と実質所得が高まることを経済成長という。もちろん，従来から存在する財の量的拡大のみならず，経済成長の過程において，新製品が開発されたり，新機軸のサービスが考案されたりなど，質的改善や利用可能な財の範囲の拡大なども生じる。経済成長は，生産・消費の構造や国際貿易・投資のパターンを変化させ，世界の人々の暮らし向きを左右する。逆に，貿易・投資の自由化を通じて市場が開放されていけば，生産を拡大して規模の経済性を一層発揮するための設備投資が活発になったり，激化した企業間競争を勝ち抜くための新製品・新技術獲得のための研究開発活動が促進されたりして，経済成長は加速されるかもしれない。

実際，経済成長と貿易取引との間には強いつながりがある。図12-1は，1981年から2010年にかけての世界全体の GDP 成長率（横軸）と貿易総額の伸び率（縦軸）との関係をプロットしたものである。図からは，明瞭な正の相関関係を読み取ることができる。これまでの各章では経済成長のようなダイナミックな問題は取り扱ってこなかったが，いうまでもなく，経済成長から国際貿易・投資へ，逆に，貿易・投資の自由化から経済成長へとつながる双方向的なメカニズムを解明することは極めて重要な作業である。

本章では，まず，経済成長が国際貿易・投資に及ぼす影響について検討する。経済成長は全般的な活動規模を拡大させるので，貿易取引も拡大することが期待されるが，成長パターンの違いによっては貿易取引が縮小したり，成長にもかかわらず経済厚生が悪化したりといった可能性もあることが示される。また，生産要素の増加がどのような成長パターンの違いを生み出すのかについても説明する。続いて，議論の方向を逆転させて，貿易自由化が経済成長に及ぼす影響について，発展途上国の工業化戦略の文脈の中で検討する。経済成長を促す

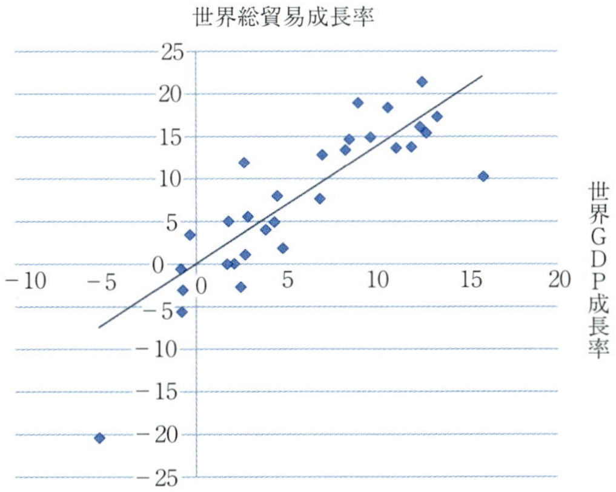

図 12 - 1　世界全体の GDP 成長率と貿易成長率の相関

出所：UNCTAD STAT（http://unctadstat.unctad.org/ReportFolders/reportFolders.aspx）の資料より筆者作成。

個別の要因と貿易自由化との関係についても説明する。さらに，投資による経済成長を取り扱える簡単な2期間モデルを用いて，国際的な貸借の可能性（資本移動の自由化）と生産・消費の構造，経常収支および動学的貿易利益の関係についても学習する。

12.1　成長パターンと貿易

その原因が何であれ，一国の経済成長はその国の生産可能性フロンティアの外側への（量的・質的）拡大によって表される。どこの国で生じた経済成長も，利用可能な財・サービス等を増加させるので，世界の人々の暮らし向きの改善に資することが期待される。しかし，ある一国の経済成長の成果が世界の人々に行き渡るか否かは，国際貿易取引のあり方に依存している。

12.1.1　成長と消費の偏向

経済成長と貿易取引との関係は，経済成長のパターンと所得増加に対する消費の変化の両方に依存しており，特定の一義的な関係が存在しているわけではない。経済成長が貿易取引を活発にすることも，貿易取引を縮小させてしまうこともある。

中立的成長

まず，すべての産業における生産量が同率で拡大するような“中立的”な経済成長について考えてみよう。図12－2の曲線 AB は，ある国の経済成長前の生産可能性フロンティアを描いたものである。「小国」を想定し，財の相対価格は一定とする。相対価格は直線 m の傾きで与えられており，相対価格と限界変形率が一致する y 点が生産点である。直線 m は家計の予算線も表しており，家計の消費点は x である。この国は第１財を輸出し，第２財を輸入している。

図12－2の曲線 $A'B'$ は，経済成長前の生産可能性フロンティア AB を原点を中心として一定率で外側に拡大させた経済成長後の生産可能性フロンティアを表している。相対価格が一定ならば，生産点は，両方の財が生産可能性フロンティアの拡大率と同じ割合で同時に増加した y' 点となる。

消費と貿易の変化

相対価格が一定ならば，生産国民所得の成長率も生産可能性フロンティアの拡大率と同じとなる。家計の予算線は直線 m から m' のように拡大し（実際にどのような消費点が選択されるかにかかわらず）家計はより高い効用水準での消費が可能となる。すなわち，「小国」経済における経済成長は，その国の経済厚生を改善させるのである。

家計の選好が相似拡大的ならば，所得の増加に伴ってすべての財の消費量も同時に同率で増加して，図12－2の x' 点のようになる。中立的な経済成長とともに，各財に対する需要が同率で拡大すると，貿易規模（純輸入）も $x-y$ から $x'-y'$ のように同率で拡大する。

図12－2において，当初の消費点 x を通る垂直線と成長後の予算線 m' との交点を a，x を通る水平線と m' との交点を b とする。さらに，x 点を基点として生産拡大に対応する半直線 l と平行に描いた直線 l' と予算線 m' との交点を c とする。さて，家計の選好が相似拡大的でなくとも，すべての財が正常財（上級財）であるならば，経済成長後の消費点は（両財の消費量が同時に増

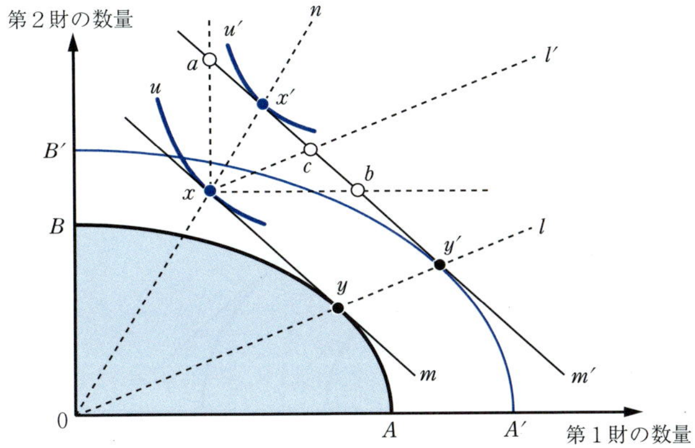

図 12 - 2　成長パターンと貿易の変化

加するので）予算線 m' 上で a 点と b 点の間となる。たとえば，第１財が食料品のような必需品であって需要の所得弾力性が１よりも小さな正の値をとっているならば，経済成長後の消費点は線分 ax' の間に位置することになり，逆に第１財が所得弾力性の大きな奢侈品であるならば，経済成長後の消費点は線分 bx' の間に位置することになろう。

中立的な経済成長に伴って，家計の消費点が図12 - 2の c 点になったとすると，与えられた相対価格に対する純輸入ベクトルは $c-y'$ となって，これは経済成長前の純輸入ベクトル $x-y$ とまったく変わらない（図解において四角形 $xyy'c$ が平行四辺形になっていることに注意）。このような経済成長と消費の変化は，当該国の輸出入構造を変化させず，オファーカーブを移動させない。したがって，この国の経済成長後も世界市場の需給構造に変化はなく，相対価格も変化しない。

これに対して，家計の消費点が予算線 m' 上で c 点よりも左上に位置することになれば純輸入ベクトルは拡大し，c 点よりも右下に位置することになれば純輸入ベクトルは縮小する。前者の場合，当該国の輸出財（第１財）の世界市場での供給が増加して輸入財（第２財）の需要が増加するので，当該国の交易条件（第１財の相対価格）は悪化する。後者の場合には，当該国の交易条件は改善するであろう。

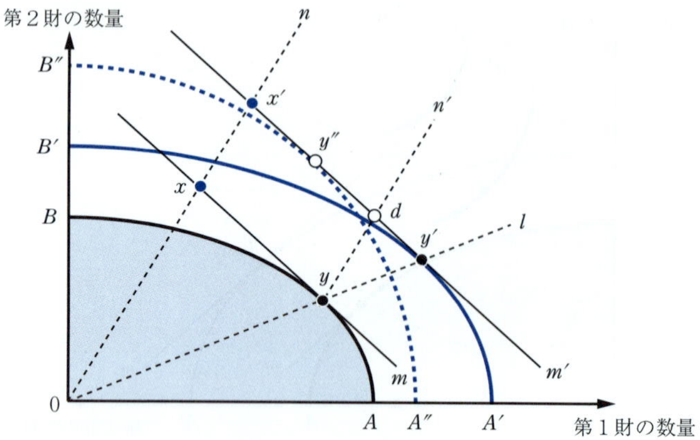

図 **12－3**　偏向的な成長

偏向的な成長

すべての部門で同率の成長が生じるのではなく，いずれかの部門に大きく偏って生産可能性フロンティアが拡大することもある。図12－3は，家計の相似拡大的な選好を前提として，偏向的な成長の場合を図解したものである。図の x 点と y 点が成長前の消費点と生産点をそれぞれ表している。相似拡大的選好を仮定しているので，原点を通る半直線 n が家計の所得消費曲線を表す。したがって，成長後の消費点は半直線 n と成長後の予算線 m' の交点 x' となる。成長前の生産点 y を始点とする半直線 n' は半直線 n と平行である。半直線 n' と成長後の予算線 m' との交点を d としておく。y' 点は中立的な成長が生じた場合の生産点である。

中立的な経済成長の場合と比較して，成長後に実現する輸出財と輸入財の生産比率がより高くなる場合を**輸出偏向的成長**，低くなる場合を**輸入偏向的成長**と呼ぶことにしよう。輸出偏向的成長が生じると，成長後の生産点は図12－3の y' 点よりも右下に位置することになる。この場合，純輸入ベクトルは確実に拡大する。輸入偏向的成長の場合，成長後の生産点は y' 点の左上に位置することになる。輸入偏向の程度があまり強くなく，成長後の生産点が y' と d の間となる場合には，成長後に純輸入ベクトルはやはり拡大する。しかし，輸入偏向の程度が大きく，成長後の生産点が d 点よりもさらに左上となる場合には，純輸入ベクトルは縮小することになる。図12 - 3 の破線の曲線 $A''B''$ はやや大きな輸入偏向的成長の場合を図解したものである（純輸入ベクトルは $x-y$ から $x'-y''$ に縮小している)。極度に強い輸入偏向的な成長が生じた場合，貿易パターンそのものが逆転してしまう可能性もある。

12.1.2　生産要素の増加

生産構造と所得分配に関連して第 4 章で導入したヘクシャー＝オリーン＝サミュエルソンモデルと特殊要素モデルを利用して，生産要素の増加と経済成長パターンの関係を説明しよう。

リプチンスキー定理

まず，ヘクシャー＝オリーン＝サミュエルソンモデルを考える。第 1 財と第 2 財が資本と労働を利用して生産されるものとする。各財の価格を一定とすると「価格と平均費用の一致条件」から要素価格が決定される。与えられた要素価格に対して，各企業は費用が最小となるように資本と労働の投入係数を選択する（第 4 章およびコラム「費用関数」を参照のこと）。第 i 財 ($i=1, 2$) の生産量を y_i と表し，第 i 財の生産に関する資本投入係数と労働投入係数をそれぞれ a_{Ki}，a_{Li} とする。議論を明確にするために，第 1 財は資本集約財であり，第 2 財は労働集約財であると仮定しておく。

$$\frac{a_{K1}}{a_{L1}}>\frac{a_{K2}}{a_{L2}} \tag{12.1}$$

第 i 財の生産に投入される資本量を K_i，労働量を L_i とすれば，各財について $K_i=a_{Ki}y_i$ および $L_i=a_{Li}y_i$ が成立している。さらに，ある国において利用可能な資本の総量（**資本賦存量**）を K，労働の総量（**労働賦存量**）を L と表す。各生産要素に対する需給一致条件は $K_1+K_2=K$，$L_1+L_2=L$ であり，これらを整理すると次のようになる。

$$a_{K1}y_1+a_{K2}y_2=K \quad \text{（資本の完全雇用）} \tag{12.2}$$

$$a_{L1}y_1+a_{L2}y_2=L \quad \text{（労働の完全雇用）} \tag{12.3}$$

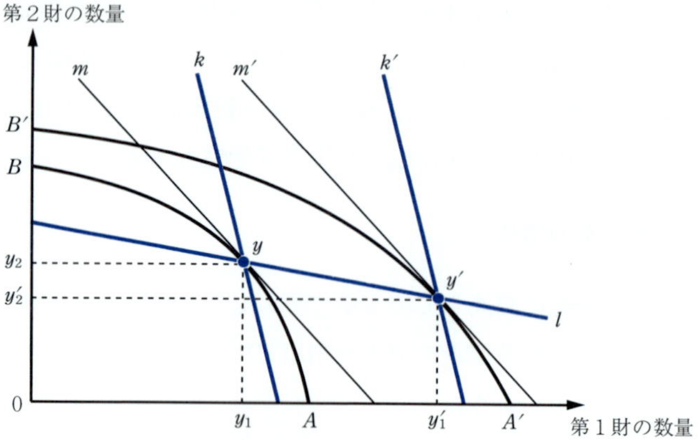

図 12 - 4　リプチンスキー定理

上の関係が y_1, y_2 に関する連立１次方程式となっていることに注意しよう。この連立方程式の解が，財価格が与えられたときの生産点を表すことになる。

図12 - 4 の直線 k と直線 l は，横軸に第１財の数量，縦軸に第２財の数量を測った平面上に，(12.2)式と(12.3)式を図解したものである。要素集約度に関する仮定から，直線 k（資本の完全雇用線）の方が直線 l（労働の完全雇用線）よりも急な傾きをもつように描かれている。両曲線の交点 y が，与えられた財価格の下での生産点である。

相対価格が変われば（ストルパー＝サミュエルソン定理を通じて）各財・各要素の投入係数の値も変化し，したがって(12.2)式と(12.3)式から定まる生産点も変化する。与えられた資本賦存量 K, 労働賦存量 L の下で，様々な相対価格に対応する生産点を連ねて描いた生産可能性フロンティアは図12 - 4 の曲線 AB のようになる。

さて，資本賦存量が何らかの理由から増加したとしよう。資本の完全雇用を表す直線は増加方向に移動して直線 k' のようになる。新たな完全雇用点は図12 - 4 の y' 点となる。図解から明らかなように，第１財の生産量は増加し，第２財の生産量は減少している。生産可能性フロンティアは，図の曲線 AB から曲線 $A'B'$ のように第１財の方向に大きく偏って拡大したものとなる。以上の観察から，要素賦存量の変化と各財の生産量の変化の間に次の関係が成立することが分かる。

財価格を一定とすると，ある生産要素賦存量の外生的な増加は，その生産要素を集約的に利用して生産される財の生産量を増加させ，そうでない財の生産量を減少させる。また，前者の生産量の増加率は当初の生産要素賦存量の増加率を上回る。

この結果を**リプチンスキー定理**（Rybczynski theorem）という。ストルパー＝サミュエルソン定理の場合と同様に，定理の主張の後半部分のことをジョーンズの拡大効果という。

リプチンスキー定理より，輸出財の生産に集約的に利用されている生産要素が増加すると輸出偏向的成長となり，輸入財の生産に集約的に利用されている生産要素が増加すると輸入偏向的成長となることが分かる。また，すべての生産要素が同時に同率で増加すれば，生産可能性フロンティアは一様に拡大して中立的成長となる。

特殊要素の増加

次に特殊要素モデルを考えよう。第1財と第2財が一般的要素である労働と各財の生産に固有の要素（第 i 特殊要素）を用いて生産されるものとする。第 i 財の生産に投入される労働量を L_i とし，第 i 特殊要素の賦存量を K_i と表す（特殊要素の賦存量とそれが各財の生産に投入される量は一致している）。各財の生産関数は次のように表される。

$$y_i = F_i(K_i, L_i), \quad i=1, 2 \tag{12.4}$$

労働賦存量を L とする。労働は両財の生産に利用されるので次の完全雇用条件が満たされていなければならない。

$$L_1 + L_2 = L \tag{12.5}$$

図12－5は，特殊要素モデルにおける生産可能性フロンティアを描いたものである。横軸右に向かって第1財の数量，縦軸上に向かって第2財の数量，縦

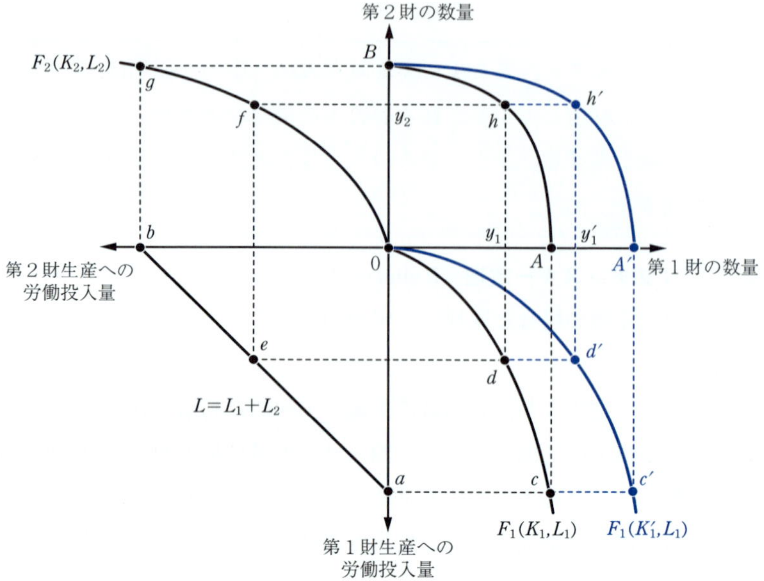

図 12－5　特殊要素の増加と生産可能性フロンティア

軸下に向かって第１財部門の労働投入量，横軸左に向かって第２財部門の労働投入量がそれぞれ測られている。縦軸・横軸によって４つの領域が区切られている。まず，右下の領域には第１財の生産力曲線が描かれ，左上の領域には第２財の生産力曲線が描かれている。左下領域の直線は労働の完全雇用条件を表したものである。

労働配分は左下領域の直線で表される。たとえば，すべての労働力が第１財の生産に向けられたとすると，労働配分は図12－5の a 点となる。第１財の生産量は，右下領域に描かれた第１財の生産力曲線上の c 点から読み取ることができる。第２財に労働力が配分されないので，第２財の生産量はゼロである。したがって，このときの第１財と第２財の生産量の組み合わせは図の A 点で表される。同様に，労働配分が e 点であれば，第１財の生産量は右下領域の d 点から，第２財の生産量は左上領域の f 点からそれぞれ読み取ることができ，生産量の組み合わせは右上領域の h 点となる。以上の作業を繰り返して，特殊要素モデルの生産可能性フロンティア（曲線 AhB）を描くことができる。

さて，生産点が h 点（労働配分が e 点）で表されている状況から，第１特殊要素の賦存量 K_1 が K_1' に増加したとしよう。特殊要素の増加によって第１財部門における労働の生産性が上昇するので，第１財部門の生産力曲線は上方に（図12－5では右方に）移動する。第２財部門では生産性に変化がなく，労働配分にも変化がないので，第２財の生産量は h 点におけるものと同じである。他方，第１財部門では生産性が上昇しているので，e 点と同じ労働力の下でより大きな生産量を実現できる。特殊要素増加後における第１財の生産量は，右下領域の d' 点から読み取ることができる。労働配分 e 点に対応する生産点は，右上領域の h 点から h' 点のように第１財が増加する方向に変化している。したがって，第１特殊要素が増加すると，生産可能性フロンティアは図12－5の曲線 $A'h'B$ のように第１財の生産に大きく偏って拡大することが分かる。ある特殊要素の増加は，その財の生産に偏った経済成長をもたらす。輸出財生産の特殊要素が増加すると輸出偏向的成長が生じ，輸入財生産の特殊要素が増加すると輸入偏向的成長が生じるのである。

技術進歩

各部門で生じる技術進歩・技術革新も経済成長をもたらす。技術進歩によって，要素投入を節約してより多くの財を生産できるようになるから，技術進歩は，実質的に利用可能な生産要素の量を増加させる効果をもっている。たとえば，輸出部門における技術進歩は，輸出部門の特殊要素が増加した場合と同様に輸出財生産に偏った形で生産可能性フロンティアを拡大させる。生産要素が増加する場合と技術進歩の場合では，各生産要素の報酬率に及ぼす影響は異なっているかもしれないが，生産可能性フロンティアに及ぼす影響という面ではきわめて似通ったものであると考えてよい。

12.1.3　窮乏化成長

バグワティ（J. Bhagwati）は，輸出偏向的成長によって，交易条件が大きく悪化すると，経済成長にもかかわらず当該国の経済厚生がかえって悪化してしまう可能性を理論的に精緻な形で指摘して**窮乏化成長**（immiserizing

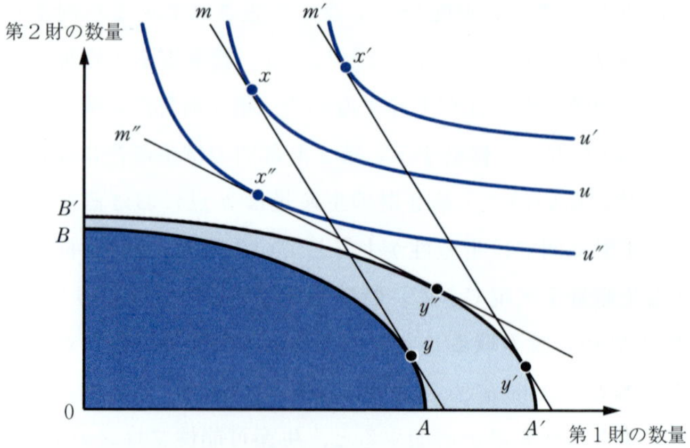

図 12 - 6　窮乏化成長

growth）と呼んだ。図12 - 6は窮乏化成長の状況を図解したものである。図の曲線 AB は経済成長前の生産可能性フロンティアである。相対価格（交易条件）は直線 m の傾きで与えられており，生産点は y，消費点は x となっている。このときの家計の効用水準は無差別曲線 u によって表されている。

輸出偏向的成長が生じて，生産可能性フロンティアが図の曲線 $A'B'$ のように輸出財に大きく偏って拡大したとしよう。交易条件が不変ならば，生産点は y' 点になり，家計の予算線も直線 m' に拡大する。家計は x' 点を消費して，経済成長前よりも高い効用水準 u' を享受できる。しかし，このような経済成長は世界市場における輸出財の超過供給・輸入財に対する超過需要を生み出し，当該国の交易条件を悪化させる。

交易条件が悪化すると（成長後の生産可能性フロンティアに沿って）輸出財の生産は縮小し，輸入財の生産は増加する。交易条件悪化後の生産点が図12 - 6の y'' 点のようになったとしよう。家計の予算線は直線 m'' で表されている。このとき，消費点は x'' となり，家計の効用水準は無差別曲線 u'' で表される。図解から明らかなように，経済成長に伴って，交易条件が十分に悪化すると，当該国の経済厚生がかえって悪化することが分かる。

Column　要素賦存比率命題

リプチンスキー定理を導くときに，生産要素が“増加する”場合を考えた。しかし，リプチンスキー定理における生産要素の増加を，ある一国において生産要素が増加する時間的な“前”と“後”であると解釈する必要はない。これを，異なる要素賦存量をもつ２つの国を比較したものと考えてもよい。たとえば，資本が増加した“後”の状況を相対的に資本賦存量の多い国（資本豊富国），増加する“前”の状況を相対的に資本賦存量の少ない国（労働豊富国）と見なすのである。すると，資本豊富国は労働豊富国と比べて資本集約財の生産に偏った生産可能性フロンティアをもつということができる。

この事実を利用すると，比較優位構造に関する次の命題を導くことができる。

> 両国の家計は相似拡大的で同一の選好を有しているものとする。また，各財は規模に関する収穫一定の技術を用いて生産され，両国の技術は（財ごとに）同一であるとする。このとき，ある国は他の国と比べて相対的に豊富に存在する生産要素を集約的に利用して生産される財に比較優位をもつ。

この命題を（狭義の）**ヘクシャー＝オリーン定理**（Heckscher-Ohlin theorem）あるいは**要素賦存比率命題**（factor-proportion theory）という[(1)]。

証明は次のようにすればよい。まず，資本の少ない労働豊富国の閉鎖経済均衡における資本集約財価格 p を考える。次に，資本豊富国において先の p が成立していたとする。所得水準は異なるものの，両国は相似拡大的で同一の選好を有しているので，価格 p の下での資本集約財と労働集約財の消費比率は両国で同一である。これに対して，資本豊富国における資本集約財と労働集約財の生産比率（生産構造）は，リプチンスキー定理より資本集約財に偏ったものであることが分かっている。したがって，価格 p の下で資本豊富国においては資本集約財に対する超過供給が生じることになる。労働豊富国の閉鎖経済均衡価格である p は，資本豊富国における閉鎖経済均衡価格とはなりえない。超過供給を解消するためには，資本豊富国における資本集約財価格は労働豊富国における p よりも安くなっていなければならない。すなわち，資本豊富国は資本集約財に比較優位をもつのである（特殊要素モデルについても「**ある財の特殊要素賦存量の多い国は，その財の生産に比較優位をもつ**」という類似の命題をまったく同じようにして証明できる）。

(1)「要素賦存比率命題」と「要素価格均等化定理」を合わせて，広義のヘクシャー＝オリーン定理という。

これまでに本文中あるいはコラムで紹介してきた「ストルパー＝サミュエルソン定理」「要素価格均等化定理」「リプチンスキー定理」「要素賦存比率命題」の４つをまとめて，ヘクシャー＝オリーン＝サミュエルソンモデルから導かれる**基本４定理**と呼ぶことがある。

12.2 貿易から成長への影響

貿易自由化は，市場を拡大し，利潤機会を増大させる。特に規模の経済性を発揮できる分野では，大規模生産が有利となって国際競争力が高まり，成長が促進されるであろう。また同時に，貿易自由化による企業間競争の激化は，費用削減や新製品・新技術獲得のための R&D 投資を活発にして，成長を促すことが期待される。はたして，貿易・貿易自由化は「成長のエンジン」として働きうるのであろうか。本節では，貿易・貿易自由化が経済成長に及ぼす影響について整理する。

12.2.1 輸入代替工業化と輸出志向工業化

発展途上国の工業化による成長の文脈において考察を進めることによって，貿易が成長に果たす役割を一層鮮明にできよう[(2)]。発展途上国・低開発国の多くは，第２次世界大戦後に欧米諸国による植民地支配からの独立を勝ち取った。しかし，これは，植民地として形成された産業構造を初期条件として途上国が出発しなければならないことも意味していた。植民地とは，本国経済が必要とする資源や財の供給拠点として開発・経営されたものであり，主として特定の１次産品に特化した生産構造（いわゆる**モノカルチャー** monoculture）をもつものであった。植民地本国からの１次産品需要に依存するモノカルチャー経済から脱却して，近代工業部門を含む自律的な産業構造を構築するために，発展途上国は多大の努力を傾けなければならなかった。

(2) 以下で取り上げる発展途上国の工業化戦略の詳細と変遷については，渡辺利夫『開発経済学入門［第３版］』（東洋経済新報社，2010年）を参照のこと。

輸入代替

工業化に向けた初期の努力において，多くの発展途上国が採用したのは，いわゆる**輸入代替工業化**（import-substituting industrialization）戦略であった。これは，数量制限や関税などを利用して最終財輸入を制限して自国市場を確保し，そこに向けた自国企業による生産を促して輸入を国内生産で置き換えていこうとする保護主義的政策である。

ある最終製品の輸入が現に行われていることは，その財に対する大きな需要がその国に存在することを意味している。したがって，輸入代替の初期においては，需要に関する確実性の高い最終製品に関する輸入代替が行われる。この段階では，原材料・部品あるいは生産機械などの資本財については輸入によってまかない，最終製品への加工・組み立てを行う国内企業の育成が図られる。国内企業が順調に成長すれば，ある時点から最終製品の輸出が開始される。国内の最終財生産部門の成長と輸出向け生産の拡大とともに，原材料・部品・資本財などの投入財に対する派生需要も拡大する（後方連関効果)。投入財に対する派生需要が十分に大きく確実なものとなれば，投入財に関する輸入代替の段階に進むことができる。このように輸入代替工業化戦略は，財の生産・流通プロセスの下流（最終財部門）から上流（投入財部門）へと輸入代替の局面を移行させながら，産業構造の高度化と成長を目指すものである。

輸入代替の難点

1950年代半ばから1960年代半ばにかけて，フィリピン，タイ，マレーシア，台湾，韓国などのアジア諸国では輸入代替戦略を採用することによって，工業化と成長に一定の成功を収めてきた。この事実を見るとき，輸入代替工業化戦略のように貿易を抑制する保護主義的政策にも，幼稚産業保護論の場合と同様に，ある程度の成長を促す力があることは否定できない。しかし，1970年代に入る頃までには，多くの発展途上国における輸入代替工業化戦略は，いくつかの難点に直面して行き詰まりを見せるようになった。

まず第一に，輸入代替工業化戦略のシナリオが想定するほどには“自国市場”は大きくなかった点があげられる。元々発展途上国の所得水準は低く輸入代替を狙った最終財に対する保護政策によってさらに実質所得が減少して，自国市場は一層規模の小さなものとなる。

第二に，最終財に関する輸入代替が，原材料・部品・資本財等の輸入を増加させて，貿易赤字の拡大を招いた点があげられる。輸入代替の過程では，最終財の輸入に高い関税率，投入財の輸入に低関税率を適用するという**傾斜関税構造**が採用される。第6章の「有効保護率」で明らかにしたように，傾斜関税構造の下で，最終財部門には名目関税率以上の保護効果が与えられる。これは輸入代替部門に対する過度の生産資源集中を生み出して，伝統的な輸出部門を困難に陥れる。加えて，投入財の輸入を容易にするために，しばしば自国通貨を割高に維持する政策がとられるが，これは伝統的輸出部門の競争力をそいで輸出を困難にして，貿易収支をさらに悪化させる。

第三に，輸入代替の対象となる産業の多くが資本集約的であるのに対して，発展途上国は労働豊富であるという生産要素の需給におけるミスマッチがあげられる。輸入代替によって資本集約産業が拡大しても，十分な雇用吸収力は望めない。

輸出志向工業化

輸入代替工業化の困難に直面して，多くの発展途上国が工業化戦略の転換を図った。まず，輸入代替を促進するための傾斜関税構造や自国通貨を割高に維持する政策を撤廃して，財市場・金融市場の自由化を進めることが行われた。さらに，輸出産業への補助金，法人税の減免措置，低利融資などの輸出促進政策も実施された。輸出産業の拡大を牽引力として工業化と成長を促そうとする政策を**輸出志向工業化**（export-oriented industrialization）という。

輸入代替の場合とは異なり，世界市場の需要規模は大きく生産面での規模の経済性を働かせる余地は大きい。また，輸出市場における海外企業との競争激化は，費用削減，新製品・新技術開発のための誘因を高める。さらに，労働豊富な発展途上国の要素賦存状況に適合した労働集約部門での成長によって，高い雇用吸収力を発揮することもできる。

輸入代替から輸出志向工業化への転換は，韓国・台湾・香港・シンガポール・インドネシア・マレーシア・タイなどに**東アジアの奇跡**と呼ばれる高成長をもたらした[3]。しかし，これら諸国の成功のエピソードをただ単に“市場の自由化”ないし“貿易自由化”の結果であるとみなすのは難しい。同時に行なわれた輸出産業に対する各種の選択的な補助政策や積極的外資導入政策の効果も無視できない。

結局，輸入代替工業化のような“内向き”の保護主義的政策が中・長期的な経済成長を阻害することは間違いないとしても，市場あるいは貿易の自由化が成長を促進するものであると単純に結論づけることはできない。貿易自由化と経済成長との関連を解明するには，個別の要因に対する一層詳細な検討が必要である。

12.2.2　貿易と成長の諸要因

貿易自由化は，各種の要素報酬率や競争状況を変化させて，投資や研究開発に向けた誘因に様々な影響を及ぼす。その結果，生産要素の蓄積や技術進歩を内生的に変化させる。経済成長に影響する個別の要因に立ち入って，貿易自由化が経済成長に及ぼす影響について検討しよう[4]。

物的資本

貿易が行われていなければ，資本豊富国は資本集約財に偏った生産構造をもち，資本集約財の国内価格は安くなる。労働豊富国では逆の関係が成立する。ストルパー＝サミュエルソン定理より，資本豊富国における資本レンタルは低く，労働豊富国における資本レンタルは高くなる。高い資本レンタルは，資本蓄積を促す投資のインセンティブを高める。したがって，貿易がなければ，資

(3)　World Bank (1993), *The East Asian Miracle : Economic Growth and Public Policy*, a World Bank policy research report, published for the World Bank by Oxford University Press.

(4)　菊地徹・胡云芳「貿易利益理論の展開」（西島章次編『グローバリゼーションの国際経済学』［勁草書房，2008年］第２章所収）に，近年の動学的貿易利益理論の展開についてのコンパクトな解説がある。貿易自由化が経済成長に及ぼす様々な効果は，貿易モデルの設定の微妙な違いに強く依存している。本節での議論は非常に大まかなスケッチに過ぎない。

本豊富国における投資のインセンティブは低く，労働豊富国におけるインセンティブは高くなり，労働豊富国においてより高い割合での投資が行われる。その結果，労働豊富国は短期・中期的により高い成長率を実現して，（労働豊富国の資本量がより速く増加するので）両国間の要素賦存格差も縮小していくであろう。

他方，ある時点で財に関する貿易自由化が実施されると，要素価格均等化定理より，両国における資本レンタルが均等化する。両国における投資インセンティブは等しくなり，同じ割合で投資が実行されることになる。両国の成長率は等しくなるものの，資本蓄積とともに要素賦存格差は一定率で拡大していく。

人的資本

優れた技術やスキル，高度な知識・知能，豊かな創造力・発想力を身に付けて高い生産性を発揮できる労働力を**人的資本**（human capital）という。生産性の低い労働を**未熟練労働**（unskilled labor），生産性の高い人的資本を**熟練労働**（skilled labor）といって区別することもある。

教育投資によって高い水準の学校教育や職業訓練を受けたり，働く現場で経験を積む**実践を通じた学習**（learning-by-doing）によって人的資本は形成されていく。どの企業，どの産業での仕事にも応用可能であるような“一般的”な人的資本もあるが，特定の企業・産業における教育・訓練によって形成される“特殊”なものもある。さらに人的資本の場合，共同作業・直接的コンタクトや個人的コミュニケーションを通じたアイデアの交換などによって，生産性を相互補完的に高め合うという**正の外部経済性**が生じることもある。また，人的資本は，高い**技術吸収力**を発揮して，海外からの技術移転を容易にする効果ももつかもしれない。

輸出産業が，実践による学習効果の見込める部門であるならば，貿易自由化によって当該国の輸出産業が拡大して成長が促進される。また，各産業の熟練労働（人的資本）集約度の違いによっても，貿易自由化が成長に及ぼす影響は異なってくる。物的資本の場合と同じように，貿易自由化が熟練労働に対する賃金率の均等化をもたらすならば，成長に伴って初期における熟練労働・未熟練労働の賦存格差を拡大させるであろう。

R&D 投資と知識のスピルオーバー

ある最終財が，様々に差別化された中間財を投入することで生産される状況を考えよう。中間財生産企業は **R&D 投資**を実施して新たな中間財バラエティを開発して市場に参入する。R&D 投資によって１つの中間財バラエティを開発するには一定の費用がかかるが，この開発費用は現存のバラエティ数の増加に伴って（企業にとっては外部的に）低下すると考える。これは，利用可能な中間財のバラエティ数が現時点における産業全体の「知識水準」に対応しており，知識水準が高いほど研究・開発は容易になるという正の外部経済性を表している。これを知識の**スピルオーバー効果**（spillover effect）という(5)。

知識のスピルオーバー効果が，国内的なものか，国際的なものかで，貿易自由化の効果は変わってくる。スピルオーバー効果が，国内で生産される中間財バラエティ数のみに依存する国内的なものならば，貿易自由化に伴う淘汰効果によって国内バラエティ数は減少するので，新バラエティの開発費用を増加させてしまう。R&D 投資が減少して，成長は鈍化する。これに対して，スピルオーバー効果が，世界全体で生産される中間財バラエティ数に依存する国際的なものであれば，貿易自由化によって利用可能なバラエティ数が一挙に増大して開発費用を大幅に引き下げる。R&D 投資が活発に行われ，中間財のバラエティが増加して，成長も加速する。

技術移転とプロダクト・サイクル

国際貿易が行われると，これまで国内では見たこともない新奇なものの「現物に触れる」ことによって，人々はその存在と，それが入手可能であることを知る。また，製品を分解・解体して内部を観察したり，リバース・エンジニア

(5)　現存するアイデア・知識が多いほど，それらを組み合わせることで新たなアイデアを生み出せる可能性が高められ，新知識を獲得する費用が低下する状況を表している。しかし，これとは逆に，知識水準の全般的な上昇が，新たなアイデアの源泉を枯渇させて，新バラエティの開発を困難にするという負の外部経済性（負のスピルオーバー効果）の可能性もある。

リングを施すことによって，動作様式や素材，あるいは製造方法に関する知識を獲得できる。あるいは，多国籍企業が直接投資によって海外に進出してくると，多国籍企業子会社の活動を観察することや人事交流などを通じて，現地企業は組織作りの仕方や経営ノウハウを学ぶことができるかもしれない。入手された新知識は，**イミテーション**（模倣 imitation）による代替製品の生産に利用されたり，新製品・新生産方法の開発や品質改善のヒントとなったりする。

このように（主に）先進国における**イノベーション**（innovation）によって生み出された新製品・新技術・新方式に関する情報は，様々なルートを通じて国際的に伝播していく。ヴァーノン（R. Vernon）は，ある企業のイノベーションによって生み出された新製品の普及が，(a) 小規模な生産と試行錯誤で特徴づけられる導入期，(b) 規格化された生産方法に基づく大量生産と輸出が開始される成長期，(c) 模倣等による技術伝播と企業間競争の激化する成熟期，そして (d) 製品の新規性が失われて，ありふれたものとなる衰退期，という経過をたどる点に注目して，これを**プロダクト・サイクル**（product cycle）と呼んだ。

導入期や成長期の初期では，イノベーション企業は技術的な優位性に基づいて，ある程度の独占力を市場で発揮できる。この時期の生産には高いスキルが必要なので，もっぱら熟練労働の豊富な先進国において生産される。ポスナー（M. V. Posner）やハフバウワー（G. C. Hufbauer）が示唆するような**技術ギャップ**（technology gap）に基づく貿易が生じる。輸出を通じて海外市場に当該製品が浸透してくると，模倣等を通じた技術移転が進行する。技術ギャップの縮小につれて，次第にイノベーション企業の優位性も失われてくる。人的資本が豊富でイノベーションにおいて先行する国は，技術優位性に基づく（独占的）利益と高い成長を実現できる。他方，後発国は大きな開発費用をかけずに先進的技術が利用可能となるので，**後発性の利益**を発揮して高い成長とキャッチアップを容易に実現できるかもしれない。また，後発国においてある程度の人的資本の蓄積が進んでいれば，先行国からの技術吸収も一層容易になろう。

12.3 貯蓄・投資と異時点間貿易

貿易と経済成長の問題を取り扱おうとすると，家計の貯蓄（消費の将来への持ち越し）や設備投資，教育投資，R&D 投資など各種の投資を組み込んだモデルが必要となる。多数期間にわたる動学的最適化と多様な投資を含む本格的な分析は本書の守備範囲を超えているので，ここでは時間を「現在」（第 1 期）と「将来」（第 2 期）に分割した簡単な 2 期間モデルを用いて，経済成長，投資，経常収支，および経済厚生の関係について考察する。この 2 期間モデルでは，各期にただ 1 種類の財が生産・消費される。財は消費にも投資にも利用可能である。また，財は物質的には同一であるが，それが利用される時期によって「現在財」および「将来財」のように区別される。各期における財の価格を 1 に基準化しておく。

12.3.1 家　　計

生涯効用

家計は，それぞれの期間に所得を獲得し，消費を行う。第 t 期 ($t=1, 2$) における家計の消費を C_t とし，家計の生涯にわたる消費ベクトルを (C_1, C_2) と表す。時間の流れに沿って消費が行われることに注目して，生涯にわたる消費ベクトルのことを**消費の経路**（consumption path）のように呼ぶこともある。家計の生涯にわたる効用関数は次のように表される。

$$U(C_1, C_2) \tag{12.6}$$

生涯にわたる効用関数 U に対応して，これまでと同様の無差別曲線が描けるものとしておく[(6)]。

(6)　消費ベクトルの表記の仕方と財の区別（解釈）の仕方が異なるだけで，形式的にはこれまで扱ってきた効用関数とまったく同様の性質が成立する。

資産の増減

家計は貯蓄や借り入れを通じて，**資産**（asset）の蓄積あるいは取り崩しを決定する。第 t 期（$t=1, 2$）の初めに家計が保有している国内資産（＝国内の資本ストック）を K_t，**対外純資産**（net foreign asset）を B_t とする。第 t 期の初めの総資産は $W_t \equiv K_t + B_t$ となる。

家計は保有している労働と資本を生産活動に提供することから報酬を得る(7)。国内の生産活動に提供された生産要素の獲得する要素所得は国内生産額 Y_t に等しい（三面等価の原則）。さらに，対外純資産の収益率（＝**実質利子率**）を r とすれば，海外からの純所得は rB_t となる。したがって，第 t 期において家計が利用可能な国民所得は $Y_t + rB_t$ である。第 t 期の消費は C_t であり，消費されなかった部分（＝貯蓄 S_t）は総資産の蓄積に利用されるので，次の関係が成立する。

$$W_{t+1} - W_t = S_t \equiv Y_t + rB_t - C_t \qquad (12.7)$$

総資産の定義より，$W_{t+1} - W_t = K_{t+1} - K_t + B_{t+1} - B_t$ である。固定資本減耗分を無視すれば，国内資本ストックの増加は**投資**（investment）I_t によって実現するので，$K_{t+1} - K_t = I_t$ が成立する。したがって，対外純資産の増加は次のように表されることになる。

$$B_{t+1} - B_t = Y_t + rB_t - C_t - I_t \qquad (12.8)$$

対外純資産の増加・減少はそれぞれ**経常収支**（current account）の黒字・赤字に対応している。経常収支を $\mathrm{CA}_t \equiv B_{t+1} - B_t$，貯蓄を S_t とすれば，$\mathrm{CA}_t \equiv S_t - I_t$ の関係を得る。すなわち，経常収支は国内の貯蓄・投資ギャップに等しいのである(8)。

(7) 家計は資産として「資本ストック」を保有している。家計は，資本ストックを貸し出して，それが一定期間に生み出す「資本サービス」の対価として資本所得（資本レンタル）を稼得するのである。1単位の資本ストックは，1期間に1単位の資本サービスを生み出すものと仮定しておく。

(8) このように，貯蓄・投資に関する時間を通じた意思決定の中に経常収支を位置づけて分析する枠組を「動学的経常収支アプローチ」という。このようなアプローチは，↗

通時的な予算制約

議論を簡単にするために，いくつかの仮定をおく。まず，第１期の初めに家計はまったく資産をもっていないものとする。すなわち，$K_1=0$，$B_1=0$ である。これは，第１期に世界が始まるので“それ以前”に蓄積されたものは存在しないことを表している。また，第２期の終わり（＝第３期の初め）には，資本ストックを残さず，対外純資産もゼロになっているものとする。すなわち，$K_3=0$，$B_3=0$ である。これは，第２期末で世界が終わってしまうので，資産を残さないように全部消費しつくして，対外的な負債も残さないことを意味している[9]。

上の仮定より，$B_2=Y_1-C_1-I_1$，$-B_2=Y_2+rB_2-C_2-I_2$，および $I_2=-I_1$ が導かれる。これらから B_2，I_2 を消去して整理すると次のようになる。

$$C_1+\frac{C_2}{1+r}=Y_1-I_1+\frac{Y_2+I_1}{1+r} \qquad (12.9)$$

両辺の分数の分母に表れる $(1+r)$ を**粗利子率**（gross interest rate）という。(12.9)式の左辺は，家計の生涯消費の割引現在価値を表している。また，右辺第１項の Y_1-I_1 は第１期に投資以外に利用可能な所得であり，第２項の Y_2+I_1 は第２期に利用可能な所得であるから，右辺全体は消費のために利用可能な生涯所得の割引現在価値を表している。すなわち，(12.9)式は，家計にとっての**通時的予算制約**（intertemporal budget constraint）である。家計は(12.9)式の制約の下で，(12.6) 式の効用が最大となるように，生涯にわたる消費の経路を選択する。

↘近年発展の著しい「動学的確率的一般均衡理論」(DSGE：Dynamic Stochastic General Equilibrium theory）に基づく「新しい国際マクロ経済学」では標準的なものである。岩本武和『国際経済学 国際金融編』（ミネルヴァ書房，2012年）の第８章では，本節と同様のモデルをさらに展開し，経常収支・国際資本移動に関する含意について詳細に吟味している。

(9)　負の粗投資が可能であることを仮定している。これは，生産活動に利用した後の第２期の資本が消費に利用できること（“食べられる資本”）を意味している。家計が“世界の終わり”にプラスの消費可能な資産を残していることは，「家計が生涯にわたる効用を最大にするように消費の経路を選択する」という仮説に矛盾している。また，マイナスの対外資産を残すことは（同様の理由から）貸し手が許さない。

12.3.2　生産と投資

第１期の所得 Y_1 は一定で与えられているものとする（一定の数量供給されている労働力のみで生産が行われると考えてもよい）。第２期には，第１期に蓄積された資本を用いて生産が行われる。第２期の生産関数を次のように表す。

$$Y_2 = f(K_2) \tag{12.10}$$

第２期の生産にとって資本サービスは不可欠，すなわち $f(0)=0$ であり，資本投入に関して正の限界生産力 $f'(K_2)>0$ と限界生産力逓減を仮定しておく。

生産可能性フロンティア

第１期における投資を I_1 とするとき，海外からの借り入れなしで第１期に消費に利用できる所得を X_1 とすれば，$X_1 = Y_1 - I_1$ である。さらに，第２期における生産を考慮して，海外からの借り入れなしで第２期に消費に利用できる所得を X_2 とすれば，$X_2 = f(K_2) + K_2$ である。資本蓄積と投資の関係および初期資産・終末期資産に関する仮定より，次の関係が成立する。

$$X_2 = f(Y_1 - X_1) + Y_1 - X_1 \tag{12.11}$$

上の関係は，国際的な貸借がない状況において，第１期に消費に利用可能な所得 X_1 を増加させようとすると，第２期の消費のために利用可能な所得 X_2 を減少させなければならないことを表している。(12.11)式を満たす (X_1, X_2) の図解を**異時点間の生産可能性フロンティア**（intertemporal production possibility frontier）という。

図12‐7の曲線 AB は，異時点間の生産可能性フロンティアを描いたものである。A 点では，第１期の投資 I_1 がゼロであり，第１期の消費に利用できる所得は最大となるが，第２期の消費に利用できる所得はゼロとなっている。第１期の投資 I_1 が増加するにつれて，X_1 は減少し，X_2 は増加していく。第１期の当初所得 Y_1 のすべてを投資すれば，第２期における消費可能な所得は最大の $f(Y_1)+Y_1$ となるが，第１期に消費可能な所得はゼロとなる（図の B 点）。

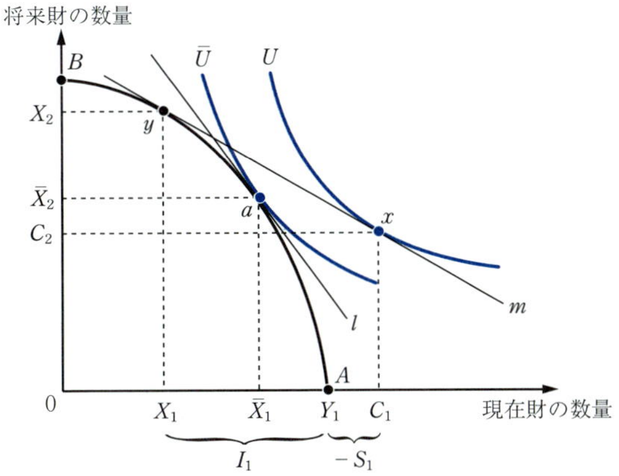

図 12 - 7　異時点間の生産可能性フロンティア

生産関数の資本投入 ($K_2=I_1$) に関する限界生産力逓減を反映して，生産可能性フロンティアは外に向かって凸の図形となっている。容易に確認できるように，異時点間の生産可能性フロンティアの傾き（＝異時点間の限界変形率）は資本の限界生産力 $f'(K_2)$ に 1 を加えたものに等しい。

投資・生産点の決定

実質利子率 r が与えられると，生産者は生産可能性フロンティアの制約の下で通時的な総生産額 $\Pi\equiv(1+r)X_1+X_2$ が最大となるように (X_1, X_2) を選択する。これは，生産者が家計と一体であって，家計の生涯にわたる可処分所得の割引現在価値

$$Y_1-I_1+\frac{f(I_1)+I_1}{1+r} \tag{12.12}$$

を最大とするように第 1 期の投資 I_1 を選択することと同じである。

Π を一定とすると，$\Pi=(1+r)X_1+X_2$ は図12 - 7 の平面上において傾きが $-(1+r)$ である右下がりの直線で表される。Π を最大とするには，生産可能性フロンティアと直線 $\Pi=(1+r)X_1+X_2$ が接触する点を見つければよい。図12 - 7 の直線 m は，与えられた実質利子率 r の下での通時的な総生産額を表している。通時的な総生産額を最大とする生産点は，直線 m と異時点間の生

産可能性フロンティア AB の接触する y 点である。y 点に対応する第 1 期の生産を X_1 とすれば，Y_1 と X_1 の隔たりが第 1 期における投資 I_1 の大きさを表し，第 2 期の生産 X_2 が $f(I_1)+I_1$ の大きさを表す。

y 点では，粗利子率 $(1+r)$ と異時点間の限界変形率 $(1+f'(K_2))$ が一致している。すなわち，第 1 期の投資は実質利子率と資本の限界生産力が一致するように決定されるのである。

$$r=f'(I_1) \tag{12.13}$$

第 1 期初めに資本ストックが存在していないので，$K_2=I_1$ であることに注意しておこう。資本の限界生産力逓減の仮定より，実質利子率 r が上昇すると投資 I_1 は減少することが分かる。

12.3.3 動学的貿易利益

閉鎖経済均衡

国際的な貸借が行われない“閉鎖経済状態”では，投資は国内貯蓄のみによってまかなわれなければならない。第 2 章等で展開した通常の貿易モデルと同様に，閉鎖経済均衡は（異時点間の）生産可能性フロンティアの制約の下で家計の（生涯にわたる）効用を最大にする点として特徴づけることができる。図12 - 7 において，異時点間の生産可能性フロンティア AB と無差別曲線 $\bar{U}$ の接触する a 点が閉鎖経済均衡を表している。

a 点における無差別曲線と生産可能性フロンティアとの共通接線 l の傾きが，閉鎖経済均衡における粗利子率の大きさを表す。閉鎖経済均衡における実質利子率を $\bar{r}$ とする（$1+\bar{r}$ が閉鎖経済均衡における粗利子率である）。a 点における第 1 期の生産を $\bar{X}_1$ とすれば，$Y_1-\bar{X}_1$ が閉鎖経済均衡における第 1 期の投資 $\bar{I}_1$ を表す。さらに，第 1 期の消費 $\bar{C}_1$ をとすれば，閉鎖経済均衡における貯蓄 $\bar{S}_1$ は $Y_1-\bar{C}_1$ に等しいので，a 点において国内における貯蓄・投資バランスが成立している（$\bar{S}_1=\bar{I}_1$）。したがって，経常収支もバランスしている。

資本移動の自由化

閉鎖経済状態が解かれ，国際的な貸借が可能になったとする。これは，国際的な資本移動が自由化されたことを意味している。世界市場における実質利子率 r が，図12－7の直線 m の傾きのように，閉鎖経済均衡における実質利子率 $\bar{r}$ よりも低い場合を考えよう。先に見たように，生産者は y 点に対応する生産を行う。第1期の所得は X_1 に減少し，第2期の所得は X_2 に増加している。第1期の投資は $\bar{I}_1 \equiv Y_1 - \bar{X}_1$ から $I_1 \equiv Y_1 - X_1$ へと増加する。資本移動の自由化によって，実質利子率の低い世界市場から借り入れを行えるようになったので，投資が増加したのである。また，投資が活発になったことによって，閉鎖経済均衡の場合よりも高い成長率を実現していることが分かる。

家計の通時的予算制約式は直線 m で表される。家計は x 点で表される消費ベクトル（消費の経路）を選択する。図の場合，閉鎖経済均衡と比べると，第1期の消費を大幅に増加させ，第2期の消費を抑制したものとなっている。第1期の消費 C_1 は第1期の当初所得 Y_1 を超えているので，貯蓄 $S_1 \equiv Y_1 - C_1$ はマイナスである。資本移動の自由化によって増大した第1期の消費をまかなうために，家計は借り入れを行わなければならないのである。

図12－7に描かれた状況では，この国の経済全体の貯蓄・投資バランスは $S_1 - I_1 < 0$ となっているので，第1期における経常収支は“赤字”である（赤字の大きさは図12－7の $C_1 - X_1$ に等しい）。もちろん，これは第2期における“黒字”で埋め合わされなければならない（黒字の大きさは図12－7の $X_2 - C_2$ に等しい）。

家計の生涯にわたる効用水準を閉鎖経済均衡の場合と比べると，a 点における $\bar{U}$ から x 点における U へと上昇していることが分かる。実質利子率の低下に伴って，生産面では現在財よりも将来財のほうが有利となる。消費面では，逆に，現在財のほうが相対的に安価となるので，将来財は不利となる。この国は，現在財を“輸入”し，将来財を“輸出”すること，すなわち**異時点間の貿易**（intertemporal trade）を通じて，貿易利益を実現しているのである。これを**動学的貿易利益**（dynamic gains from trade）という。第1期において経常赤字が生じていても動学的貿易利益は存在することに注意しよう。経常収支が赤字だから「損」，黒字だから「得」といった単純な関係は存在しないのである。

練習問題

1. リプチンスキー定理におけるジョーンズの拡大効果を論証しなさい。

2. 資本集約財部門において，資本投入係数と労働投入係数を同率で低下させる技術進歩（このような技術進歩を**ヒックス中立的技術進歩**という）が生じた場合，生産構造，資本レンタル，賃金率がどのように変化するか示しなさい。

3. 特殊要素モデルにおいて，一般的要素である労働の賦存量が増加すると生産可能性フロンティアはどのように拡大するか作図して確認しなさい。

4. (12.11)式の異時点間の生産可能性フロンティアの限界変形率 $-\mathrm{d}X_2/\mathrm{d}X_1$ が次のように表されることを確認しなさい。

$$-\frac{\mathrm{d}X_2}{\mathrm{d}X_1} = 1+f'(I_1)$$

第13章　地域貿易協定・経済統合

GATT/WTO は，自由・無差別・互恵の理念の下で多角的アプローチに基づく貿易自由化を進めてきた（第11章参照）。しかしながら，多角的自由化が進展するにつれ，農業分野や労働の国際移動などの政治的に敏感な分野が取り残されてきたり，サービス貿易・知的財産権保護・海外直接投資などの新分野が出現したり，あるいは発展途上国を中心に GATT/WTO への参加国が増加したりなどの要因が積み重なることによって，交渉内容が複雑化して，交渉費用を増大させ，GATT/WTO の多角的アプローチは行き詰まりを見せるようになった。こうした状況の中で，各国は自由貿易協定・関税同盟などの地域貿易協定の締結を通じた新たな政策ニーズへの対応を模索しはじめた。特に1980年代末にアメリカがカナダとの自由貿易協定を締結し，多角的アプローチから双務的・地域主義的アプローチへと舵を切ったことは，1993年の欧州連合の成立とともに世界経済に大きなインパクトを与えた。1980年代後半以降，地域貿易協定の数は急速に増大し，今日では，世界のほとんどの国が何らかの地域貿易協定に参加している状況である。

本章では，地域貿易協定・経済統合のような双務的・地域主義的な政策によって，世界の貿易構造はどのように変化するのか，参加国と非参加国の経済厚生にどのような影響があるのか，そして地域貿易協定・経済統合の林立が最終的に世界大の自由貿易体制の実現につながるのか否か，などの問題を解明するために必要な理論的枠組について学習する。

13.1　類型と現状

13.1.1　WTO における規定

地域貿易協定（RTA：Regional Trade Agreement）とは，相互的かつ互恵的

に協定締約国間のみで貿易障壁を削減・撤廃することを目的とした特恵的貿易取極である。WTOにおける地域貿易協定は，**自由貿易協定**（FTA：Free Trade Agreement）と**関税同盟**（CU：Customs Union）とに大別される。自由貿易協定は，締約国間（域内）における関税・制限的通商規則を撤廃するものであり，関税同盟は，自由貿易協定の要素に加えて，域外国に対する関税・通商規則を加盟国間で共通化するものである。また，自由貿易協定あるいは関税同盟を形成するに至るまでの「中間協定」も認められている[1]。

地域貿易協定は，その域内国間の貿易を自由化する一方で，域外国との間の貿易制限措置を残して差別的な取り扱いをするものであるから，明らかにWTOの最恵国待遇の原則に反している。しかし，あまり硬直的ルールではWTOへの参加自体を阻害してしまうので，緊急輸入制限などの場合と同様に，WTOでは一定の条件の下で例外として地域貿易協定を認めている。地域貿易協定に関するWTO上の規律は，GATT第24条，**サービス貿易に関する一般協定**（GATS：General Agreements on Trade in Services）の第5条，およびいわゆる授権条項（1979年の「異なるかつ一層有利な待遇並びに相互主義及び開発途上国のより十分な参加に関する決定」）において与えられている。

GATT第24条は，(a) 協定前よりも関税の全般的水準その他の通商規則が高度または制限的であってはならないこと，(b) 関税その他の制限的通商規則を構成地域間の実質上すべての貿易について廃止すること，および (c) 中間協定の場合には，自由貿易協定・関税同盟を完成するまでの計画・日程を明らかにすることなどを条件としている。また，GATS第5条でも同様に，(d) 原則として人（自然人）の移動を含む相当範囲の分野を対象とすること，(e) 協定発効時または合理的期間内において差別的措置を撤廃すること，(f) 新たな，または一層差別的な措置を禁止すること，(g) 域外国に対して，サービス貿易に対する障壁の一般的水準を引き上げるものであってはならないこと，などが

(1) 地域貿易協定は，その名称にもかかわらず必ずしも「地域」的な近接性を伴うものではない（要件として，それが必要とされるわけでもない）。アメリカとイスラエルの自由貿易協定，日本とスイスの自由貿易協定などは，地理的に大きく隔たった地域貿易協定の例である。

条件とされている。

上記の(a), (f), (g)は，地域貿易協定が，基本的に域外国に対する制限措置を強化するものであってはならないことを要求している。しかし，後に見るように地域貿易協定の締結にあたって域外国に対する制限措置に何ら変更が加えられなかったとしても，域外国の経済厚生に対してマイナスの影響を及ぼす可能性がある点には注意が必要である。また(b), (d)などは分野・品目などの“つまみ食い”を許さないことの規定である。ここでは，制限的通商規則の「廃止」あるいは「撤廃」が要求されているのであって，「削減」ではないことにも注意が必要である。しかし，実際の地域貿易協定では，特定分野を除外したり，制限措置の撤廃ではなく削減に留まるものも多い。

13.1.2　地域貿易協定の現状

2つの波

図13-1は，GATTの成立から今日までのGATT/WTOに通報された地域貿易協定の年次数と累積数を表したグラフである（棒グラフが年次の増加数，折れ線グラフが累積数を表している）。1980年代後半からの急増が顕著であるが，GATT成立以降の地域貿易協定の動向については2つの波があるとバグワティ（J. Bhagwati）は指摘している。第一の波は，1958年の欧州経済共同体（EEC：European Economic Community）から1967年の欧州共同体（EC：European Community）の成立をきっかけとしている。同時期に，植民地本国の支配から脱した（脱しつつあった）旧植民地諸国の「輸入代替工業化戦略」の流れの中で，発展途上国同士での地域貿易協定あるいは経済統合が盛んとなっていった。しかし，規模の経済性を発揮させて輸入代替工業化戦略を成功に導くにはあまりに狭い市場しか互いに提供できず，結局，こうした試みは失敗に終わった。第二の波は，本章冒頭でも述べたように，米加自由貿易協定およびメキシコを取り込んだ**北米自由貿易協定**（NAFTA：North American Free Trade Agreement）の締結というアメリカの政策的な方向転換と，1993年の**欧州連合**（EU：European Union）の成立が大きな契機となっている。

2012年段階で，WTOに通報されている地域貿易協定数は511件であり，そ

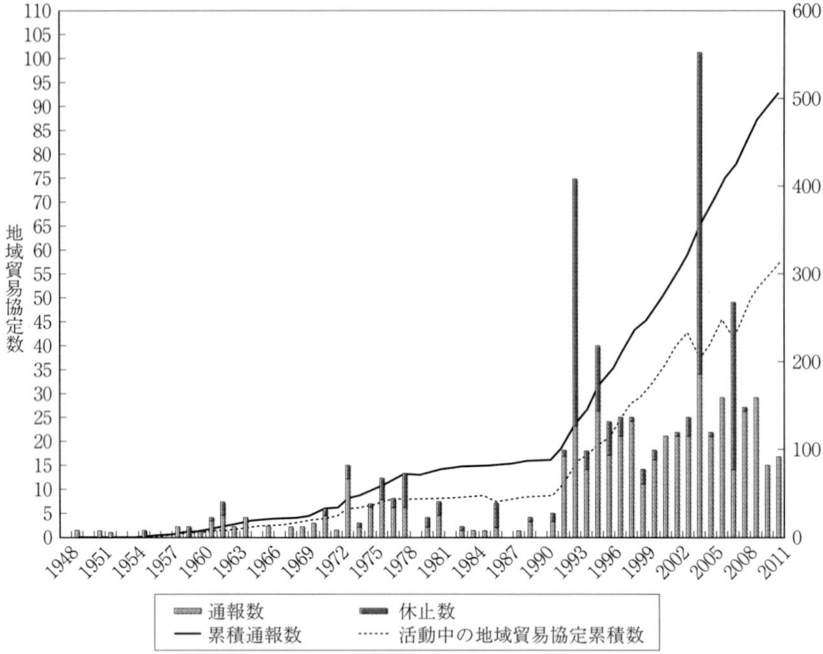

図 13 - 1　GATT/WTO における地域貿易協定数の変化（1948-2011）

出所：WTO ホームページ http://www.wto.org/english/tratop_e/region_e/regfac_e.htm

表 13 - 1　世界の主な地域貿易協定

名　　称	成立年	参加国等
欧州連合（European Union）	1993	ドイツ，フランス，イギリス他，計27カ国
アセアン自由貿易地域 (ASEAN Free Trade Area)	1993	シンガポール，タイ，マレーシア，インドネシア，フィリピン，ブルネイ，カンボジア，ラオス，ミャンマー，ベトナム
北米自由貿易協定 (North American Free Trade Agreement)	1993	アメリカ，カナダ，メキシコ
南米南部共同市場（メルコスール） (MERCOSUR : Mercado Comun del Sur)	1995	ブラジル，アルゼンチン，ウルグアイ，パラグアイ，ベネズエラ

のうち338件が活動中である。活動中の338件のうち199件（58.9%）が GATT 第24条，104件（30.8%）が GATS 第 5 条，残りが授権条項に基づいて設立されたものである。また，活動中の地域貿易協定のうち90%を越えるものが自

由貿易協定の形態をとっている。世界の主な地域貿易協定には表13-1のようなものがある。WTOの分類では，欧州連合と**南米南部共同市場**（**メルコスール** MERCOSUR）は対域外政策を共通化する関税同盟であり，北米自由貿易協定は自由貿易協定，**アセアン自由貿易地域**（AFTA：ASEAN Free Trade Area）は最終的に自由貿易協定の完成をめざす中間協定に位置づけられる。

日本の事例

日本の場合，1990年代末までは，WTOによる多角的アプローチを重視した通商政策がとられていた。しかし，2000年代に入ると，WTOの行き詰まりや90年代に増加してきた地域貿易協定に参加しないことの不利益（後述の「ドミノ効果」を参照）を回避することをめざして，2国間・地域間協力を模索するアプローチへの転換が図られた。

日本は，2002年発効のシンガポールとの自由貿易協定を皮切りに，メキシコ，マレーシア，チリ，タイ，インドネシア，ブルネイ，アセアン全体，フィリピン，スイス，ベトナム，インド，ペルーと自由貿易協定の数を増加させてきた。2012年7月現在，韓国，GCC（湾岸協力理事会：バーレーン，クウェート，オマーン，カタール，サウジアラビア，アラブ首長国連邦），オーストラリア，モンゴル，コロンビア，カナダ，日中韓，欧州連合などとの協定に向けて，交渉あるいは研究が進められている(2)。

日本の関わる自由貿易協定には**経済連携協定**（EPA：Economic Partnership Agreement）という名称がしばしば付されている。ここからもうかがえるように，日本の自由貿易協定は，単に財・サービス分野のみならず，(a) 電子商取引の促進，通関衛生検疫等の行政手続の簡素化・迅速化・明確化などの**貿易円滑化**（trade facilitation），(b) **2国間投資協定**（BITs）に対応する取極，(c)受け入れ国政府による頻繁かつ突然の法令変更の軽減，行政手続の透明性の確保，インフラ整備（道路，空港，電気・通信ネットワーク等），治安改善，知的財産侵害の防止，商工会議所のような政府と進出企業との相談窓口の設置などの

(2) 外務省ホームページ http://www.mofa.go.jp/mofaj/gaiko/fta/index.html を参照のこと。

ビジネス環境整備，(d) 知的財産，および (e) 競争政策など，多種多様な分野を含む包括的なアプローチを特色としている。

農林水産分野の構造改革や「人の移動」の自由化への対応など，自由貿易協定・経済連携協定に関連して日本が解決していかなければならない課題は多い。また，環太平洋パートナーシップ協定（TPP : Trans-Pacific Partnership）や東アジア地域における広域経済連携構想などの重層化していく協定のネットワークへの参加（あるいは不参加）も慎重な検討を要する課題である。

13.1.3 理論的な分類

自由貿易協定や経済連携協定に見られるように，双務的・地域主義的なアプローチにおける各種の協定は，必ずしも WTO に規定される地域貿易協定（自由貿易協定，関税同盟，中間協定）の枠に収まるものではない。地域貿易協定は経済統合（economic integration）の一形態であるから，現実に存在する各種の協定の構造を理解するために，一度，理論的な観点から経済統合の形態を分類・整理しておくことも有益であろう。

バラッサ（B. Balassa）は経済統合の程度に応じて，(a) 自由貿易地域（free trade area），(b) 関税同盟（customs union），(c) 共通市場（common market），(d) 経済同盟（economic union），(e) 完全な経済統合（full economic integration）という5つのカテゴリーに分類した。自由貿易地域は，加盟国間の貿易障壁を撤廃するが非加盟国に対しては各国独自の制限措置を維持するものであり，関税同盟は自由貿易地域の要素に加えて，加盟国間で対域外政策を共通化するものである（WTO の規定における，自由貿易協定と関税同盟に対応している）。共通市場は，加盟国間で財・サービスのみならず生産要素に対する制限措置も撤廃するものである。さらに，経済同盟では，財・サービスの貿易や生産要素移動に対する制限措置の撤廃に加えて，国境措置のみならず国内経済政策についてもいくらかの協調行動が要求される。最後の完全な経済統合は，財・サービス・生産要素の移動の自由に加えて，財政政策・金融政策・産業政策・社会保障政策等を統一的に遂行できるような超国家機関（事実上の統一国家）が必要とされる。

13.2　経済統合の効果

経済統合は，一方で参加国間の貿易自由化を推進するものの，他方で域外国に対しては関税などの貿易制限措置を残すといった二律背反的な性質をもっているので，単なる貿易自由化とは異なった効果が生じうる。本節では，経済統合のもつ経済効果について整理する。

13.2.1　貿易創出・貿易転換

経済統合を形成しようとしているＡ国と，その輸入財の（潜在的）供給国としてＢ国とＣ国を考える。Ｂ国・Ｃ国の供給価格は一定で，それぞれ p^B，p^C であるとする。さらに議論を明瞭にするために，$p^B<p^C$ を仮定しておく。すなわち，輸入関税や経済統合がなければ，Ａ国にとっては，Ｃ国よりもＢ国のほうが効率的な輸入財の供給源である。

経済統合形成前には，最恵国待遇に基づいてＡ国はＢ国からの輸入にもＣ国からの輸入に対しても，共通の従量関税率 t を賦課しているものとする。Ｂ国から輸入した場合のＡ国の国内価格は p^B+t，Ｃ国から輸入した場合には p^C+t であり，供給価格に関する想定から $p^B+t<p^C+t$ である。したがって，両国に対して無差別の最恵国待遇税率（MFN 税率）t を適用している場合，Ａ国はＢ国からのみ輸入して，Ｃ国からは輸入しない。

図13－2は，Ａ国の輸入需要曲線 M とＢ国・Ｃ国の供給価格を図解したものである。Ａ国の国内価格が p^B+t のときの輸入量は，輸入需要曲線 M 上の b 点に対応する z である。このとき，Ａ国の民間経済主体は $\triangle ab[p^B+t]$ の面積に対応する余剰を得ている。他方，Ａ国政府には関税収入が生じている。これは，$\square p^B eb[p^B+t]$ で表される。したがって，経済統合形成“前”のＡ国の総余剰は台形 $abep^B$ となる。

貿易創出効果

Ａ国がＢ国と経済統合を形成して，Ｂ国からの輸入に対する関税を撤廃した

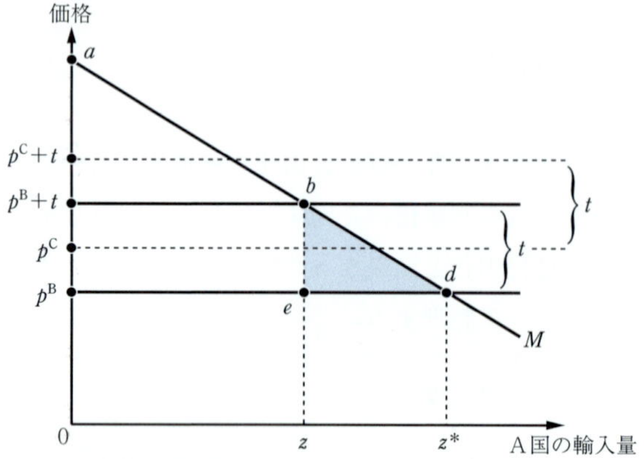

図 13－2　貿易創出効果

出所：Bhagwati, J. and A. Panagariya (1999), Preferential trading areas and multilateralism—Strangers, friends, or foes?, in: Bhagwati, J., P. Krishna, and A. Panagariya (eds.), *Trading Blocs: Alternative approaches to analyzing preferential trade agreements*, MIT Press (Figure 2.1 Panel A).

としよう。B国からの輸入財価格 p^B はC国からの輸入財価格 p^C+t よりも安いので，経済統合形成前と同様にA国はB国のみから輸入を行う。輸入量は輸入需要曲線 M の d 点に対応する z^* に増加する。元々C国とは取引していないので，純粋に $z^*-z>0$ の大きさだけA国の輸入は増加する。これをヴァイナー（J. Viner）にしたがって**貿易創出効果**（trade-creation effect）と呼ぶことにしよう。

加盟国からの輸入に対する関税を撤廃することによって，A国政府は関税収入 $\square p^Beb[p^B+t]$ を失っている。他方，国内価格が低下することによって，A国の民間経済主体の獲得する余剰は台形 $p^Bdb[p^B+t]$ 分だけ増加する。民間経済主体の余剰の増加は，関税収入の減少を完全にカバーしている。A国全体で見ると，総余剰は $\triangle bed$ の面積分だけ増加していることが分かる。貿易創出効果は経済厚生を改善させるのである。

貿易転換効果

A国が，B国の代わりにC国と経済統合を形成して，C国からの輸入に対す

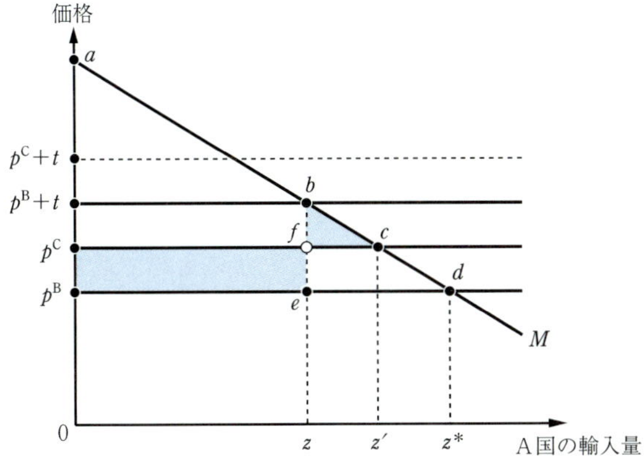

図 13 - 3　貿易転換効果

出所：Bhagwati, J. and A. Panagariya (1999), Preferential trading areas and multilateralism—Strangers, friends, or foes?, in: Bhagwati, J., P. Krishna, and A. Panagariya (eds.), *Trading Blocs: Alternative approaches to analyzing preferential trade agreements*, MIT Press (Figure 2.1 Panel B).

る関税を撤廃したとする。さらに，A国・C国による経済統合形成の結果，C国からの輸入価格 p^C がB国からの関税込みの輸入価格 p^B+t を下回ったとしよう（当初のB国・C国の供給価格差がそれほど大きくなかった場合を想定している）。

図13 - 3は，A国とC国の経済統合形成後の状況を図解したものである。A国・C国の経済統合形成“前”には，A国はB国のみから輸入を行い，その数量は z で表されている。A国がC国からの輸入に対する関税を撤廃すると，$p^C<p^B+t$ となって，C国からの輸入が割安となるので，A国はB国からの輸入をやめてC国から輸入するようになる。C国からの輸入量は輸入需要曲線 M 上の c 点に対応する z' となる。A国の輸入は z から z' に増加しているが，これはB国からの輸入 z をやめて，C国からの輸入 z' に置き換えることで実現したものである。これを再びヴァイナーにしたがって**貿易転換効果**（trade-diversion effect）と呼ぶことにしよう。

C国からの輸入に対する関税の撤廃によって，A国はB国からの輸入によって得ていた関税収入 □$p^Beb[p^B+t]$ を失う。他方，輸入財価格の低下によって

A国の民間経済主体の余剰は台形 $p^{C}cb[p^{B}+t]$ 分だけ増加する。失われた関税収入の一部（□$p^{C}fb[p^{B}+t]$）は民間部門の余剰の増加によって取り戻されている。A国全体で見ると，□$p^{B}efp^{C}$ のマイナスと △bfc のプラスが生じている。

プラス部分 △bfc は国内価格の低下による輸入の増加によって生じている。これに対して，マイナス部分 □$p^{B}efp^{C}$ は，輸入品の供給源が低コストのB国から，高コストのC国に入れ替わったことによるものである。B国・C国のコスト格差（$p^{C}-p^{B}$）が大きければ，あるいは同じことだが，経済統合形成による国内価格の低下（$p^{B}+t-p^{C}$）が小さければ，マイナス部分の方が大きくなりA国の経済厚生は悪化してしまう。貿易転換効果には経済厚生を悪化させる可能性がある。

13.2.2　交易条件の変化

貿易創出効果・貿易転換効果に関する考察では，A国の貿易相手国の供給価格が一定であるとしてきた。しかし，経済統合の形成は域内・域外における需給構造を変化させるので，交易条件にも影響を及ぼす。オファーカーブを用いて，経済統合の形成と交易条件との関係について検討しよう。

域外交易条件効果

図13－4は，経済統合のパートナーとなるA国・B国の2国と残余の国々からなる世界経済の状況を描いたものである。図の曲線 $0A$，$0B$ は，それぞれA国・B国の経済統合形成“前”のオファーカーブである。また，世界市場における第1財の相対価格は直線 $0p^*$ の傾き p^* で表されている。経済統合前におけるA国の貿易点は a 点であり，第1財を輸入している。他方，B国の貿易点は b 点であり，第1財を輸出している。両国をまとめて考えると，残余の国から第1財を線分 ab に相当する規模で輸入していることになる。

A国とB国が経済統合を形成して，相互に関税を撤廃したとしよう。関税の撤廃によってA国・B国のオファーカーブは，図13－4の曲線 $0A'$，$0B'$ のように外側に向かって拡大する。世界価格 p^* を一定とすると，A国の貿易点は a' 点，B国の貿易点は b' 点となる。経済統合全体としてみると，線分 $a'b'$ に

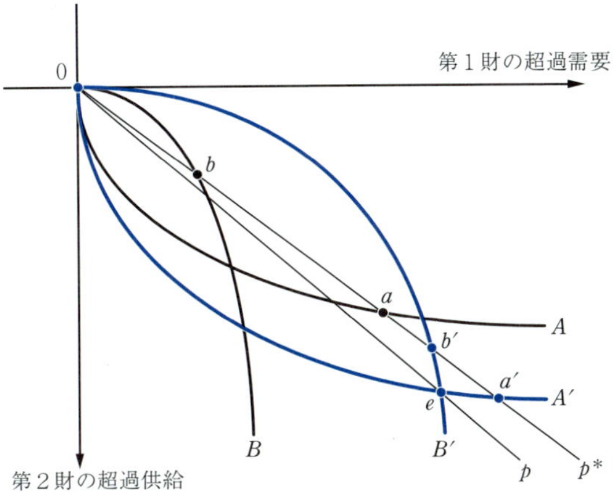

図 13 - 4　域内交易条件効果・域外交易条件効果

出所：遠藤正寛『地域貿易協定の経済分析』（東京大学出版会，2005年）第２章の図２－５を参考に筆者作成。

対応する大きさで第１財を輸入し第２財を輸出している。経済統合形成前には線分 ab に対応する大きさで第１財を輸入し第２財を輸出していたので（残余の国から見た）経済統合全体のオファーカーブは原点に向かって縮小することになる。経済統合のオファーカーブの縮小は，経済統合が全体として域外に対する関税率を引き上げた場合と同等の効果をもつ。したがって，経済統合全体にとっての交易条件は改善する。域外国にとっては交易条件の悪化である。これを**域外交易条件効果**（extra-union terms-of-trade effect）という。経済統合の形成は，域内に対するオファーカーブを拡大させる一方，域外に対する純需要を減少させるかもしれない。その場合，経済統合の形成によって域外国の厚生は悪化してしまう。

域内交易条件効果

次に，Ａ国とＢ国が経済統合を形成すると同時に残余の国に対する関税率を禁止的なものに設定したとしよう。この場合，経済統合形成後には残余の国との貿易取引がなくなるので，両国間のみで各財に対する需要と供給が一致しなければならない。したがって，オファーカーブ $0A'$，$0B'$ の交点 e が，経済統合形成“後”の均衡点となり，経済統合の域内における第1財の均衡相対価格は直線 $0e$ の傾き p となる。

図13 - 4の場合，経済統合の形成によって第1財の域内相対価格は上昇している（$p>p^*$ である）。これを**域内交易条件効果**（intra-union terms-of-trade effect）という。元々第1財を輸入していたA国から見ると，第1財相対価格の上昇は交易条件の悪化を意味している。逆に，元々第1財を輸出していたB国にとっては，交易条件の改善である。A国には，関税撤廃による厚生改善のプラスの効果と域内交易条件の悪化によるマイナスの効果が生じている。したがって，経済統合によるA国の経済厚生の変化は不確定である。域内交易条件の改善するB国の経済厚生は，2つのプラス効果によって改善する。

13.2.3　貿易偏向と原産地規則

迂回輸出

自由貿易協定（FTA）の場合，参加各国は域内国からの輸入に対する貿易制限は撤廃するものの，域外国に対する貿易制限措置は各国独自のものを残している。A国とB国が自由貿易協定を締結して，両国間の貿易に対する関税を撤廃したとしよう。ただし，域外国（C国）に対してA国は t^A，B国は t^B の関税をそれぞれ維持しているものとする。議論を簡明にするために，A国を高関税国，B国を低関税国としておく。すなわち，$t^A > t^B$ である。

C国の供給価格を p^C とすると，C国から直接輸入した場合のA国国内価格は p^C+t^A となる。しかし，C国から一旦B国に輸出して，それをA国に再輸出すれば，より低い価格 p^C+t^B でA国市場に財を供給することができる。自由貿易協定締結によって，C国からA国への直接的輸出が，B国を経由した**迂回輸出**に変化している。このように，自由貿易協定が貿易の流れを変えてしまうことを**貿易屈折効果**（trade-deflection effect）という。

原産地規則

A国の立場から考えると，B国との自由貿易協定の直接的な目的は，パートナーであるB国からの輸入を有利に扱って，域外C国からの輸入を差別することである。しかし，上で見たような迂回輸出が生じると，自由貿易協定の本来の狙いを損ねてしまう。域外国からの迂回輸出を防いで，自由貿易協定を有効に機能させるためには，各財がどの国からの産品であるのかを明確にしておかなければならない。輸出入品がどの国で生産されたものであるのかを確定させるための一連のルールや基準のことを**原産地規則**（rules of origin）という。

地域貿易協定に関連して，原産地を認定する基準は（a）**完全生産品基準**と（b）**実質的変更基準**とに大別される。完全生産品基準とは，当該財がある国の国内で最初から最後まで生産されることを要件とするものである。たとえば，種籾から小麦粉を生産するまでのすべての作業が一国内で行われたときに当該国産であることを認定する場合が，これにあたる。実質的変更基準には，さらに（i）**関税分類変更基準**，（ii）**付加価値基準**，および（iii）**加工工程基準**がある。これらは，製品の生産過程において"実質的変更"が加えられた国を特定して，当該国産であることを認めるものである。関税分類変更基準は，ある国の原産ではない部品・材料を利用して別の製品を生産するとき，部品・材料の関税分類番号（第５章参照）と製品の関税分類番号が異なるような生産・加工作業が行われたときに実質的な変更が加えられたとみなすものである（関税分類番号の桁数の選び方によって，基準の強弱が変わってくる）。次の付加価値基準は，ある国の国内で実施された生産・加工等の作業によって生じた付加価値が一定の基準値を超えた場合に実質的な変更が加えられたとみなすものである。最後の加工工程基準は，ある国の国内で特定の生産・加工工程が実施された場合を実質的な変更とみなすものである。

WTO の枠組における原産地規則は，特恵分野に関連するものと非特恵分野に関連するものに大別される。さらに，特恵分野に関連するものは，開発途上国に対する一般特恵に関連するものと地域貿易協定に関連するものに分けられる。非特恵分野については**原産地規則に関する協定**に基づいて，原産地規則の調和作業が行われているが，現時点では国際的に統一されたルールは存在していない。

地域貿易協定など特恵分野に関わるものも事情は同じであって，どのような原産地規則が採用されるのかは協定ごとに異なっている。さらに，上で紹介した各種の原産地認定基準は，財・製品の性質等によって適用可能性や適切性が異なっているので，１件の自由貿易協定の中でも原産地規則が単一の基準に統一されているわけではなく，分野・品目別に異なる基準が採用されている。こうした結果，地域貿易協定が増加するのに伴ってルールや制度が錯綜し複雑なものとなって行政費用や取引費用を増加させてしまうことを，バグワティ（J. Bhagwati）は**スパゲティ・ボウル現象**（spaghetti-bowl phenomena）と呼んで地域貿易協定による双務的・地域主義的なアプローチを批判した(3)。

13.3 経済統合の形成

地域主義や二国間主義が蔓延している状況で地域貿易協定が次々と結ばれていくことによって，最終的に世界大の自由貿易体制を実現することができるのであろうか。バグワティ（J. Bhagwati）は，この問を**動学的時間経路問題**（dynamic time-path question）と呼んで論点を整理した(4)。動学的時間経路問題は，経済統合が厚生を悪化させるのか改善させるのかといった直接的効果を問題とするのではなく，経済統合の進展が世界大の自由貿易体制の確立に向けた継続的な貿易障壁削減努力を促進するのか，阻害するのかを扱うものである。

図13－5は，縦軸に世界全体の経済厚生，横軸に時間を測った平面上の図解を利用して，動学的時間経路問題の論点を模式的に示したものである。初期における経済統合の形成が，短期的には世界全体の経済厚生を改善させる（a 点）かもしれないし，悪化させる（b 点）かもしれない。その後，経済統合の拡大と貿易自由化が停滞してしまうと，「RTA 経路 II」あるいは「RTA 経路 III」のような経路をたどって，世界経済は少数のグループに分断されてしまう。あるいは，順調に経済統合を増加・拡大させることができれば，「RTA 経路 I」あるいは「RTA 経路 IV」をたどって世界大の多角的自由貿易体制を

(3) 制度やルールが錯綜している状況を，茹でたスパゲティの麺が器（ボウル）の中で絡み合っている様子になぞらえたものである。

(4) 動学的時間経路問題について，バグワティの表現を借りて「地域貿易協定は世界大の自由貿易体制に向けた**建設の礎**（building block）となるか，それとも**躓きの石**（stumbling block）となるか」という印象的な形で語られることがある。

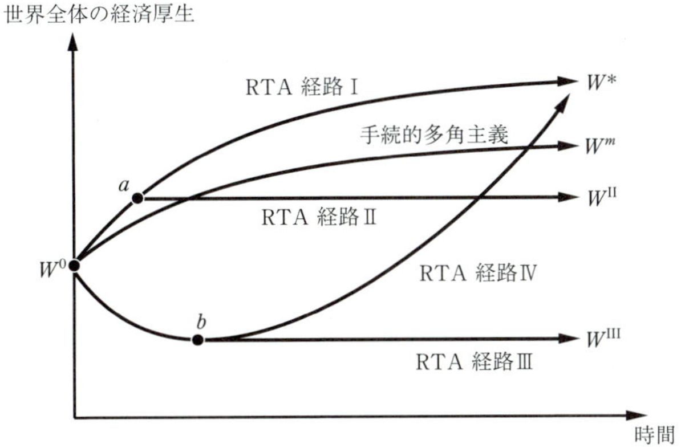

図 13 - 5　動学的時間経路問題

出所：Bhagwati, J. and A. Panagariya (1999), Preferential trading areas and multilateralism—Strangers, friends, or foes?, in : Bhagwati, J., P. Krishna, and A. Panagariya (eds.), *Trading Blocs : Alternative approaches to analyzing preferential trade agreements*, MIT Press (Figure 2.9).

達成し，最大の経済厚生 W^* を実現できるかもしれない。

また，これらの RTA 経路が，多角的貿易交渉（MTN : Multilateral Trade Negotiation）に基づく貿易障壁削減の経路（MTN 経路）とどのような関係をもっているのかも重要である(5)。多角的貿易交渉に参加すると同時に双務的・地域主義的に交渉に参加している場合，一方の交渉の成果が他方の交渉成果に影響を及ぼす可能性がある。RTA 経路がどのようなものになるのか（なりうるのか），そして RTA 経路と MTN 経路の相互依存関係を解明することは動学的時間経路問題の重要課題である。

(5)　図13 - 5 の「手続的多角主義」の経路は（必ずしも世界大の自由貿易という“ゴール”を前提とするものではなく），全員参加という多角的“手続”に基づく貿易障壁削減交渉がたどる経路を表している。全員参加の交渉は，その過程において世界全体の経済厚生を増加させるので右上がりの曲線となっているが，最終的に世界大の自由貿易が達成されるとはかぎらないので，W^* よりも低い W^m に到達する曲線として描かれている。

13.3.1　厚生改善的経済統合

動学的時間経路問題への手始めとして，域内国・域外国双方の経済厚生を悪化させない形で経済統合を進めていくことが可能であるのか否か（すなわち，図13-5の「RTA 経路 I」が可能かどうか）について考えてみよう。貿易自由化が，それだけでは国内での利害対立を生み出すように（第4章），経済統合もそれ自体だけでは関連各国の利害対立を容易に生み出してしまう。したがって，経済統合の形成に伴って，それを厚生改善的なものとできるような付随的な政策は存在するか否か，そして付随的政策は実行可能であるのか否かが問題とされなければならない。

ケンプ＝ワン定理

ケンプ（M. C. Kemp）とワン（H. Wan）は，経済統合の一形態である関税同盟について，厚生改善的な経済統合の形成が可能であることを示した。

> 関税同盟の形成に伴って実施されることで，すべての域外国及びすべての域内国の経済厚生を関税同盟形成前よりも悪化させることのない「域外共通関税政策」と「域内における一括所得再分配政策」が存在する。

上の結果を**ケンプ＝ワン定理**と呼ぶ。ケンプ＝ワン定理は，厚生改善的な関税同盟を実現できる付随的政策の“存在”を示しているが，それらの具体的形を示したものではない。グリノルズ（E. Grinols）は，関税同盟形成に伴う適切な域内一括所得再分配政策の具体的な形を示してケンプとワンの議論を拡張した[6]。グリノルズの議論は，第4章で紹介した国内一括所得移転に関するグランモンとマクファーデンのアイデアを関税同盟に適用したものである。グリノルズの議論に沿って，ケンプ＝ワン定理の証明の概略を示しておこう。

(6)　ケンプとワンによるオリジナルの議論およびグリノルズによる拡張については，Kemp, M. C. and H. Wan (1976), An elementary propostion concerning the formation of customs unions, *Journal of International Economics* 6 : 95-97. および Grinols, E. (1981), An extension of the Kemp-Wan theorem on the formation of customs unions, *Journal of International Economics* 11 : 259-266. を参照のこと。

域内所得再分配

A，B，Cの3国からなる世界経済において，A国とB国が関税同盟を形成する場合を考える。同盟形成“前”における h 国（h=A, B, C）の消費，生産，純輸入の各ベクトルを $\bar{x}^h=(\bar{x}_1^h, \bar{x}_2^h)$，$\bar{y}^h=(\bar{y}_1^h, \bar{y}_2^h)$，$\bar{z}^h\equiv\bar{x}^h-\bar{y}^h$ とし，同じく同盟形成“前”における第2財で測った第1財の世界相対価格を $\bar{p}^*$ のようにバー記号を付して表す。また，関税同盟形成“後”の変数については，バー記号を除いて表すことにする。関税同盟によって域内関税は撤廃され，域外関税は域内国のすべてにわたって共通となるから，同盟形成後に域内国は共通の相対価格に直面することになる。関税同盟形成後の域内相対価格を p，域外共通関税率（従量税率）を t とする。

貿易交渉に関する分析（第11章）から明らかとなっているように，各国の関税率が与えられると貿易均衡における世界価格が決定される。したがって，関税同盟形成“後”に域外関税率を適切に選択すれば，世界価格を関税同盟形成“前”と同水準に保つことができる。すなわち，$\bar{p}^*=p^*$ である。このとき，域外のC国はA国・B国による関税同盟形成の前後でまったく同一の価格に直面する。したがって，C国の消費・生産・純輸入はまったく変化せず，経済厚生の変化も生じない。

続いて，域内のA国・B国の経済厚生について検討しよう。関税同盟形成“後”に形成“前”と同じだけの消費ができれば，少なくとも域内国の厚生が悪化することはない。加盟国 h が，関税同盟形成“前”に消費していた消費ベクトルを，同盟形成“後”の域内価格の下で購入するために必要とされる支出額は $p\bar{x}_1^h+\bar{x}_2^h$ である。他方，関税同盟形成“後”における加盟国 h の所得（生産国民所得）は $Y^h(p)\equiv py_1^h+y_2^h$ である。

したがって，加盟国 h が関税同盟形成“後”に形成“前”の消費ベクトルを購入するために不足する金額（必要補償額）は $T^h\equiv p\bar{x}_1^h+\bar{x}_2-Y^h(p)$ となる。純輸入ベクトルの定義を考慮して T^h を書き換えると次式を得る。

$$T^h \equiv p\bar{x}_1^h+\bar{x}_2^h-Y^h(p) = [p\bar{y}_1^h+\bar{y}_2^h]-Y^h(p)+p\bar{z}_1^h+\bar{z}_2^h \qquad (13.1)$$

上式右辺の $p\bar{y}_1^h+\bar{y}_2^h$ は，関税同盟形成“後”の価格で形成“前”の生産ベクトルを評価した額であるから，関税同盟形成“後”の価格で形成“後”の生産ベクトルを評価した実際の生産国民所得 $Y^h(p)$ を上回ることはない。したがって，次の不等式が成立する。

$$T^h \leqq p\bar{z}_1^h + \bar{z}_2^h \qquad (13.2)$$

上の関係を域内国について合計すると次のようになる。

$$T^A + T^B \leqq p[\bar{z}_1^A + \bar{z}_1^B] + [\bar{z}_2^A + \bar{z}_2^B] \qquad (13.3)$$

関税同盟形成の前後で世界価格を変化させないように域外関税率を調整しているので，域外C国の純輸入について $\bar{z}^C = z^C$ が成立している。関税同盟形成前後の世界市場均衡条件 $\bar{z}^A + \bar{z}^B + \bar{z}^C = 0 = z^A + z^B + z^C$ を考慮すると，関税同盟全体としての純輸入は同盟形成前後で等しくなることが分かる。すなわち，$\bar{z}^A + \bar{z}^B = z^A + z^B$ である。さらに，関税同盟形成後の域内価格は $p = p^* + t$ であり，世界価格で評価した関税同盟全体としての対域外貿易収支はバランスしていなければならない。すなわち，$p^*[z_1^A + z_1^B] + [z_2^A + z_2^B] = 0$ である。したがって，上式を次のようにまとめることができる。

$$T^A + T^B \leqq t[z_1^A + z_1^B] \qquad (13.4)$$

上式左辺は，関税同盟域内国に対する必要補償額の合計を表し，右辺は関税同盟形成“後”において関税同盟が対域外貿易から獲得する関税収入の総額を表している。すなわち，関税同盟の加盟国は，関税同盟形成後の関税収入を適切に域内国間で再分配することによって，少なくとも同盟形成前と同程度の厚生水準を確保できるのである。このような域内での所得再分配政策と域外に対する共通関税の導入を伴う関税同盟の形成は，域内国・域外国いずれの経済厚生も悪化させないことが分かる[7]。

(7) ここでは関税同盟が全体として域外国から第1財を輸入すると暗に仮定しているが，この仮定が特に必要というわけではない。また以上の議論が，財の数や域内国・域外国の数にまったく依存しておらず，一般的な状況でも成立することに注意しておこう。

13.3.2　統合形成の誘因

ケンプ＝ワン定理は，世界全体の経済厚生を悪化させることなく経済統合を拡大していき，最終的に世界大の自由貿易体制を達成することが“可能である”ことを示している。しかし，実際の経済統合形成プロセスがそのようなものであることを示したものではない。経済統合の形成の時間経路を解明するためには，各国が経済統合形成に向けてどのような誘因をもっているのかが明らかとなっていなければならない。ここで，いくつかの異なる立場にある国の観点から，経済統合形成の誘因構造について整理しておこう(8)。

新規の統合形成

すでに，経済統合の形成によって貿易創造効果と貿易転換効果が生じることを見た。貿易創造効果による厚生改善が貿易転換効果による厚生悪化を上回っているならば，当該国は経済統合を締結する誘因をもつ。これらの効果の他にも，新規の経済統合の形成に伴って貿易自由化の場合と同様の効果が生じる。たとえば，域内における貿易制限の削減・撤廃によって，域内各国の輸出産業にとっての販路が拡大する（**市場拡大効果**）と，規模の経済性を発揮する余地が広がり，生産の拡大と平均費用の低下によって，各国の消費者にとっても利益となる可能性が高まる。また，経済統合によって市場が拡大すると，域内各国市場にパートナー国からの企業が参入してくるので競争が激化する（**競争促進効果**）。生産性の低い企業は市場から押し出されてしまうので，一時的な損失が生じるかもしれない。しかし，企業の費用削減努力や新製品・新技術の獲得に向けたR&D投資を促して，経済成長をもたらし，中・長期的には一国全体の利益となる可能性がある。

既存統合への参加

A，B，Cの３国からなる世界経済を考える。各国に１つずつの寡占企業が

(8)　各国の具体的な誘因構造は，背後にある生産構造，選好構造，あるいは市場構造に依存しているので，ここでの議論は大まかなアウトラインである。

存在し，各企業は各国の分断された市場においてクールノー競争を展開しているものとする（第７章の「国際複占競争」を参照のこと）。さて，Ａ国とＢ国が自由貿易協定を締結して，両国間の関税を撤廃したとしよう。Ａ国・Ｂ国による自由貿易協定締結“前”のＡ国市場では，Ｂ国企業もＣ国企業もＡ国による輸入関税を負担しなければならなかった。しかし，自由貿易協定が締結されると，Ｂ国企業は無税でＡ国市場に供給できるようになる。これをＣ国企業の立場から見ると，ライバル企業の費用条件が有利になったのと同等であり，Ｃ国企業の利潤を圧迫する（Ｃ国企業はＢ国市場でも同様の困難に直面している）。Ａ国とＢ国による自由貿易協定締結は，域外のＣ国企業に**負の外部性**（negative externality）を及ぼすのである。こうした影響を回避して外国市場での競争力を確保するために，Ｃ国企業は自国政府（Ｃ国）にロビー活動などを通じて，Ａ国・Ｂ国との自由貿易協定締結を働きかけるかもしれない（第10章「国内政治過程」を参照のこと）。これは，域外Ｃ国が既存の自由貿易協定に参加する誘因を与えるものである。

自由貿易協定締結による負の外部性は協定の規模（参加国）が多くなればなるほど強く働き，域外国が既存協定に参加する誘因を一層高めていく。この誘因が強く働いているならば，当初の自由貿易協定締結がきっかけとなって，次々に協定は拡大していくであろう。これをボールドウィン（R. Baldwin）は**ドミノ効果**（domino effect）と呼んだ。

これとは逆に，規模の大きな経済統合に域外の規模の小さな国が参加しても，すでに競争の激しくなってしまった市場に進出しなければならず，競争促進効果によって自国企業が淘汰されて，損失のみを被るかもしれない。その場合には，域外国が新たに自由貿易協定に参加する誘因を失う可能性もある。

既存統合による受け入れ

関税同盟の場合，加盟国は対外政策を統一化しているので，新たなメンバーを受け入れる際，すべての既存加盟国（＋新規加盟国）は新たな共通対外貿易政策に合意しなければならない。もし，新たなメンバーを受け入れることに伴って，どのように共通対外政策を調整しても既存加盟国の経済厚生が改善される見通しがなければ，既存加盟国は新規加盟を拒否するであろう。

自由貿易協定の場合にも同様のことが生じる可能性がある。議論を明確にするために，前段と同様のA，B，Cの3国からなる世界経済を考えよう。A国とB国がすでに自由貿易協定（A-B自由貿易協定）を締結しているものとする。さて，B国がC国との新たな自由貿易協定（B-C自由貿易協定）の締結を検討しているとしよう。対外政策を共通化しているわけではないので，B国とC国との協定の締結にA国の合意は必要ない。しかし，B国とC国が協定を締結すると，B国市場に無税でC国企業が供給できるようになる。A国企業から見るとB国市場における競争が激しくなったことを意味している。A国企業の利潤が圧迫されて，A国全体の余剰も減少してしまうかもしれない。ある国にとってパートナー国が別の国と協定を締結すると，経済厚生が悪化する可能性がある（パートナー国による他の協定締結が負の外部性をもたらすのである）。A国との自由貿易協定締結後に，B国がC国との自由貿易協定締結へと進んで行くであろうとA国が見通しているならば，そもそもA国はB国との協定を締結しないかもしれない。

安定性

これまでに検討してきた様々な誘因に対応して，各国は自由貿易協定や関税同盟を形成していく。図13-6は，A，B，Cの3国からなる世界経済における自由貿易協定の形成プロセスを模式的に表したものである。○印が国を表し，○を接続する太線によってそれらの国の間で自由貿易協定が成立していることを表している。パネル（I）はまったく自由貿易協定が存在しない状態である。パネル（II）は，A国とB国のみが自由貿易協定を締結している状態である。さらに，パネル（III）は，A-B自由貿易協定とB-C自由貿易協定が併存している状態である。このとき，B国は自由貿易協定の網の目（ネットワーク）の中心にあって要の役割を果たしている。このように，ある国を中心とした放射状の自由貿易協定のネットワークを**ハブ＝スポーク構造**（Hub-and-spoke system）という。パネル（IV）は，すべての国の間で自由貿易協定が締結されている世界大の自由貿易体制に対応している。

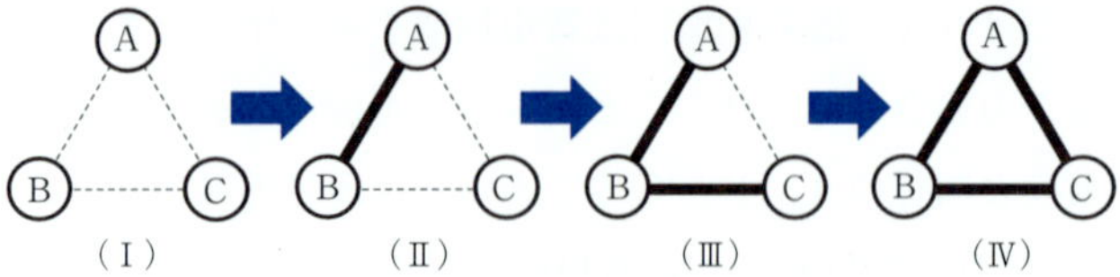

図13－6　自由貿易協定のネットワーク

たとえば，当初の自由貿易協定締結にあたって貿易創出効果が優位に働き，さらにドミノ効果が強ければ，自由貿易協定のネットワークは図13－6のパネル（I）から（IV）に向かって，順調に拡大を続けるであろう。この場合，世界大の自由貿易体制が成立する。しかし，たとえばA－B自由貿易協定が成立した後で，C国が競争促進効果などのために協定締結の誘因を失ってしまうと，もはや新たな自由貿易協定は締結されず，世界経済はパネル（II）の状態で停滞してしまう。どの2つの国をとっても，新たに自由貿易協定を締結しようとする誘因（および，破棄しようとする誘因）が存在しない状態を**ペア安定**（pairwise stable）であるという。各国の誘因構造や見通しのあり方によって，世界大の自由貿易体制がペア安定となることもあるし，一部の国だけが自由貿易協定を締結した停滞状態がペア安定となることもある[9]。

練習問題

1. 日本が経済連携協定を締結している国を1つ選んで，その国との貿易・投資が経済連携協定の前後でどのように変化したか，外務省や経済産業省あるいは日本貿易振興機構（JETRO）等のホームページを参照して調べてみなさい。

2. 日本の締結した経済連携協定を1つ取り上げて，どのような財・サービ

(9)　自由貿易協定の形成を「ネットワーク形成ゲーム」の枠組で分析する試みがある。日本語の有益な文献として，古沢泰治「自由貿易協定ネットワークゲーム」（今井晴雄・岡田章編『ゲーム理論の応用』［勁草書房，2005年］第5章所収）をあげておく。ペア安定のオリジナルの議論に関しては，Jackson, M. O. and A. Wolinsky (1996), A strategic model of social and economic networks, *Journal of Economic Theory* 71: 44-74. を参照のこと。

スに対してどのような原産地規則の基準が適用されているか調べてみなさい。

3. 日・アセアン包括的経済連携協定では，アセアン構成国との個別協定を積み重ねることでは実現できない「原産地規則の累積」を利用することができる。経済産業省等のホームページを参照して，原産地規則の累積とは何か調べてみなさい。

4. 外務省や経済産業省のホームページを参照して，日本の環太平洋パートナーシップ協定（TPP）への取り組み状況について調べてみなさい。

練習問題解答

第1章

1. たとえば，(a) 夫婦の一方が家事に専念し，他方が会社勤めをして所得を獲得すること，(b) 野球の守備位置と打順の決定，(c) 会社での営業・総務・製造部門への人員配置など，あるグループ内での作業分担が必要な場面では，どんなものでも比較優位の原理が働いていると考えてよい。

2.

(a) 図解を参照のこと。

(b) A国では $p^A=p_1^A/p_2^A=10w^A/(30w^A)=1/3$，B国では $p^B=p_1^B/p_2^B=100w^B/(50w^B)=2$ なので，A国はB国と比べて第1財に比較優位をもつ。

(c) A国では $p_2^A=30w^A$ であるから，$w^A/p_2^A=1/30$ 。同様にして，$p_2^B=50w^B$ であるから，$w^B/p_2^B=1/50$。

(d) 図解を参照のこと。

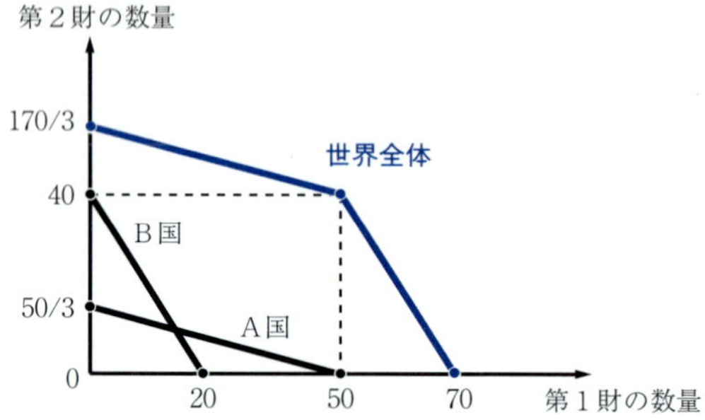

3.

(a) 各国について第2財で測った第1財の相対価格は，$p^A=3/3=1$，$p^B=4/2=2$，$p^C=1/5$ であるから，C国が第1財生産に関して最も強い比較優位をもつ。同様に，B国が第1財生産に関して最も比較劣位にある。したがって（需要の構造にもよるが），3国間で貿易が自由化されると，少なくともC国は第1財を輸出し，B国は第2財を輸出することが分かる。A国の輸出入構造は不確定である（自由貿易状態において，A国で両財がともに生産されることは可能である）。

(b) 世界価格 p が $p^C<p<p^A$ ならば，C国は第1財に完全特化して第1財を50単位生

産する。A国とB国は第2財に完全特化する。第2財の生産量は，A国が50単位，B国が80単位で，合計130単位となる。第1財と第2財の生産比率は1対1ではないので，この状態は均衡とはならない（第1財が少なく，第2財が多い）。同様に，$p^A<p<p^B$ ならば，A国とC国は第1財に完全特化する。第1財の生産量は，A国が50単位，C国が50単位の合計100単位である。B国は第2財に完全特化して，第2財を80単位生産する（第1財が多く，第2財が少ない）。世界全体の生産量の比率が1対1となるためには，$p=p^A$ となっていなければならない。

(c) $p=p^A$ のとき，C国は第1財に完全特化して第1財を50単位生産し，B国は第2財に完全特化して第2財を80単位生産している。A国は不完全特化が可能である。A国の生産可能性フロンティアは $y_1^A+y_2^B=50$ なので，A国において，第1財を40単位，第2財を10単位生産すれば，両財の世界全体での総生産量はいずれも90単位となる。A国では，閉鎖経済均衡と同じ価格が成立しているので，各財の消費量はそれぞれ25単位である。すなわち，A国は15単位（＝40－25）の第1財を輸出している。B国は第2財を80単位生産して，40単位消費しているので，40単位の第2財を輸出することになる。同様に，C国は第1財を50単位生産して，25単位消費しているので，25単位の第1財を輸出している。

第2章

1. 省略。
2.

(a) 効用水準を一定に保つことに注意して，効用関数を全微分すると次のようになる。

$$\alpha(x_1)^{\alpha-1}(x_2)^{1-\alpha}\mathrm{d}x_1+(1-\alpha)(x_1)^{\alpha}(x_2)^{-\alpha}\mathrm{d}x_2=0$$

これより，

$$-\frac{\mathrm{d}x_2}{\mathrm{d}x_1}=\frac{\alpha}{1-\alpha}\left(\frac{x_2}{x_1}\right)$$

上の結果より明らかなように，限界代替率 $-\mathrm{d}x_2/\mathrm{d}x_1$ は消費比率 x_2/x_1 のみに依存することが分かる。

(b) 上の結果より，α が上昇すると限界代替率も上昇することが分かる。

(c) 結果のみ示す（コラム「相似拡大的選好」を参照のこと）。

$$x_1=\frac{\alpha I}{p},\ x_2=(1-\alpha)I$$

(d) 上の結果より，第1財の需要の価格弾力性は1，所得弾力性も1である。

(e) $x_1/x_2=[\alpha I/p]/[1-\alpha)I]=\alpha/[(1-\alpha)p]$。消費比率は所得 I に依存しない。

3.

(a) 図解を参照のこと。

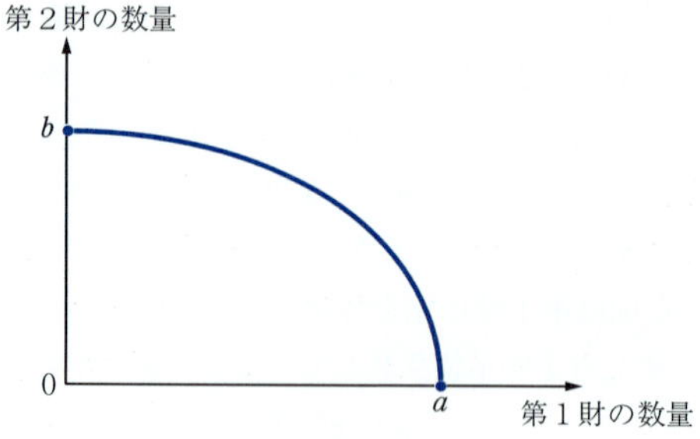

(b) 図解に示されているようにパラメータ a, b は，それぞれ生産可能性フロンティアの横軸切片，縦軸切片に対応している。したがって，a が上昇すると生産可能性フロンティアは第1財に偏って大きくなり，b が上昇すると第2財に偏って大きくなる。

(c) 生産可能性フロンティアを全微分すると次のようになる。

$$\frac{2}{a}\left(\frac{y_1}{a}\right)\mathrm{d}y_1+\frac{2}{b}\left(\frac{y_2}{b}\right)\mathrm{d}y_2=0$$

上を整理すればよい。

$$-\frac{\mathrm{d}y_2}{\mathrm{d}y_1}=\frac{b^2}{a^2}\left(\frac{y_1}{y_2}\right)$$

(d) 限界変形率 $-\mathrm{d}y_2/\mathrm{d}y_1$ と相対価格の一致条件および生産可能性フロンティアからなる連立方程式から，y_1，y_2 を求めればよい。

$$y_1=\frac{a^2p}{\sqrt{a^2p^2+b^2}},\ y_2=\frac{b^2}{\sqrt{a^2p^2+b^2}}$$

(e) 上の結果から直接計算すればよい。

$$\frac{y_1}{y_2}=\left(\frac{a^2}{b^2}\right)p$$

4.

(a) 上の問で求めた消費比率と生産比率との一致条件は次のようになる。

$$\frac{\alpha}{(1-\alpha)p}=\frac{a^2p}{b^2}$$

これを p について解けばよい。

$$p=\frac{b}{a}\sqrt{\frac{\alpha}{1-\alpha}}$$

(b) α が上昇すると第１財の均衡相対価格 p は上昇する（第１財をより好むようになると，第１財の均衡相対価格は上昇する）。

(c) a が上昇して，第１財に偏った生産可能性フロンティアになると均衡価格 p は低下する。b が上昇して生産可能性フロンティアが第２財に偏ると，第１財の均衡相対価格は上昇する。

第３章

1. 各国の閉鎖経済均衡価格は $p^A=1/3$，$p^B=2$ であるから，価格 p は $1/3 \leqq p \leqq 2$ の範囲で考えればよい。

(a) 上記の価格の範囲でＡ国は第１財の生産に特化している（生産量は50単位）ので，実質所得は $I^A=50p$ である。需要関数より $x_1^A=50p/(2p)=25$ であり，$z_1^A=x_1^A-50=-25$ を得る。同様に，$z_2^A=x_2^A-0=25p$。Ｂ国についても同様に，$z_1^B=20/p$，$z_2^B=-20$ を得る。

(b) 図解を参照のこと。（この問題のモデルの場合，各国のオファーカーブがそれぞれ２つの直線部分で構成されていることが特徴である。以下の問に対する解答もこの図を参照することで理解が容易となる。）

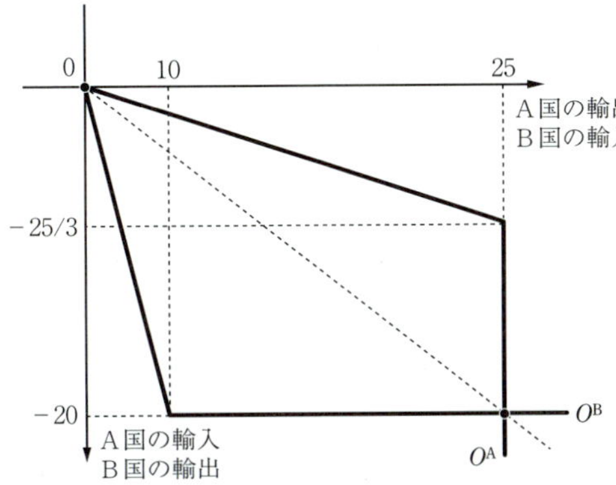

(c) 均衡相対価格 $p^*=20/25=4/5$。

(d) 第１財の貿易量は25単位，第２財の貿易量は20単位。

(e) $w^A=2/25$，$w^B=1/50$。

(f) Ａ国のオファーカーブが拡大（図の垂直部分が右方に拡大）するので，均衡相対価格は低下する。

2. 図解を参照のこと。どの均衡点もパレート効率的である。また，３つの均衡点のうち，両端の均衡点は安定であり，中央の均衡点は不安定である。

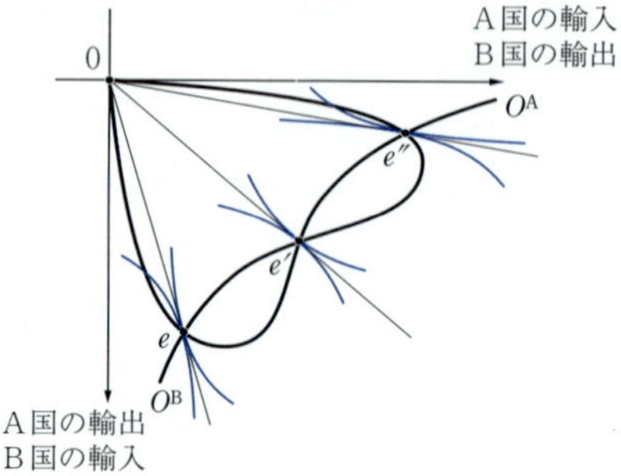

第4章

1. 省略。
2.

(a) 次の連立方程式を解けばよい。

$$\begin{cases} 2r+4w=p_1 \\ 2r+1w=1 \end{cases}$$

解は $r=(4-p_1)/6$, $w=(p_1-1)/3$ である。$p_1=2$とすれば，$r=1/3$, $w=1/3$ を得る。

(b) 上の結果から，賃金率の第1財価格弾力性を求めると次のようになる。

$$\frac{\mathrm{d}w}{\mathrm{d}p_1}\cdot\frac{p_1}{w}=\frac{1}{3}\cdot\frac{2}{1/3}=2$$

すなわち，第1財価格が1％上昇すると，賃金率は2％上昇するのである。

3. 利潤は $\pi_i \equiv 2p_iK_i^{1/2}L_i^{1/2}-wL_i$ である。利潤最大化のための1階の条件は次のようになる。

$$p_iK_i^{1/2}L_i^{-1/2}-w=0$$

これを L_i について解けばよい。

$$L_i=K_iw^{-2}p_i^2$$

容易に確認できるように，特殊要素の投入量 K_i と p_i について増加的で，w について減少的である。

4. 必要補償額 T^k をすべての家計について合計すると次のようになる。

$$\begin{aligned}\sum_{k=1}^{m}T^k&=\sum_{k=1}^{m}[p\bar{x}_1^k+\bar{x}_2^k-I^k]+\frac{1}{m}\sum_{k=1}^{m}[Y(p)-(p\bar{y}_1+\bar{y}_2)]\\&=\sum_{k=1}^{m}p\bar{x}_1^k+\sum_{k=1}^{m}\bar{x}_2^k-\sum_{k=1}^{m}I^k+Y(p)-p\bar{y}_1-\bar{y}_2\end{aligned}$$

$$=p\left[\sum_{k=1}^{m}\bar{x}_1^k-\bar{y}_1\right]+\left[\sum_{k=1}^{m}\bar{x}_2^k-\bar{y}_2\right]+\left[Y(p)-\sum_{k=1}^{m}I^k\right]$$

最初の２つの大括弧の項は，閉鎖経済均衡条件よりゼロ，最後の大括弧の項は総生産額と総分配額の一致（三面等価）よりゼロ。したがって，問題の所得再分配政策は財政的に実行可能である。

第５章

1. 省略。
2.
(a) 閉鎖経済均衡条件 $D(p)=S(p)$ を解けばよい。$p=280$，$Q=140$ 単位である。
(b) 輸入関数 $M(p)\equiv D(p)-S(p)=280-p$。$p=100$ の自由貿易における輸入量は $M(100)=180$。
(c) 消費者余剰は52900，生産者余剰は2500，総余剰は55400である。
(d) 国内価格が120のときの輸入量 $M(120)=280-120=160$。したがって，輸入量は180から160に20単位減少する。
(e) 死重の損失の大きさは，輸入の減少量を底辺に，関税率を高さにもつ三角形の面積に等しい。したがって，総余剰は200単位減少する。
3.
(a) Ａ国の輸入関数は $M(p)=280-p$ である。需給一致条件 $M(p)=X(p)$ を解けばよい。$p=70$，$Q=210$。
(b) $p=p^*+t$ であることに注意して，均衡条件 $M(p^*+t)=X(p^*)$ を解けばよい。$p^*=70-t/4$。
(c) 世界全体の余剰 $W=29400-3t^2/8$。t に関する項は t の２次の項だけであるから，この部分が最小となったときに世界全体の余剰は最大となる。

第６章

1. 省略。
2. 有効保護率は

$$\mathrm{ERP}=\frac{1000(1+\tau)-500(1+\tau_M)-(1000-500)}{1000-500}=2\tau-\tau_M$$

である。これに $\tau=10/100$，$\tau_M=2/100$ を代入すればよい。したがって，有効保護率は18％である。

3. ある国が第１財を輸出しているとしよう。従価補助率を σ とすると，第１財の国内相対価格は $p=(1+\sigma)p^*$ である。補助金に必要な金額は家計から一括税として徴収するものとする。すると，家計の予算制約は $px_1+x_2=py_1+y_2-T$ となり，徴収される一括税は $T=\sigma p^*(y_1-x_1)$ となる。したがって，$p^*x_1+x_2=p^*y_1+y_2$ を得る。この点に注意して，図解を見るとよい。

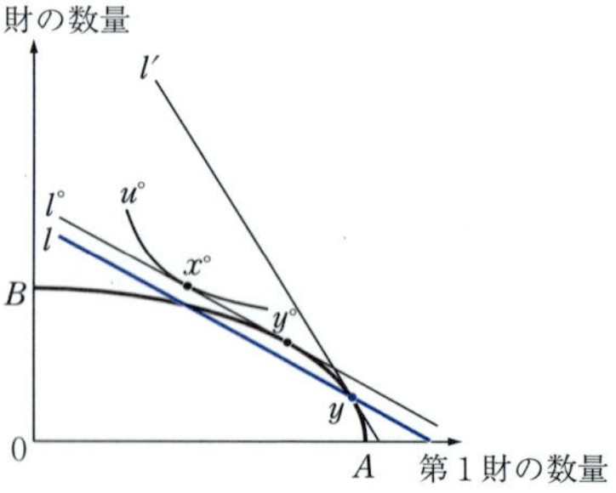

図の曲線 AB が生産可能性フロンティアを表している。輸出補助金導入前には世界価格の下で生産点は $y°$，消費点は $x°$，効用水準は無差別曲線 $u°$ である。輸出補助金が導入されると，第１財価格が上昇し，生産点は y となる。世界価格で評価した総生産額と総消費額は一致していなければならないから，消費点は図の青い直線 l 上に位置していなければならない。したがって，実際にどこが消費点になるにしても，効用水準は $u°$ よりも必ず低くなる。

4．図解を参照のこと。第１財を輸入しているＡ国が輸入数量を Q に制限すると，Ａ国のオファーカーブは図の $0abQ$ のように折れ曲がった曲線となる。均衡点は b 点であり，Ａ国にとっての交易条件は改善している。同様に，第１財を輸出しているＢ国が輸出数量を Q に制限すると，Ｂ国のオファーカーブは図の $0baO'$ の折れ線となる。均衡点は a 点であり，Ｂ国にとっての交易条件は改善している。

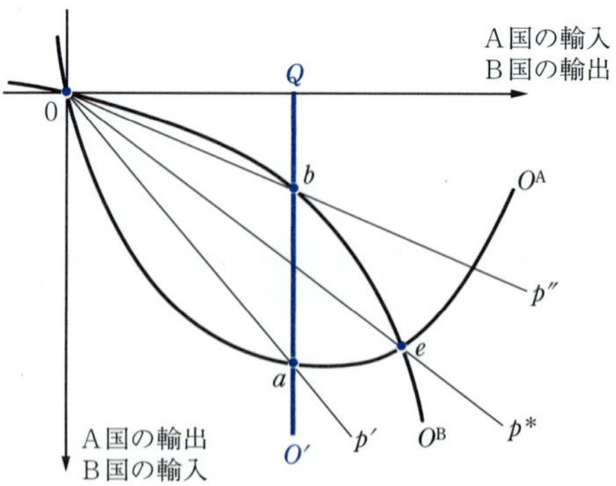

第7章

1. 省略。
2. 需要関数 $x=D(p)\equiv a-p$ から逆需要関数 P と収入関数 R を求めると $P(x)\equiv a-x$, $R(x)=ax-x^2$ となる。これより，限界収入関数は $\mathrm{MR}(x)\equiv a-2x$ となる。限界収入関数は逆需要関数の下方に位置しており，同じ生産量で比べた傾きは限界収入関数のほうが急である。同様に，$x=D(p)$ からは $P(x)\equiv a^{1/\varepsilon}x^{-1/\varepsilon}$, $R(x)\equiv a^{1/\varepsilon}x^{1-1/\varepsilon}$, $\mathrm{MR}(x)\equiv(1-1/\varepsilon)a^{1/\varepsilon}x^{-1/\varepsilon}=(1-1/\varepsilon)P(x)$ を得る。限界収入関数は逆需要関数の下方に位置しており，同じ生産量で比べた傾きは限界収入関数のほうが緩やかである。
3.
   (a) A国企業の利潤 $\pi^{\mathrm{A}}\equiv(430-x)x-10x$。利潤最大化のための1階の条件は $\mathrm{d}\pi^{\mathrm{A}}/\mathrm{d}x=420-2x=0$ であるから，これを解いて $x=210$ を得る。したがって，$p=220$。
   (b) 図解において，均衡価格に対応する水平線と需要曲線および縦軸で囲まれる三角形の面積を求めればよい。したがって，消費者余剰は22050単位となる。
   (c) $\pi^{\mathrm{A}}=44100$。
   (d) $\pi^{\mathrm{A}}\equiv(430-x-y)x-10x$, $\pi^{\mathrm{B}}\equiv(430-x-y)y-10y$ である。利潤最大化条件は，それぞれ $\partial\pi^{\mathrm{A}}/\partial x=420-y-2x=0$, $\partial\pi^{\mathrm{B}}/\partial y=420-x-2y=0$ であるから，これを解けばよい。$x=140$, $y=140$。輸入量は y の140単位。
   (e) 消費者余剰は39200。A国企業の利潤は19600，したがって総余剰は58800となる。この例では，貿易自由化によってA国の総余剰は減少するのである。

第8章

1. 省略。
2. 図解を参照のこと。図の a 点が閉鎖経済均衡点であり $\bar{p}$ が閉鎖経済均衡価格を表している。貿易均衡相対価格が p^* のように $\bar{p}$ よりも高くなると，一国で不完全特化が生じて生産点が f となり，もう1つの国は第1財に完全特化して生産点が g となる

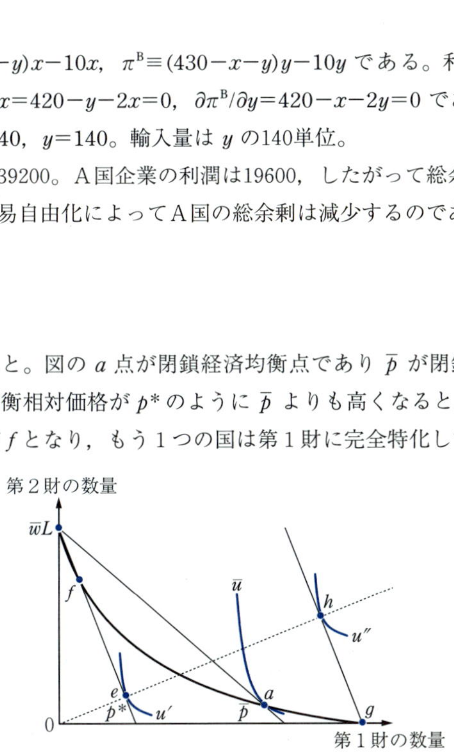

可能性がある。前者は ef に相当する第2財を輸出し，後者は gh に相当する第1財を輸出する。もちろん，線分 ef と gh の長さは等しい。このとき，不完全特化の生じた国の経済厚生は閉鎖経済均衡よりも悪化している。

3.

(a) 省略。

(b) 1単位の労働力で1単位の価値尺度財が生産できるので，賃金率は1に等しくなる（$w=1$）。また，各バラエティに対する需要の価格弾力性は σ に等しいので，各バラエティ生産企業の利潤最大化条件は次のようになる。

$$p_i\left[1-\frac{1}{\sigma}\right]=c$$

したがって，すべてのバラエティの価格は共通の $p_i=p=c\sigma/(\sigma-1)$ となる。

(c) すべてのバラエティ価格が共通なので，1人当たりのバラエティ消費量も $x_i=x\equiv\gamma/(mp)$ のように共通となる。1企業当たりの生産量は $y\equiv xL=\gamma L/(mp)$ となる。価値尺度財の1人当たりの消費量は $x_0=(1-\gamma)$ である。したがって，労働市場均衡条件は $L=m\{c\gamma L/(mp)+f\}+(1-\gamma)L$ となり，これをバラエティ数 m について解けばよい。$m=\gamma L/(\sigma f)$。

(d) 貿易自由化後も利潤最大化条件や労働市場均衡条件に変化は生じていない。したがって，自国で生産されるバラエティ数に変化はない。同質的な国との貿易が可能になれば，消費者にとって利用可能なバラエティ数は倍増する。

(e) 価値尺度財の消費量 x_0 と各バラエティの共通消費量 x が一定であることを考慮して，効用関数に代入すると次のようにバラエティ数 m のみの関数となる。

$$U=(x_0)^{1-\gamma}(x)(m)^{\sigma/(\sigma-1)}$$

明らかに m が増加すると効用 U も上昇する。上の結果と合わせれば，貿易自由化によって経済厚生が改善することが分かる。

第9章

1.～3. 省略。

4.

(a) A国の資本レンタル $r^A=\mathrm{VMP}^A=300-200/2=200$，B国の資本レンタル $r^B=\mathrm{VMP}^B=200-200/2=100$。

(b) 価値限界生産力曲線の下側の面積を求めればよい。A国の国民総生産50000，B国の国民総生産30000。

(c) B国のほうが資本レンタルが低いので，自由化されると資本はB国からA国に移動することになる。

(d) 価値限界生産力から各国の資本に対する需要関数を求めると，$K^{A}=600-2r$, $K^{B}=400-2r$ となる。資本の総供給量は400なので，$400=600-2r+400-2r$ を解いて，均衡資本レンタルが求められる。$r=150$。A国内で利用される資本量は $K^{A}=600-2\times150=300$ となる。賦存量との差がB国から移動してきた資本量である。すなわち，100単位の資本がB国からA国に移動している。

(e) 価値限界生産力曲線の下側の面積を求めればよい。A国の国民総生産52500，B国の国民総生産32500。

第10章

1. 省略。

2.

(a) $p=p^*+t$ であることに注意して，均衡条件 $M(p^*+t)=X(p^*)$ について解けばよい。$p^*=70-t/4$, $Q^*=210-3t/4$。

(b) A国の民間部門の余剰は国内価格を表す水平線と輸入需要曲線および縦軸で囲まれる三角形の面積であり，関税収入は Q^* と t の積である。$W^{A}(t)=22050+105t/2-15t^2/32$。

(c) $Q^*=0$ となる関税率を求めればよい。$\bar{t}=280$。

(d) $dW^{A}(t)/dt=0$ を満たす関税率を求めればよい。$t^*=56$。

3.

(a) $\pi^{A}=(600-x-y)x-30x$, $\pi^{B}=(600-x-y)y-(30+t)y$ である。利潤最大化のための1階の条件は，$\partial\pi^{A}/\partial x=570-y-2x=0$, $\partial\pi^{B}/\partial y=570-x-t-2y=0$ であるから，これをx, y について解けばよい。$x=190+t/3$, $y=190-2t/3$。関税率を引き上げるとA国企業の生産量は増加し，B国企業の生産量は減少する。

(b) $Q(t)=x+y=380-t/3$, $P(t)=600-Q(t)=220+t/3$。関税率を引き上げると価格は上昇し，総供給量は減少する。

(c) 消費者余剰は $(380-t/3)^2/2$, A国企業の利潤は $(190+t/3)^2$, 税収は $t(190-2t/3)$ である。これらを合計するとA国全体の総余剰は次のようになる。

$$W^{A}(t)\equiv108300+190t-t^2/2$$

(d) $dW^{A}(t)/dt=190-t$ であるから，$t=0$ の点では $dW^{A}(0)/dt=190>0$ となる。すなわち，ゼロから関税率をわずかに引き上げることによって，A国の総余剰は上昇するのである。

(e) $dW^{A}(t)/dt=0$ を t について解けばよい。$t^*=190$。

第11章

1. 省略。
2. 省略。
3.
   (a) $u_{FF}/(1-\delta)=10/(1-0.9)=100$。
   (b) $u_{PP}/(1-\delta)=2/(1-0.9)=20$。
   (c) $10+10\delta/(1-\delta)>15+2\delta/(1-\delta)$ を解けばよい。$\delta>5/13$。

第12章

1. 図12 - 4 において，原点と当初の均衡点 y を結ぶ半直線を描き，その半直線と資本が増加した後の資本の完全雇用線との交点を e'' とする。e'' 点に対応する第１財の生産量は，資本の増加率と同率で増加した場合の第１財（資本集約財）の数量を表している。明らかに，これは実際の第１財の増加よりも小さい。すなわち，第１財の増加率は資本の増加率を上回っている。
2. 資本集約財部門における平均費用と価格の一致条件は $a_{Ki}r+a_{Li}w=p_i$ である。両要素の投入係数が同率で低下することは，投入係数が一定で価格が同率で“上昇”するのと同じ効果をもっている。したがって，ストルパー＝サミュエルソン定理より，資本レンタルが上昇し，賃金率が低下することになる。
3. 図解を参照のこと。労働賦存量が増加すると，左下の領域に描かれている労働市場均衡線が左下方（拡大方向）に移動する。図の描き方から明らかなように，生産可能性フロンティアはすべての財の方向に向かって拡大することが分かる（ただし，一様に拡大するとはかぎらない）。

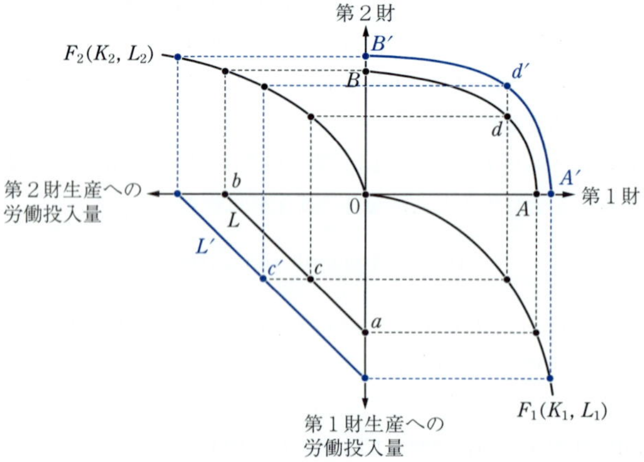

4. 異時点間の生産可能性フロンティアを表す式を直接微分すればよい。

第13章

1. ～ 4. 省略。

文献案内

本書で示された多くの知見の内容は，過去および現在の研究者らによって積み重ねられてきた膨大な努力の成果であり，経済学の世界における知的共有財産である。本書では，基礎的事項に関する教科書であることを考慮して，個々の事項に関する詳細な参考文献リストを示していないが，特定の問題やテーマに関心をもった読者にはオリジナルの文献・論文にあたってみることをお薦めしたい。また，本書の他にも数多くの国際経済学・国際貿易論の教科書が出版されている。これらは，取り扱う話題やテーマの範囲，分析方法，あるいは難易度がそれぞれに異なっており，互いに補完的な役割を果たしているといってよい。以下では，本書の読者が，内容に関する理解を深めたり，さらに高いレベルに向けての学習を進めていく上で役立つと思われる教科書や研究書のいくつかについて紹介する。

国際貿易論全般

国際経済学・国際貿易論に関する入門的教科書としては，以下のようなものがある。

[1] パトリック・ラヴ／ラルフ・ラティモア［OECD 編，濱田久美子訳］(2010)『よく分かる国際貿易——自由化・公正取引・市場開放』明石書店

[2] 久保広正（2005）『ベーシック貿易入門［第 3 版］』日本経済新聞社（日経文庫）

[3] 石川城太・菊地徹・椋寛（2007）『国際経済学をつかむ』有斐閣

[4] 多和田眞・近藤健児編著（2007）『国際経済学の基礎「100項目」』創世社

[5] 小田正雄・鈴木克彦・井川一宏・阿部顕三（1989）『ベーシック国際経済学』有斐閣

[6] 井川一宏・林原正之・佐竹正夫・青木浩治（2000）『基礎国際経済学』中央経済社

[7] 大山道広（2011）『国際経済学』培風館

[8] 池本清編（1997）『テキストブック国際経済［新版］』有斐閣

[9] 木村福成・小浜裕久（1995）『実証　国際経済入門』日本評論社

[10] 岩本武和・阿部顕三編（2003）『岩波小辞典　国際経済・金融』岩波書店

［1］は国際貿易の今日的課題について，まったく数式を用いずに平易に解説した読

み物である。文献や統計データについての案内も充実している。[2] には輸出入手続の実際や商社の役割などについての詳しい解説がある。[3] は国際貿易の多岐にわたるテーマを取り上げて解説している。本書ではまったく扱わなかった「貿易と環境」に関する議論も含まれている。[4] は国際経済学の重要概念100項目について，それぞれ見開き2ページでコンパクトに解説したものである。[5] [6] [7] は，いずれも小部ながら国際貿易論と国際金融・国際マクロ経済学の全般を扱っている。[5] には「双対性アプローチ」に関する初歩的な説明が含まれている。[8] は国際経済学の理論のみならず，国際経済組織・体制や経済発展・南北問題などの広範なテーマを取り扱っている。[9] は国際貿易の実証研究に関する入門的解説書である。[10] は国際経済学の重要事項に関するコンパクトな辞典である。本書で取り上げた重要概念に関するいくつかの記述は同書に依拠している。取り扱うテーマの範囲にそれぞれ違いはあるが，分析テクニックの難易度の点で本書と同程度と思われる教科書には次のようなものがある。

[11] W. J. イーシア［小田正雄・太田博史訳］(1992)『現代国際経済学〈国際貿易〉』多賀出版

[12] R. E. ケイブズ／J. A. フランケル／R. W. ジョーンズ［田中勇人・伊藤隆敏訳］(2003)『国際経済学入門 Ⅰ 国際貿易編』日本経済新聞社

[13] 鈴木克彦 (2007)『国際経済学の基礎』関西学院大学出版会

[14] 大川昌幸 (2007)『コア・テキスト国際経済学』新世社

[15] 若杉隆平 (2009)『国際経済学［第3版］』岩波書店

[11] [12] は海外で定評のあるテキストの邦訳である。[13] [14] は国際貿易論と国際金融・国際マクロ経済学の両方をカバーしている。[15] は国際貿易論に関する教科書である。特に，企業の国際展開・海外直接投資・技術移転に関する議論が詳しい。

本書よりも分析テクニックの難易度が高い教科書として以下のものをあげておく。本書の後で読み進めるとよい。

[16] 根岸隆 (1971)『貿易利益と国際収支』創文社

[17] 小宮隆太郎・天野明弘 (1972)『国際経済学』岩波書店

[18] M. C. ケンプ［上河泰男監修，奥口孝二・大山道広・木村憲二・太田博史訳］(1981)『国際貿易と投資の純粋理論』日本評論社

[19] 伊藤元重・大山道広 (1985)『国際貿易』岩波書店

[20] 小田正雄 (1997)『現代国際経済学』有斐閣

[21] カーユー・ウォン［下村耕嗣・太田博史・大川昌幸・小田正雄訳］(1999)『現代国際貿易論――財貿易と要素移動の統合理論 Ⅰ，Ⅱ』多賀出版

[22] 中西訓嗣・広瀬憲三・井川一宏編 (2003)『国際経済理論』有斐閣

[16] は貿易利益の論証や規模の経済性と貿易パターン，あるいは幼稚産業保護論な

どを厳密に取り扱った研究書である。[17]［18］は，国際貿易の古典理論（ヘクシャー＝オリーン＝サミュエルソンモデル等）を厳密かつ徹底的に展開した教科書である。現在，[16]［17］［18］の3冊を書店で入手するのは困難であるかもしれない。しかし，国際貿易論に関心をもって学習を進めたいと考えている読者あるいは大学院進学を考えている読者には，図書館等を利用してでも是非一読をお薦めしたい書物である。[19]は大学院生向けのスタンダードな国際貿易論の教科書である。[20]も［19］と同様の範囲をカバーしている良書である。[21]は海外で定評のある大学院生向けテキストの邦訳である。[22]は国際貿易と国際マクロ経済学の理論について，モデルの計算手順とともに丁寧に解説している。

海外では国際貿易に関する上級レベルの良質な教科書が多数出版されているが，邦訳版が利用可能であるとはかぎらない。海外で出版された重要な教科書として以下のものをあげておく。

[23] Dixit, A. and V. Norman (1980), *Theory of International Trade—A Dual, General Equilibrium Approach*, Cambridge University Press.

[24] Woodland, A. D. (1982), *International Trade and Resource Allocation*, North-Holland.

[25] Feenstra, R. C. (2004), *Advanced International Trade: Theory and Evidence*, Princeton University Press.

[26] Krugman, P. R., M. Obstfeld, and M. J. Melitz (2011), *International Economics: Theory and Policy*, Prentice-Hall.

[23]［24］は，いわゆる「双対性アプローチ」を全面的に採用した教科書である。生産可能性フロンティアや効用関数の代わりに，GDP関数や支出関数・間接効用関数などが分析に利用される。[25]は「理論面」と「実証面」のバランスのとれた大学院生向けの教科書である。[26]は，長年にわたって改訂を重ねてきた定評のある学部レベルの教科書である（旧版については邦語訳が利用可能である）。

個別テーマに関する文献

規模に関する収穫逓増や製品差別化の問題を集中的に取り扱った文献としては以下のようなものがある。

[27] Helpman, E. and P. R. Krugman (1986), *Market Structure and Foreign Trade—Increasing Returns, Imperfect Competition, and the International Economy*, MIT Press.

[28] 菊地徹（2001）『収穫逓増と不完全競争の貿易理論』勁草書房

[29] 菊地徹（2007）『コミュニケーションネットワークと国際貿易——貿易理論の

新展開』有斐閣
[30] D. グリーンナウェイ／C. ミルナー［小柴徹修・栗山規矩・佐竹正夫訳］(2008)『産業内貿易の経済学』文眞堂
[31] 藤田昌久／P. R. クルグマン／A. J. ベナブルズ［小出博久訳］(2000)『空間経済学――都市・地域・国際貿易の新しい分析』東洋経済新報社
[32] 佐藤泰裕・田淵隆俊・山本和博（2011）『空間経済学』有斐閣

[27] はヘルプマンとクルグマン自身による不完全競争や収穫逓増に関する研究の集大成であり，その後，この分野の研究発展の端緒となった重要な貢献である。[28] [29] は独占的競争モデルを用いて，規模の経済性と国際貿易の関連する諸問題を扱った研究書である。国際的コミュニケーションネットワークと国際貿易・経済厚生についての分析に特徴がある。[29] にはメリッツモデルに関する解説が含まれている。[31] は，今日の空間経済学・新経済地理学の発展の端緒となった重要な学術的貢献である。[32] では，これまでの理論的発展が手際よく整理されている。

不完全競争，特に寡占モデルおよび戦略的貿易政策論に関する文献としては以下のようなものがある。

[33] Helpman, E. and P. R. Krugman (1989), *Trade Policy and Market Structure*, MIT Press.
[34] 冨浦英一（1995）『戦略的通商政策の経済学』日本経済新聞社
[35] 柳川範之（1998）『戦略的貿易政策――ゲーム理論の政策への応用』有斐閣

[33] は [27] と同様に著者らの研究の集大成であるとともに，その後の研究を大いに刺激した研究書である。[34] は戦略的貿易政策論に関する一般向けの解説書であり，[35] は学部向け教科書である。

企業活動の国際展開・海外直接投資などについては，以下の書物が参考になる。

[36] 出井文男（1991）『多国籍企業と国際投資』東洋経済新報社
[37] 原正行（1992）『海外直接投資と日本経済』有斐閣
[38] 若杉隆平（2007）『現代の国際貿易――ミクロデータ分析』岩波書店
[39] Feenstra, R. C. (2010), *Offshoring in the Global Economy—Microeconomic Structure and Macroeconomic Implications*, MIT Press.

[36] は多国籍企業の活動を数理モデルに基づいて分析した研究書である。[37] は多国籍企業の直接投資について，経営資源説に基づきながら著者独自の理論を展開している研究書である。直接投資の概念把握に関する解説が詳しい。[38] はオフショアリング・アウトソーシングや技術移転などの企業の国際展開に関して企業レベルデータに基づく実証分析を展開したものである。[39] はオフショアリングなどに関する著者自身の実証研究を含む講義録である。

WTO の規範や紛争事案については以下の書物が有益である。

[40] 松下満雄（1996）『国際経済法［改訂版］』有斐閣

[41] 津久井茂充（1997）『WTO とガット〈コンメンタール・ガット1994〉』日本関税協会

[42] 田村次朗（2001）『WTO ガイドブック』弘文堂

[43] 小寺彰・中川淳司編（2002）『基本経済条約集』有斐閣

[44] 松下満雄・清水章雄・中川淳司編（2009）『ケースブック WTO 法』有斐閣

[45] Bagwell, K. and R.W. Staiger (2002), *The Economics of the World Trading Systems*, MIT Press.

［40］～［42］は WTO 協定の法的構造，各種の規則・規範の意味や解釈について解説したものである。［43］には WTO 協定全文の他，「サービス貿易に関する一般協定」「ダンピング協定」など附属協定の条文が掲載されている。［44］は WTO において問題となった実際の紛争事案を取り上げて，WTO の規範との関係を解説したものである。［45］は WTO の規範の意義を経済学的手法を用いて分析した研究書である。

経済統合や地域貿易協定に関する書物には次のようなものがある。

[46] 遠藤正寛（2005）『地域貿易協定の経済分析』東京大学出版会

[47] Krishna, P. (2005), *Trade Blocs : Economics and Politics*, Cambridge University Press.

[48] Bhagwati, J., P. Krishna and A. Panagariya (eds.), (1999), *Trading Blocs : Alternative Approaches to Analyzing Preferential Trade Agreements*, MIT Press.

［46］は地域貿易協定に関連する諸概念を整理して，理論分析およびシミュレーション分析を展開した研究書である。［47］には（関税同盟の場合のケンプ＝ワン定理に対応する）厚生改善的自由貿易協定の可能性に関する解説が含まれている。［48］はヴァイナーによる古典的な論文の他，地域貿易協定に関する出版時点までの重要な貢献をまとめた論文集である。

その他の参考文献として，以下のものをあげておく。

[49] 西島章次編（2008）『グローバリゼーションの国際経済学』勁草書房

[50] 大山道広編（2001）『国際経済理論の地平』東洋経済新報社

[51] D. A. アーウィン［小島清監修，麻田四郎訳］（1999）『自由貿易理論史——潮流に抗して』文眞堂

［49］は，グローバリゼーションのもつ意義を標準的な国際経済学の立場から問い直した一般向けの啓蒙書である。［50］は日本を代表する国際経済学研究者が結集して，国際経済学の理論の現状を整理し，今後の研究方向を展望した論文集である。［51］は「自由貿易対保護貿易」の対立を理論研究の歴史的展開の中に位置づけて整理したもの

である。自由貿易の意義を理解するのに大変有用な書物である。

インターネット

最新の情報を得るのにインターネットを活用するのは今や常識であろう。統計データなどは，国際機関や官公庁などの公的機関が（多くの場合）無償で提供している。以下では，国際貿易に関するデータや情報を入手するのに役立ついくつかのウェブサイトを紹介しておく。

- 財務省（関税制度，国際収支，直接投資等）
  http://www.mof.go.jp/
- 税関（貿易統計，関税制度，実行関税率，輸入手続，特殊関税等）
  http://www.customs.go.jp/
- 外務省／外交政策／経済外交（FTA，EPA，BIT，TPP 等）
  http://www.mofa.go.jp/mofaj/gaiko/economy.html
- 経済産業省（企業に関する統計，海外で活動する企業の統計等）
  http://www.meti.go.jp/
- 経済産業省／対外経済（FTA，EPA，貿易管理等）
  http://www.meti.go.jp/policy/external_economy/index.html
- 日本銀行（国際収支，輸出入，直接投資等）
  http://www.boj.or.jp/
- 経済産業研究所（RIETI）（日本の産業，貿易，直接投資等）
  http://www.rieti.go.jp/jp/database/index.html
- 日本貿易振興機構（JETRO）（貿易に関する一般的なデータ，海外の制度等）
  http://www.jetro.go.jp/indexj.html/
- 世界の統計（総務省統計局）（世界各国のデータを集めた「まとめサイト」）
  http://www.stat.go.jp/data/sekai/index.htm
- OECD iLibrary（貿易，直接投資，経済動向等）
  http://www.oecd-ilibrary.org/
- Penn World Table, Center for International Comparisons at the University of Pennsylvania（世界のデータについての「まとめサイト」）
  http://pwt.econ.upenn.edu/
- Source OECD（データの「まとめサイト」，アクセスに制限あり）
  http://masetto.sourceoecd.org/vl=8908928/cl=15/nw=1/rpsv/home.htm
- UN Comtrade（非常に細かい貿易に関するデータ）
  http://comtrade.un.org/

- UNCTAD STAT（貿易，直接投資，経済動向等）
  http://unctadstat.unctad.org/
- World Trade Organization（WTO）（貿易，関税，地域貿易協定，ルール等）
  http://www.wto.org/

索　引

サ 行

タ 行

ナ 行

ハ　行

マ 行

ヤ 行

ラ 行

ワ 行

《著者紹介》

中西訓嗣（なかにし・のりつぐ）

1963年　広島県生まれ。

1986年　広島大学経済学部卒業。

1991年　神戸大学大学院経済学研究科博士課程後期課程修了。
経済学博士（神戸大学）。

現　在　神戸大学大学院経済学研究科教授。

主　著　『貿易自由化の理論的分析――段階的・漸進的政策と経済厚生の改善』有斐閣，1993年。
『国際経済理論』（井川一宏，広瀬憲三との共編著）有斐閣，2003年。
『相互依存状況における貿易政策のゲーム理論――ソーシャル・シチュエーション理論と安定集合アプローチ』ミネルヴァ書房，2010年。
"Noncooperative farsighted stable set in an n-player prisoners' dilemma," 2009, *International Journal of Game Theory.*
"Expansion of network integrations : Two scenarios, trade patterns, and welfare," 2005, *Journal of Economic Integration*（菊地徹氏との共著）．その他論文多数。

Minerva ベイシック・エコノミクス
国際経済学 国際貿易編

2013年３月10日　初版第１刷発行　〈検印省略〉
2020年３月30日　初版第３刷発行

定価はカバーに
表示しています

著　者　中　西　訓　嗣
発行者　杉　田　啓　三
印刷者　坂　本　喜　杏

発行所　株式会社　ミネルヴァ書房
607-8494　京都市山科区日ノ岡堤谷町1
電話代表　(075)581-5191
振替口座　01020-0-8076

冨山房インターナショナル・藤沢製本

ISBN 978-4-623-06495-3
Printed in Japan